应用型本科院校"十二五"规划教材/教育类

The Designs of Kindergarten Educaitonal Activities

幼儿园教育活动设计

主　编　于　越　高　宏
副主编　韩雪梅　魏　娜
参　编　（按姓氏笔画排序）
　　　　马　影　支　妍
　　　　毕严峰　李金霞
　　　　邱　霜　张洋洋
　　　　季振平　董　静

哈尔滨工业大学出版社
HARBIN INSTITUTE OF TECHNOLOGY PRESS

内 容 简 介

幼儿园教育活动，是教师以多种形式有目的、有计划地引导幼儿生动、活泼、主动活动的教育过程。在幼儿园，教师要创造性地设计和开展丰富多彩的教育活动。本书在对幼儿园教育活动设计进行概述的基础上，从微观层面解读幼儿园教育活动设计的基本要素，又详细阐述了幼儿园7个教育领域活动和不同课程观下的教育活动的目标、内容和设计方法等，并配有大量的幼儿园活动案例，本书还阐述了幼儿园教育活动实施的策略和幼儿园环境的创设问题。

本书不仅可以作为学前教育专业本、专科学生和高职学生的通用教材，也适合学前专业工作者和幼儿园教师职后教育培训参考。

图书在版编目(CIP)数据

幼儿园教育活动设计/于越，高宏主编.
—哈尔滨:哈尔滨工业大学出版社,2014.1(2016.1 重印)
应用型本科院校"十二五"规划教材
ISBN 978－7－5603－4438－6

Ⅰ.①幼… Ⅱ.①于…②高… Ⅲ.①幼儿园—教学活动—教学设计—高等学校—教材 Ⅳ.①G612

中国版本图书馆 CIP 数据核字(2013)第 284183 号

策划编辑	杜 燕 赵文斌
责任编辑	苗金英
出版发行	哈尔滨工业大学出版社
社　　址	哈尔滨市南岗区复华四道街10号　邮编150006
传　　真	0451－86414749
网　　址	http://hitpress.hit.edu.cn
印　　刷	黑龙江省地质测绘印制中心印刷厂
开　　本	787mm×960mm　1/16　印张 19.75　字数 428 千字
版　　次	2014年1月第1版　2016年1月第2次印刷
书　　号	IISBN 978－7－5603－4438－6
定　　价	39.80元

(如因印装质量问题影响阅读，我社负责调换)

《应用型本科院校"十二五"规划教材》编委会

主　　任　　修朋月　　竺培国

副主任　　王玉文　　吕其诚　　线恒录　　李敬来

委　　员　　（按姓氏笔画排序）

丁福庆　　于长福　　马志民　　王庄严　　王建华

王德章　　刘金祺　　刘宝华　　刘通学　　刘福荣

关晓冬　　李云波　　杨玉顺　　吴知丰　　张幸刚

陈江波　　林　艳　　林文华　　周方圆　　姜思政

庹　莉　　韩毓洁　　臧玉英

序

哈尔滨工业大学出版社策划的《应用型本科院校"十二五"规划教材》即将付梓,诚可贺也。

该系列教材卷帙浩繁,凡百余种,涉及众多学科门类,定位准确,内容新颖,体系完整,实用性强,突出实践能力培养。不仅便于教师教学和学生学习,而且满足就业市场对应用型人才的迫切需求。

应用型本科院校的人才培养目标是面对现代社会生产、建设、管理、服务等一线岗位,培养能直接从事实际工作、解决具体问题、维持工作有效运行的高等应用型人才。应用型本科与研究型本科和高职高专院校在人才培养上有着明显的区别,其培养的人才特征是:①就业导向与社会需求高度吻合;②扎实的理论基础和过硬的实践能力紧密结合;③具备良好的人文素质和科学技术素质;④富于面对职业应用的创新精神。因此,应用型本科院校只有着力培养"进入角色快、业务水平高、动手能力强、综合素质好"的人才,才能在激烈的就业市场竞争中站稳脚跟。

目前国内应用型本科院校所采用的教材往往只是对理论性较强的本科院校教材的简单删减,针对性、应用性不够突出,因材施教的目的难以达到。因此亟须既有一定的理论深度又注重实践能力培养的系列教材,以满足应用型本科院校教学目标、培养方向和办学特色的需要。

哈尔滨工业大学出版社出版的《应用型本科院校"十二五"规划教材》,在选题设计思路上认真贯彻教育部关于培养适应地方、区域经济和社会发展需要的"本科应用型高级专门人才"精神,根据黑龙江省委书记吉炳轩同志提出的关于加强应用型本科院校建设的意见,在应用型本科试点院校成功经验总结的基础上,特邀请黑龙江省9所知名的应用型本科院校的专家、学者联合编写。

本系列教材突出与办学定位、教学目标的一致性和适应性,既严格遵照学科体系的知识构成和教材编写的一般规律,又针对应用型本科人才培养目标及与之相适应的教学特点,精心设计写作体例,科学安排知识内容,围绕应用讲授理论,做到"基础知识够用、实践技能实用、专业理论管用"。同时注意适当融入新理论、新技术、新工艺、新成果,并且制作了与本书配套的 PPT 多媒体教学课件,形成立体化教材,供教师参考使用。

《应用型本科院校"十二五"规划教材》的编辑出版,是适应"科教兴国"战略对复合型、应用型人才的需求,是推动相对滞后的应用型本科院校教材建设的一种有益尝试,在应用型创新人才培养方面是一件具有开创意义的工作,为应用型人才的培养提供了及时、可靠、坚实的保证。

希望本系列教材在使用过程中,通过编者、作者和读者的共同努力,厚积薄发、推陈出新、细上加细、精益求精,不断丰富、不断完善、不断创新,力争成为同类教材中的精品。

前 言

《幼儿园教育指导纲要(试行)》指出:"幼儿园教育活动,是教师以多种形式有目的、有计划地引导幼儿生动、活泼、主动活动的教育过程。"在幼儿园,教师要有目的、有计划、有组织地利用环境和材料,积极与幼儿互动,创造性地设计和开展丰富多彩的教育活动。活动既要符合幼儿的现有水平,又要有一定的挑战性,既要满足幼儿的当前需要,又要有利于其长远发展,因此幼儿园教育活动是实现幼儿园教育目标,传递幼儿园教育内容,落实幼儿园教育任务的基本形式。为进一步贯彻落实《幼儿园教育指导纲要(试行)》和《3~6岁儿童学习与发展指南》精神,适应幼儿园课程改革的发展需要,培养符合社会需求的高素质、应用型的幼儿教师,使学前教育专业的学生能够基本掌握幼儿园教育活动设计的一般方法和指导策略,特编写本书。

本书不仅可以作为学前教育专业本、专科学生和高职学生的通用教材,也适合学前专业工作者和幼儿园教师职后教育培训参考。本书共分为六章,第一章对幼儿园教育活动设计进行概述,第二章从微观层面解读幼儿园教育活动设计的基本要素,第三、四章详细阐述了幼儿园7个教育领域活动和不同课程观下的教育活动的目标、内容和设计方法等,并配有大量的幼儿园活动案例,第五章主要阐述幼儿园教育活动实施的策略,第六章详细介绍了幼儿园环境的创设的方法问题。本书以幼儿园教育活动设计为主线,吸取了众多幼儿教育工作者的丰富经验和研究成果,整合了多个领域和多种类型教育活动的内容,理论联系实际,体现了学前专业学生掌握应知应会的基本要求,为以后深入学习各领域活动的设计与实施的课程奠定基础。

本书力图体现以下特点:

1. 系统性。本书围绕幼儿园教育活动设计的相关理论问题,结合实践,全面系统地阐述了教育活动设计的一般原理及各领域教育活动和不同类型教育活动中的目标、内容、环境、资源等的设计及活动的组织、指导、评价等问题,提高学生设计活动的基本技能,促进专业能力的养成。

2. 实用性。教材在编写中立足于突出较强的实用性,以帮助学生掌握幼儿园教育活动设计的基本方法,促进其最大程度地发展专业能力,特别是提高学生活动设计的综合能力,为其今后专业发展提出更具指导性的要求。

3. 综合性。根据幼儿园的实际情况,本书以幼儿园教育活动设计的基本要素为主线,既包括健康、语言、数学、科学、音乐、美术、社会7个领域教育活动的设计,又有代表性地介绍了多元智能课程、瑞吉欧课程、陈鹤琴课程和张雪门课程的基本理念和特点,注重综合性,使不同类型的教育活动设计最优化。

  本书被列入黑龙江省哲学社会科学研究规划项目"民办高校国际化发展战略研究——以哈尔滨剑桥学院为例"（项目编号：12E134）；黑龙江省高等学校教改工程项目"改革高校学前教育专业学生科学素养教学的实践研究"（项目编号：JG201210229）；黑龙江省高等教育教学改革项目"学前教育专业人才培养模式改革研究"（项目编号：JGZ201201095）；黑龙江省高等教育教学改革项目"学前教育专业幼儿英语方向多元化教育模式的构建与实施"（项目编号：JG2013010065）；黑龙江省高等教育教学改革项目"高校学前教育专业以服务为导向的人才培养方向改革研究"（项目编号：GJZ20131045）。

  本书由于越、高宏担任主编，韩雪梅、魏娜担任副主编，马影、支妍、毕严峰、李金霞、邱霜、张洋洋、季振平、董静参编。

  哈尔滨市尚志幼儿园、建新幼儿园、工大幼儿园的教师为本书提供了活动案例，教材中还引用了国内外幼教同行的研究成果，在此一并表示衷心感谢！由于编者的学识水平和能力有限，如有不妥之处，敬请关心与关注本书的读者批评指正，以便不断修改完善。

编者
2013 年 12 月

目 录

第一章　幼儿园教育活动设计概述 ··· 1
　　第一节　对幼儿园教育活动的基本认识 ·· 1
　　第二节　对幼儿园教育活动设计的基本认识 ································· 9

第二章　幼儿园教育活动设计的基本要素 ·· 14
　　第一节　幼儿园教育活动的目标 ··· 14
　　第二节　幼儿园教育活动内容的设置与编排 ································· 21
　　第三节　幼儿园教育活动计划的制订 ··· 26
　　第四节　幼儿园教育活动设计的基本原则 ····································· 44
　　第五节　幼儿园教育活动设计的基本结构和程序 ·························· 49

第三章　幼儿园各领域教育活动的设计 ··· 56
　　第一节　幼儿园健康领域教育活动的设计 ···································· 56
　　第二节　幼儿园语言领域教育活动的设计 ···································· 74
　　第三节　幼儿园数学领域教育活动的设计 ···································· 87
　　第四节　幼儿园科学领域教育活动的设计 ···································· 99
　　第五节　幼儿园美术领域教育活动的设计 ···································· 115
　　第六节　幼儿园音乐领域教育活动的设计 ···································· 126
　　第七节　幼儿园社会领域教育活动的设计 ···································· 137

第四章　不同课程观下的教育活动设计 ··· 152
　　第一节　多元智能课程下的幼儿园教育活动设计 ·························· 152
　　第二节　瑞吉欧课程下的幼儿园教育活动设计 ····························· 159
　　第三节　陈鹤琴课程下的幼儿园教育活动设计 ····························· 168
　　第四节　张雪门课程下的幼儿园教育活动设计 ····························· 173

第五章　幼儿园教育活动的实施 ·· 181
　　第一节　幼儿园教育活动实施中的基本要素 ································ 181
　　第二节　幼儿园教育活动实施的有效评价 ···································· 192
　　第三节　活动实施的反思 ··· 209

第六章　幼儿园的环境创设 ……………………………………………… 218
　第一节　幼儿园环境创设的基本理论 …………………………………… 218
　第二节　幼儿园室内外环境的创设 ……………………………………… 224
　第三节　幼儿园区角的创设 ……………………………………………… 234
附录1　幼儿园教育指导纲要（试行） …………………………………… 269
附录2　3~6岁儿童学习与发展指南 ……………………………………… 277
参考文献 …………………………………………………………………… 305

第一章 Chapter 1

幼儿园教育活动设计概述

【本章学习提示】

　　幼儿园教育活动设计作为一门研究幼儿学习和促进幼儿学习的应用性学科,研究怎样运用教育的原理、方法设计多种形式的教育教学活动,在幼儿教育这个领域中,按照幼儿身心发展的规律,选择恰当的内容和方法,让幼儿过好现在的生活,以研究幼儿的发展作为落脚点,以教师引起、维持和促进幼儿学习的所有行为的关注为出发点,从而为幼儿将来的发展做准备。

【本章学习目标】

1. 幼儿园教育活动的含义及特点;
2. 幼儿园教育活动的基本类型;
3. 幼儿园教育活动设计的含义及意义。

第一节　对幼儿园教育活动的基本认识

　　幼儿园教育活动是教师有目的、有计划地利用幼儿园所提供的环境和材料,通过教师和幼儿双向的交流和作用以促进幼儿身心发展的过程,它也是实现幼儿园教育目标,组织传递一定的教育内容,落实幼儿园教育任务的手段。

一、幼儿园教育活动的含义

　　《幼儿园教育指导纲要(试行)》(以下简称《纲要》)第三部分"组织与实施"第二条指出:"幼儿园教育活动,是教师以多种形式有目的、有计划地引导幼儿生动、活泼、主动活动的教育过程。"作为幼儿园教育的基本形式以及幼儿园课程的实施载体,它是以幼儿为主体;在教师创设的适合幼儿身心发展需要和特点的多种形式的活动和与环境材料的互动过程中,引发幼儿积极参与、主动探索并大胆表现的教育活动系列,旨在促进幼儿全面、健康、和谐、整体地发展。

正确理解教育活动的内涵是极其重要的,那种认为教育活动即过去的上课(作业),只是换了一种提法的观点是错误的。教育活动是一个广义的概念,是指教育者依据教育目标,对受教育者实施有目的、有计划、有组织的影响,使其发生预期变化的活动。幼儿园的一切活动都具有教育性,都应该成为促进幼儿身心发展的教育活动,不应该只指上课。根据《幼儿园工作规程》(以下简称《规程》)及《纲要》的精神和幼儿园工作的实际,现在比较统一的看法是:幼儿园的教育活动应指向一切具有教育因素的活动,具体包括游戏活动、教学活动和生活活动三大块,三者构成幼儿园教育活动的有机整体,它们相互联系,相互渗透,有机结合,共同促进幼儿身心全面和谐发展。

1. 幼儿园教育活动是以教师为主导、引导幼儿主动活动的过程

教师是幼儿学习活动的支持者、合作者、引导者。幼儿园教育活动从根本上说是一种师幼交往的过程,教师和幼儿是教育活动最基本的主体和参与者,也是教育活动最直接的体现者,因此,幼儿园教育活动首先是教师和幼儿主体的活动。在教师与幼儿的合作、交往、沟通和协调过程中,教师主体性的发挥和幼儿主体性的实现是一种动态的、良性循环的关系。应该通过教师与幼儿之间、幼儿与幼儿之间的沟通、互动与合作,以及充分利用幼儿园所提供的环境和材料,满足幼儿的需要。组织教育活动时应充分考虑幼儿的年龄特点,突出教育过程的活动性,改变过去重教材、忽视幼儿,重结果、忽视过程等弊端,积极为幼儿创设良好的教育环境,引导幼儿主动地参与,让幼儿有更多的机会主动探索、自由操作、自由交往,从而获得发展。

2. 幼儿园教育活动是一种有目的、有计划的活动

幼儿园教育活动作为一种学习活动、社会活动,承载着一定的目的和任务,是在一定目的引导下的活动,它具有鲜明的主观性,这种主观性通过带有指向未来特点的目标、具体的原则与规范赋予了教育活动一定的意义与价值。幼儿园教育活动作为一种有目的、有计划地促进幼儿发展的活动,它必然受到诸多因素的制约,必须根据幼儿园保育与教育的目标,根据幼儿园发展的实际水平,有目的、有计划地设计教育活动,并通过具体的教育活动,促进每个幼儿在原有的水平上得到发展。

3. 幼儿园教育活动是多种多样的教育活动

幼儿的生理特点和心理特点决定了幼儿园教育活动必须不同于中小学生的分学科式的学习。幼儿的教育活动应该是多种多样的、丰富多彩的,幼儿的经验获得往往是从生活中来的,随机性较强,因此应采用趣味性的、游戏性的方式学习。选取综合而广泛性的学习内容,促进幼儿的发展。幼儿园教育活动的种类,按对象分,有以物为对象的操作活动,有以人为对象的操作活动;按结构分,有结构较严密的统一活动,有结构较轻松的自选活动,还有结构随意性更大的自由活动;按组织形式分,有集体活动、小组活动、个别活动;按空间分,有室外活动、室内活动。

根据教育目标和教育内容,选择合适的教育形式,根据幼儿园的条件和班级的实际情况,选择适宜的教育形式,各种教育形式在一日活动中都不可偏废。

二、幼儿园教育活动的特点

1. 生活性和广泛性

《纲要》为幼儿园教育提出了"各领域的内容要有机联系,相互渗透,注重综合性、趣味性、活动性,寓教育于生活、游戏之中"的实施原则。幼儿园教育活动作为反映幼儿园教育的一种基本和主要的活动,在体现整体性、综合性特点的同时,也反映出了营造与幼儿生活相一致、密切贴近幼儿生活世界的趋向,这便是幼儿园教育活动生活性的体现。

幼儿园教育活动的生活性特点,一方面体现在幼儿园教育活动的内容方面。为了促进幼儿的健康生活,幼儿教育首先应当立足于幼儿的现有生活,而幼儿园教育活动作为幼儿教育的实施方式,必须关注幼儿的现实生活,在教育活动的内容上注重让现有知识与幼儿的生活世界相沟通,与幼儿的经验、需要相联系,而不单是纯粹从知识或学科本身的结构或重点、难点出发。另一方面,幼儿园教育活动的生活性特点还体现在幼儿园教育活动的途径与环境、场所方面。幼儿园教育活动的实施是渗透于幼儿一日生活之中的,幼儿园生活的各个环节都是贯彻和实施教育活动的有效途径。在开展教育活动的过程中,用接近幼儿生活、结合生活情境的方式可以使幼儿在回归真实生活的背景中,体验和积累经验,更主动、更积极地进行探索和学习。同时,在教育活动场所和环境方面,突破有限的"活动室"空间,走进无限的"大社会"空间,也是生活性特点的充分体现。这种"大社会"空间,既可以是进入博物馆、展览会、建筑群、新型社会公共设施等人文德育类的教育活动场所,也可以是走进大自然的活课堂——树林、草地、山坡、花园等自然科学类的教育活动场所。

幼儿园教育活动的广泛性体现在教育内容及教育过程等方面。幼儿园教育是基础教育,其教育内容包括自然环境、社会环境,具有广泛性和丰富性。对幼儿的教育更多地体现在知识的广泛培养和教育,教育过程也不严格强调知识内容的系统性和逻辑性,而更注重激发幼儿对事物的认识兴趣,形成良好的学习态度和习惯。

2. 整合性和综合性

所谓整合,是指把不同类型、不同性质的事物组合在一起,使它们成为一个整体。幼儿园教育活动,是在充分协调多种教育资源、利用多种教育途径与形式、结合多种领域内容、发挥多种因素影响的基础上而构成教育活动系统的。因此,无论是学习活动还是游戏活动,无论是教师预设的教育活动还是幼儿自主生成的教育活动,无论是集体的活动还是小组、个别的活动,整合性和整体统一性可以说是其最明显的特点之一。这种整合和统一,反映在活动的内容,活动的目标、资源以及活动的方法、形式、手段等各个方面、各个层次。

首先,对幼儿园教育活动的内容在不同活动领域间进行整合,主要是指突破领域相对划分的界限,实现跨领域的内容整合。

第二,对幼儿园教育活动的目标进行整合。幼儿园教育活动的目标是一个完整的体系,是由多个领域、多种层级整合而成的目标结构系统。我们不仅在表述目标时会人为地将它们分为不同的方面,如将目标分为认知、情感与态度、操作技能三方面或健康、社会、科学、语言、艺术五方面,而且在整体、全面发展目标下进行相对划分,目的是帮助我们在一种比较清晰、有序的框架中使学习内容更分化、更细致,使教育活动更深入、更具体化。

第三,对幼儿园教育活动的资源、方法、形式和手段进行整合。《纲要》的总则中就已经明确指出:"幼儿园应与家庭、社区密切合作,与小学相互衔接,综合利用各种教育资源,共同为幼儿的发展创造良好条件。"事实上,在幼儿园教育活动的实施中,可供活动利用和开发的资源是多方面的,既有来自于幼儿园的,也有来自于家庭和社区的,这些资源的综合利用和有机协调对幼儿园教育活动的效果以及幼儿的发展产生了积极而有效的影响。

《纲要》指出,教育活动内容的选择要考虑幼儿感兴趣的事物和问题,各领域的内容要有机联系,相互渗透,注重综合性、趣味性、活动性,从不同角度促进幼儿感情、态度、能力、知识、技能等方面的发展。幼儿在教育活动的过程中所进行的各种活动,包括观察、比较、讨论、合作、交流等,都充分体现出幼儿园教育活动是综合的整合的过程。

3. 动态性和潜在性

教师要"善于发现幼儿感兴趣的事物、游戏和偶发事件中所隐含的教育价值,把握时机,积极引导"。这是《纲要》中的重要精神。

幼儿园教育活动的动态性首先反映在活动过程上的动态。这种强调动态的过程,使得幼儿园的教育活动能够随时随地根据幼儿的最近发展区调整目标,适时地加以引导并不断地生成和深入活动,进而促进幼儿的发展。而教师与幼儿作为幼儿园教育活动中相互作用的统一体,其在教育活动过程中并不是僵化的、一成不变的,而是一个不断互动的、动态的过程,因为"教育活动作为人的一种基本活动,从内容到形式,都体现了一定的社会关系,它在本质上也是一种社会活动,其最基本的形式是一种互动"。幼儿园教育活动中的互动既包括教师与幼儿之间相互影响的行为和过程,也包括幼儿与幼儿之间的彼此作用。这种动态性和互动特征不仅是作为活动主体的幼儿和教师最基本的社会活动形式,也是帮助幼儿实现知识构建并保证教育活动最终促进幼儿发展的重要条件。此外,动态性也体现在幼儿园教育活动环境上的动态。教育活动环境的动态是指根据幼儿兴趣以及与环境相互作用的情况,根据教育活动的过程,不断地调整环境、重新构成环境。

由于幼儿年龄小,学习能力差、知识经验贫乏,容易受外界的影响,因此,幼儿园的教育活动不能直接体现在课表、教材、课堂教学和作业中,而是蕴含在环境、材料、活动和教师的行为中,所以说幼儿是在幼儿园的教育活动的潜移默化的作用中得到发展和进步的。

4. 趣味性和游戏化

《规程》第二十五条明确指出:"游戏是对幼儿进行全面发展教育的重要形式。"幼儿天生喜欢游戏,新奇、有趣,是幼儿探究和加入活动的最直接而朴素的缘由,幼儿园教育活动的主要活动对象是幼儿。因此,教育活动的生动有趣和游戏化自然就成为其一个显著的特点。

幼儿园教育活动的趣味性首先体现在活动内容以及活动形式上。教育活动是教师或活动设计者按照一定的社会规范、教育要求,选择一定的教育内容、创设相应的教育环境而进行的带有目标意识(显性或隐形)的活动,它或多或少地带有认知方面的要求,在某种程度上体现一定的知识含量,但即便是对知识和经验的追求也是以符合和贴近幼儿所熟悉的生活、选择生动有趣的方式为活动前提的,只有这样,幼儿园教育活动才能迎合幼儿的天性、唤起幼儿的热情、引发幼儿的探究并促进幼儿的发展。另外,幼儿园教育活动的趣味性还体现在活动环境和材料的丰富多样上。幼儿总是在与环境和材料的相互作用的过程中获得启迪、引起探究并得到发展的。幼儿园教育活动为幼儿提供或创设新奇、多变的环境与材料,能满足幼儿的好奇心,激发他们的探究欲;可供操作、实验的环境与材料,能满足幼儿的好动天性,引发幼儿的思考;自然、真实的环境与材料,能满足幼儿回归自然的愿望,促进幼儿的大胆体验与积极创造。

幼儿园教育以游戏为主要方式,这是教育行政部门规定的,也是教育专家认可的,经过实践检验也证明是正确的。幼儿园教育以游戏为主,符合幼儿生理和心理发展的规律。游戏是幼儿的天性,幼儿游戏蕴藏着幼儿发展的需要和教育的契机。发展的多样性、差异性、自然性等特点在游戏中体现得最为淋漓尽致,这是由游戏的本质所决定的。幼儿认知活动具有形象性和无意性的特点。形象性的特点,使幼儿不可能主要依靠语言讲解的方式进行学习,无意性的特点则使幼儿不可能较长时间集中注意于某一项单调的,缺乏趣味性、生动性、活动性和变化性的学习任务,因而,那种需要长时间集中注意的依靠语言讲解的方式进行的学习很不适应幼儿园教育。

三、幼儿园教育活动的类型

幼儿园教育活动的主体是幼儿,但活动的对象多种多样,构成因素也各不相同,这也就形成了不同类型的教育活动。一般可以将幼儿园教育活动分为以下几种基本类型。

1. 按幼儿园教育活动的性质分类

根据幼儿园教育活动的不同性质,可以将其分为由幼儿自主生成的教育活动和由教师预先设置的教育活动两类。前者更关注幼儿的兴趣、幼儿的学习需要,是在幼儿偶发性的探究和兴趣的支配下产生内部动机的需要并引导和帮助幼儿生成某个主题的活动;而后者更强调教师的计划组织和直接指导,是在教师设定教育活动目标、提供活动环境和材料并有计划地实施指导下的活动。

2. 按幼儿园教育活动的特征分类

根据幼儿园教育活动的特征不同,可以分为生活活动、区域活动和教育活动。幼儿园教育活动具有计划性和目的性;幼儿的主体性和教师的主导性;形式的丰富性、多样性三方面的特征。因此,从广义的角度来说,在幼儿园的一日活动中凡是以上三个基本特征的活动都可以理解为幼儿园教育活动,而不是狭窄地将其仅仅界定为作业(或学习、学科)类的教育活动。因此,幼儿园教育活动应当包括生活活动、区域活动和教育活动。

(1)生活活动

生活活动是指幼儿园一日生活中的进餐、饮水、睡眠、盥洗、如厕等,它是培养幼儿良好行为习惯的主要途径,如饭前便后洗手、排队喝水等良好习惯的养成;也是培养幼儿社会性的主要途径,如分享、合作等品质的养成;另外,也为对幼儿进行个别教育提供了最佳时机,如不良习惯的纠正等。因此在生活活动中,教师要根据幼儿的身心特点,建立合理的生活常规,逐渐培养幼儿生活自理、自立的良好习惯。

(2)区域活动

区域活动又称活动区(活动角)活动,是指幼儿在活动区进行的以自由游戏为特征的活动,是幼儿在园一日生活中的主要活动之一,是满足幼儿不同兴趣和需要的最佳途径。

通过区域活动,可满足幼儿交往的需要,丰富幼儿的生活经验,让幼儿勇于尝试和探索,培养幼儿积极的活动态度,促进幼儿创造性和个性的发展。

常见的活动区(活动角)有:角色游戏区、积木区、音乐角、嬉水区、沙池区、科学区、语言区、美工区、故事角、图书区等。

(3)教育活动

教育活动是指由教师依据目标专门设计组织的有目的、有计划的活动,它在促进幼儿的全面发展中具有重要作用,是幼儿在一日生活中的重要内容之一。教育活动的任务是教师利用幼儿园以及周围的环境资源,有目的地选择教育内容,灵活地运用多种活动形式、活动方法、活动手段,鼓励幼儿主动参与,积极探索周围的世界,使幼儿的身心得到全面的发展。

教育活动主要包括教学、节日庆祝、做操、劳动、参观、运动会、郊游等。

3. 按幼儿园教育内容分类

(1)分学科式教学活动

分学科式教学历史久远,自20世纪50年代起至90年代初,受前苏联幼儿园教育思想的影响,按学科划分的课程成为我国普遍采用的一种课程模式。

学科课程是指以学科为中心的课程,即把有价值的知识系统化,形成一定的科目或学科,将这些知识传授给学生,以达到教育目标的课程。一般开设计算、语言、常识、音乐、体育、美术等学科。

在学科教学活动中,教学形式以集体教学、分组教学为主。教学过程以教师为主导,分教学前、教学过程中及教学结束。对于新教师来讲,掌握分科教学的方法仍是组织教学活动的基础,待具有一定的实践经验之后再进行综合、整合、灵活地运用。

(2) 综合主题式活动(或称单元式主题活动)

综合主题式活动是在分科课程基础上,为了改变分科课程教学中重知识轻能力、重教师主导轻幼儿主体的教学弊端,而自20世纪90年代中后期以来被广泛采用的一种活动模式。

综合主题式活动主要是指以某一主题为中心组织课程,打破学科或领域的界限,把学习内容融会成一种新的体系。其特点是建立各学科之间的自然的、有机的联系。内容既可以是以某一学科知识为线索,渗透其他学科知识的知识体系,又可以是以幼儿兴趣为出发点的一系列活动内容。

(3) 按领域分类的活动

《纲要》在"教育内容与要求"中明确规定:"幼儿园的教育内容是全面的、启蒙性的,可以相对划分为健康、语言、社会、科学、艺术五个领域,也可作其他不同的划分。各领域的内容相互渗透,从不同的角度促进幼儿情感、态度、能力、知识、技能等方面的发展。"所以幼儿园的教育活动内容应当是全面的、启蒙性的和相互渗透的,这种划分只是相对的。

4. 按幼儿园教育活动的组织形式分类

组织形式是指教师组织幼儿参与活动的形式,一般有集体活动、小组活动、个体活动三种。

(1) **集体活动**

集体活动是有目的、有计划地组织全班幼儿在同一时间、同一空间下所进行的统一的活动。此类活动一般计划性较强,组织比较严密,时间比较固定。活动过程以教师的引导和组织为主。目的是让幼儿更多地在互相交流和学习中,在教师的质疑与挑战中,激活思维、激励发展、分享经验、体验快乐。由于受传统教育模式的影响较深,此种形式最为普遍,效率也高。

(2) **小组活动**

小组活动是由教师创设一定的环境,提供相应的材料并给予一定的间接影响的教育活动类型。如多功能活动室、活动区、活动角等。幼儿可以在同一时间单元里选择不同的活动内容,一般组织比较宽松自由,时间相对自由,幼儿可以相互合作也可以个别操作。其主要特点是容易调动幼儿主动积极地操作材料,促进幼儿和小伙伴、教师的谈论或交流。其价值在于能让幼儿在合作学习、共同建构中学会理解、学会交往、学会遵守共同的"游戏规则",并可以按照自己的速度和方式做事。随着幼儿年龄的增长,此种方式越来越受到幼儿的欢迎。

(3)个体活动

个体活动是根据个别幼儿的特殊需要安排和进行的教育活动,一般包括具有特殊才能或发展有智障幼儿的个别教育以及部分供幼儿自由选择的区域活动。此种活动形式更易于教师增强对幼儿的了解,因材施教。其作用在于满足不同个体的学习需求,让每个幼儿按照自己的兴趣特点、自己的发展速度、自己的认知风格去探索周围的世界,有益于幼儿创造性地发展,为幼儿提供了更为自由的活动空间。

集体、小组、个体活动有着不同的教育功能,必须互相配合、合理交替、互相补充。根据不同的年龄、不同的时间、不同的教育内容及目标选择不同的教育组织形式。

5. 按幼儿的学习方式分类

(1)接受式教育活动

接受式教育活动指幼儿通过教师呈现的材料来掌握现成知识的过程的教育活动。这种教育活动相对简单,易于操作。

(2)体验式教育活动

体验式教育活动指幼儿亲身介入实践活动中,通过认知、体验和感悟,在实践过程中获得新的知识、技能、态度的教育活动。适宜教师在比较了解幼儿的基础上进行。

(3)探究式教育活动

探究式教育活动指幼儿自主地发现、探究和解决问题的教育活动。比较适合中大班幼儿,也是目前幼儿园教育中越来越提倡的一种教育活动形式,需要教师具有较高水平的组织能力、探究能力,并了解幼儿的年龄特点。

(4)合作式教育活动

合作式教育活动指以共同目标的设计和达成为先导,以互动合作为基本动力,以小组合作作为基本形式的学习活动。这是目前幼儿园教育中运用较多的一种教育活动,也比较适合中大班幼儿。

以上各种教育活动形式具有各自的特点和优势,它们之间不是互相排斥的,而是交叉融合的,教师应根据幼儿年龄特点和教育目标加以灵活运用,更好地发挥它们各自的功能和作用。

四、幼儿园教育活动与幼儿园课程的关系

幼儿园课程是实现幼儿园教育目的的手段,它把幼儿园教育中的若干要素,按照幼儿教育的规律与原则,以及幼儿发展的规律与需要,加以科学合理地组织,并转化为各种类型的教育活动,旨在帮助幼儿获得有益的学习经验,促进幼儿身心全面和谐发展。幼儿园课程与其

他各级各类教育的课程有共同之处,但是,幼儿园课程在许多方面是有别于其他课程的,其最明显的差别表现在对教育对象的考虑方面,以幼儿为教育对象的幼儿园课程的决策,要求教育者更多地关注幼儿个体的发展水平。

幼儿园教育活动与幼儿园课程的关系既是同等的又是互为关联的。幼儿园课程是幼儿园教育活动设计及实施的依据和基础,幼儿园教育活动则是幼儿园课程得以实现的中介和途径。可以说,幼儿园课程和幼儿园教育活动是密切相关的。在不同的课程观和课程模式的支持下就会产生不同的教育活动设计和实施状态;或者说,幼儿园实施的各种教育活动一定有与之相呼应的幼儿园课程理念的支持。

应当从广义的角度去理解课程,明白幼儿在幼儿园所进行的一切活动,不论是专门组织的作业课,还是幼儿自选或自发的各种游戏活动,以及幼儿的日常生活活动等,都是幼儿园课程的组成部分,因为所有这些活动都会对幼儿的全面和谐发展起到重要作用,它们的相互结合与渗透,能有效帮助幼儿达到幼儿期的学习与发展目标。

第二节 对幼儿园教育活动设计的基本认识

幼儿园教育活动设计作为一门研究幼儿学习和促进幼儿学习的应用性学科,是以对教师引起、维持和促进幼儿学习的所有行为的关注为出发点,并以研究幼儿的发展作为落脚点,具有一个结构化的理论和时间系统。这一系统中包括了对促进幼儿学习的方法、条件、经验、情境、资源等的开发与研究。在对这一结构体系展开具体、深入的讨论之前,我们有必要首先来讨论和明确一些相关的概念。

一、幼儿园教育活动设计的含义

1. 设计

"设计"一词已被广泛地运用于众多领域之中,但在特定领域的范围内,其含义有不同界定,一般来说,"设计"是指在创造某种具有实际效用的新事物或者解决新问题之前所进行的探究式的系统计划过程,是一个分析与综合的深思熟虑的精心规划过程。因而,它并不等同于那些精确、细致的专门计划,而是以问题的沟通为起点,以解决问题的实施规划为终点,它注重的是规划和组织,也就是说,设计的过程独立于实施的过程,它着重于对计划对象进行安排和规划,找出相关因素和可能影响的条件,并对其进行控制。

2. 教育活动设计

教育活动设计是以关于教和学的科学理论为基础的,而教和学的科学理论与其他的科学理论一样是对现实世界假设性的说明。从某种意义上说,教育活动的设计者就好像设计工程师,两者都是根据以往成功的科学原理来计划将要展开的"工作",所不同的是工程师按照物理学法则,而教育活动设计者是按照教与学的基本原理和规律进行设计。两者都试图使设计的结果更有效。

3. 幼儿园教育活动设计

幼儿园教育活动设计是对教师教学组织行为的一种预先筹划,是对一系列外部事件进行精心设计和安排的过程,其目的是支持和促进幼儿的学习。它是由创设一定的学习经历所组成的,通过特殊的转换和发展,确保学习经历卓有成效并能够达到特定的学习目标。事实上,它是为促进幼儿学习而对学习过程和资源所做的系统安排,是分析幼儿的学习需要和目标以形成满足学习需要的互动系统的全过程。它包括对学习活动目标的设定;对学习对象、学习需要的分析;对学习情境的发展;对活动资源的开发和利用;对学习过程的安排和调整;对学习对象行为的预测和评估等。

在幼儿园教育活动设计过程中,教师通过一系列有目的、有计划的系统设计,对即将形成的"作品"做出构想和规划,而这种构想和规划的基本支撑依据就是涉及幼儿发展和教育教学的有关学习理论和教学理论。而有关学习理论和教学理论为在幼儿园教育活动设计中如何为幼儿提供学习前的准备、如何引发幼儿的探索性学习、如何为幼儿创设丰富的学习环境和材料、如何合理而科学地介入和调整幼儿的学习过程等一系列环节和技术的运用找到了切实可行的理论依据。幼儿园教育活动设计是在一定的学习理论和教学理论指导下对教育活动的系统规划过程。正确、有效地设计幼儿园教育活动是每一位幼儿教师胜任工作的基础。幼儿园教育活动的设计是实施幼儿园教育活动的前提条件。它是依据一定的教育目标,选择合适的教育内容,在一定的时空内对幼儿施加教育影响的方案。每个教育活动的具体设计包括活动目标、活动准备、活动过程、活动延伸等方面。

幼儿园教育活动设计,就是研究怎样运用教育的原理、方法设计多种形式的教育教学活动,在幼儿教育这个领域中,按照幼儿身心发展的规律,选择恰当的内容和方法,让幼儿过好现在的生活,实现应有的发展,从而为其将来的发展做准备。相对于家庭、社区等幼儿的其他生活空间而言,幼儿园是一个更具教育意义的场所,因此,教师必须有意识、有计划地为幼儿提供各种各样的教育教学活动,从而有效地促进幼儿身心的发展。幼儿园教育活动是透过幼儿心理(生理)而产生影响的,是幼儿与其学习环境中的相关因素交互作用的过程,是教育者为促进幼儿身心发展而设计并实施的系列行为。

过去幼儿园教育活动存在许多弊端,概括起来大体是重教轻保、重知识传授轻幼儿发展、重智力轻能力、重教育效果轻教育过程、重集体教育轻自由活动、重教育作用轻环境作用。这些弊端影响了幼儿身心的正常发展。比如,在健康领域,存在不顾幼儿身体发育特点而滥施训练或比赛的现象;在艺术领域,因为过分强调技能训练而忽视幼儿的情感体验、遏制幼儿创造性的现象比较普遍;在语言领域,过去强调语言是社会约定俗成的符号系统的一面,而过分地使用传授的方法或训练方式来教给幼儿词语和语句,忽视了语言的获得是一个高度个性化的过程,是需要幼儿在实际运用中通过积极的自我建构来获得的。在总结过去幼儿教学基础上,《纲要》从理论和实践上进行大胆的探讨、研究和改革,不再像以往那样开列出一个幼儿"应该学"、教师"应该教"的知识技能的菜单,而是关注教育内容的情景化、过程化、互动化、经验化,以及关注从重静态的知识到重动态的活动、从重表征性知识到重行动性知识、从重"掌握"知识到重"建构"知识的变化。

这种教育形式,其理论观点就是立足于活动,它符合幼儿成长规律。幼儿的健康成长发展,除了遗传因素外,主要是教育因素和环境因素的作用。幼儿在教育环境作用下,通过自身活动获得知识,发展智力,在这一过程中,更加体现了生态教育、开放教育、继续教育等新的教育理念,突出强调幼儿发展。这种教育形式,既符合人的认识规律,又符合幼儿心理发展规律。对于幼儿期的幼儿来说,获得大量的各种各样的关于人、事、物的经验是最为重要的,它直接影响着幼儿的整体发展。因此,在幼儿园中,教师应该有目的、有计划地让幼儿去接触、感受、操作、参与和支配各种活动,去体验成功、挫折、失败和沮丧。这些教育活动,为幼儿发展提供了广泛的经验。幼儿对任何一种教育内容都是有选择地进行取舍的,而这种选择是由每个幼儿自己的发展规律决定的。有益的经验都能促进幼儿发展,教师没有必要强求一致,而重视不同幼儿的不同发展需要,更有利于促进每个幼儿的发展。

二、幼儿园教育活动设计的价值

幼儿园教育活动设计是在教育科学研究的大背景下产生的一个新课题。加强幼儿园教育活动设计,具有重要的价值。

1. 幼儿园教育活动设计可以扩展教师思维,选择行为策略

教师作为教育活动的设计者,除了对活动内容以及承载各种不同形式内容要求的材料做出选择外,还应考虑的是在活动中选择什么样的行为策略才是适当的、合理的、有效的。有的教师习惯于把注意力放在自己及自己想要教给幼儿的知识或技能内容上,就往往会倾向于采用教授式的、强化式的教育方法介入幼儿的学习活动;而另一些教师则可能会把教育的中心放在幼儿身上,而不是教材上。他们优先考虑和关注的是了解幼儿的需要,了解幼儿的学习特点,着眼于创设适当的问题情境,着眼于师生之间的"对话",着眼于去激发幼儿自主地学习,以促进幼儿的发展和成长。事实上,在不同行为策略产生的背后都暗示着设计者和教师的一种教育观念。在当今社会经济和文化的推进与变革中,注重幼儿自发性、自主性学习的教育观逐渐得到了发扬,对于幼儿的自主学习需要教师采取什么样的教育行为策略的问题,正越来越受到幼儿园教师们的关注和重视。

通过幼儿园教育活动设计,可以引发教师对介入幼儿学习的教育行为和策略的思考,更好地促进教师根据具体的、不同的教育活动内容和材料,根据幼儿的成熟水平和经验,根据学习的环境条件以及教师自身的条件和素质等综合因素来考虑和选择"适合"的行为策略,以支持、鼓励幼儿的自主学习和相互学习。

2. 幼儿园教育活动设计有助于幼儿学习,促进幼儿发展

尽管在幼儿园中幼儿的学习更多的是以一种群体学习的方式存在的,但在教育活动设计中,强调幼儿的个体特点和差异以促进不同发展水平幼儿个体学习的宗旨却是不容置疑的。教育活动设计所关注的并不是学习群体在社会中的能力和观念的变化,也不过多考虑社会信息和态度对学习群体的影响,而着重关注和考虑对个体学习的支持和引导。因此,幼儿园教育活动的事先规划和设计,可以更多地从学习个体的角度出发,通过设计者(或教师)的工作,帮助不同幼儿个体有效地学习。

有目的、有计划的活动设计还能够影响和促进幼儿的发展。尽管只要我们为幼儿提供一个适当的环境,幼儿也能够以他们自己的方式成长起来,然而没有经过系统设计和规划的活动即使可以使幼儿获得某些发展,却不能保证使幼儿获得现在和未来社会中所有必需和有益的经验与能力。因此,进行教育活动设计的最基本意义就在于确保幼儿能最大限度地获得教育的益处,享受活动的乐趣,确保每个幼儿都有相同的机会发挥他们的潜能,既着眼于幼儿的当前发展,也关注于幼儿的长远发展。

3. 幼儿园教育活动设计可以优化活动过程,提高活动效果

教育活动设计是在全面了解幼儿是如何学习的基本前提下,在掌握幼儿学习理论、幼儿发展理论及其他相关科学理论的基础上,在充分考虑学习发生的各种可能性的条件下而展开的一种系统方法。它包括一系列相关的"操作"——分析学习者的需要、特性;确定教育活动设计的目的、顺序;选择活动的主题、内容以及希望达到的一般目标;设计安排达到目标的教学方法和学习活动;选择配合学习活动的各种资源;准备对学习结果的评估指标;确定如何为学习者提供学习前的准备、学习中的调整等。而其中学习者、活动目标、学习/教学方法及评估是四个关键因素,它们之间具有不可分割的密切关系,它们构成了教育活动设计的主要过程。

由于幼儿园教育活动设计的一系列系统方法都是围绕着活动过程而开展的,即设计者(或教师)从可能影响幼儿活动过程的诸多因素出发,努力使教育活动设计成为一个优化的、组织结构科学的、系统的、合理的活动过程,为实现活动过程的优化并最终建立卓有成效且吸引人的活动效果提供保证。

思考与练习

1. 如何理解幼儿园的教育活动及其特点?
2. 幼儿园教育活动的类型有哪些种类? 各包括哪些具体内容?
3. 如何理解幼儿园教育活动设计的含义及其价值和意义?

第二章
Chapter 2

幼儿园教育活动设计的基本要素

【本章学习提示】

幼儿园教育活动设计的基本要素包括目标、计划、内容、原则、基本程序等。通过学习本章内容,应初步掌握设计幼儿园教育活动计划的方法,明确幼儿园活动设计的基本要求,恰当地确定教育活动目标,选择适宜的教育活动内容,以保证教育活动能够科学有序地进行,达到预期的教育目的。

【本章学习目标】

1. 幼儿园教育活动目标的制订及表述时需要注意的问题;
2. 幼儿园教育活动计划的种类及制订方法;
3. 幼儿园教育活动内容的选择;
4. 幼儿园教育活动设计程序的种类及灵活使用。

第一节 幼儿园教育活动的目标

教育目的是国家对各级各类教育事业培养人的统一的质量要求。幼儿园教育活动目标是教育目的在幼儿园教育这一阶段的具体化,是国家对幼儿园提出的培养人的规格和要求,陈述的是教育者盼望通过教育活动所达到的成效,也是实施活动的指导思想。幼儿教师要明确幼儿园教育的目标,并有效地落实到幼儿的各项活动之中。

一、各级各类幼儿园的教育目标

1. 幼儿园的教育目标

我国的幼儿教育目标体现在《纲要》和《规程》中。《纲要》第二部分第一条明确规定:"幼儿园教育应当贯彻国家的教育方针,坚持保育与教育相结合的原则,对幼儿实施体、智、德、美诸方面全面发展的教育,全面落实《幼儿园工作规程》所提出的保育教育目标。"《规程》在第一章总则第三条中指出:"幼儿园的任务是:实行保育与教育相结合的原则,对幼儿实施体、智、德、美诸方面全面发展的教育,促进其身心和谐发展。幼儿园同时为家长参加工作、学习提供便利条件。"

《规程》第五条明确提出幼儿园保育和教育的主要目标是:

①促进幼儿身体正常发育和机能协调发展,增强体质,培养良好的生活习惯、卫生习惯和参加体育活动的兴趣。

②发展幼儿智力,能够正确运用感官和运用语言交往的基本能力,增进对环境的认识,培养有益的兴趣和求知欲望,培养初步的动手能力。

③萌发幼儿爱家乡、爱祖国、爱集体、爱劳动、爱科学的情感,培养诚实、自信、好问、友爱、勇敢、爱护公物、克服困难、讲礼貌、守纪律等良好的品德行为和习惯,以及活泼、开朗的性格。

④培养幼儿初步地感受美和表现美的情趣和能力。

2. 各领域的目标

教育目标需要通过具体的教育活动的开展得以逐步完成,在教学实践中,教学目标并不是空泛的,教学目标的确定与课程内容的选择和组织紧密地联系着,也就是说,教学目标总是以一定的课程内容为媒介,具体体现在不同的学科目标、不同的领域目标或不同的学期目标之中。

在《纲要》中,把幼儿学习活动的范畴相对划分为健康、语言、社会、科学、艺术五个领域,也可做其他不同的划分。各领域的内容相互渗透,从不同的角度促进幼儿情感、态度、能力、知识、技能等方面的发展。这五大领域的具体目标是:

①健康方面:身体健康,在集体生活中情绪安定、愉快;生活、卫生习惯良好,有基本的生活自理能力;知道必要的安全保健意识,学习保护自己;喜欢参加体育活动,动作协调、灵活。

②语言方面:乐意与人交谈,讲话礼貌;注意倾听对方讲话,能理解日常用语;能清楚地说出自己想说的事;喜欢听故事、看图书;能听懂和会说普通话。

③社会方面:能主动地参与各项活动,有自信心;乐意与人交往,学习互助、合作和分享,有同情心;理解并遵守日常生活中基本的社会行为规则;能努力做好力所能及的事,不怕困难,有初步的责任感;爱父母长辈、老师和同伴,爱集体、爱家乡、爱祖国。

④科学方面:对周围的事物、现象感兴趣,有好奇心和求知欲;能运用各种感官,动手动脑,探究问题;能用适当的方式表达、交流探索的过程和结果;能从生活和游戏中感受事物的数量关系并体验到数学的重要和有趣;爱护动植物,关心周围环境,亲近大自然,珍惜自然资源,有初步的环保意识。

⑤艺术方面:能初步感受并喜爱环境、生活和艺术中的美;喜欢参加艺术活动,并能大胆

地表现自己的情感和体验;能用自己喜欢的方式进行艺术表现活动。

以上五大领域的目标内容是相互渗透、相互促进的:健康领域是幼儿成长的基础;语言领域是幼儿交流交往、提高认知水平的基本条件;社会领域是幼儿发展的组成部分;科学、艺术领域是培养幼儿全面素质的重要方面。

3. 教育活动的目标

教育活动的目标是教师根据幼儿年龄特点、原有水平、活动的内容和性质来确定具体的目标。在整个目标体系中,教育活动的目标是最具体的,也是完成幼儿园教育任务、实现保教目标的基础。

例如,中班科学活动《好玩的泥土》,可以提出下列教育活动目标:
①能说出泥土的特性。
②喜欢玩泥土,萌发对泥土的兴趣。
③学会玩泥土后洗手。

这些目标具体、明确,具有可操作性,并且便于检测,它直接引导着教师的教学和评价。活动目标不管是显性的,还是隐性的,都是教育活动的导向,决定着教育活动的性质。教师的目标意识要时刻体现在幼儿的一日生活中。

二、幼儿园教育目标确立的意义

1. 教育目标促进了幼儿的全面发展

《纲要》中指出:幼儿教育应为幼儿的近期和终身发展奠定良好的素质基础。幼儿园教育究竟应该给幼儿提供什么样的教育,引导幼儿向什么方向发展,这是幼儿园教育目标为我们指引的内容,因此,幼儿园教育目标不仅仅局限于幼儿知识技能的获得,更要注重幼儿情绪、情感、健康的生活态度,与他人相处、共同生活能力等方面的培养,正确的幼儿园教育目标可以使幼儿得到全面、健康、和谐的发展。

2. 教育目标指导了教师的教育行为

教育目标是幼儿园教育工作的出发点和归宿,教师是落实教育任务的具体执行者。只有教师明确了教育目标,才可能有目的、有计划地创设适宜的环境,选择恰当的内容,安排得当的方法和组织形式,以保证幼儿按照既定的方向发展。在具体的教育过程中,既要保证教育目标的连续稳定性,又要适时调整,生成新的目标要求,具有一定的灵活性。

3. 教育目标指向了对幼儿的正确评价

教育目标既是教育教学的出发点又是归宿,教育目标一经确定,教育活动就有了明确的方向和测量评价的标准,幼儿园教育是否达到了教育要求,教育目标应该是一个重要的衡量指标。教师在实际工作中,应该以教育目标的完成情况来评价教育教学的质量和效果,以便教育活动更接近预期的目标,并对教育实践起积极的推动和导向作用。

4. 教育目标提高了教师的专业化水平

对于教师而言,制订教育目标是一项艰苦细致的工作,不仅需要扎实的专业知识,而且需要掌握教育活动设计的基本原理、方法和技能。教师不仅要明确某一教育活动所能完成的教育目标,而且要能对它前后各个相关的教育活动所要实现的教育目标以及它们之间的相互关系有所了解。这些要求的实现,无疑会提高教师的专业化水平。

三、幼儿园教育活动目标的不同趋势

由于不同的课程与教育观会形成不同的教育目标趋势,在幼儿园教育活动中,会体现出不同的价值观。美国学者艾斯纳曾提出了行为目标、问题解决目标和表现性目标。我国学者在借鉴国外经验的基础上,提出了行为目标、表现性目标和生成性目标的分类方法。

1. 行为目标

行为目标是以幼儿具体的、可被观察的行为表述来设计目标,它指向的是通过教育活动幼儿所发生的行为变化,目标设计中关注的是可观察到的行为结果。

以研究行为目标而著名的马杰在1962年出版的《程序教学目标的编写》一书中提出,一个教育活动目标应包括三个基本要素:行为、条件、标准。"行为"说明学习者通过教育活动以后能做什么,以便教师能观察学习者的行为,了解目标是否达到;"条件"说明这些行为在什么条件下产生;"标准"则指出了合格行为的最低标准。

比如小班绘画活动《我的小脸》,活动目标为:通过照镜子观察,能画出脸的主要部位,如眼睛、鼻子、嘴巴等。在这一目标中,"行为"——能画出自己的脸;"条件"——通过照镜子观察;"标准"——能画出脸的主要部位。这一活动目标的表述比较明确具体,它清楚地告诉教师幼儿将获得的能力具体是什么,如何观察和检测教学效果。

幼儿园教育活动有一个完整的目标体系,行为目标强调的是目标的客观性和可操作性。行为目标虽然有很多优点和功用,但有些教育目标无法具体化为教学目标,例如表演性的、首创性的教育活动,在活动前可能不知道结果是什么,只有等活动结束后才能知道;还有些教育目标不必具体化为教学目标,因为活动本身可能只是想培养幼儿一种概括化的行为方式,或提供给幼儿机会和体验,例如一些社会实践活动,因此还需考虑其他方面,对行为目标予以补充。

2. 表现性目标

表现性目标是美国学者艾斯纳提出的一种目标取向,指在教育情境的种种遭遇中,每一个幼儿个性化的创造表现。

表现性目标描述了一种教育"遭遇":它识别幼儿在活动中将遇到的情境、将要处理的问题和将完成的任务;但不规定幼儿在遭遇、环境、问题和任务中学习什么。表现性目标旨在确定一个主题,幼儿围绕这一主题运用原有的经验和已理解的意义,通过拓展、加深那些经验和理解,并使其具有个人特点。例如对于一次参观"海底世界"的活动,如果从表现性目标的角度设计,教师关注的就不是"幼儿能说出海底世界中鱼的种类",而是"讨论海底世界中有趣的事情"或"表达对海底世界的喜爱"等。因此,表现性目标在一些欣赏活动、艺术创造活动或复杂的智力活动中体现得比较多,它对教师的专业素质和能力有较高的要求。

3. 生成性目标

生成性目标是在教育情境中随着教育过程的展开而自然生成的目标。它关注的是幼儿活动的过程而不是像行为目标那样重视结果。

生成性目标不是取消教育活动的目标,它也需要在教育活动之前有一个意向性的提示。因为幼儿有时并不知道学习什么对他们是最好的,还需要教师的引导。生成性目标的思想源于杜威,而在英国著名课程论专家斯坦豪斯的理论中得以发展和传播。生成性目标考虑到了幼儿的兴趣、能力的差异,强调教育目标的适应性和生成性,强调幼儿主动活动的过程。例如一些教师在教育活动中提出"理解他人的情感,乐于与人合作"等都是生成性目标的体现,由此可以看出生成性目标注重从幼儿获得经验的目的出发构建目标,关注如何为幼儿提供有助于个体自由发展的学习经验,因此可与行为目标互为补充。

总之,教师可以从行为目标、表现性目标和生成性目标等不同的取向设计目标。不同取向的目标只是从某一特定的角度把握教育活动的目标,都有其存在的价值,它们之间并不是相互排斥或对立的,而是相互补充和联系的。在教育活动的设计和实施中,教师对于行为目标的把握是最基本的,但不是唯一的。如果过分强调行为目标,就有可能把行为目标作为一个可预先决定和操纵的机械过程,忽视活动过程中幼儿学习的主体性和教师工作的创造性。而从行为目标取向发展到生成性目标取向,再发展到表现性目标取向,体现了对幼儿的主体价值和个性培养的追求,弥补了单纯地强调行为目标的缺失。教育目标是为教育过程服务的,在实际的教育实践中,应根据教育活动的内容和特点,科学合理地设计教育活动目标,从而促进幼儿在知识技能、能力情感以及个性和社会性等方面和谐整体地发展。

四、幼儿园教育活动目标表述的要求

1. 目标表述要具体、明确,切忌空泛

教育目标具有导向和标尺作用,作为目标体系中最底层、最具体的教育活动目标,其特点就是能具体指导、调控教师的教学过程,否则也就丧失了作用。

例如,中班"刷牙"活动的目标之一是:学习正确的刷牙方法,养成早晚刷牙的好习惯;"喝水"活动的目标之一是:知道口渴了要接水喝,养成主动喝水的习惯。这两个教育活动中所表

述的目标就比较具体,比笼统地定为"培养幼儿良好的生活卫生习惯"更具有可操作性。

2. 目标确定要符合年龄特点

年龄的差异就决定了智力发展、动作水平、语言发展等方面的差异,教师确定目标时必须以幼儿年龄特点及心理特点为出发点,符合幼儿需要。

例如,小班美术活动"美丽的鲜花",目标是:
①通过学画各种形状的小花,提高幼儿对花的认识和理解。
②培养幼儿耐心、细致的良好品质,发展幼儿的发散思维。
此目标的定位过高、过难,不适宜小班幼儿,修改后目标为:
①能感知花园中多种颜色、形状的花,感受春天花的美丽。
②能尝试用手指或棉签画出自己喜爱的花。

3. 一个目标要通过多种活动实现,一个活动要指向多种目标

教育活动目标与相应的活动内容并不是一一对应的关系,换句话说,并不是一项活动只达到某一个目标,一个活动目标仅仅只能通过某一活动来完成。幼儿园教育活动具有综合性和整体性的特点,所以在确定活动目标时,教师要善于统整各个教育活动,围绕一个目标,协调各种活动为之服务。

例如,中班科学活动"水",其中一个目标是:了解水的特性,懂得保护水资源。那么,为达到这一目标,老师可以综合各种活动,"好玩的水""水的用途大""水从哪里来"等,使幼儿在不同的活动中,通过不同的教育过程和手段更加生动全面地了解水的特性,懂得保护水资源。

另外,还应最大限度地发挥某一活动的教育功效,使得一项活动能实现多方面的教育任务。如大班科学活动"食品包装",活动目标可以包括:
①了解食品包装的种类、优点。
②动手操作,掌握包装食品的简单技能。
③进行初步的欣赏,设计食品包装。
这一活动的目标包括了认知获得、技能发展和艺术欣赏等不同方面,虽是科学活动,但也指向了艺术、健康等领域,促进幼儿在知识、技能、情感等方面的全面发展。

五、幼儿园教育活动目标案例

【案例1】
活动名称:谁住在皮球里
适用阶段:中班
活动目标:
①通过观察、比较,理解空气对皮球运动状态所起的作用。

②对皮球的动态——蹦、滚、飞产生探究兴趣。
③有积极思考、主动探索的强烈愿望。

活动准备：
①经验上的积累：在日常生活中幼儿以拍、滚、抛、踢等各种方式玩过皮球。
②物质材料：充足气的皮球和瘪皮球若干；各种充气工具；多媒体课件。

活动过程：

（1）游戏导入，激发兴趣

游戏"我是小皮球"，请幼儿用肢体动作来表现皮球蹦跳、滚动、飞起来的状态，启发幼儿探索皮球会蹦会滚又会飞的原因，请幼儿猜测究竟谁住在皮球里。

（2）欣赏故事、观察理解

幼儿完整地观看多媒体课件，欣赏故事。

（3）分析讨论、积极探究

①引发幼儿讨论皮球里是否真的住着兔子、轮子、喜鹊，故事这样说的原因。
②教师请幼儿用力挤压皮球，说一说感受，引导幼儿发现皮球很硬很硬。继续思考：到底谁住在皮球里？
③出示瘪了的皮球，请幼儿来拍、滚、踢皮球，从而发现没有空气皮球蹦不起来，滚不了几下，也飞不起来的现象。

（4）充气游戏、深入探索

请幼儿用各种充气工具为瘪了的皮球打气，并用充好气的皮球模仿兔子那样蹦、轮子那样滚、喜鹊那样飞起来。

【案例2】

活动名称：冬爷爷的胡子

适用阶段：小班

活动目标：

①愿意欣赏诗歌，体验散文的优美、风趣，并能大胆想象。
②发现冬季结冰的有趣现象，进而更加喜欢冬天。

活动准备：
①物质准备：大图片、音乐磁带。
②情境准备：找一处有冰雪的户外游戏场地。

活动过程：

（1）玩冰游戏

带孩子到户外玩冰，引发他们对结冰现象的兴趣。

(2)欣赏散文
①观察大图片,理解画面展示的冬季特征(出示教学挂图)。
②教师配乐朗诵散文,帮助孩子进一步理解散文内容。
③再次欣赏散文,理解"冬爷爷的胡子"到底是什么。
④师生一起朗诵散文,体验散文中快乐、活泼的积极情绪。
(3)大胆想象
启发幼儿联想,教师可以将幼儿讲的内容,补充到原来的散文中去,孩子可以随教师边做动作边朗诵散文。
(4)师生谈话
冬天里,除了冬爷爷的胡子,你还发现了什么有趣的事情?
冬天这么冷,你们喜欢吗?怎样才能使我们不怕冷呢?

第二节 幼儿园教育活动内容的设置与编排

教育活动内容是实现教育活动目标的载体和对象,与教育活动目标紧密相连。所以,教师在明确教育活动目标设计的基础上,还需要对教育活动内容的含义、类别等加以详尽分析,并合理编排教育活动内容,以保证教育活动目标的落实。教师要兼顾幼儿、社会和知识逻辑等各方面的因素,对教育活动内容加以选择,并恰当设置,使幼儿获得丰富的知识经验,促进幼儿身心和谐发展。

一、教育活动内容的含义

教育活动内容是指一整套以教学计划的具体形式存在的知识技能、价值观念和行为,是根据社会为幼儿园规定的目的和目标而设计的。按照不同教育层次、类型、年龄安排的教育内容是按某种教育目的制定的,是构成一个具体过程学习的对象。

幼儿园教育活动内容是指为实现教育目标,要求幼儿学习、获得的知识技能和行为经验的总和。首先,内容是为目标服务的,教育目标是选择教育活动内容的依据,内容的选择和编排应以实现目标为原则,保持与目标的一致性;其次,幼儿园教育活动内容不仅仅包括知识技能,还包括幼儿在学习过程中所形成的态度、价值观及相应的行为方式,以保证幼儿身心的全面发展。

《纲要》总则第二条指出:"幼儿教育是基础教育的重要组成部分,是学校教育和终身教育的奠基阶段。城乡各类幼儿园都应从实际出发,因地制宜地实施素质教育,为幼儿一生的发展打好基础。"这就决定了幼儿期幼儿学习内容是宽泛而综合的,是为幼儿进一步地学习奠定良好的基础的。而学习的深度规定了幼儿必须达到的知识深浅程度和能力的质量水平。从幼儿期幼儿认知水平发展来看,他们的思维具有具体形象的特点,这也决定了他们的学习内容具有粗浅性、趣味性,决定了他们的学习旨在激发其求知欲,形成正确的学习态度和良好的学习习惯,不在于掌握系统、抽象的知识概念。《规程》第二十四条也明确提出:"教育活动的内容应根据教育目的、幼儿实际水平和兴趣,以循序渐进为原则,有计划地选择和组织。"因此,明确学习内容各组织部分之间的联系为教学顺序的安排奠定了基础,将这些规定了深度和广度的知识技能,用幼儿所理解和能接受的展开形式加以序列化。

二、教育活动内容的取向

1. 教育活动内容即教师教学的材料

将幼儿园教育活动的内容看作是教师教学的材料的取向,关注的是教师的教学,特别是知识和技能的传递,而不是幼儿的自主活动。这一取向会使教育活动的设计者将活动内容的重点放在教学材料之上,会较多地关注知识本身的系统性和逻辑性。这种取向将活动内容主要作为预设的东西,规定了教师应该教什么,幼儿应该学什么,其长处在于知识技能的系统性和可操作性强,使教师在教育教学过程中有据可依。由于这些长处,这一取向在幼儿园教育活动设计过程中经常被人采用。

但是,这一取向使教育活动内容成为设计者规定幼儿必须接受的东西,而它们不一定是幼儿需要的和感兴趣的东西,也不一定是幼儿必须学的和能够学的东西。为了弥补这种取向的弊端,教师要经常运用各种教学技巧,对活动内容进行选择、加工和改造,尽量使教学材料能引起幼儿的兴趣。

2. 教育活动内容即幼儿的学习活动

将幼儿园教育活动内容看成是学习活动的取向,关注的是幼儿做些什么,强调教育活动与社会生活的联系,强调幼儿在学习中的主动性。这种取向主张要关注幼儿自己对活动过程的参与,持这种取向,会使教师设计和安排大量的活动,让幼儿在参与活动的过程中自己去探索和发现。

这种取向关注幼儿的活动,往往是幼儿的外显活动,尽管这些活动在表面上可能是很活跃的,但内容能否被幼儿同化、能否从根本上引起幼儿深层次的心理结构的变化,其实是难以保证的,在活动过程中,每个幼儿都在自己原有水平上获得经验,即使是同样的活动,对于不同的幼儿而言,所获得的意义也可以是完全不同的。因此,教育活动内容的这种取向没有从根本上反映出幼儿学习的这一本质。

3. 教育活动内容即幼儿的学习经验

幼儿园教育活动的内容即幼儿学习经验,这一取向是指幼儿是主动的学习者,幼儿是否能够真正理解和获得活动内容,主要取决于幼儿已有的心理结构,取决于幼儿与环境之间的有意义的交互作用。根据这种取向,知识是幼儿自己"学"会的,而不是教师"教"会的;活动内容应由幼儿自己决定,而不是教师支配。

在幼儿园教育活动设计中,这种取向也不难看到。持这种取向,会使教师关注幼儿园环境的创设,关注幼儿学习经验的获得,强调幼儿在与环境交互作用中知识的建构,而不是特定知识的传递,或是一般意义上的活动组织和安排。

这种取向将幼儿在学习过程中所获得的经验作为选择和组织活动内容的出发点,有其深刻的理由。但是,幼儿的经验是其自己的心理经验,这是比较主观的东西,具有不确定性,教师有时难以把握,而且在实践操作中,活动内容也容易过分泛化。

总之,教育活动内容的不同取向对活动内容的关注点各不相同,甚至存在着冲突。一个教育活动的设计,在内容取向上只能选取一种,而且必须与活动目标的取向相一致。在幼儿园课程编制中,教师可以选取不同内容的教育活动进行组合,从而实现学习活动与学习经验之间的平衡。

三、教育活动内容的设置

教育活动内容的设置是对已选定的学习内容进行组织安排,使它具有一定的系统性或整体性。比较有影响的有以下三种观点。

1. 布鲁纳提出的螺旋式编排教育活动内容的主张

布鲁纳是美国的教育学家和心理学家,他提出应根据孩子的智力发展水平,让他们尽早有机会在不同程度上去接触和掌握某门学科的基本结构,以后,随着孩子智力上的成熟,围绕基本结构不断加深内容,使他们对学科有更深刻和有意义的理解。

幼儿园的教育活动内容非常丰富,并渗透在各年龄班的活动之中,教师就可以螺旋式编排这些活动内容。比如在幼儿园的科学教育中,各年龄班都有"认识四季"这样的活动内容,按照螺旋式编排的思路,小班幼儿的活动内容可以安排"宝宝不怕冷""大风和秋叶"等,使小班幼儿初步感受四季的明显特征;中班幼儿的活动内容则可以安排"云彩和风儿""美丽的菊花"等,使幼儿对不同季节的特征、动植物生长等有更进一步的认识;而到了大班,其活动内容则更深化,可以安排"四季妈妈的四个娃娃""动物怎样过冬"等内容,由此我们看到,围绕"认识四季"这一活动内容,各年龄班具体的活动内容和要求呈现螺旋式上升的态势,从而使幼儿对四季的认识和有关概念的形成逐步加深和拓展。

2. 加涅提出的直线编排教育活动内容的主张

加涅从学习层级论的观点出发,把教育活动内容转化为一系列的能力目标,然后按照这些目标之间从简单到复杂的关系,把全部教育活动内容按等级排列。

幼儿园数学教育活动内容基本是以直线编排的形式组织的,一般分为数、量、形、时空、感知集合与分类等,在编排"认识几何形体"这一内容时,不同年龄班有着不同的教学内容和要求。

小班是:

①认识区分圆形、三角形和正方形。

②能用圆形、三角形和正方形进行组合拼搭。
中班是：
①认识长方形、椭圆形和梯形。
②能按平面图形角和边的数量正确区分、辨认不同的图形。
③初步理解平面图形之间的简单关系。
④用六种平面图形进行组合拼搭。
大班是：
①认识区分球体、正方体、长方体和圆柱体。
②寻找、区分、理解平面图形和立体图形间的关系。
③学习几何图形的二等分和四等分，知道整体和部分间的分合关系。

从小班、中班到大班的活动内容和要求，我们可以清晰地看出活动内容具有由简到繁、直线上升、逐步提高的趋势。

3. 奥苏贝尔提出的渐进分化和综合贯通教育内容的主张

渐进分化是指该学科的最一般和最概括的观念应首先呈现，然后按细节和具体性逐渐分化。综合贯通则是强调学科的整体性。奥苏贝尔认为渐进分化和综合贯通是相互联系、辩证统一的。

目前，幼儿园运用"综合主题课程"或"整合课程"，在这些课程模式中，许多教育活动内容的编排就体现了奥苏贝尔的主张。比如在"幼儿园整合课程"中，小班下学期的主题"扮家家"，包括"最喜欢和家人在一起""亲密亲人大集合""我家有几口""我家的房间""小客人""假如我是爸爸妈妈""爱的礼物"等24个教育活动；到了中班下学期，主题"我家和我家附近的"，具体包括"我家在这里""上幼儿园途中""照片拼图""好邻居""兔子先生去散步""公园写生记"等系列教育活动。在此，从纵向看体现了综合贯通，使幼儿对家及周围环境的认识逐步分化和扩展；而从横向看体现了综合贯通，围绕每一个课程单元，设计了一系列教育活动，通过语言、科学、艺术、数学等不同活动，帮助幼儿掌握有关家和周围环境的人、物品、标志、设施、环境等方面的知识，培养幼儿与他人友好相处的良好情绪体验，纵横相连，从而形成一个整体。

四、幼儿园教育活动内容的编排

1. 从兴趣入手

幼儿园教育活动由于幼儿、情境以及师幼互动交往的动态化，活动过程充满了变化的因素，充满了无法预知的可能性，因此，从幼儿的兴趣入手设计教育活动内容更多体现的是教育活动的生成性，以幼儿感兴趣的活动主题带动和引导幼儿的发展。比如幼儿园请来了皮影剧团，表演后孩子们对皮影产生了浓厚的兴趣，纷纷围着老师问这问那，表现了想自己尝试演一演皮影戏的强烈愿望。教师发现后，根据孩子们的兴趣点及时生成了一次以"做皮影，演皮影"为内容的教育活动。孩子们和老师一起查找相关资料,准备相应材料,他们分成自由意愿报名的若干小组(灯光、道具、舞台、配音),在共同的分工和协作活动中,孩子们的兴趣得到了满足,体会到了成功和合作的乐趣,也发展了协作、交往和动手等方面的能力。

2. 从经验入手

我们都知道,幼儿是在行动中、在与周围环境的相互作用中学习的,因此,幼儿的学习离不开他们的经验基础。教育活动的内容只有贴近生活实践,才能符合他们的认知水平,唤起他们的表达表现欲望,进而获得可能的发展。

例如"影子游戏",一般感知探索影子的基本特征,找找自己的影子、画影子、测量影子等。瑞吉欧学校活动"和影子捉迷藏"包括以下内容:

①会变的影子。
②影子有多长。
③影子的谜语。
④和影子做游戏。
⑤影子戏。

教师启发幼儿思考:
①人有影子,其他东西有影子吗?
②影子有什么用?
③同一个人的影子怎么会不一样呢?
④有什么办法使影子变长或变短?

影子的这种双重性一再地刺激孩子的想象力,也为孩子观察和推理提供了丰富的材料。当孩子们玩着影子时,老师提出:你会令影子消失吗?

幼儿可能的回答:
①你必须躺在地上,就看不见你的影子了。
②必须让这个孩子消失,他的影子才会消失。
③要用许多的小石子,许许多多的小石子。
④影子是盖不住的。
⑤用床单试试? 我们去拿?
⑥还是盖不住,我的影子在这儿,维多尼卡的影子也是盖不住的。

孩子们进一步探索:
①一直跟在事物身边的影子到底来自何方?
②它消失时又何去何从?
③它是回到事物之内,还是带着它"所属的"某些物质"远居他乡"?

教师提出了这个对幼儿很具有挑战性的问题:"你会令影子消失吗?"这个问题是在这个

年龄阶段的幼儿能够探索研究的能力范围之内的。幼儿对其动作以及动作所产生的结果感兴趣,能从这种活动中获取经验,这些经验对其今后概念的建构是重要的。设想一下,如果教师提出"为什么影子会消失"这类问题,那么,幼儿就会无所适从。

3. 从教材入手

幼儿园教材虽然种类不同,但无论何种教材都能提供给教师不同的主题素材和活动提示,但教师要把它真正变为适合幼儿需要、促进幼儿发展的活动内容,还需要教师的再次筛选、加工和设计。将教材内容所蕴含的意义、背景和内在关系转变为幼儿的学习需要和学习过程,教师须注意以下两点:

(1)对一个活动内容或作品素材尽量从不同的层面进行挖掘和设计

如儿歌:"布娃娃,布娃娃,大大的眼睛黑头发,我来抱抱你,做你的好妈妈。"设计活动内容时,不仅应当挖掘儿歌作品本身在语言方面的价值,而且应当从作品所蕴含的在积极情感体验和人际交往方面的价值出发综合设计相应的教育活动内容。

(2)从幼儿的视角出发,分析教材内容所蕴含的核心经验,从而设计出为幼儿所需要的活动内容

如"有营养的水果",如果从成人的角度出发,活动的内容设置重点就会安排在认识各种水果以及它们各自的营养价值方面;如果从幼儿的角度出发,教师就可能会把重点安排在"买水果"或"制作水果拼盘"等方面,因为这样的内容更能激发幼儿的兴趣。

第三节 幼儿园教育活动计划的制订

教育是一种有目的、有计划、有组织地向受教育者施以影响的活动,教育计划是对教育工作的整体规划,为了实现既定的教育目标,教师必须制订周密的教育活动计划,并通过一定的组织形式有步骤地实施计划,才能收到预期的效果。

一、制订幼儿园教育活动计划的要求

1. 符合幼儿的特点

制订教育计划的依据是《纲要》以及对不同年龄段幼儿的要求。幼儿之间不仅存在着明显的年龄差异,还存在着智力发展及动作水平、语言发展的差异等,因此,幼儿园教师制订教育活动计划时必须以幼儿生理及心理特点为出发点,以幼儿教育的基本理论为指导,制订出符合幼儿实际水平的教育计划。例如安排教育内容时注意动与静的交替、室内活动与室外活动的交替、集体活动与分组、个别活动的交替等。

2. 注重系统性和统一性

幼儿园的教育活动是一个整体,在制订计划时,应注意由易到难、由浅到深,各年龄班之

间、各学期之间,甚至月、周、日都要保持衔接,保证教育过程的连贯性。同时,在对幼儿进行教育的过程中,即在生活活动、学习活动、户外活动等方面,注意发挥教育工作的整体作用。

3. 具有可行性

制订教育计划必须因地制宜,结合本地区区域特色、环境、季节特点、本园实际等,使计划具有可行性。例如某一课程模式的实施、教具的使用等,都要根据实际情况进行。同时,作为指导教育工作的依据,计划必须具体,突出重点,并有实施的具体措施、要求、步骤和方法等。

二、制订幼儿园教育活动计划的步骤

1. 了解情况,明确任务

包括了解幼儿园及班级的具体情况,如幼儿园的办园思想、课程模式、设施配备、工作思路;本班幼儿的发展水平及心理状况等。通过分析前一阶段取得的成绩、经验,存在的问题及原因,根据现有条件、能力,明确本学期的具体工作任务及重点方向,经过层层分解,具体落实到各项计划之中等。同时,确定的教育任务不但要具体,而且要全面。幼儿园的日常生活活动、教育活动、节日庆祝活动以及家长工作等,都应在计划中有不同程度的反映。

2. 选择内容,促进发展

在明确了计划的具体任务之后,教师必须广泛收集有关资料,选择那些符合幼儿需要和生活实际的,具有科学性、启发性、渗透性和趣味性的教育内容;或者对指定的内容进行挖掘、综合、创新,紧紧围绕幼儿、教师、教材和环境这四个要素,从幼儿的学习特点出发,充分挖掘和利用各种教育资源,开发具有趣味性的多种多样的活动,使幼儿获得全面的发展。

3. 安排时间,编写计划

根据确定的教育内容,教师可结合幼儿园及班级的实际情况、环境、季节、前期的实践经验,本着"促全面、突重点"的原则,将教育内容分解,在时间上给予科学合理的安排,特别是对专项教育活动在时间安排上应统筹安排,如"六一"庆祝活动、参观活动、运动会等。

三、幼儿园教育活动计划的种类

幼儿园教育活动计划是多种多样的,从不同的角度反映了《纲要》所规定的任务、内容和要求,是幼儿园开展各种教育活动的依据和全面实现幼儿教育任务的基本保证。

幼儿园教育活动计划可以按照不同的角度分类。根据计划的指导范围,可以分为全园性计划和班级计划;根据计划的时间,可以分为学年计划、学期计划、月计划、周计划、日计划和具体活动计划;根据计划的具体内容,可以分为各领域教育计划、专题研究计划、游戏活动计划、家长工作计划等。

多种多样的教育活动计划并不是孤立存在的,而是相互联系、密切渗透、有机结合的。为了实施方便,幼儿园的各类计划一般都用表格的方式编写。教师一般要能够制订以下几种活动计划。

1. 学期教育计划

(1)幼儿园学期教育计划

幼儿园学期教育计划是对本学期幼儿教育教学总体任务的部署及要求,包括每月需要落实的工作目标,采取的主要措施及相关工作的负责人,幼儿园园长及教学园长是该计划的主要负责人。

【案例3】

幼儿园_____学年度学期幼儿园教学计划

三月份活动安排:安全教育活动月

1. 园本培训(教师礼仪)。

2. 新教师培训。

3. 安全月活动(防火逃生演练、消防知识应知应会培训)。

4. 创办"香香TV电视台"开机仪式。

5. 家长委员会例会。

四月份活动安排:环保月(我是环保小卫士)

1. 园内优质课集体观摩(选拔市电教探索杯大赛课),一课多研。

2. 开展珍惜幸福生活教育主题活动。

3. 组织教师参与区制度建设园本教研现场交流活动。

4. 开展丰富多彩的阳光体育锻炼活动。

5. 环保教育主题活动(我是环保小卫士)。

五月份活动安排:劳动月(劳动最光荣)

1. 制订"六一"庆祝活动计划,筹备文艺节目。

2. 选送市电教大赛课。

3. 实习教师展示课。

4. 帮助别人真快乐(开展大带小活动)。

六月份活动安排:运动月(户外阳光体育运动)

1. 组织召开幼儿游戏运动会。

2. 走进小学(幼小衔接活动)。

3. 师德问卷调查,评选孩子们最喜欢的教师。

4. 课题阶段性总结、交流活动。

5. 家长开放日活动。

七月份活动安排:我要升班了

1. 大班召开毕业式,照毕业相。
2. 家长助教活动。
3. 总结一学期工作,收集、整理资料。

(2) 班级学期教育计划

班级学期教育计划是每学期开始前,由幼儿园教师根据本学期全园学期教育计划,按照《纲要》对所在年龄班规定的教育内容和要求,结合本班实际制订的学期教育工作计划。它反映了班级学期教育的具体任务、内容、要求和工作重点等,是各年龄班教师学期教育工作的依据,一般由班级教师参与制订。

教师要树立以幼儿为主体的教育观念,充分了解各年龄段幼儿的身心发展特点,以五大领域为基本教学内容,整合园本课程,围绕学期教学计划制订符合各年龄段特点的班级教学计划。具体要求如下:

①了解本班幼儿已有的知识、能力、情感、态度等情况,确定适当的教学重点,做到"以学定教"。

②查阅、搜集与教学内容相关的各种参考资料,丰富教学内容。

③能根据幼儿实际情况,确定是否对幼儿园教材内容进行更换、调整、补充和修改。

【案例4(表2.1)】

表2.1 2011年中班下学期教育活动计划

内容\目标	学期教育目标
健康	★有良好的生活常规和秩序,情绪愉快,喜欢幼儿园有规律的集体生活 ★能用合理的方式宣泄自己的情绪 ★独立地穿脱衣服和鞋袜,并能整理自己的生活物品,学会擤鼻涕,知道打喷嚏、咳嗽不对人;学会自理大小便和养成良好的个人卫生习惯 ★有良好的公共卫生习惯 ★初步了解身体特征、保健常识及保护方法,也注意不伤害他人 ★能接受和配合体检及对疾病的预防和治疗 ★遇到危险时会躲避及呼喊求救,有自我保护意识 ★积极参加体育活动,在运动中体验走、跑、跳、推、拉、钻、投掷、攀爬、侧滚、旋转等不同的运动方式,能较灵活地控制自己的身体运动方向 ★性格活泼开朗,有自信,不怕困难

续表2.1

内容 \ 目标	学期教育目标
语言	★能有礼貌地主动与他人交谈，大胆运用词语，体验语言交流的意义 ★喜欢倾听理解幼儿文学艺术作品及与其生活相关的语音信息，能够仿编，并能从中体会乐趣 ★喜欢阅读，接触各种阅读材料，能够从前至后有顺序地阅读，持续一段时间阅读，建立画面和口头语言之间的联系，交接故事的情节线索；认识页码；尝试多种阅读方式，体验阅读的乐趣 ★喜欢提问，敢于当众讲话，自然大方 ★有顺序地收放图书，知道爱惜图书 ★喜欢听幼儿文学作品，理解故事内容并能说出主要情节；会复述故事、用替换词语的方式续编故事，学习仿编诗歌 ★从图书、电视、电脑、广播、口头交谈等途径中得到信息，并获得快乐 ★通过绘画操作等活动，提高对笔的控制能力，坐姿正确
社会	★积极主动地自主选择喜欢的活动，学习制订自我活动计划，并能执行和表达，有初步的独立意识和责任感；努力解决活动中遇到的问题，体验成功感；自尊自信 ★与同伴交往，学习分享、谦让与合作；有规则意识，逐渐形成自控能力，懂得尊重别人的意见；具有初步的责任感 ★能简单地理解和评判某些行为的对与错，对人、对动物有同情心 ★尝试学习解决与他人交往中的问题 ★学会简单评价自己和他人的行为，做错了事情能承认，并愿意改正 ★能用适当的方式表达自己的感情和需要 ★体验父母及亲人对自己的爱，知道父母和亲人的兴趣爱好，愿意表达对父母和亲人的爱 ★在节日中了解节日的意义，感受节日的快乐
科学	★对周围事物、现象感兴趣，主动观察和探索周围常见事物、现象和变化的简单规律 ★主动感知生命，亲近自然，有好奇心和求知欲 ★能对身边的事物、现象进行比较，连续地观察，能发现事物或现象的差异和变化；大胆猜想和主动探究，并从中体验快乐 ★用多种形式表现、交流探索的过程与方法，分享探索的快乐 ★对数学活动感兴趣，建立初步的自信心 ★懂得关心、爱护周围的环境，形成初步的环保意识 ★感知磁铁、石头、泥土、空气的特性，颜色的变化，物体的溶解和沉浮等现象 ★感受科学技术对生活的影响，培养幼儿对科学的兴趣和对科学家的崇敬 ★探究和感知长方形、正方形、半圆形以及图形之间的转换关系 ★接触物体粗细、高矮、厚薄、轻重等常见量，感知特征，进行分类，会循环排序 ★日常生活中理解序数的含义 ★体验和理解昨天、今天、明天的含义；正确辨认方位 ★能通过对事物的比较、连续观察探究提出初步的猜想、验证、观察发现特性变化，发现特点差异 ★动手体验感知10以内数的形成

2. 班级月教育计划

班级月教育计划是在每学期开始前由教师根据班级学期教育计划,紧密结合本班幼儿实际情况和季节特点制订的月教育计划。它反映了各月份教育工作的具体内容、要求和措施。它是各年龄班教师每月教育工作的依据。

【案例5(表2.2)】

表2.2　十一月份教育教学目标　　　班级:大班　　教师:

月教育目标	1. 尝试排图讲述,较清楚地表达自己的理解 2. 感受科学技术的发展带来的方便,对周围的事物、现象感兴趣,有好奇心 3. 理解7、8的组成含义,对数学游戏感兴趣 4. 关心和尊敬周围的人,初步形成社会责任感 5. 感知四季的变化,有对四季观察、探索的兴趣 6. 继续学习跳绳,喜欢参加户外活动 7. 利用绘画、泥工、折纸等多种创作 8. 欣赏不同歌曲,为熟悉的歌曲进行即兴表演,体验不同歌曲的情感			
生活真方便	科学技术的高速发展给人们带来许多方便快捷,幼儿有意无意地可以感受到。引导幼儿从熟悉的生活中感受科学技术对我们生活的影响,激发幼儿从小爱科学,既是自身所需,也是教育所在			

3. 班级周教育计划

班级周教育计划是根据班级月计划制订的周教育工作计划,它是在上一周计划执行的基础上制订的,一般是在前一个周末设计完成并拟订执行的。它是通过每日活动安排体现一周的教育工作重点、内容要求和具体措施,是各年龄班教师每周教育工作的依据。

【案例6(表2.3)】

表2.3 ×××幼儿园周工作计划

班级:大班　教师:　　　2011年11月21日至11月25日

日期	星期一	星期二	星期三	星期四	星期五
区域活动	重点指导 棋社	重点指导 智慧树	重点指导 美工区	重点指导 棋社	重点指导 拼搭玩具
教育活动	综合活动: 认识年历 健康活动: 两人三足 科学领域: 手机世界	语言领域: 各种各样的车 艺术领域: 特殊本领的车 语言领域: 照片	语言综合: 说相反 数学活动: 8的分解组成 语言游戏: 成语接龙	语言活动: 夏季,冬天在哪里 艺术领域: 四季童谣 健康领域: 跳绳	社会领域: 傻小熊进城 艺术活动: 想飞的故事 创意美术特色活动: 想飞的狮子
户外活动	踩高跷	玩滑梯	接力跑	好玩的沙包	跳绳
礼仪教育	关爱他人 活动目标:能主动关心问候他人					
安全教育	电梯里的安全 活动目标:1.了解电梯里自我保护的知识 　　　　　2.知道在发生意外的时候采取的措施					
家园共育	家长有意识地引导幼儿认识家中的小电器,指导幼儿使用一些安全、易操作的小电器。并讲解使用安全的注意事项					

4. 班级一日教育活动计划

班级一日教育活动计划是按照周计划的安排进一步详细制订的每日活动计划。

【案例7(表2.4)】

表2.4 ×××班×月×日教育活动计划

时间、项目	内容与要求
入园活动 7:30~8:10	1.教师与幼儿及家长热情问候,与个别性格内向的幼儿进行交流 2.鼓励幼儿积极参与到区域游戏中
早餐 8:10~8:30	盥洗:指导幼儿按顺序洗手,不推挤、打闹 进餐:引导幼儿安静就餐,正确使用餐具,保持桌面整洁,知道节约粮食

续表2.4

时间、项目	内容与要求
教学活动 8:30~9:00 (不同年龄班可适当增减时间)	活动名称:亲亲我的好妈妈 活动目标: 1.知道三月八日是国际劳动妇女节,是妈妈的节日 2.在亲子游戏中,了解妈妈的工作和妈妈的喜好,学习使用简单的话向妈妈表示感谢,关心、体贴妈妈 3.通过表演节目和动手制作,表达对妈妈的祝贺,萌发对妈妈的热爱之情 活动准备: 1.歌曲录音带,如:《我的好妈妈》《小乌鸦爱妈妈》《世上只有妈妈好》等。妈妈在家里辛苦做事以及在单位辛苦工作的录像 2.在家观察妈妈做的事,或和妈妈谈谈单位里做的事(教师可适当地交代任务:"看看你妈妈在家里做了什么事,"或者"妈妈在单位里做什么事") 3.老师创设环境:"妈妈喜欢"的物品展览会(可用实物也可用图片) 4.准备好搭建舞台的材料,如积木、桌布、花盆、彩色纸等 5.通知妈妈参加活动 活动过程: 1.讨论表演的节目,确定节目单 (1)说说三月八日是什么节 (2)讨论表演节目的内容。关注点:告诉幼儿"我们为妈妈开一个庆祝会,说说庆祝会上,愿意为妈妈表演什么节目" (3)制定节目单。关注点:教师可引导幼儿合作为妈妈表演 2.活动进行 (1)主持人引导幼儿说说庆祝会的意义 (2)按节目单表演节目 3.播放妈妈在家做事和在单位做事很辛苦的录像 关注点:录像要捕捉平时幼儿熟视无睹的内容,尽可能直观真切,能产生较强的感染力(录像可以是教师设计录制的,也可以是班上某一家长的) 4.妈妈说心声 5.集体表演《我的好妈妈》 6.送礼物,和妈妈一起观赏展览会;和妈妈一起说说喜欢什么(幼儿和妈妈一起讨论) (1)制作礼品:幼儿根据与妈妈的谈话中得知妈妈喜欢的礼物,根据自己的意愿,在区域中选择适宜的材料,为妈妈制作礼物 (2)祝贺,送礼物 活动延伸:本环节可分多次进行。可设计幼儿的"我帮妈妈"记事本,主要记录幼儿如何减少妈妈的辛苦

续表 2.4

时间、项目	内容与要求
过渡环节 9:00~9:20	1. 如厕:有目的地引导幼儿关心自己小便的颜色,调整饮水量 2. 喝水:引导幼儿有秩序地取放口杯和接水 3. 外出服装及鞋的检查、自查
早操及户外 9:20~10:00	1. 指导幼儿做操动作到位、协调,能按音乐的节奏做动作,以自身的情绪带动幼儿保持饱满的精神 2. 鼓励幼儿在游戏中积极参与,根据自己的身体感受调整活动量
游戏活动 10:00~10:30	开放各个区域,重点指导: 1. 美工区:引发幼儿大胆构图,进行折纸游戏 2. 滚滚乐:引导幼儿关注管子长短与球落地的关系 3. 语言区:通过材料引发幼儿大胆讲述并续编结尾
午餐前活动 10:30~11:00	教师根据需要组织幼儿进行活动,如手指游戏、谈话、翻绳等
午餐 11:00~11:30	要求同早餐
午睡 12:00~14:30	1. 脱衣服:指导幼儿按顺序脱衣服,并折叠整齐 2. 午检:观测幼儿体温及有无带小玩具进入寝室 3. 午睡:组织幼儿安静入睡,教师通过巡视关注幼儿睡眠情况
起床 14:30~15:00	1. 穿衣服:引导幼儿按顺序穿衣物,整理自己的物品 2. 午检:观测幼儿情绪及身体状况
室内活动、 户外活动、 晚餐	同前
离园 16:30~17:30	1. 组织幼儿整理仪表服装,带好自己的物品 2. 稳定情绪(组织相关安静活动) 3. 与幼儿道别,与家长做个别交流

5. 教学活动计划(又称活动方案或教案)

教学活动计划,是教师结合幼儿特点依据目标,设计有目的、有计划的活动,使活动成为激发幼儿兴趣、获得经验、重组经验、促进幼儿成长的教育过程。它是一个教学活动的具体计划,阐明在预定的活动时间内要做什么、怎么做、要达到什么目标等。

一般来讲,教学活动计划包括背景分析、教学目标设计、教育内容选择、确定组织形式、活动准备、教学方法及手段的采用和教学评价。

(1) 背景分析

对活动内容中所蕴涵的价值和幼儿现有水平、个性特点进行深入的分析。

①分析教学任务或内容。在设计活动方案时,教师要利用自身的专业知识和学科知识、利用自身的工作经验和对活动情境的理解和设想、利用正确的幼儿观和教育观,来研究与分析教材的内在教育价值,识别教材的教育潜能。

②分析教学对象。教师还应考虑幼儿的先前已有经验、幼儿的年龄特点、学习特点以及个性特征,必须确定幼儿在教学开始前已有特定技能和已有经验的程度,评估幼儿与方案相关的知识和兴趣,并以此作为方案目标设计和确定的依据。然后再和幼儿共同设立一个适当的情境,以促进幼儿参与问题的探索。

(2) 教学目标设计

简而言之就是期望幼儿通过这一活动获得哪些发展,即主要说明通过这一活动期望幼儿能达到的目标,一般包括知识技能目标、能力培养目标、情感态度目标等方面。《纲要》中指出,幼儿园各领域的内容是相互渗透的,应从不同的角度促进幼儿情感、态度、能力、知识、技能等方面的发展。即便是某一具体教育活动的目标也不应该仅仅局限于某一个方面,而是要促进幼儿的全面发展。同时,要根据对教学任务所做的分析和幼儿的兴趣、已有经验水平来设计教育活动的具体目标,同时这些具体的目标要具有一定的层级递进性。教学目标的设计应该具体明确操作性强,避免目标的陈述过于抽象化、概括化,导致不利于检测和评价教学效果。

(3) 教育内容选择

活动中目标和内容之间具有相互制约性和互动性,即活动内容的选择制约着活动目标的达成,同时活动目标的确立会在一定程度上影响着活动内容的选择。因此,选择教育活动内容时必须要考虑与目标之间的关系,同时要注意以下几方面的问题:

①符合幼儿的年龄特点和实际经验。

②符合幼儿的发展特征和发展需求。

③符合社会生活实际,贴近幼儿现实生活。

(4) 确定组织形式

活动的目标和内容确定之后,就要选择活动的组织形式。幼儿园教育教学活动的组织形式有三种,即集体活动、小组活动和个别活动。在实际教学中,选择和确定哪一种组织形式,必须与幼儿的年龄特点、学习特点、所要达到的目标、教育内容相适宜,进行合理的应用。

(5) 活动准备

活动中的准备主要包括幼儿的经验准备和活动中的材料准备。经验准备主要是指教师为活动的顺利开展而在活动前期对幼儿进行的经验积累和铺垫;材料准备则是教学策略得以实施的载体,它可以向幼儿传递有价值的信息,并帮助教师实现教育目标、实施教育活动的每一个环节。教学中的经验准备是保证活动进行的前提条件,而教学中的材料投放则是支撑活动的物质基础,幼儿正是通过感知、操作材料进行学习,材料的优劣能直接影响孩子参与活动的积极性、影响活动的质量、影响孩子的学习效果。在选择材料时要注意以下几个问题:

①材料要为教学目标服务。

②材料要为教学内容服务。

③材料要为幼儿的已有能力、经验和兴趣服务。

④材料要适度,既不能单调无趣,也不能花样品种太多或过分新奇精巧。

(6)教学方法及手段的采用

教学方法的使用应遵循科学性、趣味性、直观性、启发性、主体活动性、动静交替性、全面渗透性等原则。

教学中所采用的方法一般包括:观察法、示范法、范例法、欣赏法等直观类的教学方法;讲述法、讲解法、谈话法、讨论法等语言类的教学方法;练习法、操作法、实验法、游戏法等实践类的教学方法。

教学中教师所采用的教学手段直接影响着教育质量的提升,幼儿的思维具有具体形象化的特点,因此直观性的教学手段在幼儿园教学中占有主要地位。其主要包括以观察实物、观看图片、动作示范等的直观教学手段;以幻灯片、录像、多媒体教学软件等的电化教学手段。教师应从教育活动的目标、内容及幼儿的实际情况出发,选择适宜的教育手段,以提高幼儿的学习兴趣,促进教育活动生动活泼、自然有序地进行。

(7)教学评价

评价是教育活动发展的重要环节,是完整教育活动中不可缺少的一个要素,在活动的设计与实施的过程中起着至关重要的作用,通过教学评价能够明确教育效果如何、是否达到了预期目标、是否促进了幼儿的发展,以不断调整与完善教学活动,达到不断接近教育目标的最佳教育效果,因此可以说教学评价具有鉴定、诊断、改进、导向的作用。

教学评价主要包括对幼儿、教育活动、教师这三方面做出的评价。

①对幼儿的评价:对幼儿在活动过程中学习态度、方法、行为方式以及掌握具体知识技能情况做出分析和判断。

②对活动的评价:对活动过程中目标的制订、方法的运用、环节的衔接、活动本身所提供的学习经验、内容、组织方式是否恰当进行评价。

③对教师的评价:对教师在设计、准备和实施的每一个阶段中所进行的教育教学工作情况进行评价,包括目标的达成、材料的准备与使用、对幼儿的指导与关注等。

【案例8】

活动名称:卷心菜的联想(大班)

活动目标:
1. 能细致地观察实物,运用线条,表现形象。
2. 创造性地运用不同的线、形表现同一物体的形象,能够将线、形密密地排列在圆形空间。
3. 根据生活经验联想,构成有情趣的画面。

活动材料:
1. 幼儿有一定的线描画经验。
2. 电脑课件:卷心菜剖面放大照片(或实物卷心菜每人半颗)。
3. 卷心菜范例作品。
4. 勾线笔、白纸、展示板、画框。

活动过程:

一、观察实物,自主造型

视频播放卷心菜剖面图(或每个幼儿半颗卷心菜),幼儿仔细观察。
1. 请幼儿将卷心菜的样子画在纸上,要画得大大的,占满整张纸。
2. 幼儿自主造型,教师挑选部分幼儿的卷心菜造型,展示在黑板上。

二、教师请幼儿讲述自己的作品

问题:
1. 请小朋友说说:你用了哪些线条表现卷心菜?
2. 卷心菜的芯可以画成不同的样子,卷心菜的叶子也不一定用弧线画,看看小朋友们用了哪些线条?

三、欣赏范例作品,引导幼儿细致刻画

教师:小朋友的卷心菜画得非常棒,老师这里还有更漂亮的卷心菜。

问题:
1. 图中卷心菜的线条排列得怎么样?(很紧密)
2. 图中在卷心菜里面画了什么?
3. 你感觉图上的卷心菜和刚才画的有什么不同?

四、提出更高要求,幼儿作画

1. 请你也来画一棵有着很密的线、形的美丽卷心菜。

问题:
想一想,卷心菜种在地里的时候,会有哪些小虫子在它周围活动?
2. 教师指导:
①鼓励幼儿根据观察的感受组织不同的有变化的线条表现卷心菜,不要求写实。
②鼓励幼儿将线、形密密地填满卷心菜的内部。
③鼓励幼儿大胆联想,构成有情趣的画面。

④教师及时介绍有创意的幼儿作品。

五、展示幼儿作品,欣赏评价

1. 教师将幼儿作品展示在准备好的画框中。
2. 你喜欢哪棵卷心菜,为什么?

(哈尔滨市××区××幼儿园　田××供稿)

6. 主题活动教育计划

主题活动是在一段时间内围绕一个中心内容组织的教育活动。它打破各个领域之间的界限,适当拓宽知识领域,将多门学科有机地联系在一起,相互支持、相互补充,建立各领域教育内容之间的自然联系,使幼儿的学习活动更具有整体性,对事物能够建立一个较为完整、较为全面、较为生活化的认识,而不是相互割裂的认识。

主题活动的特点就是打破了学科之间的界限,将各种学习内容围绕一个问题或一个事件进行有机连接,让幼儿通过该主题教育活动,获得与中心有关的较为完整的经验。

（1）确定主题内容

"主题内容"是主题教育活动的核心。它既表明幼儿将要参与的系列活动,又表明他们将从中所获得的关键经验;同时又是教师选择组织学习内容、展开教育过程、创设教育环境的起点。选择主题可有多个出发点：

①从课程目标出发：课程目标的实现需要相应的教育活动加以支持,因此,可以从确定的课程目标出发,寻找相应的活动主题。例如,我们可以根据《纲要》提出的"对周围的事物、现象感兴趣,有好奇心和求知欲"这一目标,选择"动物乐园""认识我自己"等主题。

②从幼儿的兴趣和需要出发：幼儿感兴趣的事物中可能包含丰富的教育价值,可作为教育活动的主题。例如,"有趣的昆虫世界""多彩的服装"等主题内容就是捕捉幼儿的兴趣点和学习的需要而产生的。

③从现有的内容出发：在日常生活中,有些学习内容呈现出一定的规律性,如根据一年四季的轮回变化、生活中的各种节日等这样的线索选择主题,发掘其中的教育价值,是主题教育活动设计经常采用的方法,如"我爱冬天""快乐的新年"等。

④从意外事件出发：在社会和自然界中,经常有许多新鲜、奇特、意外的事件发生,例如社会领域中奥运会的召开、自然界中地震灾害的发生等,教师都可利用其构建主题活动的内容,如"我为奥运加加油""生命安全我知道"等。

（2）确定主题教育活动总目标

了解该主题的教育价值,并将这种价值转换成目标。由于一个单元往往需要在较长的时间里完成,所以要注意目标的全面性、综合性和一般性。主题活动目标在确定的过程中也应该考虑多种因素,如幼儿园的总目标、学期目标、主题活动本身所蕴含的教育价值以及本班幼儿的年龄特点、学习特点等。

(3)拟订主题教育活动纲要

主题教育活动纲要包括:

①组成主题系列活动的具体内容。

②涉及的相关教育领域。

③每个活动可能有助于达到哪些单元总目标。

在设计中,每一个活动可能为达成某个目标而服务,也可能为达成某几个目标而服务;而某个目标也可能通过几个活动共同实现,拟定的所有活动内容最终是为实现主题总目标而设定的。

(4)每个活动的设计

每个活动的设计的框架是:活动的名称(包括涉及的领域名称)、目标、准备(包括经验、物质、环境创设、家长工作方面的准备)、活动过程、活动建议、注意事项等。

(5)检核或评价主题活动方案

主题教育活动设计好以后,可以做一个预先的检核评估,并可依据对活动方案的评估结果修订主题教育活动设计方案。在评估的过程中,可以从主题的选择、目标的确定、内容的制定、活动过程的设计、教学方法和策略的采用、环境的创设等方面进行,根据评估的结果对整个方案进行进一步改进。

【案例9】

中班主题活动——亲亲我的好妈妈

一、主题活动来源

我们开展了"我爱妈妈"这个主题活动,幼儿纷纷带来了家里人的照片,其中一部分幼儿带来了自己的成长相册。一名幼儿的成长相册是从妈妈怀孕的时候开始积累起来的。孩子在翻看和阅读相册的过程中,知道了自己是从妈妈的肚子里生出来的,继而对自己在妈妈肚子里是如何长大的发生了浓厚的兴趣。针对孩子们自己感兴趣的内容,我们开展了一系列的活动,如进行了"我爱妈妈""找妈妈"等活动。在这个过程中,许多小朋友们从家里带来了一些有关妈妈怀孕、工作、生活的图片。大家把照片和收集来的图片布置在区域中的小书房里,并热烈地进行交流。在整个过程中,满足孩子表达的愿望,激发孩子对妈妈的热爱之情。通过交流讨论,观察比较,使孩子由被动地接受知识转变为主动地获取自己感兴趣的话题。充分发挥教育的整合性,使孩子的语言表达、艺术表现、情感体验都得到满足和发展。

二、主题活动总目标

1. 在各种活动中体验、了解妈妈生活、工作的辛苦,激发幼儿热爱妈妈、关心妈妈的情感。
2. 感受妈妈哺育孩子成长过程中所付出的辛劳,并能用多种形式表现出来。

3. 知道人和小动物都有爱妈妈的情感,并懂得回报妈妈的爱。
4. 知道三月八日是国际劳动妇女节,要尊重、爱护女性及长辈。
5. 了解、尝试怎样关心、爱护妈妈,生活中做自己力所能及的事情。

三、主题活动网络图(图2.1)

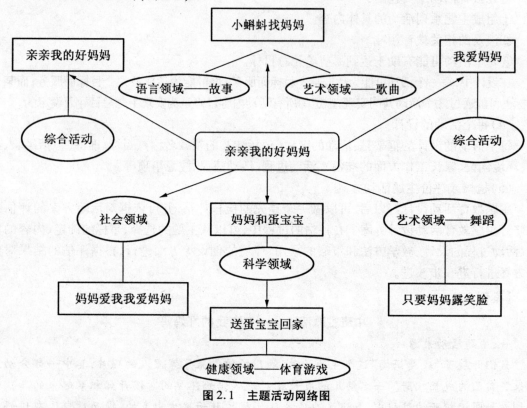

图2.1 主题活动网络图

四、环境创设

主题墙:
1. 展出宝宝与妈妈亲密游戏、学习、生活等活动照片。
2. 班级布置"亲亲我的好妈妈"专栏,让妈妈和孩子互相讲述。

语言区:
提供故事录音及头饰,幼儿可扮演故事中的妈妈和宝宝进行表演游戏等。

图书区:
1. 提供"关于妈妈宝宝"等相关书籍让幼儿观看。
2. 收集妈妈工作时的照片制作成连环画册,与同伴讲述"我的妈妈"。

科学区：
1. 玩动物妈妈找蛋的配对游戏。
2. 收集"出生的秘密"或"人是怎么来的"图片供幼儿操作。
3. 饲养小动物，如小乌龟、小蝌蚪，让幼儿体验它们成长变化，并做记录。

美工区：
1. 引导幼儿自己制作成长连环画册。
2. 三八妇女节时为妈妈制作礼物或贺卡。
3. 提供各种操作材料，如：颜料、彩笔、色卡纸、报纸、剪刀、胶带、毛线、橡皮泥等。

角色区：
1. 在角色游戏中引导幼儿扮演"宝宝""妈妈"，启发他们在妈妈过节时，我们怎样庆祝；妈妈生病时，怎样照顾等。
2. 提供各种动物妈妈和宝宝的头饰和服装，鼓励幼儿在游戏中玩"妈妈和宝宝"的角色游戏。

五、家园配合
1. 帮助孩子收集妈妈怀孕、生活、工作的照片以及孩子出生、成长的照片，多与孩子交流，使孩子感受到妈妈哺育宝宝的辛苦。
2. 帮助孩子建立成长小书，给孩子讲述妈妈关心孩子的故事。
3. 教师记录孩子"夸妈妈"的话并放入班级"亲亲我的好妈妈"专栏，妈妈记录幼儿在家里听话、懂事的内容，放入班级语言区域中。

7. 单项教育计划

（1）学期专题研究计划

学期专题研究计划是明确本学期需要重点研究、解决的实际问题及采取的相应措施。专题的确定可以是本学期幼儿园的业务工作要求，也可以是园本教育研究的内容。计划制订包括专题研究的目标、理论依据、具体措施、步骤、方式以及研究的成果形式，由园长带领组织实施。

【案例10（表2.5）】

表2.5　2012学年度上学期幼儿园教学专题研究计划

研究专题	集体教学活动中教师的有效回应
确定专题的原因	我们经常看到这样的现象：有些教师把在观摩学习中看到的一些很精彩的活动拿来重新演绎，效果却大打折扣。究其原因：教师的教育机智——回应能力存在着很大差别。一个成功、优质的教学活动不仅需要适切的目标、优秀的设计，更需要教师全面机智地回应。教师应正确判断幼儿思维过程中的认知水平，把握他们的所思所想，及时有效地回应幼儿活动过程中的生成性问题。那我们该如何提高自己的回应能力呢

续表2.5

研究专题	集体教学活动中教师的有效回应
专题研究的目标	在教育工作中,能运用缜密的思维作为判断和行事的标准,具有这种素质的教师能抓住孩子抛来的球,以适当的方式去接,并以适当的方式把球抛回给孩子
专题研究的理论依据(准备学习的理论书籍或文章)	陆翠平:《提高教师在集体教学活动中的回应能力》 徐文芳:《幼儿园集体教学活动中教师回应策略的实践与研究》
专题研究的具体措施、步骤、方式	采用观摩分析优质录像课、集体备课、现场跟踪、案例分析、实践研究、教研对话等方式,系统研究幼儿园集体教学活动中教师回应的有效方法
专题研究的成果形式	公开教学实录和教学研讨实录等

(2)家长会教育工作计划

家长会是幼儿园普遍采用的一种家园合作方式,有全园性的,有年级与班级的,还有其他不同类型的家长会。

全园性的家长会要求家长都参加,一般安排在学期初或学期末。这种家长会的内容大都是向家长报告幼儿园的工作计划,汇报教育成果,以及向家长提出相关要求。

年级和班级家长会的形式不拘一格,主要是注重实效,可以组织家长参与互动,教师与家长双向交流,共同探讨有关孩子的教育问题,帮助家长不断提升教育理念,达到家园共育的目的。

【案例11】

中二班家长会计划

时间:2012年9月16日

地点:中二班教室

目的:

1.让家长了解幼儿园的教育理念及重点工作。

2.介绍幼儿在园的情况,做到家园共育。

参加人员:班级教师、全体家长

参与对象:带班教师、全体家长

会议流程:介绍幼儿在园情况——家长究竟要在孩子身上完成什么任务——本学期重点工作及主要活动。

一、介绍幼儿在园情况

孩子进入中班,在生理上和心理上都是一个比较特殊的时期,和小班的时候相比,他们会更自主,好奇心极强,喜欢参与探索性的活动,不喜欢按照大人的要求去做,这个时期已经开始有自我意识了,这个时候我们鼓励他们自己去想,去做,去尝试其实是一个很好的机会。在这个时期,作为老师完全可以先做一个观察者和协助者,来发现孩子的兴趣和特长在哪里,适时地帮助他们,让他们得到尽可能大的发展空间。但这个时期也是最让老师和家长头疼的时期,孩子不像小的时候那么听话,道理又听不懂,什么都想知道可又缺乏耐心,通过近两周的观察,我觉得这个班的孩子可以说是发展得比较全面又各有特色。下面我就简单地分析一下班里孩子各方面的情况:(略)

二、专题讲座《家长究竟要在孩子身上完成什么任务》

三、本学期重点工作及主要活动

本学期我班将根据每月的主题以及各个重要节日有针对性地开展各项活动。通过五大领域(健康、语言、社会、科学、艺术)的学习,促进幼儿全面发展。培养幼儿良好的学习习惯,包括正确的坐姿、倾听习惯等。在引导幼儿学习各种知识技能的同时,还着重培养幼儿的优良品质,如相互协作、勇于克服困难的精神,增强幼儿的集体意识,促进幼儿自控能力及规则意识的提高。

具体安排:(略)

(3)运动会教育工作计划

运动会是幼儿园经常举行的综合体育活动,有全园性的,有年级与班级的;有按季节举行的,如春季运动会、秋季运动会;也有其他类型的,如亲子运动会等。

运动会之前的筹备工作是非常重要的,如器械、场地、时间安排、安全措施、教师分工等,需要幼儿园各部门的全力配合。

【案例12】

2012年幼儿园春季亲子运动会活动计划

时间:2012年6月1日上午08:00~12:00

地点:幼儿园内

项目:

1. 运动员入场
2. 开幕典礼仪式
3. 幼儿表演操
4. 家庭亲子运动
5. 分年级组竞赛
6. 运动会结束

活动流程:
1. 小小运动员入场
2. 开幕典礼
(1) 园长致开幕词
(2) 宣布运动会开始——放气球
3. 幼儿表演操
(1) 我真的很不错
(2) 123运动舞
4. 家庭趣味亲子运动(全体家长和幼儿)
(1) 口令带动(家长进场)
(2) 比比看
(3) 家庭亲子健康运动
5. 分年级组分区亲子运动比赛(具体规则和安排略)
6. 大手牵小手,快乐回家去(舞蹈带动《手牵手》)(结束)
竞赛规程:
总裁判:徐××
裁判员:王××
卫生保健:金××
音响设备:李××
场地次序维护:陈×× 朱×× 季×× 胡×× 牟×× 夏××
食品准备:陈××
材料准备:徐××
门卫安全:刘××、周××

总之,以上各类计划,教师要先学会制定班级一日工作计划和具体活动计划,其他各种计划的制订一般在具备了一定的工作经验之后才能逐渐掌握。对于新教师和年轻教师,建议编写较为详细的计划,待经验逐渐丰富后,再尝试简写。同时需要指出的是,任何计划都不是固定不变的,要根据幼儿园及班级的实际情况、季节的变化、环境及偶发事件进行及时调整。

第四节 幼儿园教育活动设计的基本原则

幼儿园教育活动设计是教师为促进幼儿发展而有计划、有目的地展开的一项创造性工作,它是建立在教师把握和分析活动对象的特点,制订适宜的教育活动目标,合理选择教育活动的内容与形式,并充分创设教育活动的环境和调动其他要素的基础之上的。因此,对于这样一种与教育目标、教育观念、教材教法、教师与幼儿以及环境与时空等各项因素相关的设计工作,为了促进其科学、合理而有效,有必要在设计中提出以及遵循一些基本的准则和要求。

一、教育性原则

教育性原则指教育活动过程中发挥各种因素的教育功能、作用和影响,培养幼儿形成对待周围事物的正确态度。例如,选择活动时,活动内容必须是积极的、正面的、能引起幼儿愉快情绪的,使幼儿在获得知识的同时,发展他们良好的道德情感和审美情感。设计活动方案时,防止脱离内容、牵强附会,为教育而教育,忽视品德教育的倾向。

二、科学性原则

科学性原则是指向幼儿传授的知识、观点、技能等应该是正确的,是符合客观规律的,帮助幼儿正确地认识事物,形成正确的概念。运用科学性原则时要做到以下几点:

1. 活动内容的选择要科学合理

教师在选择活动内容时要充分考虑幼儿的可接受性,符合幼儿的认知规律,注意由浅到深、由易到难、循序渐进。

例如,教师将两个大小一样的杯子注入了等量的水,问幼儿:"这两杯水一样多吗?"幼儿回答:"一样多。"然后,教师将一杯水倒入一个又细又长的杯子,让幼儿仔细观察后回答两杯水是否一样多,幼儿回答"不一样多",有的指着细长的杯子说:"这个多。"有的指着原来的杯子说:"这个多。"从这个实验中我们能看到学龄前的幼儿受年龄和思维抽象性的发展的限制,在量的守恒中容易受到物体的外部特征、视觉判断等方面的干扰而不能正确地认识物体量的守恒。只有通过亲自摆弄、触摸、观察具体事物,才能从中获得物体数量方面的感性经验。

2. 活动的具体内容要科学合理

教师向幼儿传授的观念、知识技能应是科学准确的。虽然幼儿期的知识是初步的、浅显的,但教师对知识的把握必须准确,利于幼儿形成科学的概念。尤其是教师的问题设计、回应要准确。

例如认识"纸",有的教师常常提这样的问题:纸的优点是什么?缺点是什么?幼儿回答:纸能写字、纸能折;纸怕水、怕火、怕撕等。实际上这并不是纸的优点或缺点,而是纸的特点。再比如,在认识青蛙时,教师会提到"青蛙是两栖动物",为什么呢?有的老师这样对孩子解释:"因为青蛙小时候生活在水里,长大了又能到陆地上生活,这样的动物就是两栖动物。"实际上这是不准确的,其实,青蛙在幼体阶段即小蝌蚪期用鳃呼吸,他们成熟后就用肺在陆地上呼吸,这样的动物就是两栖动物。这也说明了教师自身对事物的认识要科学正确。

三、发展性原则

发展性原则是指在教育活动设计中必须准确地把握幼儿的原有基础和水平,并以此为依据着眼于促进幼儿在身体、认知、情感、个性以及社会性等方面的全面而整体的发展。它包含两层含义。

一是指教育活动的设计应以促进幼儿的发展为出发点,应该适应幼儿的发展水平,考虑幼儿的原有基础。教育活动的目标和内容应以幼儿的身心发展成熟程度可以接受为基础,既不任意拔高,也不盲目滞后。在教育活动的设计中,教师必须遵循从幼儿身心发展的现实水平和已有的"内部结构"出发,既照顾到幼儿的现实需要、兴趣和能力水平,也考虑到幼儿长远发展的需要和价值,以促进幼儿在现有基础上的进一步发展和提升。正如著名心理学家维果斯基所认为的,教师应在幼儿的两种发展水平,即较低层次上的已有发展水平和较高层次上的需帮助而达成的水平之间,确立其"最近发展区",使教学建立在"最近发展区"的基础上,从而使教育活动能更好地真正促进幼儿的发展。

二是指教育活动的设计也应以促进幼儿的发展为落脚点,应当始终贯彻以"发展"作为教育活动设计的核心,在教育活动目标的制订、内容和材料的选择以及方法和组织形式的运用等各个层面,都需要以如何有利于促进幼儿的发展作为依据和准则。当然,这种发展也应当是全面而综合的,既包括幼儿在身体方面的发展,也包括幼儿在智能、情感和社会性等方面的发展,它们应当是以一个合理而有机结合的整体体现在幼儿园教育活动设计之中的。

四、主体性原则

所谓主体是相对于客体而言的,一般来说,它是指有目的、有意识地从事实践活动和认知活动的个体。教育活动既可视为一种认知活动,也可视为一种实践活动,从幼儿园教育活动本身呈现的特点来看,教师和幼儿在教育活动中是共同参与、相互配合的,他们理所当然都是教育活动主体。在幼儿园教育活动设计中的主体性原则是针对教师的角色和工作而言的,应当把握好以下两点。

1. 坚持遵循和体现以幼儿为活动主体

在活动内容的选择以及活动形式的安排方面,注重激发幼儿的能动性、自主性、创造性,通过为幼儿创设具有兴趣性、探索性、可供幼儿自由交流和操作的环境与材料引发幼儿积极主动地与环境相互作用下以获得相应的经验,并在幼儿自己发现和解决问题的过程中发展他们的能力。虽然教师根据社会的要求和教育的目标可以对幼儿施加一定的教育影响,但教师绝不能代替幼儿实践、代替幼儿发展。只有当教师的教育影响能够促使幼儿真正成为自己学习和发展的主体时,教育的既定目标才有可能得以最好的实现,教育的理想效益和最优化才有可能达成。因此,教育活动设计中的主体性原则首先是教师在教育观念上的转变和认识,其次才有可能落实和体现在教育活动设计的行为层面。

2. 适时、适宜地发挥教师的主体性

适时、适宜地发挥教师的主体性即在活动设计中正确地认识和把握好教师的角色以及对幼儿学习和活动的"指导"。教师的主体性发挥首先体现在活动设计中教师对自身参与活动态度的认识和把握上,应当以饱满的热情和积极的态度融入幼儿的活动之中,努力营造一种民主、平等、宽松、自由的活动氛围,在满足幼儿需要和意愿的同时潜移默化地发展幼儿的自主性。

五、趣味性原则

趣味性原则是指在教育活动中,教师必须使各个教学环节充满趣味,以引起幼儿浓厚的学习兴趣,激发幼儿的积极性和求知欲,使幼儿带着喜悦的心情、全身心地投入到活动中,也就是"寓教于乐"。

下面以幼儿园"歌唱活动《懒惰虫》"(小班)教育活动内容的编排为例加以具体分析说明。

小班歌唱活动《懒惰虫》诙谐、幽默,旋律流畅,歌词生动,很适合小班幼儿。("你是懒惰虫,你是懒惰虫,你的一身都是痛,有时眼睛痛,有时肚子痛,你的一身都是痛。")歌曲虽然以"反面形象"出现,但他的教育意义是很显现的,即教育孩子做一个勤奋的人。两种教学设计及教学效果如下:

1. 教师甲

"我们来玩一个'点兵点将'的游戏。"教师一边清唱"懒惰虫"的歌曲,边用手指严格地按照儿歌的节奏自左至右依次指点幼儿,当唱至最后一个"痛"时,老师便提问:"谁是懒惰虫啊?"所有的幼儿都会指着最后被点到的幼儿用嘲笑的口吻说:"×××是懒惰虫!"某些调皮的幼儿此时便开始起哄:"ou!×××是懒惰虫!"那个被说成是"懒惰虫"的孩子或者低头露出难过的表情,或者大声抗议,甚至动用武力!可以想象,以后教师再要组织幼儿唱"懒惰虫"的歌曲时,很多幼儿都会低着头,不敢看老师,唯恐被老师点到,因为谁都不愿意做好逸恶劳的懒惰虫!

2. 教师乙

"谁知道懒惰虫是什么东西?""你们愿不愿意做懒惰虫?""现在我们来玩一个'点兵点将'的游戏,看看我们班上是不是真的没有懒惰虫!"教师边清唱歌曲《懒惰虫》边用手指点幼儿:1~6拍,每两拍指点一次;7~8拍做一种滑稽的样子并快速扭动身体表示假装浑身疼痛。第一拍上先从幼儿开始,在倒数第二拍上正好指着自己。教师提问:"老师是不是懒惰虫啊?"

无论幼儿怎样回答,教师都应该立即面对幼儿做出一种夸张的体态,以申明不赞同的态度,并用语言夸张地假装生气、假装着急地进行抗议:"我不是懒惰虫!我才不是懒惰虫呢,我就不是懒惰虫!!"然后,鼓励幼儿模仿教师的语言和体态表达方式。此时,幼儿大多会被教师那幽默夸张的动作和音色音调独特的抗议声所"逗乐"。教师用同样的方式组织幼儿玩游戏。当歌声和点数的动作最后停在某位幼儿面前时,教师便提问:"你是不是懒惰虫啊?"无论该幼儿如何回答,教师都应该想法鼓励和帮助他做出一种夸张的体态,并发出独特的抗议声,夸张地假装生气、假装着急。随后教师组织全体幼儿对其强化:或模仿其语言或体态表达的方式;或鼓掌为其叫好等。游戏反复进行4~5次。教师用目光和表情鼓励幼儿自动参与唱歌和做指点动作。可以想象,这么好玩的活动每个幼儿都会乐此不疲的。最后请幼儿两两结伴边唱边玩游戏。"问问你身边的小朋友是不是懒惰虫。"教师提供给每位幼儿用否定的语音、语调、表情和动作来表达自身感情的机会。

从上述两种不同的教学设计中我们可以看到:教师甲的教学行为始终传递给幼儿一个信息:"我非要在班上找到'懒惰虫'不可!"这显然给幼儿的心理造成了压力,并极有可能因此而造成人际矛盾,且幼儿还会因为该活动"不好玩"而不感兴趣,进而失去歌唱活动应有的快乐体验。而教师乙的教学设计自始至终充满着快乐的成分,时时处处让幼儿感到"好玩",因而幼儿自然会出于对游戏情境的迷恋,不厌其烦地唱歌,而且唱得投入、唱得愉快,不知不觉便学会了这首歌曲,其游戏过程本身就成为学习过程。而且教师将这首歌曲选作教材的目的,也绝不仅仅是让幼儿觉得它"很好玩",而是让幼儿在感受诙谐幽默所带来的快乐情感的同时,自然地领悟到在快乐中所隐含的对"懒惰"行为的否定态度。

六、渗透性原则

渗透性原则是指在教育活动设计中将各种不同领域的内容、学习形式与方法加以有机地融合,将其作为一个互相联系而不可分割的完整体系来对待。虽然幼儿园教育活动从不同的侧面可以进行多种分类,但它所涉及和涵盖的是幼儿在不同的领域及层面上的整体发展。在教育活动的设计和实施中必然要求各个领域之间的相互渗透和有机整合。教育活动设计中遵循渗透性原则主要体现在两个方面。

1. 教育活动内容的相互渗透和整合

幼儿园教育活动的呈现是以幼儿的生活经验为基础的综合式、主题式活动,它是以幼儿的生活和经验为起点而构建起来的活动,活动的内容涉及科学、艺术、语言、社会、健康等各个方面,将这些不同领域的内容以一定的主题活动的方式加以整合,使其在一个或若干个教育活动中相互渗透、补充,它既符合幼儿的年龄特点、认知特点,也有利于幼儿对活动的介入和参与。

2. 教育活动形式的相互渗透和整合

教育活动形式的相互渗透和整合一方面是指将集体进行的、正式的教育活动形式与个别选择的、非正式的教育活动形式相互渗透和组合；另一方面是指在一个教育活动的设计中，将不同的学习形式与方法加以相互渗透和组合，让幼儿在操作、实验、游戏、体验、表现、创造等不同的学习形式下加深对活动内容的把握，更好地获得活动经验和学习经验。

例如，进行语言教育时，要在时间上打破语言教学时间的局限，延伸至全天提供语言学习的机会，在空间上打破教室的局限，延伸至整个幼儿园、家庭和社区；在途径上打破过去正规教学的局限，拓展为利用游戏、生活、环境等多种途径进行语言的熏陶，为幼儿营造一定的语言交流环境。

总之，将各种教育任务和内容渗透在正规的教学活动中，渗透到各种游戏之中，渗透到一日生活之中，渗透到物质和精神环境中，渗透到家庭教育中，做到事事、时时、处处幼儿都能接受到生动而规范的教育，这样才能高质量地实现幼儿园教育的目标。

第五节 幼儿园教育活动设计的基本结构和程序

一、幼儿园教育活动设计的基本结构

教育活动的结构是指一个活动的组成部分及各部分之间的顺序和时间分配。不同的教育活动类型的结构是不完全相同的，作为活动设计者有必要了解各类活动的一般结构，了解其结构设计的基本要求，以便灵活地选择和运用。

根据教育活动的目标、内容，我们可以将幼儿园教育活动在结构上分为开始部分、基本部分和结束部分。

（1）开始部分

目的是集中幼儿的注意力，激发幼儿的学习兴趣，可以采用创设情境、猜谜语、出示图片、讲故事、提问题等方式，时间不宜过长。其作用是引发幼儿的思考和兴趣，为下面的活动做准备和铺垫。这一部分设计强调自然地导入，不要为了开始而开始，牵强地加入某一内容，一定要与后面的活动内容相关联。

（2）基本部分

目的是完成活动的各项任务，教师应根据目标，确定重点和难点，并以此安排活动的顺序、步骤，设计活动的方法、形式及手段，并注意各环节之间的自然衔接和过渡，由易到难，循序渐进。这一部分的时间相对较长。

(3) 结束部分

目的是归纳整理本次活动的主要内容,如活动评价、展示成果等。教师要尽可能自然地结束,时间不宜过长,如果有未完成的内容,可以利用其他时间继续活动,如活动延伸、家庭活动等。

【案例 13】

能干的好孩子(中班)

活动目标:
1. 学唱歌曲,知道自己能做许多力所能及的事情。
2. 愿意学习更多的本领,对自己充满信心。

材料准备:
1. 歌曲《能干的好孩子》音频材料。
2. 抹布、毛巾若干,两桶加适量清洁剂的水。

活动过程:

一、我真能干

创设情境(事先将班级中的保育老师"藏"起来)。

问题:
①今天保育员老师有事不能来了,怎么办?
②我们来帮保育老师做事情吧!

> 开始部分:
> 创设情境,引发幼儿的思考和讨论

二、幼儿分组擦桌子、擦椅子、叠毛巾

提示:教师要及时给予幼儿鼓励,帮助他们树立自信。

三、学唱歌曲《能干的好孩子》

> 基本部分:
> (1) 幼儿实践活动,参与各种劳动

1. 欣赏歌曲。
问题:你听到歌曲里唱了什么?你最喜欢哪一句?
2. 幼儿跟随老师演唱歌曲。
3. 师生分段对唱,一问一答。
4. 边跟唱边表演《能干的好孩子》。

提示:歌词比较简单,老师应着重引导幼儿在演唱中体会自我服务的快乐。

> 基本部分：
> （2）幼儿学唱歌曲，大胆表演

三、师生交流

问题：在平时你还会做些什么？你还想学到什么本领？

提示：结合幼儿的已有经验来谈话，给予幼儿积极的回应，使幼儿产生不断学习本领的愿望。

活动建议：

可以开展相关的家园活动，请幼儿回家后主动完成整理玩具、书籍，整理自己的物品，并尝试着帮助父母做些力所能及的事情。

> 结束部分：
> 以谈话拓展幼儿生活经验，激发多做事情的愿望

（哈尔滨市××区××幼儿园　杨××供稿）

【案例14】

包饺子（中班）

活动目标：

1. 了解饺子的制作过程和方法，知道饺子是北方特有的食物。
2. 尝试自己包饺子。

材料准备：①橡皮泥；②皱纹纸条、各种豆类；③一次性餐盘；④饺子若干、餐具。

活动过程：

一、教师用实物引出活动内容，激发幼儿参与的兴趣

1. 出示饺子请幼儿观察。

问题：这是什么食物？你吃过吗？

2. 教师把饺子盛在一次性餐盘里，每个幼儿一份，请幼儿观察。

问题：

①饺子像什么？

②饺子皮是什么做的？饺子馅都可以用什么做？

③饺子馅是怎么被包在饺子皮里的？

④你在家里包过饺子吗？你是怎么包饺子的？

提示：教师要给幼儿充分的观察时间，让幼儿尽情地表达自己的已有经验，不要急于总结。

> 开始部分：
> 出示实物，提出问题，引发幼儿兴趣

（1）今天我们来学习包饺子。老师为小朋友准备了橡皮泥、皱纹纸条和各种豆子。

问题：

①橡皮泥可以做饺子的什么部分？

②皱纹纸条和豆子可以做饺子的什么部分？

（2）教师演示制作方法，幼儿观察。

问题：

①我们要把橡皮泥变成什么形状才能做饺子皮？（教师演示将橡皮泥抟圆、压扁）

②皱纹纸条和豆子来做饺子馅要放在饺子皮的什么位置？

③我们怎样把饺子皮捏在一起？

提示：教师边讲解边演示每一步，让每个幼儿都看清楚。

> 基本部分：
> 认识材料，了解制作的基本方法

二、幼儿制作饺子，教师观察指导

1. 教师把制作材料发给幼儿，请幼儿自己来包饺子。

提示：教师在幼儿制作的过程中巡视指导，根据幼儿遇到的不同问题有针对性地指导。

2. 请幼儿把自己包的饺子放在餐盘上，小朋友之间互相欣赏。

> 基本部分：
> 幼儿动手制作，教师个别指导

（1）教师把准备好的不同馅的饺子煮好，请幼儿品尝。

问题：

①你吃到的饺子是什么馅包的？

②你吃的饺子味道怎么样？

（2）鼓励幼儿在家里帮助爸爸妈妈包饺子。

提示：教师要先组织幼儿洗手再吃饺子。

活动建议：

（1）教师要做好家长工作，在家中幼儿帮助他们包饺子时，不要怕幼儿给他们添乱，而是应该鼓励孩子，为孩子创造动手的机会和环境。

（2）在"美工区"提供相应的材料，继续鼓励幼儿进行包饺子活动，并鼓励幼儿自己设计不同形状、不同包法的饺子。

> 结束部分：
> 幼儿品尝后，教师自然地结束

（哈尔滨市××区××幼儿园　潘××供稿）

二、幼儿园教育活动设计的程序

幼儿园教育活动是有一定的程序和规律的,教师要了解活动设计的基本程序,才能灵活地运用。

传统的教育活动设计思路:我们想让幼儿得到什么?——教育目标;通过什么让幼儿得到?——教育内容;怎样让幼儿得到?——教育方法。

今天教师的思考逻辑:幼儿需要什么,我们想让幼儿得到什么?——这才是教育目标;通过什么让幼儿得到,幼儿从中可能得到什么?——这才是教育内容;怎样让幼儿得到,幼儿可能怎样去获得?——这才是教育方法。

幼儿园教育活动设计的实际过程,可以简化为一个基本公式:

目标 + 兴趣、需要和经验 + 内容和材料 = 活动

虽然目标写在最前面,但并不意味着它必须是教育活动设计的起点。教育活动的设计是有较大的灵活性、变通性的,但可以灵活变通的只是设计的程序,而不是其中的要素。无论从哪一个要素出发进行教育活动设计,其他要素都是必不可少的。只要充分考虑各个要素,最终都可以设计出有价值的教育活动来。

(一)以目标为起点的活动设计程序(图2.2)

考虑到幼儿活动的基本任务,在每一个教育阶段都会有比较具体的教育目标。这种目标可以是针对全班的,也可以是针对某些或个别幼儿的。

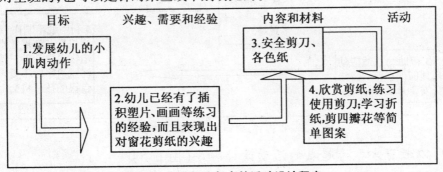

图2.2 以目标为起点的活动设计程序

(二)以兴趣需要为起点的活动设计程序(图2.3)

在富有弹性的教育过程中,幼儿的兴趣和需要常常是一个新的活动的起点。教师敏感地抓住幼儿感兴趣的事物中具有的内在价值,并与幼儿园课程的总目标加以对照,以最终决定取舍。

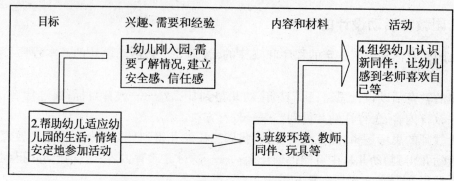

图 2.3 以兴趣需要为起点的活动设计程序

（三）以内容、材料为起点的活动设计程序

一年的季节和节日、必要的学习内容、传统的优秀教材、生活中的偶发事件，也可以作为教育活动设计的起点，然后根据幼儿的需要和课程目标，发掘内容中所蕴含的教育和发展价值。

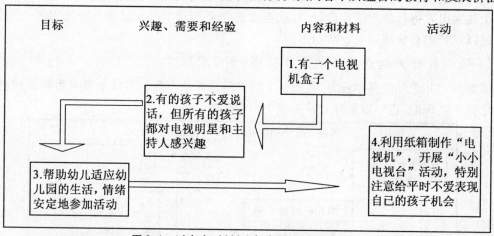

图 2.4 以内容、材料为起点的活动设计程序

（四）以教育方案为起点的活动设计程序（图 2.5）

教师手中一般都有各种版本的教材，教师多年的教育经验中也常常有成功或精彩的活动案例，因此可以选择他人已经设计好的活动，或者根据自己以往组织的比较成功的案例，在此基础上进行重新设计。在这种设计中，教师重点要思考以下问题：这个活动与本班幼儿的兴趣、经验相符吗？这个活动的目标与本班的阶段性目标关系紧密吗？这个活动与以前的活动之间有联系吗？如果有，是什么样的关联？这个活动需要的材料容易获得吗？如果这几个方面的问题答案基本令人满意，就可以进行活动，否则就要进一步考虑有没有必要对这个活动

进行改进和重新设计。

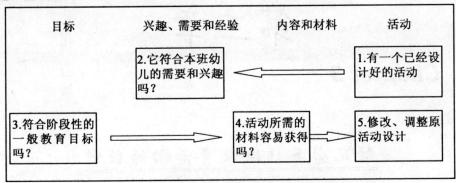

图2.5 以教育方案为起点的活动设计程序

总之,无论何种活动的结构和程序都不能公式化、固定化,否则都将有碍于教师和幼儿创造性的发挥。上述以不同设计要素为起点设计的活动程序,需要教师具有明确的目标意识、教育意识,并善于利用环境中的一切因素组织各类教育活动。

思考与练习

1. 幼儿园教育目标一般划分为哪几个层次？它们之间有何关系？
2. 请以"春天来了"为主题,为中班幼儿选择适宜的教育活动内容,并说明原因。
3. 幼儿园教育活动计划都有哪些形式？试制订一份幼儿园一日工作计划。
4. 幼儿园教育活动设计的基本结构是什么？各有什么目的？从本教材中任选一案例,试分析其结构特点。

第三章
Chapter 3

幼儿园各领域教育活动的设计

【本章学习提示】

幼儿园教育活动是教师从幼儿的兴趣和实际水平出发,根据幼儿园教育目标,有目的、有计划地组织和指导幼儿主动学习,以增进幼儿对周围环境的认识,培养学习兴趣,帮助幼儿获取有利于其身心发展的经验的活动。幼儿园教育活动包括以下几个领域:幼儿园健康领域教育活动、幼儿园语言领域教育活动、幼儿园数学领域教育活动、幼儿园科学领域教育活动、幼儿园美术领域教育活动、幼儿园音乐领域教育活动、幼儿园社会领域教育活动。本章主要论述幼儿园各领域教育活动的目标要求、幼儿园各领域教育活动的具体内容和如何设计幼儿园各领域教育活动。

【本章学习目标】

1. 掌握幼儿园各领域教育活动目标要求;
2. 理解幼儿园各领域教育活动内容;
3. 学会运用所学知识对幼儿园各领域教育活动进行设计。

第一节 幼儿园健康领域教育活动的设计

幼儿健康是人类生命质量得以提高的基石,是人类社会发展得以继续的条件。幼儿健康教育是根据幼儿身心发展的特点,提高幼儿健康认识,改善幼儿健康态度,培养幼儿健康行为,保持和促进幼儿健康的系统教育活动。幼儿健康教育是幼儿教育整体结构中的重要组成部分,也是素质教育的重要组成部分,对幼儿发展具有独特的价值和意义。健康教育有利于幼儿养成良好的饮食习惯和卫生行为习惯;能有效地促进幼儿身体发育,增强体质,促进幼儿智力的发展。同时,健康教育也能有效地促进幼儿良好个性品质的发展。

一、幼儿健康发展的特点

(1)3~4岁

①基本动作正处于发展之中,平衡、躲闪能力较差,动作不协调,易疲劳。

②大脑皮层易兴奋,注意力易转移,以自我为中心,行为容易受情绪影响。

③生活自理能力较差,不会自己照顾自己。

④自我保护的意识和能力欠佳。

⑤骨骼弹性大、易弯曲变形;肌肉力量和耐力较差。

(2)4~5岁

①动作更灵活,喜欢模仿,已掌握多种动作技能,且比较协调。

②神经系统进一步发展,兴奋与抑制过程都有较大提高,自制力明显提高;行为受情绪支配的比例逐渐下降,开始学着控制自己的情绪。

③具备了一定的生活自理能力,可以熟练地穿脱衣服、扣纽扣、拉拉链等;手部小肌肉更加精细,会使用筷子、剪刀等。

④萌发了自我保护的安全意识,能初步辨别安全与危险。

⑤动作质量明显提高,既能灵活操作,又能坚持较长时间。

(3)5~6岁

①动作极为灵活,走路速度基本与成人相同,平衡能力明显增强,能较熟练地做大肌肉运动,如单脚跳、攀爬、滑行等,多种方法玩球、玩绳等。

②脑的结构已相当成熟,情感的稳定性开始增强,能够有意识地控制自己情感的外部表现。(例如,摔痛了能忍着不哭。)

③精细动作机能得到较大提高,能较自如地控制手腕和手指,灵活地使用一些工具,例如,灵活地使用剪刀,会用橡皮泥等材料捏出各种造型等,还能正确地使用画笔、铅笔进行简单的美工活动。

④生活自理方面较之前更独立了,能选择喜欢的、适合自己的衣服,能用筷子吃饭、夹菜,也能不影响别人安静地入睡。

⑤已建立自我安全保护的意识,能辨别是非,并掌握了一些安全自护自救的常识,做事条理性逐步增强。

二、幼儿健康教育活动设计

(一)幼儿健康教育的目标

幼儿健康教育的目标是幼儿身心发展达到的健康水平,它对幼儿身心健康的发展具有规定和评定的作用,也是衡量健康教育成效的尺度。幼儿健康教育的目标可以分为:总目标和年龄阶段目标。

1. 幼儿健康教育的总目标

《纲要》规定幼儿健康教育的总目标为:

①身体健康,在集体生活中情绪安定、愉快。

②生活、卫生习惯良好,有基本的生活自理能力。

③知道必要的安全保健常识,学习保护自己。

④喜欢参加体育活动,动作协调、灵活。

总目标既包含了幼儿身体素质方面的要求,也包含了幼儿健康知识与健康行为方面的要求;既包含了幼儿身体的健康发育,也包含了幼儿心理的健康发展。

2. 幼儿健康教育的年龄阶段目标

幼儿健康教育的年龄阶段目标是根据幼儿健康教育的总目标和各阶段幼儿的年龄特点为依据确立的,对各年龄班幼儿的健康教育有直接的指导作用。

(1)小班

①了解盥洗的顺序,初步掌握洗手、刷牙的基本方法;学习穿脱衣服;会使用手帕或纸巾;坐、站、行、睡的姿势正确;能及时排便;有良好的作息习惯。

②进餐时保持愉快的情绪,愿意独立进餐;认识最常见的食物,爱吃各种食物,主动饮水。

③了解身体的外形结构,认识并学习保护五官;能积极配合疾病预防与治疗。

④知道过马路、乘坐交通工具、玩大型运动器械时要注意安全,了解日常生活中的安全常识。

⑤知道自己的性别。

⑥喜欢并愿意参加体育活动;自然地走、跑、跳、爬、投掷;学习听口令和信号做出相应动作;玩滑梯、攀登架、转椅等大型体育活动器材时能注意安全;能合作收拾小型体育器材。

(2)中班

①会穿脱衣服,初步学会整理衣服;学习整理活动用具,能保持玩具清洁;有初步的生活自理能力。

②结合品尝经验,进一步认识各类常见食物,在爱吃各类食物的同时,懂得要科学合理地进食,逐步形成良好的饮食习惯。

③进一步认识身体的主要器官,逐步形成接受疾病预防与治疗的积极态度和知道快乐有益于健康。

④认识常见的安全标志,能够在成人的提醒下遵守交通规则,不接触危险物品;遇到危险时能告诉成人,有初步的自我保护意识。

⑤愿与父母分床而眠。

⑥喜欢并较积极地参加体育活动;能听信号按节奏协调地走和跑;能按要求跳、投掷、抛接,能左右手拍球;能随音乐节奏做徒手操和轻器械操;能注意活动中的安全与合作,爱护公物,能及时收拾小型体育器材。

(3) 大班

①保持个人卫生,关心周围环境的卫生;进一步提高独立生活能力,初步形成良好的卫生习惯。

②初步理解不同的食物有不同的营养,身体需要各种营养;会使用筷子;进一步养成独立进餐的习惯。

③进一步认识身体的主要器官及重要功能,并懂得简单的保护方法;了解有关预防龋齿及换牙的知识;注意用眼卫生。

④获得应对意外事故的常识,具有粗浅的求生技能。

⑤知道男女厕所,初步理解性别角色。

⑥喜欢锻炼身体并能感到体育活动的趣味;能轻松自如地走、跑、跳、攀登、滚翻;会肩上挥臂投掷轻物并投准目标,能抛接高球;能熟练地听各种口令和信号并做出相应的动作;能随音乐节奏有精神地做徒手操和轻器械操,动作有力、到位;能注意安全,自觉遵守体育活动规则,合作谦让;体验到克服困难取得胜利的愉悦;能独立收拾各种小型体育器材。

(二) 设计要求

1. 内容要整合

幼儿健康教育不仅是促进幼儿身体的基本动作、机能和素质的发展,而且应该在一个比较宽泛的范畴中选择教育内容,整合幼儿身体保健和心理保健的内容,整合幼儿身心保健与身体锻炼的内容,整合幼儿健康教育与社会适应性教育的内容,整合各个领域教育内容,切不可认为割裂某一范围内容有益于幼儿发展的整体经验。

(1) 幼儿健康教育与其他各领域教育相结合

为实现幼儿健康教育的目标,落实幼儿健康教育的内容,可以结合幼儿园的音乐、美术、语言、科学、社会等各领域教育活动实施幼儿健康教育,使幼儿健康教育变得生动活泼,符合幼儿的心理特点。

(2) 集体指导与个别指导相结合

一般来说,幼儿健康教育以集体健康行为指导为主,但是,由于幼儿常常存在着个体特殊的健康问题。因此,必须在进行集体健康行为指导的同时,对幼儿进行有针对性的健康行为的个别指导。

(3) 幼儿健康教育与家庭和社会健康教育相结合

幼儿健康教育的内容与家庭生活内容密切相关,幼儿园的集体教育与家庭教育协调一致,幼儿健康教育将收到事半功倍的效果。所以,幼儿健康教育必须得到家庭的积极配合,家长理应成为幼儿健康教育的指导者。另外,幼儿健康教育也不能忽视社会的影响,如电视等媒体的宣传影响等。

2. 活动量要适宜

受不同年龄段幼儿认知能力和身心发展水平的制约,各年龄班幼儿发展的程度不同,表现在身体素质不同,对活动内容的理解能力、活动形式的接受能力等存在着明显的差异,为此在选择健康活动内容时,要充分尊重幼儿的身心发展规律,选择适宜的教学内容,严格控制活动量。

(1) 合理安排活动量

要根据身体锻炼的内容、运动项目的特点及幼儿年龄的差异,合理地确定身体锻炼时的"量"。包括练习的距离、练习的次数、练习的时间和间隔时间、持续活动的总时间,练习的密度、活动的强度等。一般要求"强度小些、密度较大、时间较短、强调节奏",以有助于身体锻炼保持合理的负荷。

(2) 活动量的安排要遵循人体生理机能能力变化规律

人体生理机能能力变化规律揭示:人体在开始活动时,能力逐步上升,然后达到并在一定时间内保持最高水平,最后逐渐下降。亦即生理负荷曲线总的变化规律是,从逐步上升到相对平稳,然后逐渐下降。根据这一规律,我们在贯彻合理运动负荷原则时,要注意使身体锻炼活动的运动量由小到大逐步上升,并在活动结束前逐步下降。

(3) 运用多种方式方法灵活调节活动量及活动过程

在组织指导时,教师要注意精讲多练,讲练结合,动静交替,注意灵活调节活动量。同时要观察幼儿在活动中的表现,及时了解运动负荷是否合理,以便灵活地调节活动过程。

(4) 教师要注意合理地安排和调节幼儿的心理负荷

不同年龄段幼儿身心发展水平不同,各年龄班幼儿发展的程度也不同,表现在身体素质不同,对活动内容的心理负荷存在着明显的差异,为此在选择健康活动内容时,教师要注意合理地安排和调节幼儿的心理负荷。

3. 幼儿发展要均衡

这一内容有两层含义:一是指幼儿的身体锻炼应尽量使幼儿身体的各个部位,各器官系统的机能,各种基本活动能力和身体素质等,得到均衡发展;二是指幼儿健康教育不只是锻炼幼儿的身体,增强幼儿的体质,同时也要促进幼儿认知、情感和态度、社会性和个性的和谐发展。

(1) 注意整体素质的提高

在组织幼儿进行各类动作练习和器械练习时,应重视提高幼儿的身体素质。在身体锻炼活动中也应注重帮助幼儿掌握粗浅的身体锻炼的有关知识和技能,提高幼儿在身体活动中进行智力活动的品质,发展幼儿良好的社会情感和态度,培养幼儿良好的个性品质。

(2)身体发展与心理健康并重

幼儿健康包括身体健康和心理健康两个方面,例如:目标中提及的"生活、卫生习惯良好"既包括日常生活中盥洗、排泄等生理意义上的卫生习惯,也包括吮吸手指等心理意义上的问题行为。因此,这两方面内容密不可分,只有身心和谐发展才能真正既保证身体健康又保证心理健康。

(3)保护与锻炼并重

幼儿园教育活动应体现"保教并重",健康领域的教育内容既重视掌握必要的保健知识,提高保护自身的能力,又强调通过体育活动提高身体素质。其中与安全、饮食问题相关的知识和技能、对体育活动的兴趣、增强动作的协调性和灵活性是幼儿园健康教育的重点。二者在教育实施过程中应该有机地结合起来。

4. 形式要多样

幼儿的身体锻炼要灵活运用多种多样的组织形式来展开。幼儿园常见的身体锻炼的组织形式主要是早操活动、幼儿体育教学活动和幼儿户外体育活动。这些组织形式各具特点,且完成的任务也不尽相同。因此,需要多种组织形式相互补充、相互配合,还可以通过幼儿体育活动区、室内体育活动、幼儿运动会、幼儿远足等多种形式开展锻炼。

5. 健康教育要经常化

幼儿园的教育活动应本着动静交替的原则,因此将健康活动融贯在幼儿教育活动之中,每天坚持让幼儿进行适当的身体锻炼活动,且保证"幼儿户外体育活动时间每日不得少于1小时",除此之外,对生活能力的培养也应渗透在幼儿一日生活的各个环节中进行,做到健康教育经常化。

(三)内容

1. 身体生长和生活自理能力教育

(1)生活卫生方面

这是指幼儿在基本生活方面应养成的习惯,主要内容有:

①进餐。

了解基本的食物和营养知识的进餐技能,如使用和存放餐具的方法、合理的咀嚼方法;饭前必须洗手,进餐时要细嚼慢咽,不要边吃饭边喝水,不要暴饮暴食;剧烈活动后不宜立即吃饭、喝水,生吃瓜果要洗净后再吃。不吃过多的甜食,不乱吃零食,不用饮料代替饮用水,不喝生水和不洁净的水,不要只喝纯净水;吃饭、喝水时要一口一口地吃、喝,不要太急,不要说笑,以免食物和水呛入气管;不要边吃饭边看电视,也不要边吃饭边看书报,以免影响食物的消化吸收。吃饭时间在30分钟内为宜,不要时间太短或太长;要将食物充分咀嚼,以利于食物的消化和吸收;不要吃得过饱,以免增加肠胃的负担。

②着装。

注意衣着卫生,衣服脏了要及时换洗,能根据气温变化和活动量的大小增减衣服;掌握基本的穿、脱、叠、放衣鞋的技能,培养独立着装的能力和习惯。

③睡眠。

姿势要正确,早睡早起,有规律地作息,每天保证必需的睡眠时间;独立安静地入睡,不玩玩具,不蒙头睡觉,睡前把衣鞋放在固定的地方。

(2)清洁卫生方面

清洁卫生是指幼儿在料理自己方面养成的习惯。主要内容有:每天早晚洗脸一次;饭前便后洗手;手脸脏了随时洗;饭后漱口、擦嘴;每天晚上要洗漱后才入睡;每周剪一次指甲;每周洗发2~3次,头发长了要及时理发,女孩尽量不用金属发卡;每天换洗内衣、鞋袜;注意保护皮肤;每周洗澡一次;定时大便。

(3)环境卫生方面

环境卫生是指幼儿在对待周围环境方面应养成的习惯。主要内容有:东西要放在固定地点,摆放要整齐;不乱丢果皮、纸屑;不随意乱写乱画;不随地大小便;不随地吐痰。

(4)器官保护卫生方面

这是指幼儿在保护自我身体器官方面应养成的习惯,主要内容有:

①眼保健:

a.掌握基本的眼保健知识:眼睛里有眼球,眼睛能够流泪;眼皮、眉毛可以保护眼睛,眼睛能够识物、认人,学习知识、表现感情和帮助维持身体平衡。

b.学会正确地做眼保健操,并且初步养成做眼保健操的习惯。

c.阅读姿势正确;书写姿势正确,不在运动的车上看书,不躺着看书,不走着看书;看电视距离远近适宜。连续看电视不超过1小时,每天看电视时间不超过2小时;不用脏手揉眼睛;异物入眼睛后不揉搓。

d.掌握用眼常识:不用别人的毛巾洗脸;眼睛里进入异物或痒时不用手去揉;吃胡萝卜、猪肝等食物对眼睛有好处。

②声带保健:

a.注意保护嗓子,不高声喊叫、不尖叫。

b.唱歌时,用最好听的(自然的)声音唱,唱歌后不马上喝凉水。

c.正确朗读,声音洪亮。

d.用嗓子时间长时,要及时休息、润喉。

e. 上呼吸道感染时;尽量不唱歌、大声说话。

③口腔保健:

a. 知道口腔里有牙齿、舌头,口腔能够流出口水;乳牙的种类和功能;5~6岁时换牙和换牙的卫生知识;牙齿能够切碎食物、帮助发音;舌头能够辨别冷热;唾液能够帮助消化、杀死细菌,帮助吞咽。

b. 学习漱口、刷牙技能,饭后以及吃甜食后要注意漱口;每天早晚各刷牙一次,选用的牙刷刷毛不要太硬,也不要太长,要用小的、含氟的牙膏,用正确的方法刷牙;不贪甜食、冷食,不把非食品的东西放入口中。

c. 了解与口腔保健相关的营养知识:吃豆制品、花生、蛋、奶等食物能够使牙发育得更好。

d. 了解防龋和换牙的卫生保健知识。

④耳保健:

a. 耳有外耳、耳道,耳道里有耳屎时要清除,耳朵能够听音乐,欣赏音乐,帮助识物识人。

b. 常洗外耳;遇到噪声时,用手捂住耳朵,张开嘴巴;自己不挖耳,不用硬物抠耳朵;游泳时,要注意保护耳朵,不要让水灌进耳朵里。

⑤鼻保健:

a. 知道鼻结构和功能方面的知识。

b. 掌握正确的擤鼻的技能;不抠鼻孔,不往鼻孔里塞异物;避开灰尘和噪声大的地方,不大声喊叫,打喷嚏时捂住口鼻。

c. 掌握相关的营养知识,如吃柿子椒、油菜对鼻子有好处。

⑥皮肤保健:

a. 掌握基本的皮肤保健知识。

b. 保护自己的皮肤,做锻炼皮肤的游戏。

c. 掌握洗手、洗脸、洗脚、洗肛门、用指甲刀等技能;勤洗脸、洗手、洗澡,勤换衣服,注意保持手脸清洁。

2. 饮食营养教育

幼儿饮食营养教育的重点在于让幼儿了解人的成长与身体健康必须依靠食物;懂得身体需要多种营养素,喜欢吃多种不同的食物;初步了解烹调食物的基本方法,养成良好的饮食卫生习惯;了解不同地区饮食文化的多元性。

(1)认识食物的名称、形状、色彩、性质

在幼儿认知过程中,让他们学习食物的正确名称,观察食物的各种形状、各种质地、各种味道,欣赏食物的天然色彩及食物经过加工调配组合后的色彩。

(2)知道营养素与人体健康的关系

让幼儿了解人体需要的基本营养素,这些营养素可以从哪些食物中获得,以及各种营养素与人体健康的关系,从而形成广泛摄取食物、保持身体健康的饮食营养意识。

(3)建立良好的饮食行为习惯

让幼儿了解不良的饮食行为对人体健康的危害,通过反复提醒、练习,帮助他们建立良好的饮食行为习惯,如饭前洗手、饭后漱口、安静进餐、不吃不洁食物、不乱吃零食等。

(4)掌握饮食的方法和技能

让幼儿在饮食过程中掌握基本的方法和技能,如正确使用勺子、筷子的技能,拆、吐鱼肉、骨头的技能,剥虾壳的技能,吃面的技能等。让他们知道在自助餐、聚餐等不同场合的进餐礼仪等,从而提高幼儿的饮食自理能力。

(5)了解民间饮食文化及风俗习惯

可以结合各种节日,让幼儿品尝我国以及各国民间流传至今的食品,通过故事等了解民间的饮食文化和风俗习惯,培养他们对祖国饮食文化的热爱,同时扩大他们的视野,了解多元饮食文化。

(6)养成健康文明的饮食礼仪

从培养现代人的角度,让幼儿从小懂得在群体中应有的饮食礼仪,进餐过程中讲究餐桌卫生,在自助餐和聚餐中能按需取食和点餐,不浪费食物等。可以让幼儿学习和使用一些基本的进餐礼貌用语。

(7)知道简单的处理和烹调食物的方法

让幼儿了解食物的来源及加工制作、保存方法;通过走访参观,让幼儿了解食物是从哪里来的,对食品制作有所了解;通过观察讨论,使幼儿掌握食物的贮存方法等,从而丰富幼儿的生活经验。

3. 安全教育

(1)交通安全

①认识交通标志,如红绿灯、人行横道线,并且知道这些交通标记的意义和作用。

②了解基本的交通规则,如红灯停,绿灯行,行人走人行道,上街走路靠右行,不在马路上踢球、玩滑板车、奔跑、做游戏,不横穿马路等。

③教育幼儿从小要有交通安全意识,养成遵守交通规则的良好习惯。

(2)消防安全

①要让幼儿懂得玩火的危险性。

②要让幼儿掌握简单的自救技能。如一旦发生火灾必须马上逃离火灾现场,并及时告诉附近的成人。当发生火灾,自己被烟雾包围时,要用防烟口罩或干、湿毛巾捂住口鼻,并立即

趴在地上,在烟雾下面匍匐前行。

③组织幼儿参观消防队,看消防队员的演习,介绍火灾的形成原因、消防车的作用、灭火器的使用方法及使用时应注意的事项等。

④组织幼儿进行火灾疏散演习,事先确定各班安全疏散的路线,让幼儿熟悉幼儿园的各个通道,以便在火灾发生时,能在教师的指挥下统一行动,安全疏散,迅速离开火灾现场。

(3)食品卫生安全

①教育幼儿不随便捡食和饮用不明来历的东西。勿将各种非食物的东西放入口中,以免发生食物中毒。

②教育幼儿不吃腐烂的、有异味的食物。

③教育幼儿养成良好的饮食习惯,如在进食热汤或喝开水时,必须先吹一吹,以免烫伤;吃鱼时,要把鱼刺挑干净,以免鱼刺卡在喉咙里;进食时,不嬉笑打闹,以免食物进入气管等。

④教育幼儿不能随便吃药,一旦要服药,一定要按医生的吩咐,在成人的指导下服用。

(4)防触电、防溺水

①告诉幼儿不能随便玩电器,不拉电线,不用剪刀剪电线,不用小刀刻划电线,不将铁丝等插到电源插座里等。

②告诉幼儿,一旦发生触电事故,不能去拉触电的人,而应及时切断电源,或者用不导电的东西挑开电线。

③告诉幼儿不能私自到河边玩耍,不能私自到河里游泳。

④告诉幼儿不能将脸沁入水中。

⑤告诉幼儿,当同伴失足落水时,要及时就近叫成人来抢救。

(5)幼儿园玩具安全

①教育幼儿玩大型玩具滑梯时不拥挤,前面的幼儿还没有滑到底及离开时,后面的孩子不能往下滑;玩秋千时,要注意坐稳,双手拉紧两边的秋千绳;玩跷跷板时,除了要坐稳,还要用双手抓紧扶手。

②教育幼儿玩中型玩具,如积木、游戏棒时,不得用手中的玩具去打其他幼儿的身体,特别是头部。

③教育幼儿玩小型玩具,如玻璃球、木珠子时,不能将它放入口、鼻、耳中,以免造成伤害等。

(6)幼儿生活安全

①教育幼儿在运动和游戏时要有秩序,不拥挤推撞;在没有成人看护时,不能从高处往下跳。

②教育幼儿不擅自爬树、爬墙、爬窗台;不从楼梯扶手上往下滑;推门时要推门框,不推玻璃,手不能放在门缝里。

③教育幼儿乘车时不在车上来回走动,手和头不伸出窗外。

④教育幼儿上下楼梯要靠右边走,不推挤。
⑤教育幼儿不轻信陌生人的话,未经允许不跟陌生人走;当独自在家有陌生人敲门时,不随便开门。
⑥教育幼儿不随便开启家用电器,特别是电熨斗、电取暖器等;不玩弄电线与插座。
⑦教育幼儿不独自玩弄烟花爆竹;打雷闪电时不站在大树底下。
⑧教育幼儿不逗弄黄蜂、毛毛虫、狗等动物。

4. 身体动作发展

①基本动作:发展走、跑、跳、钻、爬、投掷、平衡、攀登等。
②促进幼儿身体平衡性、协调性、灵敏性、力量、速度等机能的发展。
③体育器械的尝试使用,开展模仿操、徒手操、轻器械操等的练习。
④进行队列、队形变化的基本知识与技能的练习。

此外,幼儿园还可以根据周围的自然与社会环境组织各类体育活动和游戏等。

5. 心理健康教育

幼儿心理健康教育是帮助幼儿学习表达和调节情绪的方法,学习社会交往的技能,养成良好的习惯,进行性教育,预防和矫治一些常见的心理障碍和行为异常,培养幼儿自我保护的能力和提高其心理健康水平。

(1)学习表达和调节自己情绪情感的方式

情绪是影响幼儿心理健康的重要因素。幼儿的情绪情感带有易变换、易冲动、易传染、易外露的特点。他们对情绪情感的控制还有困难,有时也不知道该怎么表达自己的情绪情感体验。因此,在教育过程中要教会幼儿正确认识、理解、评价、引发情绪情感反应的情景,知道只有提出合理的要求才能得以满足。不合理的需求必定是不能达成的;要让幼儿学会用语言和非语言(神态、表情、动作等)的方式表达自己的情绪情感;培养他们控制、调节情绪情感的能力。

(2)锻炼社会交往的能力

归属和爱以及尊重的需要是人类的基本需要。幼儿这种需要的满足更多地是从一般的同伴集体中获得。这种社会交往能力的形成对幼儿的发展是十分重要的。因此,在教育过程中要让幼儿学习感知他人的情感,并能用合适的方式给予回应;学习轮流分享、互助合作等技能;能达成与同伴及相关成人、周围现实环境的协调和适应,懂得基本的礼貌礼节。

(3)学习锻炼独立生活和学习的能力

独立性的培养起始于学前阶段,针对这一阶段幼儿渴望"独立"的需要,在教育中要让他们学会自己的事情自己做,不依赖他人;在日常活动中有主见,学习独立思考并解决问题;学习自我保护的常识和技能;帮助他们体验独立自主、获得成功的喜悦,培养独立的个性心理品质。

(4)学习养成良好的习惯

习惯是一定情况下比较固定的、完成某种动作的自动化的倾向,是一种信念和行为的定式,具有稳定持久的特点。培养幼儿良好的习惯,对其一生将会产生积极的影响。幼儿教育阶段主要是培养幼儿良好的生活习惯、卫生习惯和行为习惯。

(5)进行合适的性教育

幼儿对自己在社会生活中应起作用的认识及性别意识的发展,是他们社会化发展的一个重要的部分。这一认识影响到幼儿期的心理活动和行为特点,而且关系到他们最终的个性,影响到他们的一生。幼儿早期性教育的内容主要是:确立正确而恰当的性别同一性和性别角色;防止性压抑和性抑制;让幼儿正确地了解有关性的问题。

(6)预防心理障碍和行为异常

教师要依照心理健康的标准,通过调查、观察、筛查和诊断等方法,尽早发现幼儿的各类行为问题、心理障碍和心理疾病,确定问题的性质,采取有针对性的措施,进行早期教育、早期干预或早期治疗。"三级预防"是预防幼儿发生心理障碍和行为异常的基本策略。

【案例1】

活动名称:受伤的娃娃(小班)

活动目标:

1. 知道在户外游戏时要注意保护自己,了解怎样做是安全的。
2. 感受受伤的痛苦,能认真倾听别人的讲话。
3. 能根据图片内容选择正确的做法。

活动准备:

情景准备:受伤的娃娃(在娃娃的额头、手、膝盖处贴上创可贴)

材料准备:娃娃讲话录音

经验准备:活动前学唱歌曲《滑梯歌》

活动过程:

1. 出示娃娃玩具,引导幼儿观察娃娃。

互动:

①娃娃身上怎么了?

②为什么要贴这些创可贴呢?

2. 请幼儿听录音,了解娃娃受伤的原因。

3. 请幼儿想一想,怎样才不会受伤呢?

4. 出示图片,请小朋友说一说哪一幅图是正确的,哪些是错误的,为什么?

图1:小朋友一边走路,一边看书;

图2:小朋友把伙伴推倒了;

图3:下楼的时候有秩序,都是靠右侧通行。

5. 表演歌曲《滑梯歌》。

问题:

①我们怎样玩滑梯才不会受伤呢?

②我们跑步的时候眼睛要看哪里?

附录:

一、"受伤娃娃"录音内容

都怪我不好,玩游戏的时候总是不注意安全,所以就变成现在这个样子了,头上是因为玩滑梯的时候我头朝下滑,结果磕破了头,贴上了这个创可贴;手和膝盖上是因为我跑的时候眼睛没有看前面的路,结果让一块石头给绊倒了,擦破了皮,贴上了这两个创可贴。

现在,我看上去就像一个创可贴娃娃,难看又难受,而且不能和其他的娃娃一起做游戏,因为我一动,这些贴创可贴的地方就会痛,哎哟! 好痛!

二、歌曲:滑梯歌

1 = C   2/4

1 2 3 4 | 5 5 5 | 5 6 5 1 | 4 3 2 |

一个 跟着 一个 走, 不推不挤 不争抢,

3 4 5 | 5 6 5 | 5 4 3 1 | 2 3 1 ||

排好队 ,上滑梯 ,快快乐乐 做游戏。

(梁××供稿)

【案例2】

活动名称:我会穿衣服(中班)

活动目标:

1. 让幼儿学会自己穿裤、穿鞋、系鞋带,在成人帮助下穿好上衣。

2. 培养幼儿自己穿衣、穿裤、穿鞋的习惯,知道自己的事情自己做。

3. 通过看表演、竞赛活动,培养幼儿的自信心。

活动准备:(1)情景表演:《小花熊和小黑熊》。

(2)实况录像:

①幼儿在园午睡后起床的情景。

②幼儿在家起床的情景。

(3)汽车的音乐、电话机(玩具)。

(4)幼儿已学会自编儿歌《起床》。

活动过程：

一、歌曲导入

1. 幼儿集体表演唱《小弟弟，早早起》。提问：这首歌主要讲了一件什么事？

2. 教师：早上起床时你们的衣服、裤子、鞋子是谁穿的？（教师：真棒，很多小朋友的小手真灵巧，衣裤、鞋子都是自己穿的，可还有的小朋友是爸爸妈妈穿的。）

3. 放电话铃声，教师接电话，并告诉幼儿是熊妈妈打电话来邀请中一班幼儿去看它的孩子小花熊和小黑熊是怎样起床的。那么，我们一起去看看，好吗？

4. 放开汽车的音乐，幼儿自由律动。

二、观看情景表演《小花熊和小黑熊》

表演后提问：

1. 熊妈妈家有哪两个宝宝？

2. 你喜欢哪只小熊？为什么喜欢它？

3. 你们喜欢小黑熊吗？告诉小黑熊，怎么做你们就喜欢它了？

教师小结：小花熊真能干，在家起床时不要妈妈帮它穿衣服、裤子，自己的事情会自己干，我们奖给它一朵笑脸花。

4. 可是小黑熊怕穿不好衣服、裤子、鞋子等，我们怎样去鼓励它？（幼儿以鼓励的口吻激发小黑熊的自信心）如：幼儿说："我以前不会穿衣服，老师、妈妈教我后，我慢慢地会穿了。"

三、看实况录像（一）

1. 小朋友都看到自己了吗？你起床后是谁帮你穿衣、穿裤、穿鞋的？

2. 你还看到谁？她是怎样起床的？

教师小结：小朋友和小花熊一样能干，大多数小朋友在幼儿园不要老师穿衣，只有个别小朋友老师帮一下忙他也会穿了，有的小朋友甚至还帮助其他小朋友。过渡语：刚才去了小熊家，现在想不想去小朋友家看看？

四、看实况录像（二）

1. 她是谁呀？

2. 这位小朋友在家起床时是怎么做的？（用"先……再……最后……"来讲述）

教师小结：这位小朋友真了不起，在幼儿园和在家一样，都是自己穿衣、穿裤、穿鞋、系鞋带的，老师也要奖给她一朵笑脸花。

3. 集体念儿歌《起床》。

五、穿衣、系鞋带比赛

1. 教师：我们来一个穿衣、系鞋带比赛，好吗？老师这儿还有许多笑脸花，如果你们有进步，笑脸花就会跟你交朋友，如果这次你拿不到笑脸花，怎么办？

2. 有目的地挑选依赖性强的幼儿参加比赛。

3. 品德教育:看到小朋友的进步,笑脸花很高兴,也希望你们以后在家去园一个样,坚持自己的事情自己做。笑脸花继续跟你做朋友,你们有信心吗?

六、活动延伸

1. 角色游戏:娃娃家。请家长来园参加游戏,了解自己孩子自理情况,使家长知道自己的孩子很能干,在家要放手让孩子锻炼。

2. 比一比,给家长发放记录卡,如果小朋友在家自己穿衣裤,家长奖给幼儿笑脸花。比一比,一星期中在园、在家的笑脸花哪个多?

附:1. 儿歌《起床》

小朋友,早早起,叠好被子穿衣裤。系鞋带,蹦蹦跳,自己的事情自己做。

2. 情景表演《小花熊和小黑熊》

熊妈妈(一位教师扮演):小花熊,小黑熊,起床喽!(说完,熊妈妈去厨房做饭。)小花熊:唉,起床了。(说着从床上坐起来,熟练地穿衣、穿裤、系鞋带、叠被子。小黑熊仍缩在被窝里睡觉,不理妈妈。)熊妈妈(又喊):小黑熊,起床穿衣服喽!小黑熊:不,我不会穿。熊妈妈:你看,小花熊自己穿衣,真是个好孩子,你也自己学着穿吧,不会的地方妈妈来教你,好孩子自己穿。小黑熊(撒娇地):我不,我怕穿不好,我还怕烦,我要妈妈穿。熊妈妈:真没办法。(说着帮小黑熊穿起衣裤来)小花熊:妈妈,我穿好了,我自己洗脸去。熊妈妈:好孩子,去吧。小黑熊穿好衣服。(结束)

(王××供稿)

【案例3】

活动名称:丰富的表情(中班)

活动目标:

1. 通过观察,知道人的情绪和表情会经常变化,不同的表情代表不同的心理情绪。
2. 在观察和讨论的基础上,初步懂得快乐有益健康。
3. 培养幼儿学会调节情绪,有意识地让自己保持较好的心情。

活动准备:

小镜子、图片四幅(图1:小朋友摔倒了在哭;图2:小朋友得到了生日礼物;图3:小朋友撕坏了图书;图4:小朋友生病了要去打针)、酸甜苦辣四种味道的食品、卡纸、蜡笔。

活动过程:

一、观察自己的五官,发现不同的表情。

1. 教师发给每名幼儿一面小镜子,请幼儿观察自己的脸。

问题:

①小朋友的脸上都有哪些器官?

②这些器官都是做什么用的?

2.观察五官的变化,让幼儿充分表达自己都会做出什么样的表情。

问题:

①小朋友生活中,你会做出哪些表情?

②不同的表情,五官有哪些不同的变化?

提示:让幼儿感知每个人都会有表情变化。观察五官的变化是为绘画心情卡奠定基础。

二、通过观察图片,体验不同情境下的表情变化。

1.出示图片(图1:小朋友摔倒了在哭;图2:小朋友得到了生日礼物;图3:小朋友撕坏了图书;图4:小朋友生病了要去打针),请幼儿说一说图片上的小朋友都出现了哪些表情?

问题:①图中的幼儿都有什么样的表情?

②他们为什么产生这样的表情?

③体会一下他们的心情是怎样的?

④你希望自己经常保持怎样的心情呢?为什么?

2.教师小结:表情能代表不同的心理情绪,经常笑容满面,心情愉快有益于身体健康;经常哭泣、生气、心情郁闷不利于身体健康。

提示:在此环节中教师旨在利用生活事例激发幼儿的联想,将表情与心情巧妙地结合在一起。发散了幼儿的思维,使小朋友感知到表情与心情的关系。

三、游戏:看表情猜味道,感知表情的其他作用。

1.玩法:教师准备酸甜苦辣四种味道的食品,请四名幼儿参加品尝,不能用语言告诉其他幼儿自己品尝的味道,其他幼儿通过观察品尝者的表情来猜测味道。

2.询问猜测的幼儿根据什么判断味道?请幼儿想一想表情发挥了什么作用?

3.总结:表情除了代表心情以外,还具有一定的暗示作用。

四、绘画心情卡,学会调节心情。

1.调查幼儿此时的心情,根据心情绘画表情卡。

2.教师请幼儿根据"心情卡"的显示,寻找不开心的幼儿,请小朋友想办法帮助不开心的伙伴。

3.小结:不但要自己开心,还要让身边的小伙伴开心。尝试关心他人,帮助他人,学会团结互助。

(刘××供稿)

【案例4】

活动名称:两人三足(大班)

活动目标:
1. 学习游戏"两人三足",体验与同伴按节奏同步前进。
2. 体验齐心协力合作带来的快乐。

活动准备:
1. 绑脚带子。
2. 沙包。

活动过程:

一、游戏导入,准备活动

幼儿游戏《拍手游戏歌》,找到好朋友。

找呀,找呀,找朋友。

找到一个好朋友,

行个礼,握握手。

你是我的好朋友。

二、游戏《两人三足》

1. 两个人有几只脚,怎样才能变成三只脚?

2. 现在老师要帮你们一对好朋友变成三只脚。教师帮助绑,绑好以后,幼儿自由练习。

3. 解决问题:刚才你遇到了哪些问题?怎样才能让两个好朋友不摔倒?

总结:把绑在一起的脚先开步,两个人嘴里可以喊口令1、2,先开步的脚口令为1,后走脚口令为2。

4. 带着小朋友的好办法,再去自由练习。

三、幼儿比赛

游戏:运粮食

玩法:天冷了,我们要去运一些粮食,哪一组先把对面的粮食运完,哪一组就获胜了。

听口令,开始比赛1~2次。

四、结束活动

小朋友通过合作得到粮食,我们一起拿着收获的粮食回家吧。

(王×供稿)

【案例5】

活动名称:玩竹竿(大班)

活动目标:

1. 掌握竹竿的不同玩法,进一步萌发创新与合作的意识。

2. 在玩竹竿的过程中学习助跑跨跳过宽50厘米左右的平行线。

3. 在玩竹竿中进一步增强对体育活动的兴趣以及勇于克服困难的信心。

活动准备：

1. 物质准备："金箍棒"人手一根，"树桩"四个，小红旗四面，"皇冠"四个。

2. 经验准备：幼儿会做竹竿操，练习过双脚立定跳远，部分幼儿有一定的玩各种小棒的经验。

活动过程：

一、准备活动

四路纵队走到四根长竹竿处，以组为单位，右手持竹竿，集体练习竹竿操。（教师扮演孙悟空，幼儿扮演小猴子）

老师：猴儿们，我们一起出去玩吧！

"举一举呀，走一走；走一走呀，蹲一蹲；蹲一蹲呀，放一放；放一放呀，荡秋千；荡一荡呀，转一转；转一转呀，摇一摇；摇一摇呀，真快乐，天天做操身体好！"

二、探索竹竿的不同玩法

1. 独自玩竹竿

问：猴儿们！你看我的金箍棒漂亮吗？你们想不想玩啊？我来给你们变出来。

(1) 请幼儿自由玩竹竿，初次探索不同玩法，满足玩的欲望。

教师：请每个小朋友拿一根金箍棒，自己找一个空地方玩一玩，看谁玩的方法又多又好，还能注意安全！（提示幼儿可以学耍金箍棒、在手心里保持平衡、放在跨下当马骑……）

(2) 幼儿自由站成面对面的两排，请有创新玩法的幼儿在两队之间介绍并演示玩法，让个别幼儿学一学。

2. 幼儿合作玩竹竿，进一步探索竹竿的不同玩法。

(1) 问：刚才是你一个人玩的，现在请小朋友们两两组合，来玩过河的游戏（指导幼儿要先跑再跳，跳的时候两只脚要分开，还要用力跳）

(2) 幼儿自由站成面对面的两排，请2个或2个以上幼儿站在两排中间，结伴说出合作玩的方法并进行示范，同时让其他幼儿学一学。问：他们是怎么过小河的？

三、跨跳游戏

以小组为单位用竹竿搭成不同宽窄的小河，提示幼儿根据自己的能力选择不同宽度练习跨跳。

教师：请你们找个空地方搭出一条一头宽一头窄的小河，然后跨跳过小河。（要求幼儿根据自己的能力选择合适的宽度跨跳。）

教师：今天，你们都很出色，胜利完成了任务，现在开始颁奖！

四、放松、整理活动

教师：今天，你们玩得高兴吗？让我们一起来跳舞吧！（猴操）

（刘×供稿）

(四)对教师的要求

①在实施幼儿健康教育过程中必须把保护幼儿的生命和促进幼儿的健康放在工作的首位,既重视幼儿的心理健康,又能有效地促进幼儿的身体发展。

②把握不同年龄段幼儿的特点,依据幼儿身心发展规律开展符合幼儿年龄特点的健康活动,活动内容的选择适时、适度、适量。

③在开展健康教育活动前,教师要做好准备工作,确保器械材料的安全和卫生,为幼儿提供安全的教育环境。同时,在教育活动中注意培养幼儿的自我保护意识。

④随着幼儿的年龄增长、身体发展的状态以及心理发育的水平,教育内容的不断更新,教师所采用的方法、策略要具有针对性、多样性、趣味性,以吸引幼儿的主动参与。

⑤将幼儿健康教育融入一日生活的每一个环节,巧妙地利用集体活动和日常生活活动对幼儿进行健康教育,做到健康教育生活化、多领域渗透。

⑥由于幼儿个体生活环境、身体机能、素质等多方面存在差异,在健康教育的评价中,教师慎用横向比较,注重因材施教,做好个别教育工作,确保健康教育活动的顺利开展。

第二节 幼儿园语言领域教育活动的设计

语言是人类开展思维活动,进行交流的重要工具。人类学习各种知识、技能,都需要语言活动来完成,语言是人类最重要的信息载体,是基础教育的基础,也是素质教育的基础。幼儿语言教育是有目的、有计划、有组织地对幼儿进行语言教育的过程,是实现语言教育目标的有效途径,是组织和传递语言教育内容的实施环节,也是落实语言教育任务的具体手段。

一、幼儿语言发展的特点

3~4岁是幼儿语言发展的关键期,已掌握一定口语,对词义理解肤浅,此时由于神经系统发展还不完善,发音器官和听觉器官的调节、控制能力相对较差,因此这个年龄的幼儿有些音发得还不够准确和清晰。但他们已经能听懂日常用语,会向别人表达自己的基本想法和要求,只是其语句还不够完整,有时会出现时断时续的现象。此外,他们对词义的理解比较表面化和具体化。这个阶段的幼儿喜欢听故事、学习儿歌、能安静地听别人讲述并听懂语意。

4~5岁的幼儿基本上能够发清楚大部分的语音,能够听懂日常生活中的一般句子和一段话的意思。依靠自己的具体生活经验理解成人的语言,理解文学作品内容。他们掌握词语的数量和种类迅速增加,在使用简单句的基础上,其语句逐渐连贯起来,并能大声表达自己的愿望,喜欢参与并享受多种形式的表演、表现活动,对自己、他人及周围的环境有一定的理解。

5~6岁的幼儿在正确的教育和影响下,能够清楚地发出母语的全部语音,并能听懂更多较复杂的句子,能理解一段话的意思;能够掌握表达因果、转折、假设关系的连接词,掌握表示类概念的词语;能用语言描述事物发展的顺序,并且会有意识地组织句子,表达时运用各种语气。能比较条理清楚地独立讲述所看到和听到的事情和故事,语言的连贯性有所加强,逐渐摆脱表象、形象的束缚,开始成为思维工具。

幼儿语言的发展归纳起来有以下特点:

①在语音的发展方面,从部分语音发不清楚,到逐渐能发清楚所有的语音。

②在词语的发展方面词语的数量大量增加(1 000~4 000 个词);词类范围扩大;名词、动词、代词、形容词、副词等;词义逐渐确切和深化。

③在语法的掌握方面,从简单句到复合句;从陈述句发展到多种形式的句子;从不完整句到完整句,句子从短到长等。

④在言语表达能力方面,独白言语出现,连贯性言语增多,内部言语产生等。

⑤部分幼儿具有一定的识字、阅读的能力。

二、幼儿园语言教育活动设计

(一)目标

《纲要》中语言教育的总目标是:

①乐意与人交谈,讲话礼貌;

②注意倾听对方讲话,能理解日常用语;

③能清楚地说出自己想说的事;

④喜欢听故事、看图书;

⑤能听懂和会说普通话。

在教育过程中,我们从不同类型语言教育内容的角度,将幼儿园语言教育总目标分解到每一个年龄阶段,以供参照。

1. 谈话活动

(1)小班

学会安静地听同伴说话;喜欢与同伴交谈,愿意在集体面前讲话;能听懂并愿意说普通话;在教师的引导下,学习围绕主题谈话;初步学习常见的交往语言和礼貌用语。

(2)中班

能集中注意力,耐心地倾听别人谈话;乐意与同伴交流,能大方地在集体面前说话;能说普通话,较连续地表达自己的意思;学会围绕一定的话题谈话;学会用轮流的方式谈话,提高语言交往能力。

(3)大班

能主动、积极、专注地听别人谈话,迅速掌握别人谈话的主要内容,并从中获取有用的信息;能主动地用普通话与同伴交流;能围绕话题谈话,会用轮流的方式交谈,并能用恰当的语言表达自己的情感,进一步提高语言交往水平。

2. 讲述活动

(1)小班

理解内容简单、特征鲜明的实物、图片和情景;能正确地说出讲述内容的主要特征或主要事件;愿意在集体面前讲述;能安静地听老师或同伴讲述。

(2)中班

养成先观察、后表达的讲述习惯;逐步学会理解图片的情景中展示的事件顺序;能主动地在集体面前讲述;学习按一定的顺序讲述实物、图片和情景的内容;能积极地倾听别人的讲述内容,并从中学习好的讲述方法。

(3)大班

通过观察,理解图片、情景中蕴含的主要人物关系和思想感情倾向;能有重点地讲述;在集体面前讲话态度自然大方,能根据场合的需要,调节自己讲话的音量和语速;讲话时语言表达流畅,用语较为准确。

3. 听说游戏

(1)小班

乐于参加游戏活动,在游戏中大胆地说话;发准某些难发的音,初步掌握方位词及人称代词,学习正确运用动词;能听懂并理解较简单的语言游戏规则。

(2)中班

在游戏中巩固练习发音,正确运用代词、方位词、副词、动词、连词和介词等;能说简单而完整的复合句;能听懂并理解多重游戏规则,并能及时做出相应的反应。

(3)大班

在游戏中学习正确运用反义词、量词和连词等,并能说完整的复合句,养成积极倾听的习惯,迅速把握和理解游戏中较复杂的多重指令;在游戏中按照规则迅速调动个人已有语言经验,并进行迅速的语言表达。

4. 文学作品学习活动

(1)小班

喜欢欣赏文学作品;学习理解文学作品的情节内容或画面情节,能用语言、动作、表情等方式表达自己对作品的理解。

(2)中班

喜欢不同形式的文学作品,感受文学作品的语言美;学习理解文学作品的人物形象,感受作品的情感,能运用较恰当的语言、动作、绘画形式表达自己的理解;能根据文学作品提供的线索,扩展想象,仿编或续编一个情节或一个画面。

(3)大班

乐意欣赏体裁、风格不同的文学作品,尝试在适当场合运用文学语言;在理解文学作品人物、情节或画面情景的基础上,学习理解作品的主题或感受作品的情感;依据文学作品联系个人已有经验扩展想象,并创造性地进行表述。

5. 早期阅读活动

(1)小班

喜欢看书,知道看书的基本方法,能初步看懂单幅幼儿图画书的主要内容;能用口头语言将幼儿图画书的主要内容说出来;对文字感兴趣。

(2)中班

能仔细观察图画书的情节、看懂单页多幅的幼儿图画书的内容;懂得爱护图书;在阅读过程中初步了解汉字的由来和简单的汉字认读规律;喜欢描画图形,尝试用有趣的方式练习汉字的基本笔画。

(3)大班

有兴趣阅读图画书中简单的文字,知道图画书中的画面与文字的对应关系;进一步了解汉字认读的规律,并能注意在生活中运用已获得的书面语言;掌握基本的书写姿势,做好写字的准备。

(二)基本类型

1. 谈话活动

谈话活动是培养幼儿学习在一定范围内运用语言与他人进行交流的活动。它在促进幼儿的语言发展方面具有特殊的功能,尤其是在培养幼儿的倾听行为和表述行为方面具有重要的作用。

2. 讲述活动

讲述活动是以培养幼儿语言表述行为为主的活动。其目的在于要求幼儿积极参与命题性质的讲述实践,帮助幼儿逐步获得独立构思和完善表述的语言经验。如看图讲述、排图讲述、构图讲述、实物讲述、情景讲述、作品讲述、生活经验讲述等。

3. 听说游戏

听说游戏是采用游戏的方式而开展的语言活动。由于它含有较多的规则游戏的成分,因而能够吸引幼儿在积极愉快的活动中完成语言学习的任务。其目的在于帮助幼儿按一定规则进行口语表达练习,提高幼儿积极倾听的水平,培养幼儿在语言交往中的机智性和灵活性。如词语接龙、反正话、绕口令等。

4. 文学作品学习活动

文学作品学习活动是通过欣赏文学作品来学习语言的活动。其目的在于向幼儿展示成熟的语言,扩展幼儿的词语量,培养幼儿善于倾听的技能,鼓励幼儿创造性地运用语言,并培养幼儿的艺术想象力。

5. 早期阅读活动

早期阅读活动是培养幼儿学习书面语言的活动。其目的在于提高幼儿学习书面语言的兴趣,初步了解书面语言与口头语言的对应关系,懂得掌握书面语言的重要性,获得有关书面语言的知识;并且帮助幼儿掌握早期阅读的技能,提高对书面语言的敏感水平,为他们将来正式学习书面语言打下基础。

(三)常用方法

主要有示范、讲解、练习、谈话、讲述、描述、表达、表演等方法。

(四)语言教育内容

幼儿园语言教育内容可以分为两大类:一类是专门的语言教育内容,一类是渗透的语言教育内容。

1. 专门的语言教育内容

这类教育内容主要是为幼儿提供机会,对他们在日常语言交际中获得的语言素材进行提炼和深化,达到对语言规则的理解及有意识的运用。它主要包括学说普通话、谈话、讲述、听说游戏、文学作品学习和早期阅读等方面,这也是目前幼儿园语言教育活动中经常采用的、最基本的内容。

(1)学说普通话

推广普通话是我国的语言政策之一。幼儿期是语音发展的关键期,年龄越小,学说普通话的效果越好。因此,在幼儿有话要说、有话可说的情况下,应鼓励幼儿说普通话,为幼儿提供多种内容和多种学习活动,使他们普通话的水平得到提高。内容包括:

①以普通话语音为标准,对方言与普通话的发音和声调有差别的字词,进行重点的辨音和发音训练。

②区别普通话与方言相同内容的不同表述,学习规范的普通话。

③独立运用普通话交谈,回答提问,朗诵诗歌、散文和讲述故事等。

(2)谈话

谈话是人们之间以回答或对话形式进行的言语交往,包括个别交谈和集体交谈两种。幼儿运用语言与人交往是从谈话开始的。谈话在培养语言交际意识、情感、能力方面有特别重要的意义。

①个别交谈:

* 主动发起与别人进行交谈,尽量清楚、完整地表述自己的意思。
* 集中注意倾听别人的说话,针对别人的话能提出询问或做出积极的应答。
* 懂得交谈中要听说轮换,耐心而有礼貌地把谈话延续下去。

②集体交谈:

* 在自由活动或游戏活动中,能积极参与两个人以上的交谈,并根据需要发表自己的意见。
* 在集体活动中,能注意倾听并理解教师的提问,并做出相应的回答。
* 注意倾听同伴在集体中的发言,及时做出更正或修补。

(3)讲述

讲述是指发展幼儿的独白言语的形式,独白言语是比谈话更为复杂、周密的一种口语表达形式。它的特点是语言内容比较丰富,语句结构比较完整连贯,表达内容前后一致。讲述在语言的内容、形式和思维的逻辑性方面,都比对话要求高。

①实物讲述和图片讲述。即用几句话来表述实物的外形、性质、习性、用途或使用方法等;讲述单幅或多幅图片中人物的外貌、表情、姿态、动作等。

②拼图讲述和情景讲述。即讲述拼出的图片、拼板或图形,讲述情景表演中人物、事件、对话、动作、心理活动等。

③经验讲述。即讲述自己亲身经历过或间接了解的人、事、物。

(4)听说游戏

听说游戏是一种特殊形式的语言教育活动,是运用游戏的方式吸引幼儿在积极愉快的活动中完成语言学习任务。主要包括:

①语音练习的游戏。
②词汇练习的游戏。
③句子和语法练习的游戏。
④描述练习的游戏。

(5)文学作品学习活动

幼儿文学作品包括童话、幼儿生活故事和自然故事、幼儿诗歌、散文、谜语、绕口令等。它们具有丰富的语言和生动有趣的情节,作品中人物个性鲜明,主题富有哲理,深受幼儿喜爱。

①聆听与感受文学作品。可以要求幼儿集中注意力倾听成人朗读文学作品,感受文学作品的语言、情节、动作、人物对话等,感受作品的思想感情脉络和特殊的表现手法。

②朗诵与表演文学作品。可以要求幼儿跟随成人朗诵文学作品,并扮演角色,用道具、场景等材料,借助于动作、表情、对话来表演文学作品的内容。

③仿编与创编文学作品。可以要求幼儿仿编儿歌、幼儿诗、散文、谜语以及续编、创编故事等内容。

(6)早期阅读

早期阅读是由口头语言向书面语言过渡,理解口语与文字之间关系的重要经验。从语言教育角度来看,图书是幼儿从理解图画符号到文字符号,从学习口头语言向书面语言过渡的有效工具。它在帮助幼儿顺利完成以上两个过渡的过程中起着举足轻重的作用。

①学会翻阅图书的基本技能。

②注意看着画面听成人讲解,并回答提问。

③成人朗读图书中的文字,幼儿边看边听。

④能对单幅画面进行讲述并会根据画面内容进行适当的扩句或缩句。

⑤养成喜欢阅读和爱护图书的良好习惯。

⑥运用绘画或剪贴等手段制作图书,并能自编文字说明。

⑦了解汉字的书写风格和基本笔画;能认识简单的独体字。

⑧会认并书写自己的名字。

2. 渗透的语言教育内容

这类教育内容主要是利用幼儿各种生活经验,为幼儿提供充分而又广泛的学习和运用语言的机会。渗透的语言教育内容在日常生活中往往容易被忽略,得不到很好的利用,错失了一些教育的良机。实际上,语言作为重要的交际工具,无时无刻不伴随着幼儿的各项活动。因此,发挥语言在各项活动中的渗透作用,应该是语言教育的一条必由之路。在日常教育中有必要加大这方面的教育力度,使之和专门的语言教育内容遥相呼应,彼此配合,相互补充,将幼儿的语言学习落到实处。

(1)日常生活

①在集体活动和个别交往的场合中,能认真倾听教师关于遵守行为规则的要求,以此指导和约束自己与他人的行为。

②在掌握行为规则的基础上,学习用语言评价自己和同伴的行为。

③理解并执行教师的指令。

④在他人面前大胆讲述自己的见闻。

(2)人际交往

①正确使用礼貌用语。

②用语言向他人提出请求和表达愿望。

③用适当的词、句或语气、语调与同伴展开讨论或辩论,协商与调解同伴之间的纠纷等。
(3)游戏活动
①游戏时与同伴进行随意交谈,结合游戏情节自言自语或进行恰当的人物对话。
②同伴之间会用语言协商、讨论与合作,共同开展游戏。
③用连贯性语言评价游戏的规则执行情况与游戏开展情况,对游戏进行适当的小结。
(4)学习活动
①在认知活动中,能积极主动地提出问题和解答问题。
②能完整连贯地讲述所观察到的事物或现象。
③在集体中,能较长时间地倾听教师对各种学习内容的讲解和指导,理解学习的内容。
④能用几种不同的符号来表述对认知内容和认知过程的感受和认识。

【案例6】
活动名称:我来做你的好朋友(小班)
活动目标:
1. 了解故事的名字,知道故事中的角色,理解故事的内容。
2. 感受词语:飘落;学习词语:悄悄地,谢谢你。
3. 能够用故事中角色的对话来进行角色表演,感受和朋友一起表演的快乐。
活动准备:挂图;故事录音磁带;《找朋友》音乐;风的声音的音频资料;树叶。
活动过程:
一、利用树叶手偶进行引入(放"风"声音的音频)
"小朋友们,我是一片快乐的小树叶,在树妈妈的怀抱中过着快乐的生活,可是秋天到了,刮起了大风,我离开了树妈妈的怀抱。秋风把我吹到了哪里呢?"
(多用语言及肢体的夸张)要直接引入。
二、初步欣赏故事
1. 听配乐故事录音一遍,并提问。
(1)故事的名字是什么呢?
(2)故事里面都有谁呢?
(3)小朋友听到它们说的话了吗? 都说的什么?
(不强求幼儿都知道)
2. 利用挂图,再次欣赏教师讲述故事。
"小朋友们,老师听懂了小树叶讲的这个故事,小朋友刚才也说了故事的名字和内容,那让我们仔细再来听听、看看这个故事,同时由老师给你讲一讲,看看小朋友是否能说出来,小树叶发生了什么事?"

3. 教师引导幼儿按故事发生的顺序进行简单的复述,重点为故事中的角色的对话。(老师问,幼儿答的形式)

"故事又听完了,我们一起来说说小树叶和它的伙伴之间发生的事好吗?尤其是要想一想,它们之间是怎么对话的?都说了什么?"

4. (重点)启发幼儿理解词语"飘落"、学习"悄悄地""谢谢你"。利用真的树叶等进行演示。

(1)"飘落",小树叶被秋风吹得离开了大树妈妈,它怎么样了呢?(飘下来、飘落、飞下来、落在地上等)那你们看看小树叶是怎么落在地上的?(出示树叶演示"飘落"的样子)是轻轻地、慢慢地飘下来的。

(2)"悄悄地",小蚂蚁也来和小树叶做朋友了,它走路很轻,没有发出任何声音,所以说是"悄悄地"。

(3)"谢谢",每一个伙伴来和小树叶做朋友,小树叶都对它们说了什么啊?(谢谢你)小朋友,你们说什么时候要说"谢谢"呢?谢谢是一种礼貌用语,在你收到了小朋友、叔叔阿姨送的礼物,得到了小朋友和老师、家长的帮助时,一定要有礼貌地说一声"谢谢",做一个有礼貌的小朋友。

5. 放故事音频,老师演示教具,幼儿跟随复述故事。

三、幼儿表演

平均分配班内幼儿角色,引导幼儿用故事中的话语回答扮作"小树叶"的老师的话。(老师分别扮作"小树叶""大树妈妈",幼儿分组作"小瓢虫""小蚂蚁")

四、播放《找朋友》的音乐,引导幼儿一同找朋友做游戏,进盥洗室。

(金××供稿)

【案例7】

活动名称:谁的本领大(中班)

活动目标:

1. 引导幼儿围绕话题进行谈话,知道大象、猴子等动物各有各的本领。
2. 指导幼儿以轮流的规则进行谈话,培养幼儿良好的倾听习惯。
3. 体验谈话活动的乐趣,增强自信。

活动准备:大象和猴子木偶各一个、头像各一个、小红花若干。

活动过程:

一、出示木偶,以故事情境引出话题。

师:"森林里,住着一头大象和一只猴子,它们是一对非常好的朋友。可是有一天它俩却吵架了,为什么会吵架呀,原来,它们想比出谁的本领大,大象说,我的本领可大了,猴子说,我的本领也很大,它们比来比去,谁也分不出谁的本领大。"

师:"那么,小朋友你们认为谁的本领大呢?"

二、幼儿说说自己的想法并说明理由。

师:"刚才有的小朋友认为大象本领大,有的小朋友认为猴子本领大,那你为什么会这样认为呢?请你把你的想法轻轻地告诉旁边的小朋友。"

三、小小辩论会的准备。

师:"刚才小朋友都有自己的想法,那好,今天我们干脆来开个小辩论会,好吗?"

请全体小朋友起立,幼儿按自己的意愿分为两组:大象队和猴子队。幼儿面对面坐下。

教师介绍2个组,并让他们为自己加油,调动幼儿参与的积极性。

教师宣布辩论会规则:

1. 要求两队组员轮流讲话,不随便插嘴。

2. 哪组小朋友爱动脑筋,遵守规则的奖一朵小红花。

四、辩论会正式开始,教师引导幼儿围绕主题谈话,奖罚分明。

五、教师对辩论会作小结。

六、教师设置一个情境:狮子大王想吃椰子,可椰子树在河对面,狮子不会游泳也不会爬树,所以只能请大象和猴子来帮忙,小朋友你们说谁会完成这个任务啊?

教师小结:这个任务要大象和猴子互相帮助才能完成,它们的本领都很大,要比谁的本领大,要看它的本领用在什么时候,做什么事情。

七、迁移活动:

让幼儿说说:你还认识哪些小动物,它们有哪些本领?

(金××供稿)

【案例8】

活动名称:过年真热闹(中班)

活动目标:

1. 交流以往过年的所见、所闻、所感,提高幼儿的语言表达能力。

2. 学会与别人分享自己的快乐,感受喜庆的春节给人们带来的快乐。

3. 学会把自己的生活场景创编成儿歌,提高创编能力。

活动重难点:

1. 把自己过年的真实生活场景编成儿歌。

2. 引导幼儿大胆、流利地与别人交流自己过年的点滴感受。

活动准备:过年的鞭炮声、锣鼓声、拜年声的音频、过新年相关视频。

活动过程:

一、老师播放鞭炮声、锣鼓声、拜年声的音频

提问:幼儿听到了什么?什么时候能听到这样的声音?

二、老师提问:春节你们是怎么过的?
做了什么事?看到了什么?听到了什么?
(请幼儿相互交流自己在春节的所见、所闻、所感。)
三、老师:小朋友们真棒,我们来看看其他小朋友是怎样过年的?(播放过年的视频。)
关注:在活动中,老师要注意引导幼儿大胆地与别人交流,鼓励幼儿说一说自己是怎样过年的,学会和别人一起分享自己的快乐。
四、老师:其他小朋友过年和你们过年一样吗?哪些是一样的?哪些是不一样的?(让幼儿了解我国南北方过年习俗的差异,开拓幼儿眼界。)
五、老师小结:过年的很多习俗都是相同的,让我们把这些习俗编成一首儿歌吧!过年前,我们要做什么?春节到了,我们又做什么?看到什么?
关注:老师要逐步引导幼儿学会将自己在春节的生活场景创编成儿歌,提高幼儿的创编能力。

儿歌:过年真热闹
临过年,灌腊肠,买年货,欢欢喜喜迎春节;
贴春联,贴福字,挂灯笼,忙忙碌碌真热闹;
吃年饭,穿新衣,去拜年,娃娃脸上笑哈哈;
放鞭炮,敲锣鼓,舞龙炮,人们脸上喜洋洋。
六、老师和幼儿一起念"过年真热闹"的儿歌,回味过年的点点滴滴。
(老师通过不同的方式引导幼儿念儿歌,如分组念,扮演角色念。)

【案例9】
活动名称:仿编"对比歌"(大班)
活动目标:
1.利用讲述图片、神秘袋游戏学习"对比歌",帮助幼儿掌握"一个……一个……"的句式。
2.让幼儿结合周围事物,大胆运用反义词仿编儿歌,培养幼儿思维的严谨性、兼容性、灵活性。
活动准备:反义词图片、神秘袋
活动过程:
一、游戏"说相反"(利用幼儿已有经验帮助幼儿理解"相反"的含义)
教师:"小朋友,今天我们来玩'说相反'的游戏,比谁用的词准确。"
教师与幼儿一起拍手游戏。
教师:"我说美"　　　　　　　　幼儿:"我说丑"

教师:"我说长"	幼儿:"我说短"
教师:"我说上"	幼儿:"我说下"
教师:"我说寒冷"	幼儿:"我说温暖"
教师:"我说悲伤"	幼儿:"我说快乐"等等

教师:"小朋友,我们说了许多相反含义的词,这些词叫反义词。"

二、游戏"找相反　学儿歌"

教师:"今天,我们用反义词来编一个小儿歌好不好?"

教师有序地引导幼儿观察图片、做神秘袋游戏,找出其中的反义词;

教师引导幼儿学习儿歌:

一个高,一个低,
大树高,小树低,
大树小树比高低。
一个大,一个小,
西瓜大,苹果小,
西瓜苹果比大小。
一个远,一个近,
女孩远,男孩近,
女孩男孩比远近。
一个软,一个硬,
手偶软,木头硬,
手偶木头比软硬。

三、仿编儿歌游戏

1. 教师引导幼儿复述"对比歌",巩固幼儿对"一个……一个……"句式的掌握。

2. 教师启发幼儿结合周围事物,大胆运用反义词仿编儿歌。

教师:"小朋友,现在请你们动脑筋来试试编儿歌。""首先,让我们一起来找一找我们身边的反义词,然后把它们编成小儿歌。"

教师示范:

一个长,一个短,
蟒蛇长,蚯蚓短,
蟒蛇蚯蚓比长短。

3. 幼儿进行创编

例如:一个多,一个少,
　　　女孩多,男孩少,

女孩男孩比多少。
一个长,一个短,
火车长,汽车短,
火车汽车比长短。
一个胖,一个瘦,
小猪胖,猴子瘦,
小猪猴子比胖瘦。
教师尽可能多地激发幼儿的想象力,引导幼儿多角度仿编儿歌。
四、教师引领幼儿将"对比歌"中原有诗句和幼儿仿编诗句进行整理,编成新"对比歌"。活动在师幼互动的儿歌表演中自然结束。

【案例10】
活动名称:小动物找工作(大班)
活动目标:
1.在了解动物的特征和习性的基础上,进一步正确理解动物特性与人类职业的相关性。
2.能根据自己的生活经验,大胆清楚地说出自己的想法,体验语言交流的乐趣。
活动重点:能够根据动物的特性,为其找到适合的工作。
活动难点:正确理解动物特性与人类职业的相关性。
活动准备:字卡,动物卡片
(建议:5岁左右的幼儿,虽然对于小动物的特性感兴趣,但是对"工作""职业"等词的概念并不十分清晰,所以活动准备中,应有前期经验铺垫的知识准备)
活动过程:
一、导入活动,引起幼儿兴趣。
师:孩子们,大森林里开了一家职业介绍所,小鸭子、小螃蟹、小猫、小猴、小羊都找到了工作,让我们看一看它们都找到了什么工作。
(出示动物卡片与字卡。)
幼:小猴找到了卖水果的工作,小猫找到了游泳教练的工作,螃蟹做粮仓保管员,小鸭是修路灯的电工,小羊做裁缝。
二、引导幼儿按照动物的特性,找到与"职业"的相关联系。
1.发现问题:你们觉得这些工作都适合它们吗?让我们一个一个来看一看,引导幼儿讲出每一组动物与职业存在的不相关问题。
2.解决问题:看来小动物真的遇到麻烦了,让我们来帮助它们好吗?看一看哪个工作能够胜任,分别为每个小动物找到适合的工作。(鼓励幼儿大胆发言)

(建议:为小动物重新分配工作,可以以纸上连线的形式出现,能够让每个孩子都参与进来,表达自己的观点。)

3.教师小结

三、游戏:为小动物办"职业介绍所"

动物王国中还有许多小动物也想来找工作,看看都谁来了?出示动物图片。(大象、袋鼠、啄木鸟、小狗和鸽子)

小朋友请你动动脑筋,帮它们介绍一个合适的工作吧!幼儿自由发言。

四、结束游戏

师:"职业介绍所"开张以来,已经帮很多动物朋友们找到了合适的工作,欢迎动物朋友遇到困难再来找我们帮忙。

活动延伸:在班级活动区开设职业介绍所,对各种各样的职业特点有更深入的了解。

三、对教师的要求

①幼儿的语言是通过在生活中积极主动地运用而发展起来的,单靠教师直接的"教"是难以掌握的。教师应充分利用各种机会,引导幼儿积极运用语言进行交往。

②语言学习具有个别化的特点,教师应重视与幼儿的个别交流和幼儿之间的自由交谈。

③语言能力是一种综合能力,幼儿语言的发展与其情感、思维、社会参与水平、交流技能、知识经验等方面的发展是不可分割地联系在一起的,语言教育应当渗透在所有的活动中。

第三节 幼儿园数学领域教育活动的设计

幼儿数学教育是幼儿全面发展教育的重要组成部分。它是将幼儿探索周围世界的数量关系、空间形式等自发需求纳入有目标、有计划的教育程序,通过幼儿自身的操作和建构活动,以促进他们在认知、情感、态度、习惯等方面整体、和谐地发展。它是幼儿在教师或成人的指导下(直接指导或间接影响),通过他们自身的活动,对客观世界中的数量关系及空间形式进行感知、观察、操作、发现并主动探究的过程;是幼儿积累大量有关数学方面的感性经验,主动建构表象水平上的初步数学概念,学习简单的数学方法和技能,发展思维能力(特别是初步的逻辑思维能力)的过程;是发展幼儿好奇心、探究欲、自信心,得到愉快的情绪体验,产生对数学活动的兴趣及培养良好的学习习惯的过程。

一、幼儿数学发展的特点

(一)幼儿学习数学的特点

由于数学概念的抽象性、逻辑性强,而幼儿的思维特点又以具体形象性为主,所以进行数学活动无论采用哪一种方法、哪一种活动形式,一定要借助各种直观材料、教具、玩具等,让幼儿在操作中、在活动中、在游戏中、在生活中理解和运用数学知识。幼儿学习数学主要有以下特点。

1. 从现实生活中学数学

在生活中数学问题无处不在。例如,幼儿在生活中接触的各种事物都是有数目的,如幼儿自己的玩具、图书、生活用品,幼儿园里的小朋友、老师等;幼儿的世界也离不开形状,如各式的建筑、门窗等。幼儿的这些经验都可以迁移到数学的学习中,也是幼儿学习数学知识的表象支持,同时幼儿也可将自己学到的一些数学知识运用到生活中去。所以让幼儿从生活中学习数学,既是可能的,也是可行的,而且是有用的。

2. 幼儿学习数学开始于动作

幼儿的思维处于具体形象阶段,他们缺乏理解事物的抽象关系的基本观念,他们的推理要借助于具体形象和操作来进行。简而言之,幼儿数学知识的获得必须借助于一系列动作实现。例如要知道有几只小鸭子,就必须用手一个一个地去数一数,要知道这几个皮球谁大谁小,就必须把它们放在一起比一比,等等。因此,在进行数学活动时为幼儿提供充足的操作材料是非常必要的。

3. 幼儿对数学知识的理解需要借助于表象的支持

例如,幼儿学习数的加减运算,往往经过这样一个过程:一是先进行实物的加减(具体水平的运算);然后通过口述应用题(可不用实物)练习加减(表象水平的运算);最后才逐渐过渡到只用加减算式的符号来进行运算(抽象水平的运算)。这一过程实际上就是数学知识的内化过程,其中事物的表象起到重要的作用。

4. 幼儿对数学知识的理解要建立在多样化的经验和体验基础上

多样化的经验有利于幼儿形成抽象的数概念。这里多样化包括材料运用的多样化、操作方法的多样化、各种感官体验的多样化等。例如,一位教师教幼儿学习3的形成。在这一活动中,教师主要运用了小鸟作为教具进行讲解、练习和操作,结果多数幼儿最终形成的概念是"2添上1是3只小鸟",而不是2添上1是3。这说明教师在材料的多样性上运用得不够,以至于幼儿没有形成抽象的数概念。可以说,幼儿抽象概念的形成需要多种方式的练习,多种材料的运用。

5. 符号和语言对幼儿抽象数学知识的获得具有关键作用

数学知识具有抽象性,幼儿学习数学最终要从具体的事物中摆脱出来,形成抽象的数学知识。而数学的基本表示方法就是各种符号。所以让幼儿理解各种符号的含义,对于培养幼儿思维的抽象性是非常重要的。

例如,加法算式2+2=4中的"+"号,表示把两个数和起来的意思,"="表示"="号两边的数量相等。幼儿一旦会用"＋""＝"进行运算,则说明幼儿基本理解了这一算式的含义。

6. 幼儿数学知识的巩固有赖于充分的练习和应用

任何知识的学习、技能的掌握都需要反复地、经常地练习才能巩固。所以数学知识的获得有必要进行阶段性的复习。当然,对幼儿来说复习的最好方式就是操作和游戏。

例如,一一对应或点数是比较两组物体多少的最简单和正确的方法,但幼儿往往习惯于用直觉判断的方法。这就需要进行各种形式的练习,让幼儿真正地掌握这一方法。

(二)幼儿数学方面的认知特点

1. 量与计量

幼儿对量的认识有明显的年龄差异。3～4岁幼儿已能区分物体明显的大小和长短,但他们往往对物体的大小、长短、粗细、厚薄等属性的认识是模糊不清的。例如他们会把长的、高的、厚的、粗的、宽的物体都说成是大的;把短的、矮的、细的、窄的物体都说成是小的。4～5岁的幼儿开始能区别大小、长短、高矮、粗细、厚薄等不太明显的物体,能用重叠、并放的方法比较物体的大小、长短、高矮、粗细、厚薄等,但还没有长度、面积、体积等守恒的观念。5～6岁的幼儿已能正确描述物体的大小、长短、高矮、粗细、厚薄等特征,初步区别物体的长、宽、高,并能正确地运用相应的词语。这时的幼儿已有了初步的计量观念,知道物体的长度、重量是可以测量的。其主要内容有:

①区别物体大小、长短等特征。幼儿主要是依靠直接感知来判断物体的大小、长短、高矮、粗细、厚薄等特征。所以应充分让幼儿运用各种感官,边观察、边动手操作、边比较,同时配合语言表达,学会运用相应的词语。如在自己身上找找,什么是粗的,什么是细的?什么是厚的,什么是薄的?什么部位最粗,什么部位最细?等等。

②对物体的分类。分类是把物体分成各具共同属性的几组。它在生活、工作及科学研究中有广泛的应用。它是一种智力活动,是逻辑思维的一个重要组成部分。分类能力是幼儿认识数和学习计数的基础。

幼儿的分类能力具有明显的年龄差异。一般3岁左右的幼儿不能按某个特征对物体进行分类,他们对物体的感知是笼统的、模糊的,分不清物体的本质特征和非本质特征。4～5岁的幼儿能按照物体较明显的特征分类,如颜色、大小、形状等。5～6岁的幼儿已经能按物体的颜色、形状、大小及用途等分类,但还不能离开具体的分类情景。

③学习量的守恒。量的守恒主要包括:长度守恒、面积守恒、容积守恒、体积守恒。

④对物体进行排序。

⑤学习自然测量。

2. 数与数量关系

幼儿数概念的发展主要体现在掌握数的顺序、理解数的实际意义、掌握数的组成三个方面。

3. 几何图形

幼儿认识几何图形的难易顺序是先平面图形后立体图形；认识平面图形的一般顺序是：圆形→正方形→三角形→长方形→半圆形→椭圆形→梯形等；认识立体图形的顺序是：球体→正方体→圆柱体→长方体等。幼儿在认识几何图形时经常把几何形体和实物混淆在一起，且形与体不分。例如说"圆的"既包括圆形、椭圆形，也包括球体，"方的"则包括正方形、长方形、正方体、长方体等；而且幼儿往往受图形大小、摆放形状不同的影响，而不能正确判断图形。

一般通过图形分类，可帮助幼儿了解图形的主要特征及初步理解图形之间的关系等。

4. 空间方位

幼儿辨别空间方位的顺序一般是上下→前后→左右；并且先以自身为中心的定向逐渐过渡到以客体为中心的定向；辨别方位的区域逐渐扩大，由近及远。因此，教育活动要结合幼儿的日常到以客体为中心的定向；辨别方位的区域逐渐扩大，由近及远。因此，教育活动要结合幼儿的日常生活和游戏学习，如玩"捉迷藏"，先把玩具藏起来，然后说说藏在什么地方；绘画活动后说一说所画物体的位置等。

5. 时间

人们是通过各种媒介来认识时间的。幼儿掌握时间的单位比较困难，一般把时间同具体的事件结合在一起，如幼儿理解的早上就是天亮了，太阳出来了，要起床了，该上幼儿园了。所以幼儿认识时间主要通过日常生活、游戏等活动进行。

二、幼儿园数学教育活动设计

（一）目标

在《纲要》中，关于科学领域的目标精神，幼儿园数学教育的总目标应包含以下几方面：
①对周围的事物、现象感兴趣，有好奇心和求知欲。
②能运用各种感官，动手动脑，探究问题。
③能用适当的方式表达、交流探索的过程和结果。
④能从生活和游戏中感受事物的数量关系并体验到数学的重要和有趣。
各年龄阶段幼儿数学教育的目标：

（1）小班
①愿意参加数学活动，喜欢摆弄、操作数学活动材料，能在教师的帮助下按要求取放操作材料和进行活动。
②对生活中常见的各种物品的大小、形状、数量有兴趣，能感知5以内的数量。

③能按物体的外部特征进行分类。

(2)中班

①能专心地进行数学操作活动,对自己的活动成果感兴趣;愿意并学习用适当的方法表达、交流自己操作、探索的过程和结果。

②能自己选择数学活动内容和按规则进行活动。

③能按物体的某一特征和数量进行分类。

④能注意和发现周围环境中物体的数量、形状的差异,以及它们在空间的位置等。

⑤能比较、判断10以内物体的数量多少;感受10以内相邻两数的大小关系。

⑥认识一些常见的几何图形。

(3)大班

①能积极、主动地进行数学活动,遵守活动规则,会有条理地摆放、整理数学活动材料。

②能用适当的方式表达、交流数学操作活动的过程和结果。

③能倾听教师和同伴的讲话,能在老师帮助下,归纳、概括有关数学经验,感受生活和游戏中事物的数量关系。

④能运用对应、比较、类推、分类统计等简单的数学方法解决生活和游戏中的某些问题。

⑤能按物体的两种特征和从事物的多个角度进行分类。

⑥认识一些常见的立体图形;对平面图形之间的关系能有所感受。

(二)内容

(1)小班

①学习按物体的一个特征进行分类。

②学习按物体量(大小、长短)的差异进行4以内物体的排序,学习按物体的某一特征进行排序。

③认识"1"和"许多"及其关系。

④学习用一一对应的方法比较两组物体的数量,感知多1、少1和一样多。

⑤学习手口一致地从左到右点数5以内的实物,能说出总数,能按实物范例和指定的数目取出相应数量的物体,学习一些常用的量词。

⑥认识圆形、正方形、三角形。

⑦初步理解早上、晚上、白天、黑夜的含义,学习正确运用这些时间词语。

⑧学习区分和说出以自身为中心的上下方位;学习判断两个物体之间明显的上下关系,说出什么在什么上面,什么在什么下面。

⑨在教师的引导下,能注意周围环境中物体的形状和数量。

(2) 中班

①认识10以内的数字,理解数字的含义,会用数字表示物体的数量。

②学习目测数群,学习不受物体空间排列形式和物体大小等外部因素的干扰,正确判断10以内的数量;感知和体验10以内自然数列中两数的等差关系;学习10以内序数。

③认识长方形、梯形、椭圆形。

④学习用各种几何体(积木或积塑)进行拼搭和建造活动。

⑤学习概括物体(或图形)的两个特征;学习按物体的某一特征和数量进行分类。

⑥学习按量(粗细、高矮等)的差异进行7以内的正逆排序;学习按一定的规律排列顺序。

⑦观察、比较、判断10以内的数量关系,逐步建立等量观念;运用已有的知识经验,解决新问题,学习新知识,促进初步的推理和迁移能力的发展。

⑧初步理解昨天、今天、明天的含义,知道它们之间的关系;学习正确运用这些时间词语。

⑨学习区分和说出以自身为中心的前后方位;学习区分和物体之间的上下、前后位置关系;学习按指定方向运动。

⑩能主动地、专心地进行数学操作活动,并对自己的活动成果感兴趣;在教师的引导下,能注意和发现周围环境中物体的量的差异、物体的形状以及它们在空间的位置等。

(3) 大班

①区分10以内单、双数和相邻数,学习顺着数和倒着数。

②学习10以内数的分解和组成,体验总数与部分数之间的包含关系,部分数与部分数之间的互补关系和互换关系,学会书写1~10的数字。

③学习10以内数的加减法,认识加号、减号,初步理解加法、减法的含义。学习用加减法解答生活中的一些简单的问题。

④能理解符号"+""-""=" ">" "<"所表示的意思,学习用符号表示两个集合的数量关系,以及用符号表示10以内数量变化关系。

⑤学习按物体两个或两个以上特征进行分类;学习按某一特征的肯定与否定进行分类;学习层级分类和多角度分类。

⑥初步感知集合的交集、并集关系及包含关系。

⑦学习按物体量的差异和数量的不同进行10以内正、逆排序,初步体验序列之间的传递性、双重性和可逆关系。

⑧认识几种常见的几何形体(正方体、长方体、球体、圆柱体);能根据形体特征进行分类;体验平面图形与立体图形之间的关系。

⑨学习等分实物或图形;学习自然测量。

⑩学习以自身为中心和以客体为中心区分左右;会向左、向右运动;在日常生活中,能注意自己(或物体)在空间的位置和运动方向。

⑪认识时钟,学会看整点、半点;学习看日历,知道一星期中每天的名称和顺序;学习一些表示时间的词语,在日常生活中,感受和注意时间的长短和更替,知道要爱惜时间。

⑫认识10元以内的人民币,能说出它们的单位名称,知道他们的值是不相同的。

(三)类型

①认知理解型活动:主要目的是理解有关的数学概念,掌握相应的技能。如"什么是长方形""什么叫相邻数""认识时钟"等。

②操作游戏型活动:主要目的是运用已有经验,练习巩固相关的数学知识,提高学习数学的兴趣。如"找座位"(序数)"数字接龙""比高矮""几何形体分类"等。

③探究发现型活动:主要是根据目标,解决实际问题。如"等分图形""铺路"(按一定规律排序)等。

以上这几种活动类型,在实际的数学活动中,有时是单独进行的,有时是可以综合在一起运用的。

(四)常用方法

它主要有观察、操作、游戏、发现、讲解、演示、示范等具体方法。

【案例3.11】

活动名称:蛋糕专卖店(小班)

活动目标:

1. 学习将图形按颜色或形状分类排放。

2. 按图形的颜色和形状特征进行配对,并学习命名。

3. 乐意参与集体游戏活动。

活动准备:

红黄绿3种颜色的托盘,圆形、正方形、三角形3种形状的图形片若干;红、黄、绿3种颜色、圆形、正方形、三角形(无色)标记各一个;放置图形片的扁平筐(或盒)若干;3个娃娃,身上分别有红色的圆形,黄色的正方形,绿色的三角形标记一个。

活动过程:

一、小小理货员

1. 教师以谈话形式引出游戏。

今天我们来玩一个小小蛋糕店的游戏。可是货架上还是空的,一块蛋糕也没有,那怎么办呢?(引导幼儿说出取蛋糕布置货架的办法)

2. 观察"蛋糕"的形状,巩固复习形状的命名。

请你看一看小筐里都装着哪些形状的蛋糕?和老师小伙伴之间讲一讲、说一说。

3. 按颜色分类摆放蛋糕。(教师出示有颜色标记的托盘)

请你看看蛋糕店里的托盘上有什么标记?(注意从颜色上引导幼儿观察)那你应该放什么样的蛋糕呢?请你摆一摆、说一说。(如:我把黄颜色的蛋糕送到黄色标记的托盘里。我把红色的蛋糕送到红色标记的托盘里……)

4.按形状分类摆放蛋糕。(教师出示有形状标记的托盘)

请你看看这几个托盘上有什么标记?(注意从形状上引导幼儿观察)那你应该放什么样的蛋糕呢?请你摆一摆、说一说。(如:我把三角形的蛋糕送到有三角形标记的托盘里。我把圆形的蛋糕送到圆形的托盘里……)

二、买卖蛋糕游戏

1.分角色

每种蛋糕选一名幼儿扮演营业员,营业员要看清托盘上的标记,向顾客们介绍蛋糕(如都是绿色的蛋糕)。就说:"要买绿色蛋糕的到我这里来!"(如都是三角形的蛋糕)就说"要买三角形的蛋糕到我这里来!"其他幼儿扮演顾客去选购蛋糕。

2.购买蛋糕

买两块不一样的蛋糕。(幼儿挑选,请大家看一看、讲一讲,这两块蛋糕哪里不一样?)

买两块一样的蛋糕。(幼儿挑选,请大家看一看、讲一讲,这两块蛋糕哪里一样?)

出示三个身上有标记的娃娃,要幼儿买娃娃最喜欢吃的蛋糕,先说说娃娃们各自喜欢吃什么蛋糕。如:红色的圆形蛋糕、绿色的三角形蛋糕、黄色的正方形蛋糕,然后再分别为三个娃娃买蛋糕。

三、小结

看看幼儿是否为娃娃买到了他喜欢的蛋糕。

(孙××供稿)

【案例3.12】

活动名称:抢椅子(小班)

活动目标:

1.幼儿用一一对应的方法比较两组物体的多、少或一样多。

2.启发幼儿积极思维,动脑筋解决实际生活问题的能力。

活动准备:

1.教师用:5个布娃娃、1个铃鼓。

2.幼儿用:4个小碗、6双筷子、5把小椅子。

3.幼儿经验准备:会念儿歌"小铃小铃你真灵,敲的声音真好听。叮叮叮叮敲起铃,小朋友快快来坐定"。

活动过程：
一、引导幼儿给娃娃分碗筷。
1. 老师出示5个布娃娃，放在展示台上(提示：摆放时，间隔一定的距离)。引导幼儿数一数有几个娃娃(5个)。给娃娃分小碗："小娃娃要吃饭了，请你给她分小碗吧。"幼儿分完小碗："每个小娃娃都有小碗吗？""有几个小碗？"(4个)"娃娃和小碗哪个多？哪个少？"引导幼儿说一说："娃娃多，小碗少。"
2. 同样的方法引导幼儿为娃娃分筷子，得出结论："筷子多，娃娃少。"
二、游戏：抢椅子。
规则：参加游戏的幼儿听到铃鼓声，边说儿歌边围着椅子走，念完儿歌找一把椅子坐下。
预计幼儿玩3次，每次都是5把椅子、6个幼儿。每次游戏后问幼儿：几个小朋友没找到椅子？最后一次问："为什么总是有一个小朋友没有椅子坐？"引导幼儿说一说自己解决问题的方法。
三、按幼儿解决问题的方法继续玩游戏。
1. 又找来一把椅子，以6把椅子和5个小朋友玩找椅子游戏。
2. 请找不到椅子的小朋友回座位，以5把椅子和5个小朋友玩游戏。
引导幼儿用一一对应的方法找椅子，"一把椅子一个小朋友，一个小朋友一把椅子。"得出结论"一个小朋友一把小椅子，小椅子和小朋友一样多"。
3. 再以5把椅子6个小朋友的方式玩游戏，用一一对应的方法得出"椅子少，小朋友多"的结论。
4. 提出"要让每个小朋友都找到椅子，怎么办？"引导幼儿想出用一一对应的方法，一个小椅子前面站一个小朋友，比较椅子和小朋友哪个多，哪个少，或是一样多。
5. 以儿歌结束活动。
(刘×供稿)

【案例3.13】
活动名称：10以内序数游戏(中班)
活动目标：
1. 在粘贴、摆放、比较中理解序数的概念。
2. 发展幼儿一定的排序能力。
活动准备：
幼儿用：红、黄、蓝三色手工纸剪成的小圆片若干；每个幼儿一个空小筐装棋子用，两个幼儿一筐装满的棋子，一个玩具小猫；20张卡片，每2张图案相同。

活动过程：

一、粘贴

请幼儿各自在每人一张的底版纸上按红、黄、蓝三种颜色和1~10的数量顺序在方格中粘贴，如第一行（从左开始）中粘贴1个红色的小圆片，第二行中粘贴2个黄色的小圆片，第三行中粘贴3个蓝色的小圆片，第四行中粘贴4个红色的小圆片……请小朋友看看粘贴后像什么呢？（彩色楼梯等等）

二、数数

1. 请幼儿在各自的"彩色楼梯"上数数每级楼梯的格数，启发幼儿对应比较红、黄、蓝的多少。

2. 游戏：小猫走楼梯

两人一组，一人将小猫玩具放在楼梯上的任意位置，另一人说出小猫在第几级第几个楼梯上，说对则取一粒棋子放入自己的小碗；说错不取棋子。然后另一幼儿摆放，轮流游戏。以棋子多的幼儿为胜。

三、记忆

游戏"翻卡片"

玩法：幼儿两人一组，材料为配对的图案卡片20张（也可以根据实际情况增减），把卡片顺序打乱，10张正面向上，另10张反面向上，幼儿逐次翻开反面上的图案卡片，并加以记忆。一段时间后，合上10张卡片，两人根据正面朝上图案的提示，由一幼儿以序数位置的排列说出对应的卡片在哪里（如第1行第5个是蜜蜂），另一幼儿翻卡片检验，说对可得到卡片，两幼儿交替。以卡片多为胜。

【案例3.14】

活动名称：昨天、今天、明天（中班）

活动目标：

能辨别并运用昨天、今天、明天来表述生活中事件发生的时间。

活动准备：

自制周历1张，共分7个格，每个格标有星期几和日期；小组标记（按分组的数量准备，每组一种，如：第一组用苹果、第二组用鸭梨……）；气象标记卡（晴天、阴天、雨天）绘有昨天、今天、明天的图表。

活动过程：

一、感知认识今天

1. 出示周历，问："今天是星期几？今天的日期在第几格？是几号？"引导幼儿找到今天日期的一格，并说一说："今天是星期几，几号？"

2.教师提问:"今天是谁送你上幼儿园的?""今天早晨你吃过什么?""今天你准备玩什么游戏?""今天轮到谁做值日生了……"请幼儿边回答问题边将小组标记插在相对应的周历日期格中。

二、认识昨天

1.引导幼儿讨论昨天是星期几,昨天的日期写在哪?是几月几日?

2.引导幼儿回忆昨天进行过的一些活动。(如玩的什么游戏、吃的什么饭菜、讲的什么故事……)

三、认识明天

1.引导幼儿看本周日历,指着当天日期后面一天的日期问:"这是星期几,多少号?哪天是这个日子?"(学习明天的概念)

2.教师:"明天你准备玩什么游戏?""明天是哪些小朋友做值日生?"请幼儿边回答问题边将小组标记插在相对应的周历日期格中。

四、贴天气标记

出示气象卡,请值日生播报最近几日的天气情况。幼儿依据播报情况选择合适的气象卡片贴在绘有昨天、今天和明天的图表中。

五、总结贴天气标记情况

请值日生再次播报天气情况,幼儿检验标记粘贴是否准确。

【案例3.15】

活动名称:大家一起玩夹子(大班)

活动目标:

1.学习用数字、符号等记录自己和同伴左右手臂上所夹夹子的数量。

2.在区分左右的基础上,发现以自体和以客体为中心的左右差别。

3.鼓励幼儿积极思考,能发表自己的想法和意见。

活动准备:

1.磁铁扣若干、黑板;录音机、光盘;实物投影仪;帽子、围巾各1个;手偶3个;手腕花18个(在幼儿不能以客体为中心区分左右时使用)。

2.幼儿每人一张纸;两人一个笔筒,内装两支笔(笔上有橡皮)。

3.按两人一组准备:夹衣服的塑料夹子一小筐(15个),放在两人中间。

4.幼儿两人一组面对面坐好。

活动过程:

一、观察游戏材料,了解游戏内容。

引导幼儿观察每个小筐里装的是什么:"小朋友看看每个小筐里装的是什么?""现在老师

想和小朋友玩一个'夹夹子'的游戏,你们想玩吗?"

师幼一起说儿歌:"叮叮当当,动手动脑,快快乐乐,一起游戏!"

二、交代游戏规则与要求,玩"夹夹子"游戏。

师:"请大家听音乐在规定的时间里将夹子夹在两只袖子上。音乐响开始夹,音乐停则停止。"

幼儿做好准备,开始游戏。

三、学习用数字、符号等记录所夹夹子的数量。

1.请幼儿互相交流自己左右袖子上各夹了几个夹子(自己和同伴的夹子数)。

"请你看看你左边袖子夹了几个夹子?"

"右边袖子呢?"

"你同伴左右袖子各夹了几个夹子?"

2.请幼儿记录下来自己与同伴袖子上的夹子数。

3.老师观察幼儿的记录情况,并且请幼儿互相观察:"你们能看懂别人的记录表吗?""我们怎样记录才能让别人一眼就看明白呢?"引导幼儿归纳总结记录时注意的事项:可以设计表格、记录要有标志。

4.请幼儿翻转纸张,在背面重新记录。

四、展示交流,验证记录。

1.请幼儿在黑板上展示自己的记录结果,鼓励幼儿对照各自袖子上的夹子互相交流。

2.教师观察全体幼儿记录表,并请一名幼儿介绍自己的记录表:"你是怎样区分自己和同伴的?""你用的什么标志区分左右?""左右袖子上各夹了多少夹子?"

请同伴通过现场站位、对应举手等方法验证,发现记录与实际不一样:"这是为什么呢?小朋友玩个小游戏就会明白了!"——出示玩具小熊,背对幼儿,请幼儿说出小熊的右手是哪只,并给右手戴上手腕花,老师出示此时小熊的照片于黑板上;请小朋友举起自己的右手,给右手戴上手腕花;让小熊慢慢转身,面对幼儿,引导幼儿发现以自身为中心和以同伴为中心的左右差别,即当两人面对面时,左右方向相反。

五、巩固以客体为中心区分左右。

1.老师出示三个手偶:"这是谁?""它的左边是谁?""它的右边是谁?"

2.请三个幼儿站一排,其他幼儿说出以中间幼儿为中心的左右,请幼儿给左边的小朋友戴上帽子,给右边的小朋友系上围巾。(视幼儿掌握情况依次递增两名幼儿,引导幼儿说出"他左边第二个是谁?"……)

3.当幼儿对以客体为中心区分左右掌握较好时,请幼儿取回记录表,有需要修改的进行修改。教师任取一份记录表与幼儿一起进行验证。

4.比一比,谁夹的夹子多。(可作为延伸活动)

请幼儿根据自己的记录单,比一比自己哪只袖子夹子多,哪只袖子夹子少,多几个或少几个;同伴哪只袖子夹子多,哪只袖子夹子少,多几个或少几个。

六、活动结束

师:"今天小朋友通过玩'夹夹子'的游戏,学习了设计记录表,知道了当两人面对面时左右方向是相反的。小朋友又长了一样本领,大家高兴吗?""那我们取下夹子收好,一个小朋友拿夹子筐,另一个小朋友拿笔筒,我们和老师说'再见'!"

(刘×供稿)

三、对教师的要求

①教师要明确有关数学的基本概念,对于这些概念要用幼儿能理解又符合科学的语言对幼儿进行讲解,切忌术语化。例如,开始学习相邻数时可以转化为"找朋友""找邻居"等。

②教师要善于从生活中发现数学问题,善于用游戏的方式激发幼儿对数学的兴趣。例如,带幼儿户外活动时,发现地上的落叶,可以让每个小朋友捡树叶,数一数自己捡了多少片树叶,好朋友之间比一比谁捡得多等。

③教师要善于搜集各类废弃材料,如冰棍棍儿、瓶盖儿、饮料瓶、塑料盒等,为幼儿提供操作材料,使幼儿进一步理解生活中处处有数学,同时要注意材料的使用安全和卫生。

④教师在幼儿的操作活动中,要注意观察幼儿的操作动作,了解幼儿的思维水平、对数概念的认知程度,进行有针对性的指导。

第四节 幼儿园科学领域教育活动的设计

幼儿园科学教育是促进幼儿全面发展的重要组成部分。幼儿园科学教育活动是幼儿园科学教育的一部分,内容的选择与设计直接影响着幼儿对科学活动的兴趣与探究欲望。

一、幼儿学习科学的特点

(1)3~4岁
①认识处于不分化的混沌状态。
②认识带有模仿性,缺乏有意性。
③认识带有明显的拟人化倾向。
④认识带有表面性和片面性。

(2)4~5岁
①好奇好问。
②初步理解科学现象中表面的和简单的因果关系。

③开始根据事物的表面属性、功能和情景进行概括分类。
(3) 5～6岁
①有积极的求知欲望。
②初步理解科学现象中比较内在的、隐藏的因果关系。
③能初步根据事物的本质属性进行概括分类。

二、幼儿园科学教育活动设计

（一）目标

《纲要》中关于科学目标的内容如下：
①对周围的事物、现象感兴趣,有好奇心和求知欲。
②能运用各种感官,动手动脑,探究问题。
③能用适当的方式表达、交流探索的过程和结果。
④能从生活和游戏中感受事物的数量关系并体验到数学的重要和有趣。
⑤爱护动植物,关心周围环境,亲近大自然,珍惜自然资源,有初步的环保意识。

（二）内容选择的要求

(1)科学性和启蒙性

科学性和启蒙性是幼儿科学教育内容选择的首要要求。它的具体含义是:幼儿科学教育的内容应符合科学的原理,不能违背科学事实;同时科学性又应和启蒙性相结合,即提供给幼儿学习的科学内容应是一种粗浅的科学知识,以此激发幼儿的好奇心和科学探索的欲望,不能超越幼儿的发展水平和理解能力。

科学性和启蒙性,是一个问题的两个方面。我们在理解二者的关系时,不能把它们简单地对立起来。事实上,科学性和启蒙性是相互联系、相互依赖的关系。没有科学性,幼儿科学教育便失去了根本,而忽视了启蒙性,科学性就成了空中楼阁。

具体地说：

第一,科学启蒙就是要选择幼儿可以直接探索的内容,让幼儿通过自己直接的探索活动,在力所能及的范围内学科学。

第二,科学启蒙就是要选择幼儿可以理解的内容,将复杂、深奥的科学道理寓于简单、明显的现象之中,让幼儿通过具体的经验获得对科学知识的粗浅理解。

第三,科学启蒙就是要选择幼儿日常生活中熟悉的内容,引导其发现日常生活中的科学内容。

(2)广泛性和代表性

广泛性和代表性的要求是指幼儿科学教育的内容应是丰富多彩的,以反映幼儿日常生活中所接触的物质世界的多样性、多变性和自然科学知识本身的广泛性;同时又应是有选择的,能代表自然科学各个领域的基本知识结构,为幼儿今后系统地学习科学知识打下基础。

在选择幼儿科学教育的内容时,怎样才能做到广泛性和代表性的结合呢?

第一,从广泛的范围中选择内容。

我们既可以从幼儿广泛的生活中,也可以从广泛的学科知识中选择适合的教育内容。比如,在幼儿的生活中,会遇到许许多多的事物和现象:地上的鲜花,空中的蜻蜓,天上的彩虹……它们吸引幼儿的兴趣和注意,幼儿甚至会自发地进行探索。教师则可以从幼儿生活中的这些事物中得到启发,寻找科学教育的内容。此外,我们还可以从自然科学的学科知识中寻找合适的教育内容。比如物理学中有关力的知识点有很多,涉及力的种类就有:重力、浮力、弹力、摩擦力等,这些科学知识也可作为内容选择时的参考。

第二,衡量所选内容的代表性。

在广泛选择的基础上,我们还要衡量这些内容的代表性,以确定它们的认识价值。衡量代表性的依据就是,这些内容能否反映学科知识的基本结构,能否使幼儿举一反三,为幼儿学习其他类似的内容提供帮助。比如蚂蚁这一内容,不仅是幼儿喜欢的小动物,而且它代表了昆虫这一类动物。它的身体结构也反映了昆虫的典型特征。我们如果将其引入为教育内容,让幼儿观察蚂蚁的身体和生活,可以为他们将来学习昆虫的共同特征打下基础。由此可以判定这一内容具有代表性。相反,幼儿可能会对其他某个不知名的小虫子感兴趣,我们也可以让其观察,但如果将其作为教育内容就缺乏代表性了。再如,水的三态变化,也是比较有代表性的内容。因为幼儿对水的三态:冰、水及水蒸气都比较熟悉,让幼儿接触、观察水的三态变化,获取有关感性经验,为将来由此及彼认识其他的固体、液体和气体,以至认识物质的三种基本形态打下基础。

第三,考虑各部分内容的均衡性。

在我们安排所选择的教育内容时,还需考虑各部分内容的均衡性,也就是要使教育内容能基本覆盖所有的内容范围,各部分内容的比例保持均衡。不能过多地考虑某个部分,而忽视其他部分的内容。有的幼儿园为了体现自己的教育"特色",就开展了"探索昆虫"的科学活动,在一个学期里,竟让幼儿认识了不下几十种昆虫,且不说幼儿有无必要认识这么多昆虫,从内容均衡的角度看,也是很不合适的。

均衡的教育内容,既能体现代表性,也能体现广泛性。所以在选择内容、安排计划时一定要考虑这一点。比如认识植物的内容,不仅要认识树木,也要认识花草,还可认识苔藓等低等植物;不仅要认识生长在陆地上的植物,也要认识生长在水中的植物。这样就能使幼儿获得广泛而又具有代表性的科学经验。

(3)地方性和季节性

地方性和季节性的要求是指幼儿科学教育的内容选择应结合当地的自然条件和季节特

点,因地、因时制宜。地方性和季节性的要求既是幼儿认识事物的特点所决定的,也是自然科学知识的特点所决定的。

从自然科学知识本身的特点来看,幼儿科学教育的内容也应体现地方性和季节性。自然界的任何事物,它们的存在、变化和发展,都与环境及环境的变化密切相关。不同的地理环境,存在着不同的自然景观。山区和平原,内陆和沿海,南方和北方,幼儿周围的生活环境差别巨大,他们可以认识的典型事物也不相同。而文化和社会条件的差异,也会造成幼儿见识上的差异。农村幼儿熟悉的动植物是家禽、家畜和庄稼,而城市幼儿熟悉的则是动物园里的动物、公园里的花草树木。

在不同的季节,自然界的表现也大不相同。自然界的变化大都遵循着季节变换的规律。"春华秋实"是大多数植物的生长规律。动物也会随着季节变换而改变生活方式乃至自己的身体:冬天里,有的动物在冬眠,也有的动物增厚皮毛来御寒。不仅动植物,就连人类的生活活动在不同的季节也都不一样。此外,气候、气象的变化也有季节性,不同的季节里,除了气温的显著变化外,典型的天气现象也不一样,如夏天多雷雨、冬天多雪雾。如果我们要使幼儿能够以亲身经历的方式了解大自然的这些季节变化,那我们选择的内容就必须要符合季节变化的规律,体现季节性。

由此可见,地方性和季节性是幼儿科学教育内容选择的一个独特而又重要的要求。那么在实践中应如何体现这一要求呢?我们认为,地方性和季节性的要求,不仅应该在选择内容时有所体现,更应该在编排内容时有所体现。

在选择教育内容时,不能照搬照抄现成的材料,而要注重从当地的自然和社会资源中挖掘和选择有价值的教育内容。我国幅员广阔,各地的情况差异巨大,因此不可能存在一种普适性的幼儿科学教育内容体系。即使有的地方形成了比较成熟的内容体系,也不可能适合其他地区。因此,每个地区,甚至每个幼儿园都应该从自身的实际出发,从当地的资源中选择内容,努力形成适合自身情况的地方课程或园本课程。

结合当地、季节特点选择内容,就要会灵活地替换教育内容,即用当地幼儿熟悉的事物代替相应的教育内容。比如认识石头的内容,山区的幼儿可以认识山上的大块石头,河边的幼儿则可以捡鹅卵石,南京的幼儿还可以欣赏雨花石……尽管他们认识的具体事物是不同的,但起到了同样的效果,都有机会运用感官感知和观察石头的特征。而且,由于观察的对象是他们熟悉的,还能萌发幼儿对自己家乡的热爱之情。再如同样是认识现代科技的应用,城市的幼儿可以认识电梯、地铁,农村的幼儿则可以认识拖拉机、收割机。北方的幼儿可以在冬天认识冰,南方的幼儿可能很少遇到结冰的天气,我们就可以换成认识电冰箱,学习用电冰箱制冰等。

在编排教育内容时,则要根据当地的季节变化,安排教育内容的计划。我国不同地区的季节差异很大,北国冰封的时候,南国已是鸟语花香。因此,不同地区幼儿园教育计划的制订都要根据本地的季节特点,选择合适的时机。比如,观察小草最好能放在初春小草萌发之时,观察露水珠就要安排在初秋的早晨。此外,还要根据当地的具体情况,由近及远地安排教育内容。我们提出地方性和季节性的要求,不等于是一定要认识当地可见的事物。当地没有的事物也可以认识,但要遵循由近及远的顺序,即先认识身边的、常见的事物,再扩展到较远的、不常见的事物。比如,海洋动物可能是所有的幼儿都很感兴趣的,但是我们不把这一内容作为认识动物的开始,而是安排在大班,作为扩展幼儿的经验。但是海边的幼儿可能很早就接触海洋动物,他们完全可以在小班学习这一内容。这就是不同地方在编排教育内容时存在的差别。

(4)时代性和民族性

时代性和民族性要求是指幼儿科学教育的内容既应体现现代科学技术的发展,以适应时代的变化,又应体现传统文化的特色,以发扬光大民族的优秀文化。幼儿科学教育的内容应该具有时代的气息,体现现代科学的发展及其在社会生活中的应用,以便让幼儿深切体会到科学技术对人类生活的影响。另一方面,科学教育的内容也应具有民族性,要把时代性和民族性完美地结合起来。幼儿科学教育中的很多内容都可以体现时代性和民族性。在选择内容时,可以从以下几个方面加以考虑:

第一,结合幼儿的生活向幼儿介绍现代的先进科学技术,特别是我国在现代科学技术上的成就。

现代科技已经渗透到我们生活的各个方面:衣、食、住、行等等。我们可以围绕幼儿的生活向其介绍现代的科学技术及其应用,如食品加工、无土栽培、现代交通等,也可向幼儿介绍一些他们感兴趣的高新技术,如航天技术等。特别要注意向幼儿介绍我国在科学技术上的进步,如苏州某幼儿园就曾组织活动,让幼儿认识当地被誉为"五朵金花"的家电产品。幼儿不仅认识了各种家用电器及其功用,而且对自己的家乡产生了强烈的自豪感。

第二,向幼儿介绍科学技术的发展,让幼儿在古今的对比中体会现代科学技术的先进和古代人民的智慧。

从科学技术的发展历程中,最能明显地体会到科学技术的进步,科学技术的进步史,也是人类不断的发明创造史。教师可以向幼儿介绍科技产品的发展变化,让幼儿不仅知道科学的今天,也了解它的昨天。比如,在向幼儿介绍磨豆浆的工具——电动豆浆机的同时,还向幼儿介绍了另一种工具——石磨。幼儿对后者的兴趣甚至超过了前者,他们惊讶于这样原始的工具,并用自己的操作来加以验证,当教师介绍这是古代中国人的发明时,他们不禁为之骄傲。

第三,引导幼儿认识我国具有民族特色的物产,或当地有名的物产。

中国地大物博,有很多具有民族特色的物产。比如茶叶被称为"中国的饮料",其品种之多可列世界之最。教师可以让幼儿观茶、品茗,认识茶叶的多样性,探索各种茶叶的特征,有条件还可带领幼儿参观茶园,了解茶叶的生长和采摘、制作过程。再如丝绸也是中国自古以来的著名物产,教师可以让幼儿观察蚕从结茧到吐丝的过程,参观、了解丝绸的制作过程。此外,各地都有许多名特产,教师也可以引导幼儿去认识,让他们不仅获得相应的科学经验,而且对民族的文化有所了解。

我国还有很多珍稀的动植物品种,如大熊猫、金丝猴、水杉树、银杏树等,这些内容不仅可以丰富幼儿的动植物知识,也可以充分体现我们的民族性。

(5)幼儿的可接受性

所谓幼儿的可接受性是指根据幼儿的兴趣、发展水平和过去的经验推断幼儿对教育内容所能掌握的最大限度,以此为根据来选择内容。教师选择的教育内容应稍稍高于幼儿的现有水平,这样的教育内容才能够引起幼儿的求知欲,刺激幼儿积极思索、克服困难获得成功的愿望,有利于幼儿的发展。

①不同的年龄班幼儿的可接受性不同。

小班:应该认识生活中常见的、熟悉的事物和现象,如一些小动物、色彩鲜艳的水果、身边常见的植物和生活中经常接触的日用品或者相关的事物以及现象,在认识的过程中,要让幼儿运用自己的感官,感知事物的颜色、形状、味道、声音等明显特征,从而发展幼儿的感知觉。

中班:幼儿好奇心更加强烈,认识能力在不断提高。因此主要强调扩大幼儿的认识范围,满足幼儿的好奇心,激发幼儿的求知欲。同时,应给幼儿更多的观察、比较操作和探索的机会。如让幼儿比较自行车和摩托车的异同点,认识光和影,认识声音、比较不同的声音等。

大班:大班幼儿对科学探索的态度更加积极主动,他们不仅爱提问题,而且自己去探索,寻找答案。因此在选择内容时要有意识地把幼儿的认识范围扩展到其未亲身经历过的领域,如认识宇宙中的地球、雨的形成、动物保护自己的方式,还要给幼儿提供操作、探索、发现的机会。指导他们做科学小实验,如磁铁吸什么、水的三态变化、各种力的作用等,在此基础上形成一些日常生活中的科学概念。

②同一个年龄班内不同幼儿可接受性不同。

同一个年龄班内不同的幼儿接受性也是不同的。一是幼儿来自于不同的家庭,知识背景不同,二是幼儿之间兴趣差异很大。所以教师选择的内容应以一个班内幼儿的平均水平为依据。

③不同幼儿园的同龄班可接受性不同。

由于地区差异,不同幼儿园的同龄班幼儿发展水平也是不一样的。如农村的中班幼儿和城市的中班幼儿相比较,在发展水平、兴趣以及视野方面都有所不同。农村幼儿对于自然中动植物、气象、节气的变化比较熟悉和了解,而城市中的幼儿则对现代化科技的发展更加感兴趣,如他们喜欢认识宇宙,喜欢恐龙、机器人等。因此照搬照抄某一本教材或某一个教案是不符合幼儿的可接受性的,而应该结合本班幼儿的特点加以修改。

教师在考察幼儿可接受性时,可通过以下途径进行:通过提问了解幼儿;观察幼儿的语言、动作以及活动水平;和家长沟通了解情况。

(6) 系统性与整体性

系统性即幼儿科学教育的内容应当由近及远、从简单到复杂、由浅入深、有系统地编排进行。幼儿科学教育的内容是浅显而广泛的,但也并非是零零碎碎、信手拈来的内容,需要教师有选择地、有意识地进行编排,使之成为一个有层次的体系。所谓由近及远是指根据小、中、大班幼儿的不同年龄特点,从幼儿的身边开始,然后逐渐延伸至幼儿感兴趣的较远的内容。如:从幼儿熟悉的小动物、植物、气象现象延伸至宇宙飞船等。所谓由简单到复杂、由浅入深是指幼儿的认识对象应该越来越丰富,难度也越来越大。这一要求不仅体现在纵向的小、中、大班的认识容量的增加和深度的提高上,如从小班认识一辆公共汽车、一辆小汽车开始直至大班学习对水陆空交通工具的分类和概念的掌握上,而且体现在横向的各个年龄班具体教育内容的系列与演进之中,如在介绍灯具时可以让幼儿了解历史上不同的灯具,介绍现代通信工具时,可向幼儿介绍古代的通信工具,如烽火台、信鸽等;也可以请幼儿猜测未来还会有哪些通信工具出现等。

整体性即在选编幼儿科学教育内容时,要考虑与其他教育内容,如语言、数学、社会、健康等内容相互配合,相互渗透,综合进行。教师要尽量挖掘幼儿身边的科学内容。如吃的食物是从哪里来的,吃的是植物的哪一部分?生熟有什么不同?教师要尽量选择幼儿自己发现的内容。

(三) 内容

1. 动物和植物

①幼儿应当尽可能地认识各种动物和植物,能叫出其名称,并且认识其外形特征与结构,了解它们的生活方式和繁衍方式。

②了解动植物之间的关系,了解动植物和人类之间的关系。

③了解动植物与气候、季节变化之间的关系。

④管理和照顾几种植物。

⑤利用动植物进行各种实验与观察活动。

2. 气候与季节

①认识气候与季节变化,让幼儿做天气记录。

②观察雨、雪、雷、闪电、彩虹、冰、霜、露等自然现象。

③辨别春、夏、秋、冬的四季特征。

④了解气候变化与人类活动之间的关系。

⑤利用气候变化开展各种活动。

3. 石、沙、土
①向幼儿介绍不同种类的沙石土。
②利用沙石土开展各种活动。
③介绍沙石土与人类生活之间的关系。

4. 水
①使幼儿知道水是无色、无味、无臭的。
②了解水在日常生活中的用途。
③有许多物质能够溶解于水。
④了解什么东西能浮在水面，什么东西会沉入水底。

4. 宇宙和星球
①认识宇宙中的日月星辰，使幼儿知道为什么白天有太阳，夜晚没有太阳。
②指导幼儿观察什么时候月圆，什么时候月缺。
③了解太阳能发出巨大的光和热。
④观察朝阳和夕阳。
⑤向幼儿适当介绍宇宙中的星辰，使他们知道宇宙中有无数星球，他们离人类的地球很遥远，所以看起来很小。
⑥适当向幼儿介绍人类在宇宙中的活动。如，可向幼儿介绍宇航员乘坐宇宙飞船到过太空，到过月球，说明人类科技高度发达、充满智慧等。

6. 自然现象
（1）空气与风
①通过实验让幼儿知道空气流动产生风的原理。
②体验风的大小与风向。
③了解新鲜空气对人生存的重要性、空气污染给人类及其他生物造成的危害，帮助幼儿树立初步的环保意识。
④了解风给人类生活带来的利弊。
⑤初步了解风也是一种动力。

（2）电
①通过游戏探索摩擦起电的现象，使幼儿了解静电现象。
②初步了解日常生活中电的来源，知道电是发电厂通过电线输送来的。
③初步了解干电池也能产生电，在游戏或实验中探索干电池的用途。还应告诉幼儿，废旧的干电池是有毒的，不能随便丢弃。

④探索各种家用电器的功能,初步了解电在日常生活中的应用。玩各种电动玩具或进行简单的实验操作,发现电能够产生光、声、热和动力。

⑤介绍电的危害性,教给幼儿安全用电的基本常识。

(3)光

①认识各种光源(自然的、人造的)以及它们的不同,了解光对于人类的重要性。如果幼儿感兴趣,还可向他们介绍激光及其应用。

②通过玩各种光学仪器(如平面镜、三棱镜、凸透镜、凹透镜)和日常的物品、玩具(如望远镜、万花筒等),探索光的反射和折射现象。

③通过实验探索光和影子的关系。

④通过实验探索颜色的现象,如颜色的叠加和变化。

(4)磁铁

①探索各种大小和形状的磁铁,发现磁铁能吸铁的性质。对于稍大的幼儿,还可探索不同磁铁的磁力大小。

②通过游戏或实验探索磁铁之间的相互作用,发现吸引和排斥的现象。

③玩指南针或磁针,探索指南针指南的现象。

④探索磁铁在生活中的应用,寻找哪些物品里用到了磁铁,了解磁铁在人类生活中的用途。

(5)声音

①幼儿自出生起就对外界的声音做出反应,声音是幼儿最初了解世界的重要信息来源,在学前阶段,可结合听觉能力的培养让幼儿探索有关声音的内容。

②注意并辨别各种声音:自然的声音、人的声音、机器的声音等;了解各种声音所代表的意义。

③通过实验让幼儿知道物体的震动会产生声音;探索各种能产生声音的物体和能产生声音的方法、探索各种声音的不同。

④通过游戏、实验等探索声音的传播;观察几种生活中常见的能传播声音的现代科技产品,探索它们是如何将声音传得更远的。

⑤知道声音可以分为乐声和噪声,了解噪声的产生及其危害。

⑥培养幼儿爱护嗓子,养成轻声说话的习惯,要用好听的声音说话和唱歌,不要大声喊叫。

7. 科学技术产品

①认识一些日用品,探索蕴涵其中的科学原理,如通过使用剪刀、夹子、锤子、锯等工具知道他们的使用方法和价值。

②初步了解通信工具在人们生活中的用途。

③认识各种家用电器,如电视、电话、电冰箱、洗衣机等,了解它们的用途和安全使用方法。

④认识各种常见的海陆空交通工具。

⑤初步认识现代科技,知道科技是不断发展的,了解科技是人类创造的,它会给人类带来更多的方便。

8. 人体知识

(1) 人体的结构、功能及保护

幼儿对自己身体的结构,特别是外部结构是非常感兴趣的。教师可以结合幼儿直接的生活经验,向他们介绍人体的基本结构和功能,以及怎样保护自己的身体。

①观察、探索人体的整体结构、活动、功能及保护。让幼儿了解人体由哪些主要部分构成,它们是怎样活动的,初步知道要保护身体。

②观察、探索人体的外部结构、功能及保护。可以让幼儿观察、探索人体的外部结构,包括:头、颈、躯干、四肢、五官、皮肤、毛发等,了解它们的功能,初步知道怎样保护。比如小班幼儿就可以探索自己的脸上有什么,是什么样的,并且照着镜子把它画下来,还可认识人的身体的其他部分,如手、脚等。

③感受、体验内部主要器官的活动和功能。

(2) 人的心理活动

人的正常心理活动对于维持人的生存是非常重要的,但是幼儿很难直接探索他们的心理活动的过程,因此可以结合心理健康的教育,引导其了解一些简单的心理知识,比如情绪就是幼儿可以感受和体验的心理过程。具体的教育内容可以包括:

①感受、体验、表现自己的情绪,如高兴和难过等,知道每个人都会有情绪的感受和体验,在不同的情况下会有不同的情绪表现。

②观察、体验和理解同伴的情绪表现。

③学习适当地表现或控制自己的情绪,发展积极的情绪。

(3) 个体的生命过程(生长、发育和衰老)

①初步知道自己的出生、生长过程和生长发育的条件。

②观察人的出生、长大和衰老的过程,并且知道每个人都会经历从小长大到衰老的过程,教育幼儿尊老爱幼。

③初步知道生命是一个客观的过程,生命是最宝贵的,要珍惜和保护人的生命。

9. 环保教育

①使幼儿知道地球上的水资源是有限的,可以供人们饮用的淡水资源更加有限,懂得保

护水资源、节约用水的重要性。

②认识几种珍稀动植物,知道它们数量减少的原因,懂得要保护野生动植物。

③了解废弃物不处理对人类的危害,知道废弃物可以分类回收利用,变废为宝。

④了解土壤对动植物的作用,了解土壤污染对人类健康的影响。

⑤初步了解植树造林对人类的重要意义,懂得保护森林的重要性。

⑥初步理解什么是环境污染,环境污染的具体体现及其对人类的影响,懂得保护环境的基本方法以及重要作用。

10. **物理现象**

(1)力和运动

①感受力的大小、探索发现力的方向,探索力和运动之间的关系,以及不同大小、方向的力和运动之间的关系。

②通过实验探索各种力(地球引力、浮力、摩擦力等)的现象。如地球上的所有物体都要受到地球的引力,都会落到地面上;不同的物体放在水里,会产生不同的结果;物体在不同光滑程度的平面上,运动的快慢会不同等。

③玩跷跷板、天平、平衡架等,探索平衡的条件,体验力的平衡。

④探索各种机械,发现它们的作用。

⑤探索各种自然力(如风力和水力),了解人类对它们的利用。

(2)热和温度

①感受有的物体热,有的物体冷;学习用温度计测量物体冷热的程度。

②探索并发现热的物体会变冷,冷的物体会变热;讨论可以用什么办法使物体变冷、变热。

③知道天气的冷热;讨论夏天怎样散热,冬天怎样取暖保暖,并了解几种取暖或散热的产品。

【案例3.16】

活动名称:找一找哪些东西有生命(中班)

活动目标:

1. 了解生命的特点,区分生命与非生命。

2. 练习细致地观察事物的特点。

3. 练习识别、比较、分类。

活动准备:

①写一份海报让家长了解此项活动的目标,请家长协助孩子收集相关的资料。

②废旧图书、画报、杂志……

③空的展板、胶棒、剪刀、蜡笔、水彩笔、白纸、大的海报纸。

④创设小动物生活的环境:大海、树林、天空、花园、草地、大树、地洞……的展板。

活动过程:

一、幼儿观察图片、练习分类

教师请幼儿观察图片,练习根据事物的共同点和不同点来进行分类,提示孩子使用剪刀时注意安全。

提问:老师给你们带来了许多图片,请仔细观察一下图片上的这些东西你都见过吗?哪一个是你喜欢的?这些卡片都混在一起了,我们一起动手将它们进行分类好不好?试一试可以分成几类?分好类后粘贴在展示板上吧!

二、讨论:有生命、无生命

1. 大家共同完成分类工作,并阐述自己分类的原因。

提问:

①你们将这些物品分成了几类?都是哪些类?

②你是根据什么这样分的?

③我们来研究一下他们有什么共同之处?

④他们是怎样动的?

⑤有人认为植物不会动,我们一起讨论一下树是怎样长大的?它的生长过程是不是在动?

小结:第一,自己动,如:动物的走、跑、跳及动植物的自然生长;第二,靠别人的力量才能动,如:汽车、轮船等。

2. 请幼儿按着"自己会动"和"靠别人的力量才能动"的特点再将这些事物重新分类。

小结:自己会动的称为有生命的;靠别人才能动的称为无生命的。

三、讨论:生命

1. 大家根据分类结果,共同讨论"生命存在的特征"。

提问:

①有生命的事物都有什么样的特点?他们共有的特点是什么?

②他们的不同点是什么?

③他们是怎样生长的?

④有生命的东西生长时需要什么条件?植物怎样生长?动物怎样生长?

小结:生命的共同之处:会动、会由小长大、会吃。生命的不同之处:生命的长短不同、繁殖的方式不同。

四、小实验:观察蚯蚓的再生、种子的生命力

提问:

①我们将罐子里的蚯蚓用小刀分成两段,猜猜它会不会死掉?

②那么它会有什么样的变化呢?

③请你从现在开始,在之后的几天里认真地观察这两条蚯蚓,看看你的猜测是否是真的?
④每个人再来种下一粒种子,请你每天给它浇水,观察它是怎样生长的?生长的过程是什么样的?
2.教师帮助幼儿设计观察记录本。
建议幼儿在观察蚯蚓的变化和种子的生长时分别进行记录。
五、进行初次观察记录
1.请幼儿将刚才看到的实验结果记录下来(启发幼儿用多种方式记录结果)。
2.孩子的记录可随时进行交流:幼儿间互相交流,也可以孩子与老师交流,还可以孩子与家长交流。
活动延伸:
请幼儿和家长共同收集一些关于蚯蚓和种子的生长的资料,收集后带来幼儿园和大家一起分享。
(高××供稿)

【案例3.17】
活动名称:探索活动——这个鸡蛋是新鲜的吗?(中班)
活动目标:
1.练习细致专注做事。
2.通过观察现象结果,尝试分析原因。
3.初步了解不同的水的浮力是不同的。
活动准备:装有盐水的透明杯子每人2个,新鲜的鸡蛋每人1个、不新鲜的鸡蛋每人1个。
活动过程:
一、寻找:哪个鸡蛋是新鲜的?
1.讨论、引发话题。
提问:
①请你看一看,老师手里拿的是什么?
②这2个鸡蛋有1个是新鲜的、1个是不新鲜的,请你想一想怎样才能分辨出哪个鸡蛋是新鲜的、哪个鸡蛋是不新鲜的呢?
③想一想、说一说,有什么办法能区分出来?
二、实验并解说沉浮的原理
1.教师为幼儿提供实验材料,请幼儿尝试操作,并观察现象。
提问:
①如果把鸡蛋放入盐水杯中会发生什么事情?请你试着做一做。

②(新鲜的鸡蛋浮上来,不新鲜的鸡蛋沉下去)为什么鸡蛋会一个浮起来,一个沉下去呢?哪个才是新鲜的鸡蛋呢?

原理:盐水的密度比清水大,浮力相对就大。这就是在海水中比较容易浮起来的原因,所以,鸡蛋就浮起来了。

2. 填写绘画实验记录表。

3. 演示:魔术——漂浮在水中的鸡蛋。

方法:在一个杯子里倒入半杯水,另一杯倒入同样多的浓盐水,然后小心地把清水倒入盐水中,不要让清水和盐水混合。轻轻地把鸡蛋放入水中,蛋会在盐水上面漂浮。看起来好像有一种神奇的魔力让它悬浮在杯子中间。

活动延伸:

写一份海报向家长提前说明我们要与孩子们做的实验,请家长协助孩子收集材料,实验后,再写一份海报向家长介绍我们的实验情况,并请家长和孩子回家后也做这个实验,引发孩子从小对科学现象的兴趣。

(李××供稿)

【案例3.18】

活动名称:科学游戏《眼睛的秘密》(大班)

活动目标:

1. 通过观察实验活动,激发幼儿对人体科学的兴趣。

2. 培养幼儿全面、准确的观察能力和动手操作能力。

3. 使幼儿知道眼睛的作用,了解视觉的形成。

活动准备:

图片、中等厚度的图书若干本、圆纸管(半径1.5厘米,高15厘米)每人1个、钓鱼玩具2组。

活动过程:

1. 请幼儿欣赏美丽的图画和鲜花。

启发幼儿想一想我们用什么看到五彩缤纷的世界,如果没有了眼睛会怎么样呢?引导幼儿闭上眼睛感受一下。

2. 对比游戏:左右眼看图书。

教师为幼儿准备一本中等厚度的书,侧立着放在两只眼睛的中点线上。让幼儿试一试,分别用左、右眼看时,看到的东西一样吗?幼儿通过实验会发现,用一只眼睛看时,只能看到书的一边。教师启发幼儿思考,怎样才能够同时看到封面和封底呢。让幼儿自己动脑想出办法。然后再引导幼儿动手操作,体会单眼视物与双眼视物有什么不同。

3. 视觉幻觉实验——小魔术"手掌穿洞"。

请幼儿自己动手变一个一个"手掌穿洞"的小魔术。

玩法：右手紧握圆纸管贴紧右眼眶，右眼通过纸管向前看，左手掌伸展，五指并拢，手心朝向左眼，紧贴纸管外壁放在睁开的左眼前，这时就会看到在左手掌上好像有一个圆洞。鼓励幼儿根据操作的方法，多变几种。如："彩纸穿洞""桌子穿洞"启发幼儿思考，这些"洞"是怎么变出来，简单了解视觉的形成。

4. 游戏："钓鱼比赛"。

玩法：将幼儿分成人数相同的两组，一组幼儿用手遮住一只眼睛钓"鱼"，而另一组幼儿用两只眼睛来钓"鱼"，以先将桌上的"鱼"钓完的一组为胜。

比赛的结果一般都是用两只眼睛钓鱼的一组获胜。请另一组幼儿想一想，为什么钓得慢，用什么方法才能获胜。让幼儿用自己想出的办法再试一试、比一比。在游戏中感知两只眼睛给我们带来的方便和好处。

(张××供稿)

【案例3.19】

活动名称：《跳动的心脏》（大班）

活动目标：

1. 探讨与发现运动与健康的关系。
2. 感受运动前后心脏跳动的变化。
3. 引发孩子对自己生命体征的关注。

活动准备：纸、水彩笔、钟表、跳绳、足球、电脑、课件"仿真的心脏跳动"视频。

活动过程：

一、寻找身体中有跳动的部位

1. 引导幼儿关注自己的身体，寻找到心脏的位置。

提问：

①请你找一找，在你的身体上哪些部位会有跳动的感觉？

②除了心脏有跳动的感觉，还有哪些部位有跳动的感觉呢？

③心脏是我们人体的重要器官之一，怎样能找到心脏的跳动呢？

2. 学习测量心跳的方法。

提问：

①心脏始终不停地跳动，那心脏在1分钟内大约能跳多少下呢？

②现在我们一同来测试一下，注意数的时候不能发出声音，要在心里默数。

③将1分钟内心跳次数测试的结果记录下来。

④你是用什么方法测试的心跳？你认为哪种方式测试的会相对准确一些呢？

二、感受运动后的心脏变化，尝试测试运动后的心跳。

1. 幼儿通过自身运动，感受心脏跳动的变化。

教师为幼儿准备几种运动器械，幼儿自愿选择一项运动，跳绳、踢球或参与跑步，运动时间是5分钟。

2. 5分钟后，请幼儿再测试一下自己的心跳后做记录。

引导幼儿说一说运动前和运动后心跳有哪些变化。

3. 讨论：运动后心跳的改变是否正常。

三、观看"心脏跳动"的短片

1. 观看前可提问：

①心脏长在了我们的身体里面，你猜猜它到底什么样？

②我们用什么办法能看到呢？

2. 老师这有一个办法，可以让你现在就看到"心脏"，看看片子中的心脏和你想象的心脏有哪些不一样？

四、探索健康的身体与心脏之间的关系

1. 讨论：怎样做能使自己的身体更健康？

提问：

①在你看的画面中，有什么发现？

②你认为这两个小朋友谁更健康呢？为什么？

③这两个人的心脏跳动速度不同，哪个能输送更多的新鲜血液呢？

五、探讨怎样保护自己的心脏

教师提问：我们怎样保护自己的心脏呢？你有什么好办法？

活动延伸：请幼儿回家后在书中找一找，或者上网查一下关于保护心脏的方法。

（辛××供稿）

三、对教师的要求

①幼儿的科学教育是科学启蒙教育，重在激发幼儿的认识兴趣和探究欲望。教师自己要对科学活动充满兴趣，养成对事物的观察习惯，才能够对幼儿的问题给出比较正确的答案。

②教师要了解一般的自然科学现象产生的原理、过程、结果等，密切关注现代科学技术的发展及对幼儿生活的影响，引导幼儿发现身边的科学现象，具备一定的科学知识概念和理论。同时要密切联系幼儿的实际生活，将身边的事物与现象作为科学探索的对象。

③要尽量创造条件让幼儿实际参加探究活动，教师要注意搜集各类废旧材料，为幼儿制

作提供充分的操作材料,使他们感受科学探究的过程和方法,体验发现的乐趣。同时注意材料使用安全及卫生。

第五节　幼儿园美术领域教育活动的设计

美术是一种基本的人类行为,表现其对周围世界的认识、感受、信仰、生活理想和审美追求。幼儿美术活动是幼儿感知世界的一种方式,也是幼儿自我表现的一种方式。

一、幼儿美术活动的特点

幼儿美术活动大致可以分为绘画、手工、美术欣赏三种类型。

(一)幼儿绘画发展的特点

1. 幼儿绘画发展的年龄特点

3岁左右的幼儿基本处于"涂鸦期"。他们喜欢随意地乱涂乱画,无明显目的,基本上只会画一些不规则的线条,而且画出的线条清淡、凌乱、不成型,不代表任何事物,只是出于对涂画动作和涂画出的各种线条感兴趣,是一种模仿性的游戏活动。幼儿注重的是画的过程,而不是画的结果。3岁半左右的幼儿开始进入"象征期",他们尝试利用涂鸦时掌握的简单形状进行表现,有意性增强,可以用简单的线条去表现自己的意愿,但构思不稳定,往往先动笔后有主题,易受他人影响,绘画内容容易转移。其绘画一般都非常简单、抽象,带有强烈的主观倾向性,往往夸大所画对象的某些部分,而忽略其他部分。4岁左右的幼儿开始进入"形象期"。对表现自己的经验、情感和想象有明确的目的,能用简单形状逐渐深入地表现越来越多的事物。5岁以后的幼儿逐步认识到事物之间的一些简单关系和联系,对于事件、情节的表现成为他们美术活动的突出特点。能够比较完整地画出对象的主要部分,而不必借助语言的说明。

2. 幼儿绘画中的特殊表现

(1)抽象性

幼儿的绘画,只保留客观对象最基本的形体特征,不能如实地模拟客观物体的形象,属于一种抽象性质的艺术形象。幼儿无论画人、画物或画景,通常都是用最简单的抽象线条去描绘客观对象。例如,幼儿开始学画人的全身像时,一般是在"介"字上面画个圆圈;或者是在"大"字上面画个圆圈;或者是在"才"字上面画个圆圈。画得具体一些的,就是在大圆圈里面画两个小圆圈,表示人的眼睛。幼儿绘画所表现的这种抽象性,实质上就是对客观对象作了一些简化、概括和夸张,是无意识的,也是幼儿在绘画上力不从心的表现。随着幼儿年龄的增长、知识的丰富、技能的提高,幼儿绘画上抽象性会逐渐减弱,他们会画得越来越具体、生动、形象。

(2) 透明式

透明式指幼儿在画外界各种物体形象时,往往把从外面看不见的,而里面有的东西也画出来,全然不考虑透视的绘画现象。例如:画坐在汽车里的人,要把车子里面的身体画出来。这种透明式的画,如同幼儿的视线像X光一样穿透任何东西,所以也称"X"光画法。

(3) 展开式

展开式又称求全式,指幼儿作画时,往往把从不同角度看到的东西,生活中知道的东西,头脑中想到的东西,无所顾虑地统统摆到画面上,既不肯缺画某个部分,也不能让两部分重叠。例如,画侧视的汽车,一定要画出四个车轱辘;画桌子,一定要把四条腿都画上,而且一样长。

(4) 夸张性

夸张性又称稚拙性,指幼儿在绘画中常常不自觉地把自己关心的事物,或认为重要的事物画得很仔细、很突出,而没有注意到事物的整体结构的现象。例如,画人时,一般头部画得比较大,整个身体却画得比较矮小,不合比例;画大象时,由于大象的鼻子长,能卷东西,所以就把大象的鼻子画得特别长。幼儿绘画中的简化、概括与夸张,并不代表幼儿已掌握了艺术创作上的表现手法,相反,这是幼儿认识事物不完善,表现能力不足的幼稚的缘故。

(5) 拟人化

拟人化指幼儿把无生命的物体或有生命的动植物画得和人一样,不仅赋予它们以生命,而且赋予它们一切人所具有的特点和本领的绘画现象。例如,给太阳画上眼睛、鼻子和嘴巴,使之成为"太阳公公";将几个小动物之间建立了联系,如鸡妈妈和鸡爸爸带着小鸡们在散步、做游戏等。

(6) 动态性

动态性在绘画的各种题材中,幼儿一般较喜欢画活动的对象。例如,小动物、飞机、汽车等。他们画火车时,往往会一边画一边模仿"轰隆隆!轰隆隆!"的声音;画小猫的时候,就会模仿小猫的动作。幼儿在绘画时的这些举动,与幼儿的身心特点有密切的关系,成人应该理解,而不要加以限制。

(二) 幼儿手工发展的特点

幼儿手工的发展也基本经历了同绘画的发展过程,主要有以下几个特点:

2~4岁的幼儿,由于生理的特点,手部小肌肉的发育不够完善,手工活动并没有明确的目的,而只是一种纯粹的玩耍活动。他们不理解手工工具和材料的性质,还不能正确地使用这些手工工具和材料。这时的手工材料同其他的玩具没有什么区别。如在玩橡皮泥的活动中,幼儿只是在手里不断将泥或掰开或糅合或拍打,只是体验泥土形态上不断变化的乐趣。这一时期是一种无目的的活动期。

4~5岁的幼儿,随着年龄的增长,手工活动的有意性逐渐增强,能够表现物体的基本形态,但还不能表现物体的细节。

5岁以后的幼儿,由于手部小肌肉群的发育逐渐成熟,手眼协调能力的增强,基本上能学会利用各种手工材料和工具进行有目的的创作活动,以表达自己的意愿。

(三)幼儿欣赏能力发展的特点

①幼儿首先感知的是作品的内容,也就是"画面上画了什么",是在浅表层次的感知。
②在教育的影响下,幼儿能够逐渐感知美术作品的某些形式的美的特征,即对作品的造型、着色、构图及作品的情感表现与风格有了初步的感知和理解。
③幼儿比较喜欢感知描绘熟悉的物体、现实题材的美术作品以及色彩明快的美术作品。

总之,幼儿美术欣赏的发展,经历了一个从笼统到分化,从没有标准到具有一定的标准,从以自己的主观情况偏好为主到比较客观的分析为主的逐步发展的过程。

二、幼儿园美术教育活动设计

(一)目标

在《纲要》中明确规定了幼儿园艺术教育的总目标:
①能初步感受并喜爱环境、生活和艺术中的美。
②喜欢参加艺术活动,并能大胆地表现自己的情感和体验。
③能用自己喜欢的方式进行艺术表现活动。

设计幼儿园美术教育活动时,要根据不同的活动类型(如绘画、手工、欣赏等),以及不同的教育对象,细化成为每种活动的年龄阶段目标,甚至细化成为每个教育活动的具体目标,这样才能便于操作。

1.各年龄班绘画活动目标

小班:
①培养幼儿对绘画的兴趣,能愉快大胆地作画。
②初步认识绘画的工具和材料;学会使用蜡笔、彩笔、棉签等工具进行涂染。
③能够辨别红、黄、蓝、绿、橙等几种基本的色彩,并能说出名称。
④能画出直线、曲线、折线,并能表现线条的方向、粗细、疏密。
⑤能够辨别和感受直线、曲线、折线及各种线条的变化。
⑥会用圆形、方形、长方形、三角形等简单图形表现物体的轮廓特征。
⑦初步学会用图形和线条组合创造各种图式。

中班：
①喜欢用自己特殊的绘画语言表达自己的想法和感觉。
②能较准确地把握形状的基本结构，理解形状符号的象征意义。
③认识常见的固有色，说出它们的名称。
④学会运用图形组合的方法，表现物体的基本部分和主要特征。
⑤会选择与物体相似的颜色，初步有目的地设色、配色。
⑥在教师的引导下能围绕主题完成画面，能表现出物体的上下，左右位置。
⑦能大胆地按意愿作画。

大班：
①认识物体的整体结构和各种空间关系。
②增强配色意识，提高对颜色变化的辨析能力。
③知道运用不同的绘画工具和材料能表现不同效果的作品。
④在安排画面过程中逐步体会均衡、对称、变化等形式美。
⑤能较灵活地表现各种人物、动物的动态。
⑥能运用对比色、相似色、同种色等多种配色方法，注意色彩的整体感与内容的联系。
⑦能有目的地安排画面，表现一定的情节，并变化多种安排画面的方法。
⑧能将图形融合，尝试用轮廓线创造多种图画，形成自己的图式。
⑨综合运用多种绘画工具和材料进行绘画创作。

2. 各年龄班手工活动目标

小班：
①初步熟悉泥工、纸工等工具、材料，了解泥的可塑性和纸的性质。
②掌握泥工中团圆、搓长、压扁等基本技能。
③学习撕纸、粘贴，初步撕出简单形状并粘贴成画。
④初步学会用自然材料（石子、豆子、树叶等）拼贴造型。
⑤学会用印章、纸团、木块等材料，蘸上颜色在纸上拓印。

中班：
①能正确使用剪刀剪出方形、圆形、三角形及组合形体，并拼贴成画。
②掌握折纸的基本技能，折出简单的作品。
③学习用泥塑出物体的基本部分和主要特征。
④掌握撕纸的基本技能，撕出简单的物体轮廓。
⑤能大胆地运用泥按意愿塑造。
⑥能大胆地用纸按意愿撕出、剪出各种物体轮廓。

大班：
①了解各种纸张的不同性质,知道不同性质的纸张具有不同的表现效果。
②能够对自制玩具的材料加以分类,以获得选择、收集这些材料的经验。
③体验综合运用不同手工材料制作作品的快乐;喜欢用手工来表达自己的想法和情感。
④用泥塑造人物、动物等较复杂结构的形体,能表现出物体的主要特征和细节。
⑤能集体分工合作塑造形象,表现某一主题或场面。
⑥能用各种纸张制作立体玩具。
⑦能使用无毒、安全的废旧材料制作玩具并加以装饰。
⑧能综合运用剪、折、撕、粘、连接等技能,独立设计制作玩具。

3. 各年龄班美术欣赏活动目标

小班：
①知道从自然景物、艺术作品中享受到视觉艺术的美。
②对美术作品、图书中的各种形象感兴趣。
③初步体验作品中具有不同"性格"的线条。
④初步学会用线条表现力度感、节奏感。
⑤初步运用动作、表情等表达自己欣赏后的感受。

中班：
①通过欣赏作品,了解作品的主题和基本内容。
②能体验作品中线条、形状、色彩、质地等。
③感受作品的色彩变化及相互关系。
④感受作品中形象的鲜明性和象征性,并体验其情感。
⑤感受作品的构成,体验作品的对称、均衡、节奏。
⑥通过欣赏,说出自己喜爱或不喜爱作品的理由,并对作品进行简单评价。

大班：
①通过欣赏,了解作品的形状、色彩、结构等美术要素。
②了解作品的表现手法、艺术风格和创作意图。
③喜欢各种不同风格的美术作品。
④能感受作品的色调、色彩之间关系的变化。
⑤能感受作品形象的象征性、寓意性;能感受作品的形式美。
⑥在欣赏和评价他人的作品时,能讲述自己独特的观点。

(二)常用方法

1. 观察法

幼儿进行美术活动,可以培养幼儿多方面的能力,如观察、思维、想象等,其中以观察最为重要。观察能力是幼儿认识、理解对象的主要途径,也是幼儿描绘和表现对象的重要前提。从某种意义上说,在美术活动中,训练眼睛比训练手更重要。

①观察是对事物有目的的、有意识的、较持久的视觉感知过程。

②观察的内容:是什么(名称),什么样(形状、颜色、结构、形态等),怎么样(与周围事物的关系)。

③提高幼儿观察能力的方法:一是要培养幼儿的观察兴趣,养成经常观察的习惯。如天气的变化、季节的变化等。二是要教会幼儿观察的方法:从无目的、无意识地扫视到有目的、有意识地观察;从无顺序地、片面地观察到有序地、全面地观察;从局部地、孤立地观察到整体地观察;从幼儿依赖性地观察到独立地观察。还可以运用比较的方法,加深幼儿对事物的认识,也可以对同一对象,进行多角度观察,如正面、侧面、左侧面、右侧面、俯视、仰视等。

2. 范例与演示

范例是指向幼儿示范的教具,如范画、图片、实物、模型等。范例应具备的条件有:能反映事物的基本特征,要色彩鲜明、线条简练、造型准确、形象美观、大小适当;具有一定的艺术水平,富有美感,能激发幼儿的兴趣;符合幼儿的年龄特点,内容及表现方法易于幼儿理解,难易程度适中;范例要多样化,具有一定的数量,能从不同角度反应事物的面貌,又开阔幼儿的思路。范例的运用要恰当、灵活。一般来说,范例不宜过多,以免影响幼儿创造性的发展。

演示是教师或教师或幼儿把进行美术活动的过程显示出来,使幼儿对步骤方法有所了解,以利于他们在直接模仿的条件下更好地掌握技巧。教师演示的要求是:动作熟练连贯、节奏速度适中、线条清晰流畅、形象准确优美。演示可根据情况采用分步演示、连续演示(全过程演示)、局部演示(难点演示)、对比演示、反复演示、归类演示等。在演示中要注意语言的运用。

范例与演示均是教师教给幼儿美术技能的方法,目的在于培养和发展幼儿的美感和表现力,在运用过程中,要给幼儿留有充分的想象创造余地,切忌单纯模仿。

3. 游戏练习法

设计各种游戏可以提高幼儿对美术的兴趣。如添画游戏"装糖球"(画圆)、"小鸡吃米"(画点)、"绕线球"(画圆形线);涂色游戏"染花布""小小服装设计师";通过几种物体的多种位置变化练习构图等。

4. 语言指导法

在运用观察、示范、演示、游戏练习等方法的过程中,必然伴随着教师的语言指导,使幼儿从认识事物的形象开始,通过语言的概括、分析、讲解,掌握事物的基本特征,如用形象比喻的方法形容孔雀开屏像一把打开的扇子、大肥猪像一只大冬瓜;再如画兔子,就以有关小兔子的儿歌、谜语、故事等启发幼儿思维,引起幼儿积极地表现。

5. 幼儿作品处理方法

①平面作品如绘画、粘贴等可分别装入袋中保存。幼儿的每件作品在完成后,教师或幼儿都要在作品的一角注明姓名、时间、题目、年龄。经过一段时间的积累,如一个季度等,可以集中进行展示。这种方法可以培养幼儿对美术活动较持久的兴趣,并不断提高幼儿自身的艺术表现水平。

②立体作品,如折纸、橡皮泥等,可作为幼儿在游戏中的玩具和室内的装饰物及赠送亲友的小礼物。

以上几种方法,在实际教学中,要注意灵活运用,不断创新。

【案例3.20】

活动名称:狮子的头发(小班)

活动目标:

1. 锻炼幼儿撕的动作和使用剪刀的能力。
2. 发展双手的协调性和做事的专注能力。

教学重点:学习使用剪刀。

教学难点:发展幼儿双手的协调能力。

活动准备:

做好的"狮子"作品一个;与幼儿人数相同的没有剪好头发的"狮子";剪刀;小粘贴;狮子舞的录像。

活动过程:

一、引导幼儿听声音,引发幼儿兴趣

听雄狮子的吼叫声,让幼儿猜一猜是什么动物。

(3)观察、讲述

出示雄狮子的头部图片,让幼儿观察。互动问题:雄狮子的头上、脸上都有什么?

指导要点:

重点观察雄狮子的鬃毛是什么样子的。

要让幼儿知道雄狮子的鬃毛很多,长在脸的轮廓外面。

雄狮子的吼叫声再一次引起幼儿注意。

问题:有一只雄狮子它的鬃毛掉没了,想请小朋友帮助它,让它的鬃毛再长出来。

指导要点：

发挥幼儿已有的生活经验，引发幼儿说出不同的制作狮子鬃毛的方法(撕、剪)。

给幼儿充足的时间去讲述自己的想法。

三、制作雄狮的鬃毛，教师指导。

指导要点：

运用正确的方法取放剪刀；

幼儿自愿选择撕、剪方法操作；

正确运用剪刀剪纸；

提示幼儿注意雄狮鬃毛的位置，在剪的时候不要超过控制线(雄狮脸部轮廓线)

四、与自己做好的"雄狮"说说话

五、为自己做的"雄狮"做标记(选一个自己喜欢的小粘贴，贴在雄狮的头上)

(于×供稿)

【案例3.21】

活动名称：小象的影子(中班)

1. 学习喷画的技能，体验喷画方法再现物体形象的乐趣。

2. 养成干净整洁的习惯。

活动准备：

1. 利用光线做的影子游戏。

2. 1～4种调好的颜料；每人2只吸管或1把牙刷、一块纱布；擦手布。

活动过程：

一、出示喷画范例：小象的影子，引起幼儿的学画兴趣；学习喷画的方法。

先将图画纸铺平，再把自己喜欢的物形卡片放在纸上，然后用吸管蘸色在纸上吹(或用刷子蘸色在纱窗上来回刷)，将颜色喷在纸上，这样有物形卡片的地方，因为喷不到颜色而不变色，喷完后过一会将物形卡片轻轻拿掉，就留下了物形的影子。

二、为了使画面更漂亮，可以喷2或3种颜色：喷完一种颜色后，必须等晾干才能喷另一种颜色。

三、提出要求，幼儿操作，老师巡回指导。

四、作品欣赏

请幼儿欣赏作品，说一说喜欢哪幅作品，为什么。(引导幼儿从图案排列美观、色彩搭配好、喷色均匀等方面进行欣赏评价)。

(徐×供稿)

【案例3.22】

活动名称:线条想象画(中班)

1. 引导幼儿想象构思,任意画出线条,添画几笔形象地表现画面。
2. 充分利用绘画活动来丰富幼儿的想象力,培养其创造力。
3. 使幼儿在参与线条画活动中感受和体验成功的快乐。

活动准备:每人一张彩色纸、一只黑色水彩笔,录音机。

活动过程:

一、出示各色卡纸,引起幼儿兴趣。

师:今天我们面前的画纸和平时的有什么不一样?

二、运用开飞机的形式,引导幼儿随意画出线条。

1. 这么多好看的纸就像五彩的天空,现在我们来做个游戏,我把画笔当成小飞机,从起点出发一会高一会低,飞机不能在空中停下,它在天空中飞的路线留下了弯弯曲曲、高高低低的痕迹。

你们想开着飞机到天空中自由飞翔吗?让你的小飞机起飞吧!

2. 幼儿自由想象画线条,教师巡回指导。

三、启发幼儿仔细观察画面,引导幼儿想象。

(1) 师:飞机在天空飞过的路线把天空分割成不同的形状,有的大有的小,好像藏着什么呢?添上什么就更像什么?

(2) 启发幼儿转动画纸,从不同角度去想象。

师:那么我们转动画纸来看一看,还有什么新的发现?

四、幼儿想象添画,老师巡回指导

1. 引导幼儿添画,鼓励幼儿大胆想象。
2. 启发幼儿转动画纸,从不同角度去想象。
3. 太小的地方,想不出画什么,就涂成黑色。

五、引导幼儿根据自己的画面创编创编的故事。

师:五彩的天空里藏着这么多的东西,你们能不能把它编成一个好听的故事呢?

展示幼儿作品,相互欣赏画面交流创编的故事。

活动延伸:

美工区投放相关材料,幼儿自主设计。

【案例3.23】

活动名称:排水画——冬雪(大班)

活动目标:

1. 学习油水分离的作画方法,感知油水分离画的奇妙效果。

2.能画出冬天雪景的主要特征,体验冬天雪景的美。

活动准备:

多媒体课件、雪景图片、音乐、范画、油画棒、蓝色系、紫色系、灰色系的多种水粉颜料、纸、笔、调色盒、水桶。

活动过程:

1.在《雪绒花》的音乐声中带幼儿进入活动情境。

2.请幼儿一起欣赏动画片《雪绒花》。

说一下动画片里是什么季节的场景,雪景漂亮吗?激发幼儿对雪的兴趣。

调动幼儿已有经验,回忆下雪时的景象,引导幼儿说一说下雪时周围的环境是怎样的。

3.小朋友,现在是什么季节?喜欢冬天吗?为什么?

4.冬天下雪以后我们周围的环境是怎么样的?你见过的雪是什么样的?还有什么样的雪?

5.出示课件里雪山情景图片,引导幼儿观察下雪后山的变化。

6.教师出示几幅不同主题油水分离的雪景图片。

教师引导:看看画面上有什么?什么颜色?画面上都表现了哪些内容,你最喜欢哪幅画?

7.游戏"变魔术",引发幼儿绘画兴趣。

教师出示一张用油画棒画好雪花、未涂色颜料的半成品,请幼儿观察。

孩子们,老师还会变魔术呢,想看吗?引起幼儿兴趣,将水粉在画纸上涂一遍,一幅雪山风景图出现。

8.引导幼儿学习"油水分离"的绘画方法,感知油水分离的作品美,体验用不同方式作画的乐趣。小朋友也来当魔术师,试试变出各种各样的雪吧!

活动延伸:

创作油水分离画——海底世界

(徐×供稿)

【案例3.24】

活动名称:合作画人(大班)

活动目标:

1.能在观察生活的基础上进行人像画创作,提高用线条概括造型的能力。

2.能相互合作共同完成一件事,体验集体创作的愉悦。

活动准备:

1.各种人物动态的图片。

2.铅画纸5张、勾线笔、颜料、油画棒、皱纹纸、蜡光纸、报纸、排笔、剪刀、胶水、范画(班上一个小朋友的画像)、水桶、抹布。

3. 录音机、磁带。

活动过程：

1. 出示图片，模仿动作。

教师带领幼儿观察各种人物动态的图片。(跳舞的、做操的、踢球的、踢毽子的……)请幼儿说说、做做他们所做的动作。

2. 幼儿创编动作，游戏《山山水水》

师："刚才，小朋友学图片上的人摆的造型可真像！我相信你自己也能摆出更好看的造型，我们来玩个山山水水的游戏。"

3. 提出问题，引出幼儿绘画兴趣。

师：随意请出一名幼儿，"他的动作真漂亮，我们来模仿一下，我们用什么方法才能把这么漂亮的动作展示给所有人看呢？"

幼儿提出自己的想法（充分让幼儿说）

师：老师想把它画的和小朋友一样高怎么办？

师："好，现在我们一起来试试。"

4. 老师带领幼儿示范作画。

师："老师请两个小朋友来做我的小助手。和老师三个人一起来画。谁来做我的小模特（想个造型）？谁来做我的小助手？"

模特做好造型后，教师和"助手"一起从头部开始向两边画，笔要竖起来，画个轮廓。(注意不碰到小朋友的衣服。)教师重点讲解头部的画法（突出表情），能勾画出四肢的轮廓。

师："画好头部、四肢后我们还要为小模特穿上漂亮的衣服，老师为你们准备了一些装饰的材料，小朋友在画好轮廓后，自己可以选用这些材料来装饰。"

5. 小朋友合作画像，教师巡回指导。

师：三人一组，请幼儿自由组合，确定谁当模特。

幼儿作画：

(1) 画好轮廓线后，引导画出小朋友的五官和四肢。

(2) 能选择各种作画材料，创造各种方法画衣服。

(3) 能整理好自己的物品。

6. 共同欣赏点评作品。

师："画好的小朋友去看看别的组画的是谁，学学小朋友做的动作。"

延伸活动：继续进行三人互换合作画人的活动。

(于×供稿)

三、对教师的要求

①教师要了解幼儿美术发展的特点,多以积极、表扬的方式鼓励幼儿参加美术活动,增强幼儿的自信心。

②教师要具备一定的美术技能,如绘画、手工、泥工等。善于利用各种环境因素、条件从事美术创造活动,引导幼儿体验表达和创造的快乐。

③教师应具备一定的组织、启发、引导幼儿参加活动与大胆表现的能力。

④通过美术活动多方面培养幼儿的能力,如观察能力、身体的协调能力、想象能力和创造能力等,促进幼儿的全面发展。

⑤利用各种材料,为幼儿创设丰富的、优美的环境,培养幼儿的审美能力。

第六节 幼儿园音乐领域教育活动的设计

音乐就是用有组织的乐音来表达人们思想情感、反映现实生活的一种艺术。幼儿园的音乐教育活动,是教师有目的、有计划地让幼儿认识表现音乐的各种符号,掌握必要的演唱、演奏技巧,同时学会感受音乐、理解音乐和表现音乐,促进幼儿全面、和谐、整体地发展。

一、幼儿音乐发展的特点

(1)小班

3岁左右的幼儿,已经从周围生活环境中获得了较多的倾听体验和习惯,并且开始逐步自发地注意听他们所喜欢的音乐并分辨它们。虽然这一年龄段的幼儿还不容易理解音乐作品的不同情绪性质,但是当他们感受到不同性质的乐曲时,却能随着音乐做出动作反应,可见,这个阶段的幼儿已经有了对音乐情绪性质的初步感受。同时,幼儿对音乐的表现欲望和能力正在增强,表现在他们对歌唱活动的兴趣大大加强了,特别是对富有戏剧色彩的、生动活泼、情绪热烈的歌曲很是喜欢,还喜欢唱歌曲中的重复部分。

(2)中班

4~5岁幼儿听辨音的分化能力有所提高,逐渐能辨别声音的细微变化,表现在倾听、欣赏音乐的听辨能力、感受能力、创造性表现能力,以及对音乐的理解能力也在进一步增强。可以通过欣赏一段乐曲,用不同的符号或是图画内容来表现自己对歌曲或音乐的理解和想象。随着集体音乐活动、歌唱活动不断积累,4~5岁幼儿不仅能够比较协调地参与集体歌唱,注意在音色、表情、力度、速度等方面调节自己的声音,与集体保持一致,而且表现出独自唱歌的愿望和兴趣。他们会用已经积累的歌唱和表达的经验,部分地替换歌词,重新演唱;会主动地、自发地表达出歌唱的各种形式和表情;还会即兴地创编简短的小曲等。

(3) 大班

这一年龄阶段幼儿对音乐的感受和理解能力都有了更大的进步。随着他们音乐经验的不断丰富和积累,其听辨能力更强了,能从对音乐的粗略区分进入比较细致的区分,而且能感受、辨别较为复杂的器乐曲的结构、音色及情绪风格上的细微差别。

总之,伴随着幼儿年龄的增长以及音乐体验活动的增加,幼儿对音乐中音调和节奏变化的敏感性,以及对旋律的感知、记忆和理解、想象、表达等能力都在不断发展和提高。

二、幼儿园音乐教育活动设计

(一)目标

①能初步感受并喜爱环境、生活和艺术中的美。
②喜欢参加艺术活动,并能大胆地表现自己的情感和体验。
③能用自己喜欢的方式进行艺术表现活动。

(二)内容

1. 歌唱活动

歌唱活动是伴随音乐科学运用嗓音进行艺术表现的活动。在幼儿园,幼儿不仅可以演唱成人专门为幼儿创作的歌曲,还可以演唱传统的童谣以及由幼儿自己创作或即兴创作的歌谣。幼儿通过独唱、齐唱、接唱、对唱、领唱、轮唱、合唱等形式,发展幼儿歌词、音域、节奏、音准、呼吸、情感、体验与表达、独立性、合作性以及创造性等方面的歌唱能力。

(2)音乐游戏

音乐游戏是指在音乐伴奏或歌曲伴唱下,按一定规则和音乐要求进行各种动作的游戏。

(3)律动

幼儿律动是指在音乐或节奏乐器的伴奏下,根据音乐的性质、节拍、速度做有规律的动律性动作。幼儿律动一般可做形象模仿动作,还可以模仿成人的劳动以及基本舞步练习。幼儿律动可以是单一动作的重复,也可以是相关的几个动作连接组合成律动组合。

(4)舞蹈

舞蹈是经过人们提炼、组织和艺术加工并以人体动作为主要表现手段,表达人们的思想感情,反映社会生活的一种艺术形式。舞蹈的基本要素是动作的姿态、节奏和表情。

(5)打击乐

打击乐又称节奏乐。打击乐活动是用各种打击乐器敲打出乐曲的节奏或节奏变化的活动。幼儿打击乐的乐曲一般节奏性较强,由教师用琴来弹出旋律,幼儿用打击乐器敲击节奏。打击乐器一般没有固定的音高,节奏性强,幼儿非常喜爱而且比较容易掌握。

(6)音乐欣赏

欣赏是从审美的角度去听音乐,而不是随随便便地听。二者的要求有所不同。音乐欣赏,是欣赏者通过听觉去感觉音乐,从中获得音乐美的享受,得到精神的愉悦和认识的满足。通过欣赏歌曲、器乐曲、游戏音乐等音乐作品,可使幼儿有更多机会利用不同的符号体系来表达自身的音乐感受。

(7) 歌表演

在幼儿歌曲的演唱过程中,以简单、形象的基本动作、姿态,在对歌曲理解的基础上自然表达歌曲内容和音乐形象。幼儿歌表演应以唱为主、动作表演为辅。

(8) 音乐剧

音乐剧是19世纪末起源于英国的一种歌剧体裁,是由对白和歌唱相结合而演出的戏剧形式。音乐剧熔戏剧、音乐、歌舞等于一炉,富于幽默情趣和喜剧色彩。

【案例3.25】

活动名称:音乐剧表演《拔萝卜》(中班)

活动目标:

1. 了解故事内容、学习歌曲。

2. 练习按照自己的意愿选择扮演的角色,创编或模仿角色的动作,尝试表演。

活动准备:

1. 情境准备:在表演台的正中间摆放一个"大萝卜",舞台的右侧摆放一个"房子",在萝卜的后面可以摆放一些"树丛"。(可以根据班级的条件自主创设)

2. 材料准备:①服装——大萝卜、老爷爷、老奶奶、小姑娘、小狗、小猫、小耗子的服装(形象的服装);②舞台道具——大萝卜、房子、树丛;③故事盒、剧中角色的棍偶、录音机、磁带或光盘《拔萝卜》或是弹琴等。

活动过程:

一、讲述故事——"拔萝卜"(出示故事盒)

1. 教师出示"大萝卜",引发幼儿兴趣

提问:小朋友看一看这是什么?这是老公公种的一个萝卜,老公公每天都给它浇水、施肥,萝卜越长越大。后来,老公公想把萝卜拔出来,可是怎么拔也拔不动,后来发生了什么事情,你想知道吗?

2. 老师出示棍偶表演《拔萝卜》。

二、复述故事——"拔萝卜"

1. 教师通过提问,帮助幼儿回忆故事内容,加深幼儿对故事的印象。

提问:①故事中都有谁呢?②故事中的大萝卜是怎样拔出来的呢?③谁是最先出来拔萝卜的?④老公公每天都对萝卜说什么啊?⑤老公公还怎样做了?⑥这时,出现了什么情况?⑦萝卜拔不出来,老公公想什么办法了?⑧老公公都请谁来帮忙了?

提示:提示幼儿注意老公公老婆婆及其他角色说话的声音和语气,并尝试模仿。

2. 鼓励幼儿尝试模仿不同角色的人物特点。
3. 大家共同讨论"拔萝卜"故事的结果,明白人多力量大的道理。
教师提问:①最后萝卜是怎样拔出来的?②一个人能不能拔出来萝卜?
三、学习歌曲《拔萝卜》,伴随音乐创编动作
1. 欣赏歌曲《拔萝卜》,让幼儿熟悉乐曲旋律。
2. 教师引导幼儿体验不同的角色,并以生动的形象表现出来。
提问:①老公公是怎么拔萝卜的?谁愿意做一做?②老婆婆(小姑娘、小狗、小猫、小老鼠)是怎样走路的,他们与老公公共同拔萝卜时可以怎样做?③你认为老公公还可以做什么动作?(其他人物也可以这样提示)
四、选择角色、分组表演——"拔萝卜"
提问:今天,你们想不想来表演这个故事啊?老师给小朋友准备了每个角色的服装,请你们自由选择角色,自由结成小组进行表演。

活动延伸:
可以在表演区角中提供表演的服装、磁带、录音机等相关道具,让幼儿自由表演。

附录:

《拔萝卜》

$1=G$ $\frac{2}{4}$

中速

5.6 1 | 3.2 1 | 5.3 2 | 5.3 2 | 5 5 5 |

(1—6)拔萝卜, 拔萝卜, 哎呀呀, 哎呀 呀, 哎呀 哎呀,

2 3 1 | 5 5 5 5 | 2 3 1 ‖: 5.6 1 | 3.2 1 |

拔不动, 哎呀 哎呀, 拔不 动。 老婆婆, 快点 来,
　　　　　　　　　　　　　　　　小孩子, 快点 来,
　　　　　　　　　　　　　　　　小黄狗, 快点 来,
　　　　　　　　　　　　　　　　小花猫, 快点 来,
　　　　　　　　　　　　　　　　小老鼠, 快点 来,
　　　　　　　　　　　　　　　　大萝卜, 快点 来,

5 5 5 3 2 | 1 2 1 :‖

(1—5)快点 帮 我 来 拔萝卜。
　　　　大家 一 起 　拔 起 来。

背景资料:剧本《拔萝卜》

角色:大萝卜、老爷爷、老奶奶、小姑娘、小猫、小狗、小耗子

旁白:山上有一家人,家里有爷爷、奶奶、小姑娘、小猫、小狗、小老鼠。他们生活得特别开心。老爷爷非常能干,你看!他来了!

(老爷爷上场,做律动《真能干》)

旁白:秋天来了,老爷爷在地里种了一棵萝卜。

老爷爷:(抡起锄头刨地)"哎哟!哎哟!长吧,长吧,萝卜啊,长得甜呐!长吧,长吧,萝卜啊,长得大啊!"

旁白:萝卜越长越大,从小幼苗长成带叶的大萝卜,大得不得了!老公公呀就去拔萝卜。他拉住萝卜的叶子。

老爷爷:"嗨哟,嗨哟"

旁白:他拔呀拔,怎么拔也拔不动。

老公公(喊):"老婆婆,老婆婆,快来帮忙拔萝卜!"

老奶奶:"唉!来了,来了。"(从房子里跑出来,边跑边喊)

旁白:老婆婆拉着老公公,老公公拉着萝卜叶子,一起拔萝卜。

老爷爷、老奶奶:"嗨哟,嗨哟"

旁白:他们拔呀拔,拔呀拔,可还是怎么拔也拔不动。

老婆婆(喊):"小姑娘,小姑娘,快来帮忙拔萝卜!"

小姑娘:"唉!来了,来了。"(小姑娘蹦蹦跳跳地从屋子里跑出来)

旁白:小姑娘拉着老婆婆,老婆婆拉着老公公,老公公拉着萝卜叶子,一起拔萝卜。

爷、奶、姑娘:"嗨哟,嗨哟"

旁白:他们拔呀拔,拔呀拔,可还是怎么拔也拔不动。

小姑娘(喊):"小狗儿,小狗儿,快来帮忙拔萝卜!"(学小狗的动作从屋子里跑出来)

小狗:"汪汪汪汪!来了,来了。"

旁白:小狗儿拉着小姑娘,小姑娘拉老婆婆,老婆婆拉着老公公,老公公拉着萝卜叶子,一起拔萝卜。

爷、奶、姑娘、小狗:"嗨哟,嗨哟"

旁白:他们拔呀拔,拔呀拔,可还是怎么拔也拔不动。

小狗喊:"小花猫,小花猫,快来帮忙拔萝卜!"

小猫:"喵喵喵!来了,来了。"(学小猫的动作从屋子里跑出来)

旁白:小花猫拉着小狗儿,小狗儿拉着小姑娘,小姑娘拉着老婆婆,老婆婆拉着老公公,老公公拉着萝卜叶子,一起拔萝卜。

爷、奶、姑娘、小狗、小猫:"嗨哟,嗨哟"

旁白:他们拔呀拔,拔呀拔,可还是怎么拔也拔不动。
小花猫(喊):"小耗子,小耗子,快来帮忙拔萝卜!"(学小老鼠的动作从屋子里跑出来)
小耗子:"吱吱吱!来了,来了。"
旁白:小耗子拉着小花猫,小花猫拉着小狗儿,小狗儿拉着小姑娘,小姑娘拉着老婆婆,老婆婆拉着老公公,老公公拉着萝卜叶子,一起拔萝卜。
大家:"嗨哟,嗨哟"
旁白:拔呀拔,拔呀拔,大萝卜有点动了,再用力地拔呀拔,大萝卜拔出来啦!他们高高兴兴地跳起舞来!
(曹×供稿)

【案例3.26】
活动名称:音乐游戏《火车轰隆隆》(小班)
活动目标:
1. 让幼儿在游戏的氛围中体验律动的乐趣。
2. 鼓励幼儿大胆创编舞蹈动作。
3. 幼儿学会一个搭着一个肩膀走。
活动准备:
1. 材料准备:火车玩具若干,四种颜色的卡片各5张,CD音乐。
2. 经验准备:了解有关火车的知识。
活动过程:
一、出示玩具,激发幼儿参与音乐游戏的兴趣
1. 教师:今天能干的火车朋友来到了我们班级,大家知道这些小火车是怎样开来的吗?
提示:火车在前进的过程中,火轮飞快地转动,会发出"轰隆隆""突突""咔嚓"的声音,汽笛会发出"呜呜"的声音,火车开动前会发出"嘶"的声音。
2. 欣赏音乐:鼓励幼儿根据火车发出的各种声音创编舞蹈动作。
二、创设游戏情境,鼓励幼儿根据火车发出的各种声音创编律动动作
1. 教师:大家知道小火车在轨道上是怎样一起向前行驶的?
提示:小朋友学会一个搭着一个肩膀站成竖排前进。
2. 教师将不同颜色卡片佩戴在幼儿身上
教师:今天将有4辆不同颜色的火车同时在工作,小朋友互相找一找,和你一样颜色的车厢朋友在哪里?
提示:颜色相同的幼儿排成竖排。

三、听音乐,幼儿进行音乐游戏

1. 教师:一列列火车已经准备好了,大家要开始工作了,谁知道今天的任务是什么?

提示:教师可以示范布置一次工作任务,然后请幼儿来完成布置任务的工作,如"请蓝色火车将娃娃运到娃娃家,请红色火车将玩具运送到拼搭区"等。

2. 教师:能干的小火车们知道行驶过程中如何注意安全吗?

提示:幼儿根据音乐节奏及歌词做出相应的动作并能互相躲避。

3. 幼儿可以自由变换颜色卡片,重复进行游戏。

活动延伸:

可在班级或走廊里粘贴一些国家及城市地点的标志,进行此游戏。

附录:动作建议

第一段:

前奏:每位幼儿身体站直,前臂弯曲,双手五指并拢放在身体两侧。

「咔嚓咔嚓,咔嚓咔嚓,火车开了」:每位幼儿手臂上下摆动,脚下小碎步向前跑。

「咔嚓咔嚓,火车跑得多么好」:动作同第一句。

「火车司机」:幼儿停下站好双手叉腰,原地伸左脚跟向左侧点地一下,然后收回。

「开着火车」:幼儿伸右脚跟向右侧点地一下,然后收回。

「咔嚓咔嚓,咔嚓咔嚓,向前奔跑」:动作同第一句。

间奏:每组幼儿逐渐慢下来停靠在终点站,模仿装卸货物。

第二段:动作同第一段

第三段:分组表演

前奏:幼儿站成一竖排,排头的幼儿手放在腰部,后面的幼儿一个搭一个肩膀。

「咔嚓咔嚓,咔嚓咔嚓,火车开了」:每组第一位幼儿前臂弯曲,双手五指并拢放在身体两侧。其他幼儿手搭肩膀,脚下小碎步向前跑。

「咔嚓咔嚓,火车跑得多么好」:动作同第一句。

「火车司机」:幼儿停下站好双手叉腰,原地伸左脚跟向左侧点地一下,然后收回。

「开着火车」:幼儿伸右脚跟向右侧点地一下,然后收回。

「咔嚓咔嚓,咔嚓咔嚓,向前奔跑」:动作同第一句。

间奏:每组幼儿逐渐慢下来停靠在终点站,模仿装卸货物。

第四段:动作同第三段。

附录:

火车开啦

匈牙利儿歌
吴静 译词
欧阳斌 配歌

$1=C \quad \frac{2}{4}$

| 1 1 3 1 | 5 5 6 5 | 4 3 2 | 1 — | 1 1 3 1 |
| 咔嚓咔嚓 | 咔嚓咔嚓 | 火车开 | 啦， | 咔嚓咔嚓 |

| 5 5 6 5 | 4 3 2 | 1 — | 4 5 6 | 6 — | 1 7 6 |
| 火车跑得 | 多么 | 好， | 火车司 | 机， | 开着火 |

| 5 — | 1 5 3 1 | 5 5 6 5 | 4 3 2 | 1 — |
| 车， | 咔嚓咔嚓 | 咔嚓咔嚓 | 向前奔 | 跑。 |

(张××供稿)

【案例3.27】

一、活动名称:音乐游戏《鞋匠舞》(中班)

二、活动目标:

1. 能根据歌词内容有节奏地做出相应的动作。
2. 培养幼儿随音乐自由结伴表演的能力。
3. 帮助幼儿体验鞋匠劳动中愉快的心情。

三、活动过程:

1. 幼儿演唱歌曲,了解歌曲中鞋匠的劳动内容。
2. 引导幼儿根据歌曲内容创编动作。

师:"小鞋匠在绕线、拉线、钉钉子,这么多工作!我们也来学做鞋匠。"

(1)创编第一、二乐句的动作。("绕绕线,绕绕线,拉拉拉拉钉钉钉。")

①绕线:"你们先来绕绕线。"(幼儿自由做)"鞋匠绕线是绕一会停一下,我们边唱边做动作。"(重点引导幼儿掌握音乐节奏)

②拉线、钉钉子:"绕好了线,再拉线了,谁来试一试做一做?"(请个别幼儿表演)"拉线要平着拉,那钉钉子呢?"(幼儿一起做)

"我们来唱着做,从绕线开始。"(做1~2遍)

(2)创编第三乐句的动作。("拿一根针儿缝一缝,拿一颗钉子钉一钉。")

师:"小鞋匠绕线绕得这么好,拉线拉得这么直,下面要做什么了?"(幼儿回答)"谁来做做?"(请幼儿表演)"拿针缝东西的动作多美呀。我们一起试试。""缝的时候要小心些,钉钉子要用力。"

(3)创编第四乐句的动作。("鞋子做的牢又牢,鞋子做的多有好。")

师:"鞋子做好了,可真高兴呀。你们做个高兴的动作吧!看谁做的既漂亮又和别人不一样。"

"我们拍着手来唱最后一句,最后的时候小朋友一起摆一个漂亮的姿势。"

3.随音乐完整表演。

(1)清唱,幼儿表演。

师:"鞋匠所有的动作我们都编出来了,咱们赶快连起来表演怎么样?"

(2)随音乐集体表演。

4.幼儿结伴表演。

(1)清唱,幼儿结伴表演。

(2)随音乐重新结伴游戏。

5.随音乐做放松活动。

"小鞋匠工作了一天,很快进入了梦乡。梦里他来到一个美丽的地方,蝴蝶在飞,鸟儿在叫,花儿露出漂亮的笑脸,小草随风轻轻摆动,一群小朋友穿着漂亮的鞋子唱歌、跳舞,多么高兴!"

(徐×供稿)

【案例3.28】

活动名称:舞蹈《红绸舞》(大班)

活动一:音乐欣赏《红绸舞》

活动目标:

1.了解和喜爱民族文化,感受民族乐曲中热烈欢腾的气氛。

2.感知乐曲A—B—A的结构。

3.能大胆表达自己独特的感受与见解。

活动准备:

1.磁板一块。

2.彩笔、画纸每人一份。

3.录音机、磁带。

4.《红绸舞》音乐。

活动过程:
1.播放《红绸舞》,引起幼儿欣赏的兴趣。
师:刚才这首乐曲听起来怎么样?
2.再次完整欣赏,感受乐曲情绪。
师:你觉得这首曲子从开始到结尾旋律是一样的吗?你最喜欢哪一部分?
3.分段欣赏,初步理解乐曲的结构。
(1)欣赏第一段并提问:听了这一段音乐感觉怎么样?节奏是快还是慢?
(2)欣赏第二段并提问:这一段乐曲和第一段乐曲一样吗?怎么不一样?你觉得这一段音乐表现了什么?
(3)欣赏第三段:最后一段乐曲和第几段乐曲一样?
(4)分段欣赏完,请幼儿用符号把自己的感受画出来,要求旋律相近的两段要用相同的符号表示,鼓励幼儿用自己的想法大胆表达。
(5)分享、交流自己的画并贴到磁板上。
4.再次完整欣赏乐曲,教师告诉幼儿这首乐曲的名字叫《红绸舞》,并引导幼儿小结:这首乐曲节奏活泼、轻快,表现了一种喜洋洋的热闹气氛;乐曲分三段,第一段和第三段旋律基本相同。

活动二:舞蹈创编《红绸舞》
活动目标:
1.在充分感知乐曲的基础上,进一步感知舞蹈道具——红绸的特色。
2.能大胆、清晰地表达自己的所思所想,并有良好的倾听习惯。
3.初步尝试舞蹈创编,有一定的想象力和创造力。
活动准备:
1.熟悉民族舞步"十字步"。
2.红绸每人一条。
3.多媒体设备一套及舞蹈《红绸舞》光盘,歌曲《闪烁的小星》节奏谱。
活动过程:
1.出示节奏谱,进行声势练习《闪烁的小星》。
2.欣赏民族舞曲《红绸舞》,幼儿可跟随舞曲做动作。
3.出示红绸,鼓励幼儿自由舞弄红绸,感知红绸的特性,并讲述自己的感受。
4.幼儿分成两组进行舞蹈创编。
(1)创设情景,引入主题,播放视频《红绸舞》。
(2)经验交流。
师:叔叔阿姨们是怎么舞绸子的?你觉得我们刚才看的是哪个民族的舞蹈?可以配合什

么舞步?

(3)幼儿跟随音乐,自主探究。

(4)引导幼儿重点欣赏乐曲第二部分。

师:听了这段乐曲有什么感受?(旋律一会高,一会低)你想做什么?教师引导幼儿用身体动作表现出舞曲中"对话"部分的旋律特点。

5.两组幼儿互相交流欣赏创编的舞蹈。

活动延伸:

1.运用绘画方式将自己第一次创编舞蹈的情景及感受表达出来,并贴在磁板上。

2.利用活动室里的大塑胶地垫辅助幼儿练习。

(1)在四个角上用数字标上秧歌"十字步"步伐的先后顺序。

(2)只在地垫中心标"十"字标记,提高难度。

活动三:小小舞台秀风采

活动目标:

1.喜欢制作活动,能根据乐曲展现的风格特征进行舞台设计。

2.能根据选用材料进行制作活动。

3.体验分工合作的乐趣。

活动材料:

1.废旧材料若干,如一次性餐盘、吸管、布头等,按类摆放。

2.胶带、颜料等辅助材料。

3.幼儿自己收集的材料及具有民族特色的舞台图片。

活动过程:

1.讨论:《红绸舞》是一首怎样的乐曲?(欢快、喜庆,人们在庆祝丰收和节日时演奏)根据这一特点,我们应该如何布置舞台?舞台布置包括哪些部分?

2.丰富幼儿经验,引发其创作欲望。

(1)通过谈话调动幼儿的原有经验,如:如何确定舞台中心,并进行舞台前后左右的对称及放射性布局。

(2)引导幼儿发现舞台布置的民族特色(稻穗等图案代表丰收,红灯笼、窗花等体现喜庆)。

(3)根据乐曲展现的民族风格特征,确定班级小舞台的设计方案。

3.说一说自己的计划:你想完成舞台布置的哪一部分?你想跟谁合作?鼓励幼儿根据需要与其他小朋友进行合作。

4.幼儿依据自己的计划,选择适宜的材料进行制作活动,教师注意观察,适时帮助和指导有需求的幼儿(对于有需求的幼儿,教师运用提示、查找资料、示范及伙伴之间的经验借鉴等方法支持幼儿的活动)。

5. 教师协助幼儿用自己的作品布置小舞台。
6. 幼儿在布置好的小舞台上听乐曲自由表演《红绸舞》。

三、对教师的要求

①教师要了解幼儿音乐发展的特点,多以积极、表扬的方式鼓励幼儿大胆表现,增强幼儿的自信心。

②教师要具备一定的组织、启发、引导幼儿参与活动的能力和一定的音乐技能,如唱歌、舞蹈、欣赏、创编等,引导幼儿体验表达和创造的快乐。

③通过音乐活动,多方面培养幼儿的表现力、身体的协调性、对音乐的感知力、审美能力及想象力和创造力等。

第七节 幼儿园社会领域教育活动的设计

幼儿社会教育是以促进幼儿的社会认知,激发幼儿的社会情感,培养幼儿的社会行为为主要内容的教育。幼儿社会教育是以情感——社会性为发展目标的。所谓社会性,是指人在形成自我意识、进行社会交往、内化社会规范、进行自我控制及进行其他社会活动时所表现出来的心理特征。幼儿社会性发展是通过社会化过程来实现的。幼儿社会化是一个相当复杂的过程。它是以生物的遗传素质为基础,通过个体与社会环境的相互作用而逐渐完成的,它不是一个单项的、由外向内的作用过程,而是一个双向的、内外交互作用的过程。

幼儿社会教育就是要引导幼儿在社会认知、社会情感及社会行为方面协调发展,使幼儿成为诚实的人、守信的人、勇敢的人、活泼开朗的人、善于交往的人、热心助人的人。幼儿社会教育也是做人的教育,是形成和完善幼儿人格的教育,是幼儿全面发展的重要组成部分。

一、幼儿社会认识发展的特点

(1)小班
①以主体为中心,不能主动发起与他人的交往。
②安全感强,情绪、情感的自我控制力弱。
③社会认知处于了解阶段。
(2)中班
①有意性行为开始发展。
②逐步学习控制自己的情绪。

③规则意识萌芽,是非观念较模糊。

(3)大班

①自我评价能力逐步发展。

②情感的稳定性和有意性增长。

③自理能力和劳动能力明显提高。

④合作意识、规则意识逐渐增强。

二、幼儿园社会教育活动设计

(一)目标

1.《纲要》中关于社会领域的总目标

①能主动地参与各项活动,有自信心。

②乐意与人交往,学习互助、合作和分享,有同情心。

③理解并遵守日常生活中基本的社会行为规则。

④能努力做好力所能及的事,不怕困难,有初步的责任感。

⑤爱父母长辈、老师和同伴,爱集体、爱家乡、爱祖国。

2.各年龄班目标

(1)小班

①初步了解自己身体主要部位的基本特征和功能,初步学会自我保护。

②知道自己是幼儿园小朋友,初步培养独立性和最基本的自我控制能力。

③逐步熟悉幼儿园的环境,认识幼儿园的同伴和成人,初步了解他们和自己的关系,初步适应幼儿园生活。

④保持愉快的情绪,愿意与他人交往,积极参与集体生活。

⑤初步掌握日常生活中常用的礼貌用语,初步学会有礼貌地同他人交往,见了老师和长辈会鞠躬、问好。

⑥初步懂得最主要的交通安全常识。

⑦遵守最基本的学习、活动规则,初步养成好的学习习惯。

⑧激发从事简单的自我服务性劳动的兴趣,初步了解父母和老师的劳动。

⑨懂得与同伴共同活动时不争夺或独占玩具的道理。

(2)中班

①初步了解自己与他人的异同。

②初步了解自己与他人的情绪,初步学会同情和关心他人。

③培养最基本的自我控制能力,懂得不侵犯同伴的道理。

④了解周围主要的社会机构、社区设施,知道它们与人们生活的关系,引发最初的爱家乡的情感。
⑤了解重大的节日,感受节日的快乐。
⑥激发与他人交往的愿望,在与同伴或成人交往时,学习使用准确的礼貌用语。
⑦学会与他人合作,初步学会分享与谦让。
⑧了解周围成人的劳动,学做一些力所能及的事,逐步养成爱劳动、爱惜劳动成果的习惯。
⑨大胆表达自己的见解,学会克服困难,坚持有始有终地做一件事。
⑩学会评价自己与同伴,并勇于承认错误、缺点。
⑪养成诚实、纪律等良好的品德行为。
⑫感知我国的民间艺术及传统文化精品。

(3)大班
①了解自己的成长和成人为此付出的劳动,激发幼儿爱父母、爱老师及爱长辈的情感。
②学会控制自己的情绪和行为,学会在紧急情况下的应变方法。
③了解自己所在的幼儿园,懂得应为幼儿园做有益的事,培养集体荣誉感和责任感。
④主动、准确地使用礼貌用语,以恰当的方式与他人交往。
⑤主动照顾、关心中班和小班的小朋友。
⑥了解周围的社会生活,了解各社会机构成员的劳动及其与人们生活的关系,引发尊敬、热爱劳动者的情感。
⑦了解我国的民族、我国的主要物产,激发爱祖国的情感。
⑧学会分辨是非,懂得向好的榜样学习,激发爱憎情感。
⑨能遵守各种行为规则,懂得学会以规则的要求对照自己或他人的行为,喜好从事力所能及的劳动,懂得爱惜劳动成果,爱惜公物。
⑩感知家乡的自然环境和人文景观,了解我国主要的自然环境和人文景观,引发对民族文化的兴趣及保护自然、社会环境的意识。
⑪感知世界著名的人文景观及优秀艺术精品,培养对世界文化的兴趣。

(二)内容选择的要求
(1)针对性与实际性
针对性有两个方面的含义:一是教育活动的设计要针对社会领域教育的内容;二是要针对幼儿的实际情况。幼儿园社会领域教育的内容丰富,涉及面广,包括幼儿自我教育、人际交往、社会环境与社会规范等各方面。因此,教师在设计社会领域教育活动时,要针对具体的内容来设计。否则,社会领域教育目标就难以实现,同时也可能喧宾夺主,干扰其他领域教育目标的实现,比如中班的社会认知活动《有用的标志》,设计的重点是认识日常生活中常见的标志,了解它们的名称、用途或功能等,并且让幼儿帮助班级制作标志,制作的具体内容则较为弱化,这样就突出了社会领域教育内容的特色,既加强了幼儿对幼儿园的认知,也培养了幼儿的主人翁意识。

　　幼儿社会教育活动内容的选择还要针对幼儿社会性发展的实际水平,年龄特点以及所处的社会地域特色、社会性发展现状以及个体差异等,有针对性地确立活动目标,而不是照本宣科,例如,不管是城市还是农村,幼儿园都可以开展"多种多样的交通工具"这一活动,但是在选择教育内容时需要根据地域的差异而有所侧重,例如农村的幼儿对地铁、磁悬浮列车、动车线列车、城市观光游览车等可能不太熟悉,而城市的幼儿对拖拉机、平板车甚至毛驴车等非常陌生;再如同样是环境保护方面的教育内容,在大班,需要组织幼儿讨论"为什么要保护环境""为什么要保持水与空气的清洁""大海对鱼来说重要吗?如果大海被污染的话,鱼会怎么样?对我们人类的生活能产生什么影响"等问题,引导幼儿逐渐了解各种事物之间的联系,知道为什么要保护环境。

　　(2) 体验性与实践性

　　目前,"体验"被学术界认为是社会规范与道德生成的重要方式和途径。"体验"就是让幼儿亲身去经历,让幼儿在实践的过程中动手动脑,使幼儿在对社会环境和社会活动的直接"体验"中构建社会规范和道德价值观。

　　在选择社会领域教育活动时要注重操作,因此,教师在选择社会教育活动时主要考虑三点,一是如何将真实的社会生活呈现在幼儿面前;二是如何让幼儿充分与社会生活接触,采用哪些方法引导幼儿主动地观察、体验、思考、探索、发现;三是如何引导幼儿在社会生活中练习社会行为。

　　(3) 整体性与融合性

　　幼儿社会教育包括对社会认知、社会情感、社会行为三个方面的教育,在选择活动内容时,要将这三者有机地结合起来并融入教育活动之中,这是整体性的第一层含义。第二层含义是指教育资源和教育手段的整体性,这是因为幼儿社会发展不是一朝一夕之功,不是单靠某一次活动可以完成的,因此,在选择社会教育活动时,老师要充分考虑幼儿社会教育活动与各类型活动的融合,同时还要考虑合理利用家庭和社区的教育资源,增强社会教育的合力。例如,要培养幼儿懂礼貌、讲文明的好习惯,不仅要考虑幼儿园教育活动的环节安排,还要考虑在游戏中,一日生活中如何渗透等,同时不能忽略家长的教育力量,努力争取家长的支持和配合,可以取得事半功倍的效果。

　　(4) 时事性与时代性

　　重大社会事件的认知,是幼儿了解社会,关心社会的一个重要途径。幼儿虽然小,但处在社会的大环境中,同样具有认知的权利,随着时代的变化和时事的发生,幼儿园社会教育的内容也应根据人们生活的需求不断地增加和改变,教师可以根据国家大事、新闻时事、社会焦点问题选择内容,并与幼儿园教育教学进行有效的整合。

(5) 直观性与情境性

认知发展具有社会属性,社会认知总是在一定的具体环境中进行的,幼儿在社会环境中的认知会对他们的认识结果产生巨大影响。例如,在图书馆、影剧院等公众场所,人们一定要保持安静,尽量不要大声喧哗,以免影响他人,在公共汽车上用手机大声通话是不合适的社会行为。社会环境和社会规范认知更应该强调在社会环境中进行。教师在设计社会教育活动时要具有情境性,以增进幼儿对社会规范的认知。比如到娃娃家做客,带娃娃到医院就诊等,都可以丰富和强化幼儿对文明行为规范和人际交往规范的认知。

(6) 主动性和主体性

幼儿很早就表现出对社会环境和社会现象的好奇,并在此基础上形成社会规范的认识。幼儿对环境和社会规范的认知,不是简单地接受成人的传递要求,只记住现行社会的行为规范就可以了;幼儿已经由社会规则被动的接受者变成主动者。他们在充分了解社会环境以及社会规范的基础上做出自己的判断、抉择,形成自己的见解,他们不是被动的个体,而是社会活动的参与者。社会规范是通过主、客体相互构建而形成的,站在个体的角度,这个建构过程就是个体对外部世界的体验过程,其他人无法代替个体的主体地位。幼儿在社会规范的认知过程中具有主观能动性,不是道德认识原封不动的认可和接受,而是自主的感悟和发现,是道德情感的内化。因此,社会教育活动要充分体现幼儿的主体地位,营造宽松和谐的气氛,让幼儿以主动的、创造性的方式参与社会教育活动,在主动建构中形成社会道德规范。

教师在选择社会教育内容时要给幼儿提供充分的活动和交往环境,发挥幼儿的学习自主性。特别是充分利用师幼之间、同伴之间的相互作用,对幼儿的社会环境和规范认知发展具有一定的促进作用。因此我们在选择社会认知教育活动时,要鼓励幼儿与环境、材料积极互动,精心选择设计社会活动环境,发挥幼儿社会认知的主动性。

(7) 指向性与互动性

在幼儿社会教育活动中,幼儿可以与之互动、产生人际交往行为的指向有很多,如家长、教师、同伴以及其他社会中的成人。为了培养幼儿与各种交往对象的交际能力,可以在不同的活动中将不同的对象请进来,让幼儿与之发生互动,或者带领幼儿走出去,让其与社会上各种人员交流互动,从而锻炼幼儿的人际交往能力和语言表达能力。

由于幼儿的交往指向多是家长、教师、同伴和其他社会成员,因此幼儿人际交往主要分为以下四种类型:

第一,亲子交往。

亲子交往主要是指子女与父母间的人际交往活动。在亲子交往活动中,可以选择一些幼儿和家长一起外出游玩、参观的活动,开展亲子运动会、亲子联谊会等活动,让幼儿与父母产生积极互动,促进亲子交往,增进亲子间的了解,密切亲子关系。

第二,同伴交往。

同伴交往比较能够体现幼儿的人际交往,在同伴交往活动中,主要培养幼儿同伴之间人际交往能力,教师应选择一些合作、分享、协商、互助等活动,逐步学会移情体验、换位思考,了解与接纳别人的想法。如在"怎样当哥哥姐姐"的活动中,大班幼儿不仅要在生活上照顾好小班幼儿,帮助他们系鞋带、背包等,还要教弟弟妹妹如何观察、感知周围世界,更要随时随地纠正他们一些不正确的社会行为,如乱扔垃圾等。

第三,师幼交往。

幼儿园中任何活动都离不开师幼的互动,离开了师幼互动,教育的意义就不存在,在社会教育中教师在交往中更多的是要为幼儿树立一种榜样和示范,虽然教师在师幼交往中占有主体地位,但从心理上让幼儿感受到平等、民主,受到教师的尊重、关注,对幼儿的社会性发展具有极大的促进作用,教师要选择一些可以共同参与的活动与幼儿进行交流。

第四,与其他社会成员的交往。

幼儿生活在社会中,除了家长、同伴、老师之外,还需要与社会上其他的成人交往,如亲戚、营业员、售票员等各种行业的工作人员。一般来说,幼儿参加外出参观访问等活动时,就有机会与不同职业的人员接触,可以锻炼其人际交往能力。如重阳节组织幼儿去敬老院慰问爷爷奶奶,可以学习如何与长辈交往。另外,教师也可以将从事各种职业的工作人员请到幼儿园中来,让幼儿与其发生互动,在此过程中指导幼儿用正确的方式与人进行交往。如请交通警察到幼儿园给幼儿进行交通安全知识讲座,幼儿积极发问,有效思考,既掌握了交通规则和交通安全的相关知识,又参与了与人交往的实践活动。

(三)内容

1. 自我意识

①引导幼儿初步了解有关自己成长的最基本的知识。
②初步培养幼儿的自信心、自尊心及独立性,以及最基本的自我控制和应变能力。
③引导幼儿正确认识自己,能够进行准确的自我评价。
④学会用恰当的方法表达自己的爱好、需求、情绪和情感。

2. 人际交往

①愿意与他人共同游戏、活动并友好相处。
②善于与人交往,懂得问候、交谈、与人合作及参与活动的技巧,掌握几种交往策略。
③能主动帮助弱小同伴,乐于帮助有困难的小朋友、老人和残疾人,经常自愿地与他人分享玩具、食物等。
④鼓励幼儿主动地参与各项活动,培养诚实、勇敢、守纪等基本品质,培养幼儿开朗的性

格。

⑤引导幼儿初步了解自己所在的集体,使幼儿逐步适应并喜欢集体生活,初步产生对集体的关心喜欢之情。

3. 对社会环境的认知

(1)对家庭的认知

①知道家庭的主要成员、称谓、姓名、职业、出生年月及属相等。

②知道家庭地址、电话号码、家庭中的主要设施,学会自我保护。

③知道家中常见的一些生活用品和家用电器的名称、用途或功能。

④知道热爱、尊重和关心父母及长辈,为他们做一些力所能及的家务劳动。

⑤组织以家庭为认知内容的一些社会教育活动,培养幼儿对家庭的责任感和了解对父母应尽的义务。

(2)对幼儿园的认知

①知道自己幼儿园、班级的名称及所在班级老师的姓名。

②认识园内其他老师和工作人员,以及他们所从事的主要工作,他们的劳动与自己的关系等。

③知道幼儿园内外的主要环境,主要设施等。

(3)社会机构的认知

①幼儿认识生活中能够接触到的社会机构,如医院、小学、邮局、商场、超市、餐厅、理发店、动物园、公园、影剧院、博物馆等。

②认识飞机、火车、出租车、地铁、轮渡等公共交通工具。

③认识清洁车、洒水车、救护车、消防车、车站、机场、码头等公用设施。

④参观工厂、农村、城市、学校等,知道它们的名称,相关职业的名称,了解各种职业人群的主要工作以及与自己的关系等。

4. 社会道德规范

①初步学会判断是与非、对与错、爱与憎等道德问题。

②使用礼貌用语尊老爱幼,学习招待客人的方法。

③在幼儿园中遵守日常活动规则,如排队等待规则、轮流规则、集体服务规则等;学习、娱乐、游戏等活动规则。

④了解并遵守公共卫生规则,公共交通规则、公共财产保护和爱惜规则等。

5. 对家乡、国家与民族的认知

①知道自己的家乡,民族、祖国的名称,以及在地图上的大致方位。

②知道首都、国旗、国徽、国歌等。

③知道家乡以及祖国的风景名胜、著名建筑。
④了解少数民族的风土人情、风俗习惯,以及主要的生活方式等。

6. 对重大社会事件的认知

①了解社区、家乡和国家。
②了解世界性重大活动,如:奥运会、世界博览会。
③了解家乡的环境治理和环境保护活动。
④了解国家和世界上发生的一些战争、重大灾害。

7. 多元文化

①初步感受具有代表性的社区文化。
②了解祖国传统的民俗节日、人文景观、少数民族和文化精品等,对祖国的传统文化感兴趣。
③初步感受世界著名的人文景观及优秀的艺术作品,对世界文化感兴趣。
④了解世界是由许多国家和民族组成的,萌发热爱和平的情感。
④愿意接触或了解不同国家、不同种族的外国人,感受他们的风俗习惯。

【案例 3.29】

活动名称:乘车(小班)
活动目标:
1. 初步了解乘车的规则。
2. 在体验中学做文明小乘客。
活动准备:
材料准备:图片、投币箱、与幼儿一样数量的小椅子、娃娃玩具、操作包
环境准备:公交车及公交车站
活动过程:
一、说一说
师:你坐过公交车吗?怎样坐公交车?
提示:请幼儿根据自己的经验进行讲述。
二、出示图片(公交车站和公交车上的图片)
师:请幼儿说一说图片上都有哪些人?他们在哪?在干什么?坐公交车时都需要遵守哪些规则?注意什么?
教师小结:上车时应排队,不拥挤,大人要投币(或者刷公交卡),前门上车,后门下车,看见老人、孕妇、抱小孩的人,乘客应主动让座等。

三、出示《对对碰》卡片,幼儿判断

师:坐车时应注意哪些安全呢?卡片上的哪些乘车做法是正确的?

请幼儿在乘车时正确的做法的图片下方贴上小红花贴纸。

教师小结:坐车时,我们要把稳扶手,不在车厢里跑动;不把头、手伸出车窗外面,不大声喧哗等。

四、情景表演《乘车》

请幼儿根据自己知道和掌握的规则表演情景剧《乘车》。

分配角色:司机、老奶奶、抱小孩的阿姨、小朋友。其余幼儿扮演乘车的乘客,教师扮演司机。

(刘××供稿)

【案例3.30】

活动名称:你真棒(小班)

活动目标:

1. 知道每个人都有自己的长处。

2. 会用恰当的语言表达对他人的赞赏。

活动准备:

1. 若干小班幼儿能做的事情的图片(吃饭,穿衣等);

2. 故事《我来帮助你》图片;

3. 歌曲《好娃娃》录音;

4. 小红花。

活动过程:

一、出示图片,幼儿欣赏故事

师:①故事里都有谁?②小猴子和小乌龟遇到了谁?③小白兔发生了什么事?④小猴子帮小兔子做了什么事?⑤小乌龟帮小兔子做了什么事?⑥最后怎么样了?⑦你有哪些长处?

小结:每个人都有自己的长处,我们要用自己的长处去帮助别人。

二、操作《我的长处可真多》

出示操作包中的图片,在自己也有的长处下面贴上小贴纸。

师:请你说一说,你也有图片中哪个小朋友的长处?

提示:幼儿要说出"我也会……""我的优点是……""我的长处是……"

三、游戏《送红花》

玩法:音乐开始,幼儿将手中的红花进行传递,音乐结束时,红花停留在谁的手里,谁就要把红花送给另一位小朋友,并说一说这个小朋友的优点,说完后,游戏反复进行。

四、歌曲《好娃娃》
1. 欣赏歌曲
2. 学唱歌曲
3. 表演歌曲
附录：

我来帮助你

森林里，小猴子和小乌龟在做游戏，小猴子突然听到了一阵哭声。小猴子和小乌龟沿着哭声找到了哭泣的小兔子。小猴子问小白兔："你怎么了小白兔?"小白兔说："妈妈生病了，我要到河对岸的大树上帮妈妈摘一颗又大又红的苹果，妈妈吃了苹果，病就应该会快点儿好的，可是我不会游泳，也不会爬树，怎么办呢？"小猴子看了看小乌龟说："我们来帮助你吧!"小猴子、小乌龟、小白兔一起来到了小河边。小乌龟说："我来驮你们过河。"小乌龟驮着小乌龟和小白兔渡过小河，来到了大树下，小兔子抬头看了看又高又大的大树，眼看着又要哭了，小猴子马上说："我来帮你摘苹果。"小猴子三下两下就摘到了又大又红的苹果。小兔子高兴极了，兔妈妈吃了小伙伴们一起摘到的苹果病马上就好了。

（金×　孙××供稿）

【案例 3.31】

活动名称：让我们的家乡更美丽（中班）

活动目标：

1. 让幼儿了解不乱丢垃圾、不乱写乱画等基本的社会行为规则。
2. 提高幼儿自觉遵守社会行为规则的意识和良好的社会品质。
3. 培养幼儿为他人着想，激发幼儿热爱身边的人、事、物的美好情感。

活动准备：

1. 情景准备：多媒体电脑、动画课件、图片
2. 材料准备：幼儿搜集的剪报、宣传画、小小宣传员的胸卡、宣传板

活动流程：

（一）导入部分

小朋友，老师今天给你们介绍一位老伯伯，大家都叫他"马大爷"。他呀，就住在一个小区里，每天买买菜、做做家务，天气好就出去活动活动。你看，他这就去钓鱼了。

（二）基本部分

1. 观看动画片

师：马大爷钓上鱼了吗？他钓上来的是什么？请你说说这些东西是哪里来的？

2. 观看图片讨论：乱丢垃圾有哪些危害。

师：说一说，我们应该怎样做？

小结：让幼儿了解乱丢垃圾对环境造成的危害。不乱丢垃圾就会使我们的生活更加清洁，我们的身体更加健康。所以，每一个人都应该从自己做起，保护我们生活的环境。

3. 观看动画片

师：马大爷去做什么？在他上下楼的过程中，墙壁上有什么变化？他最后说了一句什么话？他为什么这样说？

4. 观看图片讨论：乱贴乱画的危害。

师：说说我们应该怎么做？

小结：使幼儿了解并遵守不乱贴乱画的这一基本社会行为规则。我们的城市、共同的家整洁、美观，我们的生活才能更加美好。

5. 观看动画片

师：马大爷在做什么？他为什么睡不着觉？如果你是他的邻居，你会怎么做？

6. 分组讨论：自己所收集的简报内容

师：说一说，你应该怎样做才能让我们的家乡、我们的社会更加美丽？

提示：发散幼儿的思维，让幼儿说一说除刚刚了解的社会行为规则以外，还需遵守的规则。（如：排队上车、遵守交通规则等等）。

（三）结束部分

制作"社会行为规则宣传板"

请幼儿将自己搜集的有关社会行为规则的简报、宣传画等粘贴在大板上，并自由参观。

（四）延伸活动

流动宣传活动《我是小小宣传员》。

内容：请小朋友戴上"小小宣传员"的胸卡，结合制作的宣传板内容，为其他班级的小朋友宣传，让全园的小朋友都能遵守社会行为规则。

（戚××供稿）

【案例3.32】

活动名称：我要上学了（大班）

活动目标：

1. 通过对比，初步了解小学的情况。
2. 练习整理书包，提高幼儿自理能力。
3. 激发幼儿对上小学的兴趣。

活动准备:
1. 参观小学的照片
2. 书包、文具等
3. 视频:爸爸妈妈对孩子上小学的寄语

活动过程:

(一)出示参观小学的照片,引出话题

师:说一说小学与幼儿园的区别?小学生都做些什么?

小结:桌椅比幼儿园的高,走廊里的画挂得高了,厕所分成男厕所和女厕所,有校长室、医务室等,没有寝室,小学生都戴着红领巾,上课、下课时要打铃。小学生要上课,上课要注意听讲,发言要举手,在走廊里走动时要靠右侧通行,不能乱跑,要自己整理书包,回家要及时完成作业。

(二)比赛《看谁做得快又好》

师:今天,我们就来模仿小学生整理书包,看谁整理得又快又好。

要求:分类摆放书本、文具,书放在一起,本子放在一起,铅笔、橡皮要收到一起放进文具盒。

请幼儿互相看一看书包整理后的情况,互相点评。

(三)播放视频:爸爸妈妈对幼儿的寄语。

师:你们要上小学了,爸爸妈妈对你们的希望是什么呢?

(1)一起观看爸爸妈妈在录像中给幼儿提的希望。

(2)教师将自己的希望说给幼儿听。

师:听了老师和爸爸妈妈的希望后,你们是怎样想的?

(赵×　季××供稿)

【案例3.33】

活动名称:帮助残疾人(大班)

活动目标:
1. 认识残疾人,通过体验活动引发对残疾人的同情。
2. 尊重并关心残疾人,愿意帮助残疾人。
3. 学习残疾人勇敢、坚强,克服困难的精神。

活动准备:

残疾人舞蹈《牵手》的视频、眼罩、玩具、图书每人一本。

活动过程:
一、导入:
师:在生活中,有些人看不见鲜花和美景,有些人听不到歌声与欢笑,有些人无法开口说话,有些人行走不方便……让我们一起来看看,他们都是些什么人。
二、体验游戏:《送玩具》
(1)幼儿分成两组。
(2)一组幼儿带眼罩将玩具送到小筐里。
(3)另一组不带眼罩将玩具送到小筐里。
师:请带眼罩游戏的小朋友说说感受;在我们的生活中有这样的人吗?他们是什么人?
(4)盲人或有视力障碍的人在学习、生活中有哪些不方便的地方?
三、体验游戏:《穿衣服》
玩法:双手脱衣服,单手穿衣服。
师:
(1)什么原因穿不上衣服?
(2)穿不上衣服你的心情?
(3)在我们的生活中有这样的人吗?他们是什么人?
(4)在学习、生活中有哪些不方便的地方?
(5)你还知道哪些残疾人?
关注点:了解残疾人,体验残疾人生活的不便。
四、体验活动:帮助他人
师:今天,我们来玩几个游戏,看看大家有什么好办法解决困难,帮助别人。
1.帮助带眼罩的小朋友将玩具送到小筐里,你有几种方法,请试一试。
2.请小朋友帮没穿上衣服的小朋友穿好衣服。
小结:帮助别人你的心理感受如何?"残疾人"的心里又会怎么想?
3.出示图书,幼儿翻看图书。
师:看看书中的小朋友是如何帮助残疾人的?你也会这样做吗?你还会用什么方法帮助残疾人?看看我们周围的公共设施中有哪些是方便残疾人的?
五、观看视频《牵手》
师:我们学习残疾人哪些优秀的品质?看到这些残疾人,你有什么想法?
小结:我们应该尊重残疾人,不笑话他们,我们都是健康人,在保护自己的同时多帮助他们、谦让他们,还要学习残疾人勇敢、坚强,积极乐观,努力做好每一件事的精神,让残疾人也拥有和我们一样快乐、幸福的生活!

(贺×供稿)

三、对教师的要求

（1）应结合幼儿的生活实际

社会教育的内容涉及幼儿生活的方方面面，即在幼儿生活中蕴藏着极为丰富的社会教育内容。如结合幼儿生活实际，帮助幼儿认识周围环境及在那里工作的人的劳动，了解他们的劳动与我们的关系，培养幼儿相应的尊重、热爱劳动者等社会性情感。

（2）应把幼儿对现实的感知、体验放在首位

幼儿在实践中、在与他人的交往中，会有许多体验，幼儿对这些体验经过思考后，可以调节自身的行为，这是一个主动学习的过程。如果有成人的适当帮助，学习效果就更好。集体教育活动是对幼儿感知体验的归纳、总结和提高，因此，在组织活动之前，必须有幼儿大量的感知、体验过程。

（3）应注重以情感人

幼儿易感性强，喜欢模仿教师的言行举止。教师在组织活动时，要做到以自己积极的情绪感染幼儿，富于激情，才能引起幼儿的共鸣，直接激发幼儿愉快向上的情感，有利于培养幼儿热爱生活、关心周围事物等积极情感。教师的语言应做到表现力强、感染力强，易于幼儿理解。如教师引导幼儿尊重某职业的劳动者时，语言要流露出对他们的敬佩与尊敬。

（4）善于利用多种社会资源

幼儿园除了教师的教育更有目的性以外，与家庭相比，幼儿园还具有更为丰富的社会教育资源。如同伴集体就是一大教育资源，有社会教育方面的图书、挂图、光碟、玩具等，幼儿园有炊事员、保育员以及他们的工作环境、幼儿园的院子、周边环境等，这些都是社会教育丰富的资源。

（5）重视榜样的作用

"榜样的力量是无穷的。"幼儿教师和同伴、家长等都可以成为幼儿社会学习的好榜样。教师在幼儿的心目中具有相当高的地位，在许多情况下，教师是幼儿模仿的对象。教师的言行、说话的语气、声调等，若都给幼儿以良好的榜样，则能使幼儿在潜移默化中获得社会认可的道德认识和行为模式。在与同伴的交往中，幼儿能不断完善自我认识、学习理解他人的想法、学习控制自己的行为、学习交往的技能和技巧。

（6）重视渗透教育

幼儿交往能力的形成，学会乐意做力所能及的事等社会性品质的发展是一个长期、连续的过程，且有反复的可能。因此，幼儿社会性的发展必须注意幼儿园全方位的渗透，坚持一贯性、连续性的教育与指导，才能取得明显的效果。

思考与练习

1. 幼儿健康教育的目标是什么？如何帮助幼儿建立健康的心理？

2. 幼儿语言教育的内容有哪些？进行语言活动设计：自选一个幼儿故事，确定年龄班、活动目标，编写出较完整的活动方案，并进行模拟试教。

3. 各年龄段数学教育的具体内容是什么？在组织数学活动时，教师要注意哪些问题？

4. 以"科学饮食"为主题，设计一个大班科学领域的活动的方案。

5. 幼儿美术活动包括哪些方面？特点是什么？选择2~3个幼儿美术活动设计方案进行分析。

6. 创编一个中班音乐游戏活动方案。

7. 编写一个能够体现家乡地域特点的大班社会领域教育活动设计方案，并进行模拟试教。

第四章
Chapter 4

不同课程观下的教育活动设计

【本章学习提示】

幼儿园教育活动设计作为一门对幼儿学习进行分析、创设、实施、评价以及研究的学科,是根植于一定理论基础之上的。不同的理论和课程观将直接影响到教育活动设计者、实施者对活动设计的理解以及对活动目标、活动内容、活动实施和活动评价的应用。总地说来,影响幼儿园教育活动设计的课程观有很多,这里只摘取中外一些有代表性的加以介绍。

【本章学习目标】

1. 多元智能课程的基本含义及对我国幼儿教育的影响;
2. 瑞吉欧课程的理论基础及主要教育理念;
3. 陈鹤琴课程的导向、原则、目的及实施;
4. 张雪门课程的含义、来源、特点、内容及组织方法。

第一节　多元智能课程下的幼儿园教育活动设计

一、概述

传统的智商(IQ)理论和皮亚杰的认知发展理论都认为智力是以语言能力和数理—逻辑能力为核心的以整合方式存在的一种能力。而近十几年来,西方不少心理学家在批评上述两种理论的基础上提出了人具有多种智力,而且人的多种智力都与具体的认知领域或知识范畴紧密相关而又独立存在的观点。其中,哈佛大学教授、发展心理学家加德纳提出的"多元智能理论"引起了世界范围的广泛关注,并成为许多西方国家 90 年代以来教育改革的重要指导思想。在深化教育改革、全面推进素质教育的新形势下,研究多元智力理论对我国教育改革具有重要的现实意义。

二、多元智能理论的基本含义

在加德纳看来,智力既是解决实际问题的能力,又是生产及创造出社会需要的产品的能力。智力与一定社会和文化环境下人们的价值标准有关,这使得不同社会和文化环境下人们对智力的理解不尽相同,对智力表现形式的要求也不尽相同。

根据新的智力定义,加德纳提出了关于智力及其性质和结构的新理论——多元智能理论。也就是说,在多元智能框架中相对独立存在着7种智能,分别是言语-语言智能、音乐-节奏智能、逻辑-数理智能、视觉-空间智能、身体-动觉智能、自知-自省智能和交往-交流智能。

1. 言语-语言智能

这种智能主要是指听、说、读、写的能力,表现为个人能够顺利而高效地利用语言描述事件、表达思想并与人交流的能力。这种智能在记者、编辑、作家、演讲家和政治领袖等人身上有比较突出的表现,例如由记者转变为演说家、作家和政治领袖的丘吉尔。

2. 音乐-节奏智能

这种智能主要是指感受、辨别、记忆、改变和表达音乐的能力,表现为个人对音乐(包括节奏、音调、音色和旋律)的敏感以及通过作曲、演奏和歌唱等表达音乐的能力。这种智能在作曲家和乐器调音师身上有比较突出的表现,例如音乐天才莫扎特。

3. 逻辑-数理智能

这种智能主要是指运算和推理的能力,表现为对事物间各种关系(如类比、对比、因果和逻辑等)的敏感以及通过数理运算和逻辑推理等进行思维的能力。这种智能在侦探、律师、工程师、科学家和数学家身上有比较突出的表现,例如相对论的提出者爱因斯坦。

4. 视觉-空间智能

这种智能主要是指感受、辨别、记忆、改变物体的空间关系并借此表达思想和情感的能力,表现为对线条、形状、结构、色彩和空间关系的敏感以及通过平面图形和立体造型将它们表现出来的能力。这种智能在画家、雕刻家、建筑师、航海家、博物学家和军事战略家的身上有比较突出的表现,例如画家毕加索。

5. 身体-动觉智能

这种智能主要是指运用四肢和躯干的能力,表现为能够较好地控制自己的身体,对事件能够做出恰当的身体反应以及善于利用身体语言来表达自己的思想和情感的能力。这种智能在运动员、舞蹈家、外科医生、赛车手和发明家身上有比较突出的表现,例如美国篮球运动员迈克尔·乔丹。

6. 自知－自省智能

这种智能主要是指认识洞察和反省自身的能力，表现为能够正确地认识和评价自身的情感、动机、欲望、个性、意志，并在正确的自我意识和自我评价的基础上形成自尊、自律和自制的能力。这种智能在哲学家、思想家小说家等人身上有比较突出的表现，例如哲学家柏拉图。

7. 交往－交流智能

这种智能主要是指与人相处和交往的能力，表现为觉察、体验他人情绪、情感和意图，并据此做出适宜反应的能力。这种智能在教师、律师、推销员、公关人员、谈话节目主持人、管理者和政治家等人身上有比较突出的表现，例如美国黑人领袖、社会活动家马丁·路德·金。

根据加德纳的多元智能理论，作为个体，我们每个人都同时拥有相对独立的7种智能。每个人身上的7种相对独立的智能在现实生活中并不是绝对孤立、毫不相干的，而是错综复杂地、有机地、以不同方式不同程度地组合在一起的。个体身上存在的7种智能的不同组合使得每一个人的智力都有独特的表现方式，使得每一个人的智能各具特点。

同时，根据加德纳的多元智能理论，即便是同一种智力，其表现形式也是不一样的。例如，两个同样具有较高身体－动觉智能的人，其中一个可能在运动场上有出色的表现，而另一个则可能因为动作不协调根本上不了运动场，但他在棋艺室里却有上乘的表现。因为每个人的智力都有独特的表现方式，每一种智力又都有多种表现方式，所以我们很难找到一个适用于任何人的统一的评价标准来评价一个人的聪明与否、成功与否。前面提到的著名人物，如丘吉尔、莫扎特、爱因斯坦、毕加索、迈克尔·乔丹、柏拉图和马丁·路德·金，谁更聪明呢？谁最成功呢？

加德纳的多元智能理论为我们提供了看待"聪明"问题和"成功"问题的全新视角。我们只能说7种智能在个体的智力结构中都占有重要的位置，处于同等重要的地位，他们在每一个个体中都有自己独特的表现形式。因此，我们不能说上述人物谁更聪明，谁最成功，我们只能说他们各自在哪个方面聪明，在哪个方面成功，以及他们各自怎样聪明、怎样成功。由此，我们应该清醒地认识到，智能是多方面的，表现形式是各不相同的，我们判断一个人聪明与否、成功与否的标准也应该是多种多样的。

另外，根据加德纳的观点，承认智能是由同样重要的多种能力而不是由一两种核心能力构成的，承认各种智能是多维度地、相对独立地表现出来的而不是以整合的方式表现出来的，是多元智能理论的本质之所在。

个体身上存在着的上述7种智能是否一成不变呢？个体身上是否还存在着除了上述7种智能以外的其他智能呢？在加德纳看来，他所提出的7种智能的观点虽然比较准确地反映了人类智力的特点，但在某种程度上还只是一个理论框架或构想。他不仅不否认其他智能的存在，而且提出人身上可能还存在着其他的智能，如灵感、直觉、幽默感、烹调能力、创造能力和综合其他各种的能力等。事实上。1998年,加德纳自己已经有在上述7种智能之外增加了第八种智能,即认识自然的能力。按照加德纳的观点,某种能力是否可以成为多元智能中的一种,需要看它是否得到足够证据的支持,如果有,就可以在多元智能的框架中增加它们。需要特别指出的是,在加德纳看来,个体到底具有多少种智能是可以商榷和改变的,随着支持或不支持某一智能的科学研究成果的出现,我们掌握的证据可能会使现有的智能增加或减少。

对环境和教育影响的研究使我们清楚地看到,尽管各种社会文化和教育条件下人们身上都存在着多种智能,但不同社会文化环境和教育条件下人们智力发展的方向和程度有着鲜明的区别,受到了环境和教育的极大影响。就智能的发展方向而言,以航海为主的社会重视的是视觉-空间智能,生活在这种文化环境下的人以空间认知和辨认方向能力的相对发达为智力发展的共同特征,而以机械化和大规模复制产品为主要特征的工业社会重视的是言语-语言智能和逻辑-数理智能,生活在这种社会环境下的人以语言表达能力和逻辑运算能力的相对发达为智能发展的共同特征;今天,我们生活在以信息化和产品不断更新为主要特征的信息社会,这种社会环境要求我们以人的多种能力的充分发展和个性的展示为智能发展的共同特征。就智能的发展程度而言,无论是哪种智能,其最大限度地发展都有赖于环境和教育的影响。

三、多元智能课程对我国教育的积极意义

多元智能理论在美国教育改革的理论和实践中产生了广泛的积极影响,并且已经成为美国教育改革的重要理论基础之一。现在,美国有上百所学校自称为多元智能学校,还有难以计数的教师以多元智能理论为指导思想进行课堂教学改革并取得了突出的成绩。运用多元智力理论分析我国的教育问题,对于我们树立积极乐观的幼儿观、"对症下药"的教学观和灵活多样的教育评价观,促进我国的教育改革和幼儿全面素质的提高有着重要的积极意义。

1. 积极乐观的幼儿观

每个幼儿都有自己的优势智能领域,有自己的学习类型和方法,幼儿园里不存在"差生",每个孩子都是各有智力特点和发展方向的可造就人才。我们看待幼儿时应该时刻清醒地认识到,每个幼儿都是7种不同智能不同程度的组合,幼儿的问题不再是一个孩子有多聪明的问题,而是一个孩子在哪些方面聪明和怎样聪明的问题。

2. "对症下药"的教学观

该教学观有两个方面的含义,其一是针对不同智力特点的"对症下药"。加德纳的多元智能理论认为不同的智力领域都有自己独特的发展过程并使用不同的符号系统,因此,教师的教学方法和手段应该根据不同的教学内容而有所不同。其二是针对不同幼儿的"对症下药"。同样的教学内容,教学时教师应该针对每个幼儿"对症下药"地进行。无论什么教育内容都使

用"教师讲,学生听"的教育形式;无论哪个教育对象都采用"一本教材、一张图片"的教学形式,是违背教育规律和因材施教原则的。新的教学观要求我们根据教育内容和教育对象的不同,创设多种多样适宜的、能够促进每个幼儿全面充分发展的教育方法和手段。

3. 灵活多样的评价观

评价的导向作用或者说"指挥棒"作用是不言而喻的,在传统教育中,学习的结果是评价教育质量的主要指标,缺乏对幼儿理解能力、应用能力的客观评价,难以真实准确地反映幼儿解决问题的能力和独立创新的能力。

根据加德纳的多元智能理论,既然我们有积极乐观的幼儿观,有"对症下药"的教学观,那么就应该摒弃以标准的智力测验和结果考核为重点的评价观,树立多种多样的评价观。我们的教育评价应该通过多种渠道、采取多种形式、在多种不同的实际生活和学习情景下进行,应从多方面观察、评价和分析幼儿的优缺点,并把这些资料作为服务于他们的出发点,并以此为根据选择和设计适宜的教学内容和教学方法,使评价确实成为促进每一个幼儿充分发展的有效手段。

教育改革的根本问题是改革的指导思想问题,或者说教育观念的更新才是教育改革的本质问题之所在。加德纳的多元智能理论对于我们进一步澄清教育改革的指导思想,树立新的教育观念(包括幼儿观、教育观和评价观)提供了一条新思路。

【案例4.1】

幼儿早期多元智能的确认和培育——《多彩光谱》项目的模式

雅各是一个4岁的男孩。学年一开始他就被叫去参加两种形式的评估,一种是斯比智力量表测验,另一种是新的评估方法,称为"多彩光谱"项目评估。雅各不愿意接受斯比智力量表的测验,只部分地回答了3类测试题后就逃出测试室,离开房屋去爬树了。在跨越许多领域的15种内容的多彩光谱项目测试中,雅各却参与了绝大多数活动,并显示了他在视觉艺术和数字方面惊人的天赋。

在艺术评估活动中,雅各表示出对游戏所使用的各种不同材料的喜爱和各种媒介的兴趣。在进行其他项目评估时,即使他不愿意参加眼前的活动,也还是表现出对组成这些游戏的材料的兴趣,如讲故事画板上的人物,音乐活动所用铃铛的金属等。这种对于有关材料的偏爱几乎延伸到每一个领域。如在探索自然的评估活动中,他详细地观察骨骼和关节,注意每一个微小的部位,甚至因此能用黏土捏出一个十分逼真的骨骼模型。

在"多彩光谱"项目的所有评估游戏活动中,雅各似乎对运动和音乐最不感兴趣。他起初不肯参加与数字计算有关的坐公共汽车的游戏,但后来就很认真地玩了起来。计算出上下公共汽车的人数之后,他显得很开心。雅各在数字方面的能力,有时可能是隐藏着的,在他感兴趣且熟悉的环境中,有助于他展现这些平时隐藏着的能力。

对比以上两种评估方法,可以发现其结果是相同的。但在为幼儿所熟悉的情景丰富的环境里,经过较长的时间,"多彩光谱"项目评估方法就显示出它的优越性。雅各的例子表明,"多彩光谱"项目的评估方法有4个优点:第一,通过有趣的、场景化鲜明的活动吸引幼儿参加;第二,有意识地模糊了课程和评估的界限,使评估更有效地融入日常教学之中;第三,"多彩光谱"项目通过幼儿的活动即"智能展示"直接观察到他们的智能状态,而不是通过语言和逻辑数学能力的间接表现来做判断;第四,系列评估能提出建议,怎样使幼儿通过其擅长的领域来表现智能相对较弱的领域。

每一种智能起初至少是以生理潜能为基础的,这种潜能通常是遗传基因和环境因素相互作用的结果。虽然我们可以在一些特殊人群,如白痴学者的身上,观察到独立的单一智能,但一般人所表现出来的,都是7种智能的组合。事实上,从幼儿的早期开始,各种智能就不会以单一的形式出现,而是多种智能一起包含在各种符号和记号系统里,如在语言、图画、地图、数学、音乐符号和记号系统里。或者在知识的领域,如在新闻、机械等专业知识领域中。因此,各个阶段的教育,都是在培育表现于各种文化系统中的智能。

几乎在任何文化知识领域或行业中的工作和活动,都需要多种智能。要成为一个成功的小提琴家,除需要具备高度的音乐智能,身体运动的灵敏性,还需要人际关系智能,才能建立与观众的联系和沟通。否则他就要选择一位经纪人。成为一名建筑师,要具有不同程度的空间智能、数学逻辑智能、身体运动和人际关系智能。如果雅各将来要成为雕塑家,他可能需要依赖空间智能、身体运动智能和人际关系智能。

《多彩光谱》项目的实施

在"多彩光谱"项目的教室里,幼儿每天都接触大量用于启发其运用多种智能的素材。我们并不采用标着"空间""数理逻辑"的素材直接激发智能,而是采用能体现有意义的社会角色或最终状态的教材来激发各种智能的组合。例如教室里有一个"自然学家之角",放着许多生物标本供幼儿观察并与其他素材对比,这地方需要或激发感官的敏锐和逻辑分析能力。教室中还有一个"故事角",孩子在这里可以使用一套教具依靠丰富的想象力编故事,也有机会设计自己的故事板。这块天地激发语言、戏剧和想象力。此外教室中还有一个"建筑角",孩子在这里建造教室的模型,然后在教室的模型里安置老师和幼儿的相片,以激发空间、身体运动及人际关系智能。"多彩光谱"项目教室里还有其他十几个各式各样的活动"角"和不同种类的活动,以激发各种智能或智能的组合。

幼儿非常喜欢观察能干的大人或年龄较大的伙伴在这些活动角的工作或游戏。提供观察的机会,他们就会明白具有这些技能的人,怎样有效地使用这些素材。但由于并不能够经常提供这种"师徒式"的场景,所以我们设立了学习中心,让他们自己动手,或是和同是新手的伙伴一起动手使用提供的素材,学习有关技能。在此意义上,我们提供的入门的环境是自力更生的环境,同样有培养认知和个人成长的潜力。

幼儿只要在这丰富的环境中学习一年多,就有充分的机会探索各个学习领域,而每一个领域都有不同的教材,分别启发不同技巧和智能。5岁的孩子原本就具有极强的好奇心,在如此充足的资源里,他们大多数都很快地参与到那些领域并在其中探索。学习兴趣不广泛的孩子,我们就鼓励他尝试其他素材和方法。正常情况下经过一年左右的时间,教师能够观察到每个幼儿的兴趣和才能,不需要再做特别的评估。但是对于每一个领域或行业,我们还是设计了特别的游戏或活动,它们能够更准确地确定幼儿在该领域的智能。

数学领域:

恐龙游戏:评估幼儿的数字概念、运算技巧、使用运算规则和运算技巧的能力。

公共汽车游戏:评估幼儿创造有用的符号系统、心算、用一个或多个变数组织数目信息的能力。

科学领域:

装配活动:测量幼儿机械方面的能力。成功地完成这项活动需更精细的运动技巧、空间视觉和观察解决问题的能力。

寻找宝物游戏:评估幼儿的逻辑推理能力。幼儿必须组织信息,才能发现设置藏宝地点的规则。

水的游戏:评估幼儿根据观察提出假设并做简单实验的能力。

观察发现:包含大约一年的活动,引导幼儿观察、欣赏和理解自然现象。

音乐领域:

音乐创作活动:评估幼儿唱歌时保持正确的音高和节奏的能力,记忆歌曲音乐特征的能力。

音乐感觉活动:评估幼儿辨别音高的能力,包括找出错误和识别音高的能力。

语言领域:

故事板活动:评估各种语言技能,包括词语的组合、句子结构,连接词的使用和叙述语言的使用以及对话的能力,也评估根据梗概编故事的能力。

报告活动:评估幼儿描述事件的能力。评估标准包括叙述的准确程度、详细程度、句子结构和词语量。

艺术领域:

艺术夹(作品集):一年两次,评估标准包括线条和形状的运用,色彩、空间、细节、表现手法和设计。此外还有三个专门设计的绘画活动,评估标准同上。

运动领域:

创造性运动:目前的运动课程强调在跳舞和创造性运动时的5种能力,即对节奏的敏锐程度、表达、肢体的控制、动作创意、与音乐的配合。

体育运动:一门跨越障碍物的课程,专门培养许多运动都需要的技能,如协调、时间计算、力量与平衡的使用。

社会活动领域：

教室模型：评估幼儿观察分析在教室里发生事件和经历的能力。

幼儿相互关系的检查表：用来评估幼儿与同伴相处的表现，不同的表现和行为状态会产生不同的社会角色，如领导者和被领导者。

"多彩光谱"项目的报告

学年结束时，研究小组将搜集到的每个孩子的资料汇集成册，称为系列报告。这一资料描述了幼儿个人智能的长处和弱点，并且向家庭、学校甚至社区提出建议，以使幼儿进一步发展他的强项，改进弱项。这些建议虽然是非正式的，但却很重要。我认为心理学家的传统是过分关注标准和分级。他们应该用相同的精力，根据介绍幼儿兴趣和选择的报告，帮助幼儿及其家庭对他们未来的课程和学业做出决定。

无论是在何种领域内的评估，我们都为幼儿提供具体的可操作的材料。如前面提到的教室模型中他们的同伴和老师的小模型，就提供了可接触的、明确的场景，从中可以观察幼儿对朋友、社会责任的态度和在教室里的活动能力。感知音乐的活动则为孩子提供蒙特梭利铃铛，幼儿可以玩音高匹配的游戏。

第二节　瑞吉欧课程下的幼儿园教育活动设计

一、概述

瑞吉欧·艾密莉亚是意大利北部的一个小镇，30多年前，这里创造了一个独特的幼儿教育方式，它好似一股强大的旋风，吹到世界各大城市，如今又走进了中国。我们正在以数千年文明史和现代教育理念接受它、延伸它、同化它，吸取其精华，形成新的生命，丰富和发展具有中国特色的幼儿教育体系。

一提起瑞吉欧，在人们的脑海中总会勾画出这样一幅图景：活泼、可爱、健康、自由探索的孩子，认真、尽职、协作工作的教师，优美、独特的空间环境及家长、社区参与的学校管理。为什么瑞吉欧的幼儿教育具有如此的魅力，使众多教育家、心理学家、幼儿教育工作者倾情关注？这是因为瑞吉欧的教师们打破了单一的理论框架，结合意大利的文化传统，把他们的实践与多种理论基础结合起来，发展了他们自己的道路。透过瑞吉欧的幼儿教育活动，我们能看到杜威、皮亚杰、维果茨基等所关注的理念在闪光。同时，我们也看到了瑞吉欧教师们的伟大创造。他们把自己的经验，把对每个幼儿的深入了解，把从家庭、社区收集到的种种资源反反复复地进行研究，制订了一个个具体方案。这里有对社会建构理论独特的诠释，有对最近发展区的创造性应用，有对幼儿中心论的独特理解，它使我们真实地看到幼儿是成长中的真正主人,引导我们重新定义教育者的角色。它用意大利瑞吉欧的历史、文化和教育方式,突显了他们理想中的"新幼儿文化"。

30多年来,瑞吉欧人在教师、家长、市民的共同努力下,为幼儿创建了一个能充分发挥其巨大潜能、能感受到其自身存在价值、能积极主动参与的创造性学习环境。在这个环境中,幼儿们幸福地生活、工作和游戏着;在这个环境中,教师充分地尊重幼儿的人格,充分地包容幼儿各种非同寻常的"奇思怪想";在这个环境中,教师扮演着各种支持性与引导性的角色——伙伴、向导与研究者;在这个环境中,幼儿主动地参与各种主题的探索活动,充分地感受到了自己探索的乐趣,学会了肯定自我;在这个环境中,幼儿大胆地想象,运用各种各样的材料,以多样化的方式尤其是视觉语言的方式表达自己对世界的独特认识,从而形成了孩子们的一百种语言。

的确,瑞吉欧为世人创造了一个与众不同的教育构架,为世界的幼儿教育提供了一个优秀的教育典范。正如著名的教育家、多元智能理论的创立者、哈佛大学教育研究所加德纳教授所说:"瑞吉欧成功地挑战了相对立的两极:艺术相对于科学;个人相对于团体;幼儿相对于成人;玩乐相对于读书;小家庭相对于大家庭。进而在这些相对事物中,达到某种独特的和谐,并重新组合原本僵化的分类体系。"

二、瑞吉欧课程的理论基础

1. 杜威的进步主义教育

进步主义教育是19世纪末20世纪初出现在美国的一种教育运动。其核心的思想就是提倡民主精神,反对教育中对幼儿的压制,要求尊重幼儿。代表人物即是杜威。杜威认为幼儿的发展是在先天本能与冲动的基础上,通过与环境的相互作用而不断地增加经验的意义的过程。幼儿本身的依赖性就决定了幼儿具有可塑性,而可塑性是一种从经验中学习的能力,是获得习惯或发展一定倾向的能力。而教育就是在经验中、由于经验和为着经验的一种发展过程。因此,教育无须用成人的标准来框定幼儿,幼儿的生长本身就是教育目的。

瑞吉欧在这一点上与此是相同的,因此倡导"做中学"的思想。要求把教材引入到幼儿的自然生活和活动中,如园艺、木工、金工、烹饪、缝纫、编织等,使幼儿围绕活动在操作的过程中获得有关的知识、经验,形成观念。瑞吉欧人继承与发展了杜威的"行动处于观念的核心"这一思想,反对教师在教学中对幼儿进行知识的单向灌输,反对把语言作为获取知识的捷径。他们相信对于幼儿来说,数字、数量、分类、体积、形状、方位、时间等概念并非是负担或人工化的训练。因为这些探索自然而然地出现在幼儿的日常生活、游戏、协调、思考及表达的种种经验中,为此发展出了以某个主题为核心的方案探索活动。杜威针对传统教育中重心在教师、教材,唯独不在幼儿的"无幼儿"的现象,提出了"幼儿重心"的论点,就是要重视幼儿。在瑞吉欧的学前学校中,课程方案的主题是教师在充分考虑幼儿的需要、兴趣及经验的基础上权衡各方面的情况后与幼儿一起制定的,同时方案探索的时间与深度往往也由幼儿自己决定。教师们是以集体协作的方式工作的,实行的是社区式的管理,教师、家长、社区的代表都参与学校的决策、执行和管理,民主、合作的态度与方法体现得很明显。

2. 皮亚杰的建构主义心理学

瑞吉欧幼儿教育思想的另一个重要来源就是皮亚杰与维果斯基的建构主义心理学。皮亚杰所创立的发生认识论明确地提出了知识既非来源于主体,也非来源于客体,而是来源于主客体的相互作用。主客体相互作用的过程即是活动的过程,动作(活动)是联系主客体的桥梁,所以相互作用的活动即是皮亚杰建构主义心理学的出发点。在瑞吉欧的学前教育中所提倡的互动就是这一思想的直接体现。然而,瑞吉欧人也对皮亚杰的思想作了批判性的分析,他们认为幼儿思维的发展并不像建构主义所强调的是平行的、线性式发展,而是螺旋式的发展。同时,他们还对皮亚杰过度重视逻辑数学能力的观点提出了批判。

当然,瑞吉欧并没有仅仅停留在接受、继承与吸取的程度,相反,他们结合自己特有的文化背景与教育实际,进一步发展与完善了自己的教育经验,从而形成了独具特色的瑞吉欧教育理念。瑞吉欧的方案教学正是在融合了其教育理念的基础上才放射出耀眼的光芒的。所以,我们在学习其方案教学方法的同时,更为重要的是要把握其教育理念。

三、瑞吉欧课程的教育理念

1. 幼儿观

①在瑞吉欧人的眼里,幼儿是社会的一分子,是社会与文化的参与者,他们有权利发表自己的看法,与成人一样,是拥有特权的个体。

②幼儿是主动的学习者,他们在入学之前就已经拥有了一定的知识和经验。他们有自己独特的学习方式。

③幼儿具有巨大的潜能,他们并非只有单纯的需求,他们富有好奇心、创造性,具有可塑性。他们有强烈的学习、探索和了解周围世界的愿望,他们是在与外部世界的互相作用中主动地构建自己的知识与经验,主动地寻求对这个复杂世界的了解的。

④幼儿是坚强的,他们有能力担当自我成长过程的主角,幼儿之间尽管有一定的差异,但是他们都试图通过与别人对话和互动来找到自己的定位,找到与别人的共同点与不同点。

⑤幼儿天生都是艺术家,他们能够广泛运用各种不同的象征语言和其他媒介来表达自己对世界的认识。

《幼儿的一百种语言》本身就揭示了幼儿运用绘画、动作、雕刻、粘贴、构建、音乐等"语言"所展现的事物的魅力,表达的是一种颇具艺术性的认识。教育工作者的角色就是要组织幼儿的各种活动,给予幼儿支持与肯定,以使他们自身的潜能得以发挥。

2. 教育观

瑞吉欧学校的教育观是和他们的幼儿联系在一起的。

①教育的目标就是要创造一个和谐的环境,使在这个环境中的每一位幼儿、教师都感到自在、愉悦,生活得幸福。教育不仅仅追求什么外在的目标,而是更多地注重内在的品质。

②在教学方法上,他们反对传统的单向灌输,反对把语言文字作为获取知识的捷径,他们认为教育就是要为幼儿带来更多的可能性去创新和发现,教育在于给幼儿创设学习的情境,帮助幼儿在与情境中的人、事、物相互作用的过程中主动建构知识。

③教育应以幼儿为中心,应从幼儿的兴趣、需要及经验出发。幼儿在教育过程和课程决策上应有参与发表意见的机会。但这并非意味着绝对幼儿中心,除幼儿之外,教师与家长在幼儿教育上也扮演重要的角色,发挥重要的作用。

④瑞吉欧人认为在"教"与"学"两者之间,更应尊重后者,所以瑞吉欧人一向是以学定教的。在主题网络编制的过程中尽管有教师预设的成分,但主题的开展往往是以幼儿为中心的,幼儿决定主题进行的空间与时间。幼儿的学习也是教学中最为关键性的因素,它往往为教师补充教育资源、提供多元选择及得出建设性的想法提供支持与来源。

⑤在幼儿的探索活动中,教师应掌握正确的时机,找到正确的方法,适当的介入,协助幼儿发现问题。教师不能过多的介入,正如瑞吉欧人所讲的:"与其牵着幼儿的手,倒不如让他们靠自己的双脚站立着"。

⑥幼儿学校是社会生态系统的一个组成部分,是一个幼儿与大人可以彼此分享生活与关系的地方。实际上,他们认为教育机构就是一种幼儿、教师、家庭及社区之间沟通、交流与互动的体系,从而整合成为更大的社会系统的。

⑦环境是重要的教育因素。用瑞吉欧人形象的说法就是:环境是第三位老师,他们把环境看得与教师一样重要,把环境也作为教育的"内容",包含着丰富的教育信息和资源,对幼儿的学习起着促进、激发的作用。

3. 多样化的教师角色

在瑞吉欧幼儿教育系统中,教师是一个重要的角色。在这里,教师不是权威,不是传统意义上的知识、技能的拥有者、传授者,幼儿也不是被动地接受教师的语言文化传递,幼儿是行为活动的发起者、具体执行者,幼儿的兴趣、需要、经验是一切活动的出发点。所以,瑞吉欧幼儿教育系统中教师的角色是多样化的。

(1) 教师是幼儿的倾听者

瑞吉欧人认为:"关注幼儿并以行动来倾听他们的声音,是教师角色的核心。"他们认为倾听幼儿就是尊重幼儿,就是对幼儿的关注,就是对幼儿意见敞开心扉的最好方式。在瑞吉欧人看来,幼儿是有特殊权利的个体,他们有成长的欲望,有与其他人产生关联和沟通交流的渴望,所以教师的重要任务之一就是能通过倾听,更加了解幼儿,根据生活中的兴趣点为幼儿提供学习情境,为他们带来更多的可能性去创造和发现,使幼儿获得更多的经验和探索。

(2)教师是幼儿的观察者

瑞吉欧人非常强调教师对幼儿是否了解,要求教师对幼儿的行为进行解码。这就要求教师适时地去了解、观察幼儿,教师不仅需要敏感的眼睛、耳朵,而且需要敏感的心灵,要能进入幼儿的内心,体察幼儿的心声,同时也需要利用一些先进的工具与策略。

(3)教师是幼儿的伙伴与向导

在瑞吉欧幼儿教育系统中,因为方案探索活动在很大程度上是由幼儿自主发起的,课程尽管有预设的计划,但幼儿的兴趣点与需要起很大作用,教师通过权衡各方面的情况后做决定,教师只起向导作用,起平衡课程的作用,教师在活动中更多的是以参与者身份出现,与幼儿一起活动。教师在适当的时候或扮演某个角色,或设置若干情境,给予幼儿直接与间接、显性与隐性的指导,以维持幼儿高度的探索动机,与幼儿一起建构知识。

(4)教师是幼儿活动材料的提供者

当幼儿对某个方面的主题感兴趣,而且兴趣成为有生长点的历程时,教师要做的一件事就是要与幼儿或家长共同收集相关材料,为幼儿的探索活动留出足够的空间,为幼儿提供相应的材料、工具与设备,让幼儿对即将进行的主题进行表现与展示。

(5)教师是幼儿行为的记录者与参与者

对于幼儿来讲,他们表现自己对世界的认识方式是多种多样的,但幼儿的记忆不会持续很久,所以教师要帮助幼儿通过照片、文字、图像、幻灯、录像等手段来记录幼儿讨论过程中说做的一切,便于教师了解幼儿,研究幼儿。另外,更重要的是把这种活动作为生成下一阶段主题的基础。

(6)教师还是一个实践的反思者

在方案主题活动中,教师必须参与到实践当中,每个教师都是在自觉或不自觉的建构他自己有关幼儿学习与发展的理论,自然,他也要向书本学习,但更多的是把与幼儿互动中的信息作为建构的基础。所以教师通过记录幼儿的活动,分析活动过程,通过与幼儿间的讨论来不断思考自己实践的活动,通过与其他教师之间的讨论来不断思考,一起反省,建立共识,从而不断成长,获得教学相长的经验。

4. 注重关系建立

在瑞吉欧人的眼里,关系是幼儿教育得以完善的渠道,有以下三个方面:

(1)幼儿与教师平等、对话的关系

在瑞吉欧的学前学校中,教师与幼儿之间的关系是相辅相成的,他们相互提问、倾听与回答。教师与幼儿是完全平等的,用瑞吉欧人喜欢的一种隐喻:"接住孩子抛过来的球"。其含义即是指教师对幼儿的倾听、关注,并且教师要以真诚的态度与幼儿对话。教师与幼儿之间的关系就好像一起参加乒乓球游戏一样,一方把球打出去,另一方把球接回来,然后再把球打给对方……双方是平等、合作的关系,双方都是主体,彼此没有地位的高低的差别。

(2)学校与家长的共同合作、共同管理学校的关系

在瑞吉欧学前学校中,家长一直是重要的角色。家长对学校有知情和参与的权利,并真正参与到学校的管理中来。每一所学校的家长往往成立一个咨询委员会,每月定期开会2到3次,一起讨论课程计划,策划活动的实施,找寻必备的材料,协助教师准备环境,安排场地,同时家长也与教师一起组织孩子们的远足活动……

(3)教师与教师集体协作的关系

在瑞吉欧学前教育学校中,教师是在集体协作的方式下工作的,每一间教室都有两位教师协同教学,学校所有的教职员每星期开会一次,教师每周有6个小时在一起,呈现幼儿的作品及记录,一起讨论、交流。除此之外,教师还在不正式的午餐会进行讨论。因为瑞吉欧教师已经体会到,专业的成长一部分来自于个人的努力,但更重要的来自于同事以及专家的讨论。在讨论中通过认知冲突的发生与解决,最终获得教师的进步。

5. 用图像文字表达幼儿自己对世界的认识

瑞吉欧人认为孩子有一百种语言,一百个想法,一百种思考、游戏、说话的方式,如语言、绘画、雕刻、泥工、建造、肢体动作等。对于幼儿来讲,图像表现是一种文字简单且清楚的沟通工具,运用它就可以使他们多样化的想法、意念得以形象化,而且幼儿也喜欢用这种独特的方式来表达。瑞吉欧人极力倡导让幼儿运用多种语言,尤其是图像文字来表现他们对世界的认识,一方面帮助幼儿回忆、解说、分享主题探索中所做的一切,另一方面,幼儿在此过程中,也愉悦了、成长了。

6. 注重意义、经验的分享

瑞吉欧人认为,父母在孩子学习、建构知识的过程中已成为他们的学习同伴,父母透过"工作坊",透过"教学记录",不仅了解到自己孩子的学习结果、工作成品,而且了解到自己孩子的学习过程、学习方式,增强了父母对孩子学习过程的兴趣与投入,这样就可以与孩子一起分享他们所获得的经验,分享获得事物的意义。

教师在幼儿学习过程中也参与其讨论,如教师经常请幼儿解释他们图画中画了什么,或要求幼儿回顾发生的事,一起与他们谈话并捕捉幼儿所说与所做细节的深层原因。然而,教师并非在运用权力,而是在与幼儿一起发现、惊叹,在平等的师幼互动中一起分享、成长。

7. 考虑到了教育的边缘因素

在传统上,人们往往把教师、幼儿、材料等看作教育系统中的主要因素,而在瑞吉欧,除了

这些因素之外,还把空间、环境、家长、社区中的因素作为构成教育的重要因素,考虑到了这些边缘要素对教育所起的作用。

四、对我国幼儿教师专业化的启示

1. 幼儿教师的角色转变

(1) 终身学习者

瑞吉欧教师在专业成长的过程中始终以"终身学习"作为其基本信条。他们认为"将自己视为一个学习者的意义,就是从事教育工作的人,不应该把自己看作是传授知识的专家"。因此,教师终身学习者的角色意识应当予以突显。幼儿教师和社会所有其他成员一样,一劳永逸获取知识的时代已经过去。在学习化社会中幼儿教师的生存也"是一个永无止境的完善过程和学习过程",教师专业化教育的时空观被打破和重新确立,职前、职后教育,校内外教育将融入终身教育的全体系之中。

(2) 生命关怀者

瑞吉欧教育的倡导者吸收和发展了皮亚杰的心理发展思想,在其幼儿观、教育观方面都充分发掘了教育的人性化特质,体现了关怀生命、珍惜生命、热爱生命的人文精神,这种精神主要有两个方面的内涵:一是教师对受教育者幼儿的关怀,二是对同样作为生命体之一的自身生命价值的关怀。教师应认识生命规律和潜力,懂得愉快的童年生活对于生命发展的独特重要价值,对生命早期智慧赋予敏感、惊喜和支持,让幼儿在快乐的童年中获得有益于身心发展的经验,以保护和促进幼儿身心健康的成长和发展。此外,教师自身作为生命体之一,同样遵循生命体的普遍特性,在教师群体、幼儿的相互作用中获得自我成长。

2. 幼儿教师专业的主要特征

(1) 学科知识和专业知识

幼儿教师需要教育学、心理学以及有关幼儿发展的各类专门知识,需要自然科学、人文科学方面的基本知识和素养,还特别需要丰富的教育艺术、教育智慧以及熟练的互动策略和技能技巧。学科知识不仅要教给幼儿,而且可以在教育活动中与教育学知识一起应用,构成幼儿教师教育知识中的应用理论成分。

(2) 实践智慧

教师工作存在着实践智慧层面,也就是说,幼儿教师的知识能力积累必须能够转化为实践智慧和情境性知识。教师应有能力通过相关理论掌握教学情境变化的可能性,理解各种教育现象所蕴涵的深层教育内涵,而且能够将理论与个人经验进行恰当的转换、修正和反省。换句话说,面对生动的、变化的教育对象和特定的教育情境,教师要善于调动有关心理学、教育学知识,及时判断并做出合乎教育的反应,保证师幼两者之间存在积极的互动关系。在实践智慧的诸多方面,尤以卓有成效的师幼互动能力为主要方面。教师的实践智慧还表现在对教育过程进行设计,组织实施和进行评价以提高教育的有效性等方面。

值得提出的是,幼儿教师职前教育的实践类课程普遍偏少,基本无法形成一定的实践智慧;职后教育的课程设置也把着力点放在更新教育思想、观念方面,对于如何提升教育观念在不同教育情境中的具体运用能力却极少关注。

(3)合作和反思能力

不可否认,教师工作具有个性特点,有人将此比喻为"蜂巢"式或"蛋盆"式的工作方式,无论是教师备课、讲课、游戏活动指导,还是个别教育,每个教师都有自己的独特的风格,别人不可能代替。然而,每一名幼儿的成长,是多种关系整合的结果。幼儿教师实际生活在一个人际交往群体中,必须具有合作性的品格,要善于和幼儿、同事、幼儿园教学集体、家长和家庭其他成员、社会机构等合作。反思能力是教师再学习的最基本的条件。教师在个人反省或集体反省过程中,可以发现个人或集体优缺点,拓宽专业视野,激发追求超越的动机。根据大量关于优秀教师成长规律研究,可以毫不夸张地说,合作与反思是幼儿教师不断获得专业发展的必经之路。

(4)人文素养

要求教育者必须具备相当的人文素养,幼儿教师应"以关怀、接纳、尊重的态度与幼儿交往","应成为幼儿学习活动的支持者、合作者、引导者"。尊重幼儿在发展水平、已有经验、学习方式等方面的个体差异,用适当的方式给予帮助和指导,使每一个幼儿都能感受到安全、愉快和成功。教师应当"耐心倾听,努力理解幼儿的想法与感受,支持、鼓励幼儿大胆探索与表达,关注并敏感地观察幼儿在活动中的反应……"

【案例4.2】

瑞吉欧的方案教学:恐龙

1. 方案的起始

教师注意到许多孩子将恐龙玩具带到幼儿园来,而且他们的游戏经常与恐龙有关。教师认为,也许通过孩子对恐龙的活动可以让教师更好地了解孩子。由此,教师决定与孩子一起研究恐龙。

这个方案的对象是5~6岁的孩子,活动主要以小组的形式进行,历时4个月。

2. 活动的过程、内容和形式

(1)画出自己的恐龙

在绘画的过程中,孩子相互交流,一些好的想法被大家接受,有时,孩子会因别人的意见而改变自己,如"那不是恐龙,恐龙应有四条腿"。

(2)集体讨论

教师提出一些开放性的问题,启发孩子的讨论,如恐龙在哪里生活?它们吃什么?等等。

(3) 搜集资料

孩子们到图书馆找来一些关于恐龙的书,并带回了幼儿园。他们将自己画的恐龙与书中的画做了比较,在产生问题的时候,他们会从书中找答案。

(4) 发邀请函

孩子们邀请了亲属和朋友来幼儿园分享他们的活动。信函的创造是由整个的"恐龙"小组制作的,每个孩子都提供自己的想法,而教师则是信函的书记员。孩子们按照教师所做的原型,写下定稿、写好信封和绘制了海报。

客人来到前,四个女孩合作做了一条霸王龙。四个男孩则用金属和金属丝做了一条恐龙。

(5) 做一条与真的恐龙一样大的恐龙

四个男孩用黏土做了一条恐龙,这个活动使他们想要做一条和真的恐龙一样大的恐龙。

他们从书上找到,真的恐龙长27米、宽9米。他们从工作室里找来了米尺,但只有三把,他们没有想到连续用米尺27次,而是要找另外的24把米尺。孩子们找不到更多的米尺,教师提议是否可以用其他的东西来替代米尺。孩子们在教室里找来了塑料棒,教师和他们测量了这些塑料棒,每根长1米!

孩子们发现这些塑料棒的数量超过了27根。他们把27根棒排成一行,又尝试两次分别用9根棒放在两侧,第四边已没有棒了,几分钟后,两个孩子找来了一卷卫生纸,并铺在地上,长方形做成了。有个孩子提议先在纸上画恐龙,再在地上画。三个女孩和一个男孩选择了方格纸。两个孩子在方格纸上粘上了一个剪下的恐龙,它的大小为27 cm×9 cm,正好与方格(每格1 cm×1 cm)相符。这样,孩子们可以通过数格子而知道恐龙的头、脖子、身子和尾巴有多大。六个孩子到户外,将画上的恐龙放大到草地上。男孩们铺垂直线,女孩们铺水平线。由于事先已量好恐龙各部分的长度,当他们用绳子把各个点连起来时,恐龙的轮廓就形成了。

孩子们探索多少个人的长度才与一条恐龙尾巴的长度是一样的。

(6) 举办展览

孩子们非常乐意将自己的学习心得与其他孩子一起分享,这一小组的孩子为幼儿园的其他孩子举办展览会,向大家报告他们的活动过程。他们为这个展览做了大量的准备,整理了图画和雕塑,也发了邀请函和海报,他们想了很多办法将自己的经验呈现给别人,与别人分享。当然,最快乐的事是他们向别人介绍活动的过程。

从"恐龙"这个活动案例中我们可以看到,瑞吉欧教育体系的方案活动是一类结构化程度相当低的教育活动。在活动过程中,教师提出一些开放性的问题,启发幼儿的讨论;让幼儿到图书馆搜集关于恐龙的资料等,都是激发幼儿生成活动所采用的方法。教师预设的成分更少,幼儿生成的成分更多。

在活动中,以幼儿的兴趣为导向,由幼儿发起深层次探索活动,这样做,并非是让幼儿获取教师给予的知识和技能,而是为了解决幼儿自己所提出的问题。教师对幼儿的探索活动始终采取支持和帮助的态度。在瑞吉欧的方案活动中,教师与幼儿之间、幼儿与幼儿之间的互动是一个积极、合作、共同建构知识、人格和文化的过程。例如,在绘画中,幼儿相互交流,一些好的想法被大家接受;幼儿发邀请函,邀请亲属和朋友来幼儿园分享;幼儿自己举办展览会,并将自己的学习心得与其他孩子一起分享等,特别是教师在活动过程中对幼儿始终起到了引领、帮助和推动的作用。

第三节　陈鹤琴课程下的幼儿园教育活动设计

在我国学前教育史上,对课程理论与思想发展贡献最大的当推陈鹤琴先生。陈鹤琴是我国现代教育史上著名的幼儿心理学家和教育学家。1923年在南京创办了鼓楼幼稚园,任园长;不久又建立了我国第一个幼儿教育研究中心,亲自从事并领导幼稚园的课程、设备等方面的研究工作。他提出了"活教育"思想,极大地推动了中国幼稚园课程的发展,是我国幼儿园课程改革的先驱。陈鹤琴学前教育课程思想是他学前教育思想的重要组成部分,研究、学习和继承他的学前教育课程思想的合理内容,对于我们今天的学前教育课程思想改革与发展具有重要的借鉴价值。

一、课程的导向

(一)课程应为教育目标服务

陈鹤琴在研究中国20世纪二三十年代学前教育课程实际的基础上,从身体、智力、情感等方面提出了自己的幼儿教育目标。他认为,教育目标首先要解决"做怎样的人"的问题。通过教育,培养出的人应该具有"协作精神,同情心和服务他人的精神;应有健康的体格,养成卫生的习惯,并有相当的运动技能;应有研究的态度,充分的知识,表意的潜力;应能欣赏自然美和艺术美,养成欢天喜地的快乐精神,消泯惧怕情绪"。

(二)课程内容的选择应注重幼儿的生活环境,以大自然大社会为中心

课程内容是实现教育目标的支柱。选择什么样的课程内容来实现学前教育的目标呢?那就是:"大自然、大社会都是活教材。"陈鹤琴认为,学前幼儿是在周围的环境中学习的,应该以大自然大社会为中心组织课程。学前幼儿周围的环境不外乎两个方面:大自然和大社会。自然环境包括动物、植物和各种自然现象,如春天的桃花、杏花、扬花、柳絮,夏天的雷鸣电闪、蜻蜓荷花,秋菊冬雪等。

陈鹤琴同样十分重视学前幼儿的社会化教育,注重在社会环境中教育幼儿,发展幼儿。因此,在为学前幼儿设计的课程中,社会环境的学习成为必不可少的组成部分。当然,为学前

幼儿准备的社会环境应该适合他们的学习与发展,适应他们的兴趣与需要,适合他们的能力水平,像家庭、集市、节日、庆祝会、教师接待日活动等,是学前幼儿经常接触的社会环境,这些应成为学前幼儿课程的重要内容。

由此,大自然构成的自然环境和大社会构成的社会环境共同组成了学前教育课程的中心内容,学前幼儿应该在这样的环境中获得发展。设计和选择学前教育课程内容,必须符合学前幼儿身心发展特点,把大自然和大社会作为中心。这样设计出的课程才是合理的。

根据这一思想,我们要认识到师幼关系不再只是"授"与"受"的关系,而是交互主体关系;教师不再是课程的实施者,而是生成者和创造者、建构者。虽然这样在实际操作中教师们常面临一些实际的困难,需要花费更多的时间和精力,准备更多的教具,而且需要家长的积极配合等。

(三)课程结构以"五指活动"为基本部分

课程结构应该具有整体性,应促进学前幼儿整体的有机发展。为此,陈鹤琴以人的五个连为一体的手指作比喻,创造性地提出了课程结构的"五指活动"理论。他认为,五指活动包括以下五个方面:

①健康活动:饮食、睡眠、早操、游戏、户外活动、散步等。
②社会活动:朝夕会、周会、纪念日、集会、每天的谈话、政治常识等。
③科学活动:栽培植物、饲养动物、研究自然、认识环境等。
④艺术活动:音乐(唱歌、节奏、欣赏)、图画、手工等。
⑤语文活动:故事、儿歌、谜语、读法等。

他以人的五个连为一体的手指作比喻:五个手指是活的、有弹性的、灵活的(健康、社会、科学、艺术和语文),这五个方面就像人的五个手指,共同构成了具有整体功能的手掌。同时它们是血脉相通、互相联系的,五个手指要共同作用,就像人的五个手指一样,生长在幼儿的手掌上的(依据幼儿心身的发展),五指运动结成一个教育的网,有组织、有系统,合理地编织在幼儿的生活中。

学前教育课程的全部内容包括在这五指活动之中。但是这五个方面是有主次之分、有所侧重的。例如,陈鹤琴认为,健康是幼稚园课程第一重要的。强国需先强身,强身先要重视幼儿的身体健康。身体强健的幼儿,性格活泼,反应敏捷,做事容易。为了幼儿的现在和将来,幼稚园的教育应注意幼儿的健康。为了培养幼儿健壮的身体,幼稚园应十分注意培养幼儿良好的行为习惯。陈鹤琴认为:"人类的动作十分之八九是习惯,而这种习惯又大部分是在幼年养成的;所以幼年时代,应当特别注意习惯的养成。"应带领幼儿多到户外活动。户外活动不仅可以使幼儿在接触自然中学到各种经验,还可以使他们呼吸到新鲜的空气,沐浴到充足的阳光,活跃幼儿的精神,强健幼儿的体魄,增加幼儿的欢乐。户外活动是保证和促进幼儿健康的有力措施。

此外，幼稚园应特别注意音乐，因为音乐可以陶冶幼儿的性情，鼓励幼儿进取。幼稚园应创设音乐环境，培养幼儿对音乐的兴趣，发展他们欣赏音乐的能力和技能。

二、课程的原则

①凡幼儿自己能够做的，应当让他自己做。
②凡幼儿自己能够想的，应当让他自己想。
③你要幼儿怎样做，你应当教幼儿怎样学。
④鼓励幼儿去发现他自己的世界。
⑤积极的鼓励胜于消极的制裁。
⑥大自然、大社会是我们的活教材。
⑦比较教学法。
⑧用比赛的方法来增进学习的效率。
⑨积极的暗示胜于消极的命令。
⑩替代教学法。
⑪注意环境，利用环境。
⑫分组学习，共同研究。
⑬教学游戏化。
⑭教学故事化。
⑮教师教教师。
⑯幼儿教幼儿。
⑰精密观察。

这十七条教学原则，突出了以幼儿为学习主体的思想及一个"活"字，一个"做"字，使幼儿处于主动学习的地位，体现了陈鹤琴先生的幼儿观和教育观。

另外，选择幼儿园课程内容应遵照三条标准：

①凡幼儿能够学的东西，就有可能作为幼稚园的教材，但有时在"能学"的标准之下，还要有点限制，比如，有些东西小孩子虽然能学，不过学习会妨碍他身心的发育，那就不必勉强他学习。
②凡教材须以幼儿的经验为依据。
③凡能使幼儿适应社会的就可取为教材。

三、课程目的

课程应为目标服务。陈鹤琴认为，课程与方法都是达到目的的工具，所以谈教育，第一应当解释目的。在谈目标之前,他先确立了"幼儿是主体"的思想。教师先了解幼儿,然后选择最适宜的教材和方法,以达到所希望的目的。他提出,课程的目的在于发展幼儿的心智和身体。具体目的有以下四方面:

①做怎样的人:应有合作的精神,同情心,服务的精神。
②有怎样的身体:应有健康的体格,养成讲卫生的习惯,并有相当的运动技能。
③怎样开发幼儿的智力:应有研究的态度,充分的知识,表意的能力。
④怎样培养情绪:应能欣赏自然美和艺术美,养成欢天喜地的快乐精神,消泯惧怕情绪。

四、课程的组织与实施

1. 采用"整个教学法"

课程目标和内容确定之后,如何组织实施课程来实现教育目标就成为关键。怎样才能达到比较理想的教育效果呢?陈鹤琴在对学前幼儿心理和教育长期研究的基础上,提出了适合幼儿发展的课程组织法,就是"整个教学法"。

何为"整个教学法"?陈鹤琴认为:"整个教学法,就是把幼儿所应该学习的东西整个地、有系统地去教幼儿学。"因为学前幼儿的生活是"整个的",他们的发展也是"整个的",外界环境的作用也是以整体的方式对幼儿产生影响的,所以为幼儿设计的课程也必须是"整个的"、互相联系的,而不能是相互割裂的。在实施过程中,教师应拟定要做的活动计划,活动内容分几个步骤进行,但是不要强求预先的计划,要顺应幼儿的兴趣,根据实施中的具体情况灵活地对计划加以调整和变化。后来将这种课程编制结构称为"单元教学"。

2. 采用游戏式和小团体式

陈鹤琴认为游戏是学前幼儿最喜欢的活动,游戏法是整个教学法的具体化。在游戏中,学前幼儿的身体能获得充分锻炼,展开丰富的想象,缓解紧张的情绪,体验活动的愉悦;幼儿在游戏中学习,能收到事半功倍的效果。学前幼儿的课程最容易游戏化,采用游戏化方式组织课程,有利于学前幼儿健康发展。

他还主张多采用小团体的教学法,他认为学前幼儿都是具有差异的不同个体,每个幼儿都是相对独立的,他们的智力发展水平不一,兴趣不同,应当区别对待、分组施教,以使处于不同发展水平的幼儿都有所长进。以后,他又继续提出比较法、比赛法、替代法、观察法等。通过多样化的方法,生动、形象、具体地对幼儿进行教育,既可以增强教育效果,又使幼儿的兴趣格外浓厚。

3. 拓展课程"预成和生成"的内涵

在幼儿园课程的实施问题上,陈先生指出,普通幼稚园的教法有两种:一种是固定的,一种是自由的。固定的教法,就是教师把一日间所做的种种工作,按照一定的时间去支配。什么时间做什么工作,都是刻板不变的,不管小孩子有没有做好,时间一到立刻就要停止。这种注入式的教法有好处也有坏处。好处呢,是容易见效,学得不久即学会了。坏处呢,是小孩子不能独自创造,不能发表意思,以致好的或有天才的孩子,不能积极地向上进取。这种教法在我们中国的幼儿园里还是很通行的。还有一种教法是自由教法,小孩子喜欢什么就做什么。不过在这种教法之中,也有点相当的限制,随意妄动就要妨碍别人的动作了。而且这种教法非常难:一方面幼儿园的设备要充分,一方面教师的知能要丰富……这两种教法在运用上都是各有利弊。因此,他的主张是"要有目标,又要合于生活",所以"幼儿园的课程须预先设定,但可以临时变更"。可以说,新课程和陈老这一教育思想一脉相承:课程不仅是预成的,而且具有过程性,是复杂的综合活动,是学习者、教育者、教育情境相互作用的动态生存,因此课程应该是不断生成的。但无论是课程的预成还是生成,都无法离开一定的文化土壤。生成是相对于预成而言,我们没有理由笼统地认定谁好谁坏,而去刻意地追求。预成并不意味着一成不变,生成也绝不意味没有计划和放任自流。新课程理念已经将幼儿的一日活动全部纳入到课程的范畴之中,那么生成活动从何而来呢?我们在幼儿的一日活动中,时时处处都会有幼儿生成活动的出现和形成。

4. 教师组织单元活动时要经历的过程

①本星期教师会议上讨论下星期大约可以做些什么。
②把要做的活动拟订以后,商议它的内容,大约分几个步骤可以做?
③将各活动内应用的材料和可以参考的书,教师详细预备。不过所谓预备是教师自己的预备,不是替幼儿件件都装备停当,幼儿是可以不假思索地来享受的。
④寻找或布置一个适当的环境来引起这个设计。
⑤幼儿既然感兴趣,教师顺着幼儿的兴趣,引起各方面的活动,并且与各科联络,但是并不强求合乎预定的设计。
⑥时间完全不限制。多做就多做,少做就引起别的设计来。
⑦幼儿如不能维持到做完设计全部的历程,教师急需考察一下,究竟是什么缘故,可以补救吗?
⑧幼儿临时发生特种兴趣,教师要尽力去指导,有时竟可以把全部预定的设计改变,做这个临时发动的事。
⑨幼儿急需看到结果,所以各个设计中当分做许多小段落,他们的兴趣方才可以维持。
⑩在同一设计单元里,各方面的活动很多,幼儿愿意做任何一方面,应该让幼儿自由去做,不过希望每个幼儿各方面都做到。
⑪在同一设计单元中,有许多活动要几个人合作的,有许多活动只需要独做的,教师可以做他们的领袖,同时可以训练几个幼儿来做领袖。

⑫每个设计单元的每一个阶段或一方面的活动,得到结果,应当有极短的、简单的批评与讨论。

以上是陈鹤琴学前教育思想中的一些主要内容。除此之外,他还提出了有关幼稚园课程评价、课程实验等方面的主张或观点,也值得我们认真地加以汲取。但是我们也应当看到,陈鹤琴提出的学前教育课程思想毕竟具有他那个时代的历史烙印,毕竟具有他个人教育哲学的局限性。因此,我们对他的课程思想必须辩证地继承,吸取他思想中对我们今天的学前教育课程改革与发展有用的内容,不能把他的思想奉为神灵,不加分析地全盘学习。时代变了,我们今天的国情发生了巨大的变化,我们的学前教育实际也已经发展到新的水平,我们的学前教育工作者同样不同了。我们必须把他的课程思想放到特定的历史环境中,准确把握它的真正价值。

第四节　张雪门课程下的幼儿园教育活动设计

张雪门是我国著名的幼儿教育专家。早在20世纪30年代,他就与我国的另一位著名学前教育专家陈鹤琴先生有"南陈北张"之称。张雪门的"行为课程"是在20世纪世界幼教发展大趋势的激励下,在中国社会文化运动的"催生"中产生的,它传承了中国传统的教育思想,借鉴了西方实用主义的教育思想。

张雪门认为:"生活就是教育。""3～6岁的孩子在幼稚园生活的实践,就是行为课程。""这种课程完全依据于生活,它从生活中来,从生活中展开,从生活中而结束。"张雪门的行为课程以"生活"作为理论建构的基点,重视幼儿生活本身的教育,实行幼儿教育生活化,要幼儿教育回归"生活世界",使"生活世界"成为幼儿园课程源泉,让生活融入课堂教育之中。也就是幼儿园课程生活化,课程要体现幼儿生活和经验,这为当今的我们对幼儿园课程开发和实施提供了重要的理论依据。

张雪门认为,幼稚园课程应密切联系幼儿生活经验,适合幼儿发展,与小学、中学课程相比是不一样的,其明显的特点是:整个的、个体的、直接的。

一、课程的含义

早在1929年,张雪门在《幼稚园的研究》一书中就提出:"课程是什么?课程是经验,是人类的经验。用最经济的手段,按有组织的调制,用各种方法,以引起孩子的反应和活动。"同时明确指出:"幼稚园的课程是什么?这是给三足岁到六足岁的孩子所能够做而且欢喜做的经验的预备"。此后不久他在《幼稚教育概论》一书中又指出:"课程源于人类的经验,只为这些经验对于人生(个人和社会)有绝大的帮助,有特殊的价值;所以人类要想满足自己的需求,充实自己的生活,便不得不想学得这些经验,学得了一些又想学得了多些,而且把学得的再传给后人"。因此,他认为不应当把课程仅视为"知识的载体",而应当是把"技能知识、兴趣、道德、体力、风俗、礼节种种的经验,都包括在课程里。换一句话来说,课程是适应生长的有价值的材料。"不过这时他还没有明确提出"行为课程"的概念。

直到1966年他出版了《增订幼稚园行为课程》一书,才明确提出什么叫行为课程的问题。他说:"生活就是教育,五六岁的孩子们在幼稚园生活的实践,就是行为课程。"他认为这种课程"完全根据于生活,它从生活而来,从生活而开展,也从生活而结束,不像一般的完全限于教材的活动。"它首先应注意的是实际行为,凡扫地、抹桌、熬糖、爆米花以及养鸡、养蚕、种玉蜀黍和各种小花等,能够让幼儿实际行动的,都应该让他们实际去行动。因为"从行为中所得的知识,才是真实的知识;从行动中所发生的困难,才是真实的问题;从行动中所获得的胜利,才是真实的制驭环境的能力。"同时幼儿只有通过这种实际行为,才能使个体与环境接触,从而产生直接经验,这种经验也可以说是人生的基本经验。他还特别说明,"幼童一定先有了直接经验,然后才可以补充想象。"至于游戏、故事、唱歌等教材,虽然也可以给予幼儿模仿和表演的机会,然而并不能代表人类实际的行为。所以,他要求教师一定要注意幼儿的实际行为,要"常常运用自然和社会的环境,以唤起其生活的需要,扩充其生活的经验,培养其生活的能力。"他认为"若教师真能做到这样,这便是行为课程了。"

二、课程的原则

(一)符合幼儿教育的独特性

幼儿教育有它自身的规律,其他的教育是不能代替的,它应以幼儿的年龄特征和学习特点为出发点。由于幼儿心理和生理发展水平的制约,他们对周围世界的认知,不可能凭借抽象的符号系统和逻辑的推导,而是依赖于他们的生活经验和兴趣。是通过感知和亲身体验而得到的,并与现实的材料和生活的进程联系在一起。幼儿的思维还趋于直觉行动思维和具体形象思维,是以听觉为主要途径来进行思维,要掌握系统知识是有一定难度的。

张雪门的行为课程指出:"幼儿一定先有了直接经验,然后才可以补充想象。"教育须根据"幼儿的心理发展"。所以幼儿教育应该通过具体的、形象的、生动的、丰富的、让幼儿感兴趣的,由多种感官同时进行的活动来实现的,这只能从幼儿天天经历的丰富多彩的现实生活体现出来。当幼儿教育的内容为幼儿所熟悉时,他们便产生极大兴趣和热情。反之都难以让幼儿真正感受和领悟。幼儿教育的内容与现实的生活背景联系越紧密,幼儿越能感受和理解。

(二)符合幼儿教育的游戏化

幼儿生活的基本活动是游戏,幼儿的兴趣与游戏相关,幼儿的行为与游戏相连,幼儿的生活经验会运用到游戏过程中,丰富和发展游戏的内容和范围。游戏的价值在于实现幼儿认识能力、运动能力、社会性和情感的发展,其每一方面的发展又含有众多的内容,可以说囊括了幼儿身心发展的各个方面。

与美育有关的如:造型游戏。与体育有关的如:运动性游戏。与德育有关的如:社会性装扮游戏。与智育有关的如:智力游戏。在游戏探索过程中,所涉及的关于自然界各领域的知识经验,在表现过程中,所涉及的各种构思操作能力,在运动过程中,所涉及的各种技能协调能力,在游戏规则理解过程中,所涉及的对规则的遵守和运用能力等等,正是体、智、德、美教育的重要内容。

幼儿健全人格的养成有赖于游戏,游戏是对幼儿的成长最具价值的活动,是最适合幼儿身心发展特点和规律的活动,是幼儿最愿意从事的活动,是幼儿园中开展频率最高的幼儿最喜欢的基本活动。幼儿教育与游戏密不可分。

(三)符合幼儿教育的实践性

《纲要》中指出:"幼儿园应为孩子创造健康、丰富的环境,使孩子在愉快的童年中获得有益于身心发展的经验。"由于幼儿刚进入生活,对生活经验了解得较粗浅。幼儿的学习能力正在发展过程中,处于感知运动阶段,抽象思维水平还没有得到发展。因此,幼儿教育的内容应建立在幼儿已有经验基础上,适当扩展,并以各种可感知的方式呈现,以提升幼儿的经验。而现实生活是多彩多姿的,非常具体的、生动的,也很吸引人的,应让幼儿亲身去体验再体验。也只有通过幼儿的生活实践才能验证幼儿的生活经验,并丰富和完善幼儿的生活经验。

张雪门也明确指出:"能够让幼儿实际行动的,都应该让他们去行动。因此,从行动中所得的知识,才是真实的知识;从行动中所发生的困难,才是真实的问题;从行动中所获得的胜利,才是真实制驭环境的能力。"

(四)符合幼儿教育的主体性

幼儿有着自己丰富的内心世界,有他们独有的看法、想法和感情。在他们亲身参加的各种实践活动中不断建构自己的精神世界,这是幼儿主体性最直接的表现。张雪门的行为课程中指出:"幼稚园的课程,须根据幼儿自己直接的经验。"教育过程中要尊重幼儿、关心幼儿,重视幼儿的情感需求,充分发挥幼儿好奇、好动、好问的特点,让幼儿自主生成、自主探索、自主发现,使他们在生活实践中感知周围世界,获得直接体验,并形成丰富的内心世界。教师应该是环境的创设者、条件的提供者、观察指导者,鼓励幼儿与生活环境交往,让幼儿通过自己的探索获取知识,体现了学习活动中幼儿的主体地位,也只有通过自身的积极主动的生活实践,才能获得必要的生活经验。

然而在当今社会的幼儿园活动中,幼儿所获得的知识经验常常是教师直接告诉和传授给幼儿的,即便是让幼儿操作,教师也会用范例或向幼儿进行分步讲解或示范。这样的操作对幼儿来说是不自由的,探究也非幼儿主动积极参与的,幼儿只是在按部就班依照老师的要求去做,这与幼儿生活中的自由探索是不同的。

(五)符合幼儿教育的整体化

张雪门的行为课程指出:"幼稚生对于自然界和人事界没有分明的界限,他看宇宙一切的一切,都是整个儿的。"且《纲要》也指出:"幼儿园的教育内容是全面的、启蒙性的,可以相对划分为健康、语言、社会、科学、艺术五个领域,也可做其他不同的划分。各领域的内容相互渗透、从不同的角度促进幼儿情感、态度、能力、知识、技能等方面的发展。"在"组织和实施"中又强调指出:"各领域的内容要有机联系,互相渗透,注重综合性、趣味性、活动性,寓教育与生活、游戏之中。"

《纲要》中的领域划分只是一种相对的划分,可以看到社会生活是整体的,幼儿的家庭生活是整体的,幼儿的学习生活是整体的,幼儿的身心发展是整体的,幼儿的生活世界更是整体的。组成幼儿教育各领域的所有要素越紧密,幼儿教育作为一个整体就越系统,整体的学习有利于知识经验以及相应的学习策略的迁移,有利于提高学习效果。坚持幼儿教育生活化是符合幼儿教育整体化,是符合幼儿身心发展的特点和规律的,是符合幼儿学习的特点和规律的。整体化的教育向幼儿呈现一个完整的世界,引导幼儿去发现和建构一个完整的世界,让幼儿用联系的眼光去理解这个世界。在幼儿教育的实践中收到了较为显著的成效,从而推进幼儿教育质量进一步提高。

(六)符合幼儿教育的本土化

张雪门在教育内容上主张:"中国的传统文化是国家和民族的需要。"我国疆域辽阔广大,有五十多个民族,每个民族、每个地区,都有自己的风俗习惯、风土人情、自然环境、现代建筑、独特文化,都在利用本地区的优势和资源进行现代化的建设,发展本地区的经济和文化。每个幼儿园都处在特定的自然、社会及文化之中,都有自己的优势资源,这些资源往往是与幼儿的生活直接相关的,是幼儿感兴趣的,也是最能引发幼儿主动学习的。

幼儿的生活是幼儿园课程的基本源泉。然而,生活是动态的,将所有的课程内容都还原为现实生活也许是不可取的,教育应对幼儿的生活经验进行选择、重组,在幼儿生活经验进入课程时,还必须经过课程价值的筛选,让幼儿与自己喜欢的同伴、用自己喜欢的方法、研究自己喜欢的问题、投入自己喜欢的教育活动,幼儿就会调动全部的智慧去研究、去探索、去发现、去尝试,并有效地去同化外部世界,构建新的认知结构。

三、课程的来源

课程是经过选择的有价值的经验,是幼儿的直接的实际行为和活动。课程是幼儿生长需要的材料。而幼儿不仅是自然的人,也是社会的人。因此,为幼儿发展所选择的经验,必须具有社会意义,同时又必须适合幼儿发展的需要,但首先应从幼儿的生活环境中搜集材料。这些材料的来源,"仍不外幼儿的本身和其所接触到的环境"。即是说,幼稚园课程来源于学前幼儿直接的活动。

那么,幼儿的直接的活动有哪些呢?张雪门认为,可以构成幼儿课程来源的直接的活动有如下四种:

①幼儿自发活动。
②幼儿与自然界接触而产生的活动。
③幼儿与人事界接触而产生的活动。
④人类聪明所产生的经验,而合于幼儿的需要者。

教材是课程的支柱,是课程目标的具体实现手段。课程确定以后,选择和编写课程就成为非常关键的因素。张雪门确定了选择幼稚园教材的标准或条件。他认为,教材的功能在于满足幼儿的需要,自然应在幼儿的生活里选材。教材应该从幼儿的直接经验中选择有价值的部分,加以合理地组织。但是仅仅这样,显然还是不够的。真正适合幼儿发展的教材,应该适合以下四个条件。

1. 教材必须合于现实社会生活的需要

幼儿必须学习人类积累下来的经验。但是,由于社会是发展变化的,人类积累的经验的价值也是变化的。从古代遗传下来的有价值的经验,不一定符合现实生活的需要,有的甚至会阻碍社会的发展。而幼儿是现实生活中的幼儿,他们是要在现实生活中学习和发展的。因此,为幼儿选择的经验,应该适合现实生活的需要。

2. 教材必须合于社会普遍生活的标准

由于我国幅员辽阔,从城市到农村,从沿海到内地,从北到南,各地差异比较大,所编写的教材,不能把全国各地的所有情况都照顾到,而各地的情况是时刻在变化的。因此,教材应该符合社会普遍生活的标准,只能注意最大多数的普遍要求。

3. 教材必须合于幼儿目前生长阶段的需要

进幼稚园的幼儿,他们"非动作无以促进生活的健全,也非动作无以满足好奇的欲望……不是动这样,便是动那样。动作是整个的,其流转演变,无痕迹可分,知识技能……仅为动作的结果而已!所以教材要适合幼儿生长现阶段中的需要,就得看能不能抛开分类的抽象知识,变成了直接的具体的行动"。

4. 教材必须合于幼儿目前的学习能力

教材应适合现代幼儿的学习能力,诸如摇船、荡秋千等,可以用来联系幼儿的平衡感;用抛球可以发展幼儿的投准;用堆积木、修铁道、盖楼房、种玉米等,可以培养幼儿的合作精神与能力等。

上述四种标准不是各自分裂的,而是互相联系的。选择教材,应该进行全面的思考。

四、课程的特点和内容

幼儿园课程是为幼儿所设计和准备的,应能促进幼儿健康活泼的发展。因此,必须适合幼儿的年龄特点。那么这样的课程应该具有什么特点呢?

1. 整个的

幼儿园的课程不能像中学和大学的课程一样采用分科组织,而是"一种具体的整个活动"。在幼儿园,各种科目都变成幼儿生活的一面,不能分而且不必分。"不独这科与那科不分,有时候甚至一种科目当作幼儿自己生活之表现,科目与人都无法分了。"

2. 直接的

中小学的课程多偏重于间接经验,而幼儿园的课程应注重幼儿的直接经验,让幼儿通过亲身活动来获得经验,对幼儿具有更大的发展价值。

3. 偏重个体发育

中小学时期,课程虽然也注意幼儿的生理与心理需要,但不像幼儿园时期分量那么大。幼儿园时期,幼儿正处于6~7岁以下,其身体的发展比其他任何时候都迅速,而且幼儿的情绪、兴趣、性情等心理的发展,都与这个时期有密切关系。所以,幼儿园课程应更多地重视幼儿本体,而不是较强调社会制约性,同样不能过多地强调间接经验和知识。

幼儿园的课程,不能是学科式的,学科式的课程不适合幼儿的生活。

根据幼儿园课程的特点,张雪门构建了课程结构和相应的教育目标。认为课程由游戏、自然、社会、工作与美术、故事和歌谣(言语与文学)、音乐、常识等方面组成。每一方面都包括许多具体的内容:

①游戏活动:感觉游戏、竞争游戏、社会性游戏、猜测游戏、表演游戏、节拍游戏等。

②自然活动:饲养小动物、种植植物、观察自然现象、旅游参观、科学小实验等。

③社会活动:有关家庭的认识活动、参观附近的社会场所和设施、了解各种职业的活动、了解其他社会团体的活动、节日和纪念日活动等。

④工作和美术活动:参加家庭与学校的工作、模拟成人的职业工作、模仿成人家庭的工作、美术工艺活动等。

⑤谚语文学活动:自由谈话、特殊谈话、有组织的团体谈话和活动、述说故事(动物故事、神仙故事、浅近的科学故事、笑话、寓言、名人故事、传说)和歌谣(儿歌、民歌、谜语、游戏歌)等。

⑥音乐活动:听音乐、辨音、拟音、唱歌、演奏简单的乐器等。

⑦常识活动:关于衣、食、住、行方面的生活活动,关于家庭、邻里、工厂、商店、公共机关和

社会团体方面的认识活动,关于节日和纪念日的活动,以及其他自然方面的活动。

五、课程的组织

如何按照上述课程的要求组织幼儿园的课程呢？张雪门认为首先必须明确"幼儿是什么"。为此,他提出了五个小问题:"幼儿是不是和空的东西一样？幼儿是不是和植物一样？幼儿是不是和动物一样？幼儿是不是从不完备到完备的一段里程？幼儿究竟是什么？"

幼儿是生长的有机体。幼儿的全部生活都是生长的一段,他有自己的生理和心理,与其当时的环境相接触,因而发生交互的反应,促进自己的生长。这就是幼儿的本体。

幼儿因身心与环境相互作用的结果而生长,在这种生长的过程中,幼儿获得的是经验。人类的经验按其性质分为三种:认识、知识、技能。这三种经验不一定能同时获得。而即使获得的经验,也要经过重新构建和改造。按范围来讲,经验有自然经验和人为经验。自然经验无目的,按一定的步骤所获得的,在生长上是有机的经验。

张雪门认为幼儿园课程的组织与小学、中学和大学各级学校的课程不同,它有自己的特点和要求,其特点有三:

①"幼稚生对于自然界和人事界没有分明的界限,他看宇宙间一切的一切,都是整个儿的。"所以编制课程时如果分得太清楚太有系统了,反而不能引起幼儿的反应。

②"当幼稚生的时期中,满足个体的需要,实甚于社会的希求。"所以编制课程时,不能忽视社会的需求,但更应注意幼儿现在的需要和能力,应兼顾社会和个体两方面的需求。

③"幼稚园的课程,须根据幼儿自己直接的经验。"虽然这种经验不如传授式的经济和整齐,但对于幼儿来说,意义重大。

此后他于20世纪70年代初出版的《中国幼稚园课程研究》一书中,又在总结40多年研究经验的基础上,进一步提出了组织幼稚园课程的一些标准和要求,如:"课程须和幼儿的生活联络,是有目的、有计划的活动。事前应有准备,应估量环境,应有相当的组织,且需要有远大的目标。各种动作和材料全须合乎幼儿的经验能力和兴趣。动作中须使幼儿有自由发展创作的机会。各种知识技能兴趣习惯等全由幼儿直接的经验中获得。"在这里他不仅提出课程及与幼儿生活联系;须合乎幼儿的能力、兴趣和自由发展的需要,还特别强调了课程须有目的、有计划、有远大的目标。他在实践中还曾指导幼师生具体根据上述标准,拟定了《各月活动估量表》,即全年的课程表。在这些估量表中都将活动分为自然环境、社会环境和幼儿三大类:自然环境类包括节气、动物、植物和自然现象;社会环境类包括节令、纪念日、农作、家庭、店铺、职业、风俗、公共机关、学校;幼儿类包括游戏和疾病,并规定了每月的中心活动。

六、课程的教学方法

张雪门指出行为课程的要旨是以行为为中心,以设计为过程。只有行为没有计划、实行和检讨的设计步骤,算不得有价值的行为;只有设计没有实践的行为又是空中楼阁。所以行为课程的教学方法应当是起于活动而终于活动的、有计划的设计。行为课程既经设计,则应根据设计精选有助于幼儿生长进步的自然的良好行为,指导进行。同时在进行中须把握住远大而客观的标准,并注意劳动中亦须劳心的原则。

由于行为课程的教学方法系采取单元教学,它一般是先根据幼儿的学习动机,决定学习目的,再根据目的估量行为的内容。行为课程的内容可以包括幼儿的工作、游戏、音乐、故事儿歌,以及常识等科的教材。但在实施时,则应彻底打破各学科的界限。在活动进行中,教师应在各科教材中选择与学习单元有关的材料,加以运用,适当配合幼儿实际行为的发展,使各科教材自然地融会在幼儿生活中,力求做到从生活中来,从生活而发展,也从生活而结束。

采用行为课程教学法,教师在课程进行前要准备教材、布置环境、详拟计划;在课程进行中,教师要随时巡视指导,不重讲解,而着重指导幼儿行为的实践,使幼儿在活动中养成负责守法、友爱互助等基本习惯。行为课程的教学结束后,评量与检讨也是重要的一环,教师可以此了解幼儿的知识、思考、习惯、技能、态度、理想、兴趣等方面的成就,作为改进教学的参考。至于单元的选择,则须配合教育宗旨、教育政策、社会需要及幼儿的能力。

综上所述,张雪门的幼稚园行为课程理论的基本思想就是"生活即教育""行为即课程",强调通过幼儿的实际行为,使幼儿获得直接经验;同时要求根据幼儿的能力、兴趣和需要组织教学,主张采取单元设计的方法,打破各种学科的界限。这种课程理论,虽然从学校教学的一般规律看来,不是完全无可非议,但对学前幼儿的教育来说,则有比较明显的积极意义。

思考与练习

1. 加德纳认为人有哪些智能?分析一下自己的优势智能和弱势智能。
2. 幼儿园教育中应怎样促进幼儿各方面智能的发展?
3. 瑞吉欧的课程模式有什么特点?
4. 怎样理解陈鹤琴课程中"预设与生成"的关系?

Chapter 5

幼儿园教育活动的实施

【本章学习提示】

幼儿园教育活动是教师以多种形式有目的、有计划地引导幼儿生动、活泼、主动地活动的过程。教育活动的实施是将经由编制的幼儿园课程和经由设计的幼儿园教育活动付诸教育实践的过程。对幼儿园教育活动实施的研究,关注的是教育活动在实施过程中所发生的情况,以及影响教育活动实施的各种因素。对幼儿园教育活动实施的研究,有益于教育活动设计者了解、分析和评定教育活动设计与实际之间的切合度,以及导致切合度高低的原因,从而调整教育活动的设计方案,提高教育教学活动设计的有效性。

教师是幼儿园教育活动的实施者,是执行、调整和进一步开发的操作者。其教育行为(包括内部行为和外部行为)在活动的组织与实施过程中起着关键性的作用。它不仅是教师素质的外化和集中体现,也是直接和间接影响活动结果的重要因素。因此,对于教育活动实施有效性的讨论和研究就成为体现教师创造性工作的一项重要内容。本章将围绕这一主题,着重从基本要素、有效评价及对活动的反思等方面展开讨论。

【本章学习目标】

1. 幼儿园教育活动实施中的基本要素及实施应用;
2. 幼儿园教育活动中的有效评价策略;
3. 反思的重要性、特点及反思策略的运用。

第一节 幼儿园教育活动实施中的基本要素

幼儿园的教育活动贯穿于幼儿一日生活的各个环节之中,它是幼儿园各项教育目标得以实现的重要保证,是促进幼儿全面发展的关键性因素,也是教师内在的教育观念、教育能力和外显的教育手段、教育行为相结合的综合表现。

教育活动是由不同的对象、不同的情景和不同的环境条件所构成的一个复杂而动态的活动,活动本身的复杂性决定了组织与实施活动过程的复杂性。这种复杂性表现为影响活动实施的多种因素,而在一系列因素中,教师、幼儿和环境是最主要的三大要素。由于第六章对幼儿园教育活动中的环境已作了重点的讨论,在此,主要从教师和幼儿两大要素展开讨论与阐述。

一、教师

教师是教育活动的组织、指导与实施的重要因素。教师的观念、素养、教育能力水平将直接影响到活动的组织与实施进程并最终影响到幼儿的发展。随着《规程》和《纲要》的贯彻,幼儿园教师在教育观念和教育行为上已经有了一些根本性的改变,然而,在遇到不同的教育情景和背景时,还有一部分教师的教育决策能力、驾驭和调控幼儿的学习以提供有效支持的能力等都存在着一定的问题。因此,有必要对教师在教育活动组织与实施中的角色意识和行为展开进一步的分析。

(一)教师的教育观念

教师的教育观念是直接或间接影响教育活动组织与实施的关键因素,要建立正确的教育观,教师必须把握《纲要》中的几个重要观念。

1. 终身教育观

联合国教科文组织提出的"终身教育"这一理念已经是我们大家都十分熟悉的,这个观念从根本上影响了我们对幼儿园教育的认识,《纲要》中指出:"幼儿园教育是终身教育的奠基阶段",是"为幼儿一生的发展打好基础",而且渗透在《纲要》的全文中,成为《纲要》的一个基本指导思想。

以此观点反思当前的幼儿教育,不难发现幼儿园的小学化现象,重知识灌输、技能训练,轻主体意识、学习兴趣,忽视自我学习能力及其积极的情感体验等状况。这与终身教育的理念有多么大的差距!现在有一个很可怕的现象就是孩子随着年级的升高,知识的增加,对学校、对学习的热情却正在明显降低;当我们的幼儿园在为幼儿认识了多少字,会算多少算术题而沾沾自喜时,全国30个省市的调查却表明,在小学一年级幼儿中就已有35%左右不喜欢语文,40%左右不喜欢算术(《文汇报》2001年7月30日)。可以说,这些结果正是那些短视的、急功近利的、以损害幼儿终身发展可能性为代价的所谓这样那样的"教育"结下的苦果,我们应对此有清醒的认识。我们只有遵循《纲要》的精神,自觉地坚决地对那些不正确的做法加以抵制,才能为幼儿一生的学习和发展奠定基础。

2. 知识观

首先,如何理解"知识观"。在幼儿教育中怎样看待知识更有利于幼儿的学习?视知识为静态的、是一大堆仅仅要他们记住的东西呢,还是视知识为动态变化的,是一个幼儿主动建构的过程?《纲要》的知识观显然是后者而非前者,《纲要》强调了作为教育内容的知识的建构性、过程性。从各领域的表述中,如果仅仅只从知识技能点来理解教育内容的话,可能会"看不到"内容,但我们可以感受到《纲要》将教育内容与教育环境、教师的任务、幼儿的活动、幼儿的发展融合在一起。知识观的变化要求教师将教育内容"情景化"(是指"环境会说话",会潜移默化地影响人)、"活动化"(是指活动既是教育内容的载体,也是教育内容的本身)、"过程化"(强调的是活动过程与方式方法本身的教育功能)、"经验化"(是指要注重幼儿的经历、感受、体验的教育价值)。

当然,没有知识和技能支撑的活动是不存在的,《纲要》这样表述并不是无视知识或技能的重要性,而是突出了"教"一定要通过作用于幼儿的活动来对其发生影响,让"学"一定要成为幼儿通过活动的主动构建。教师更好地把握活动的性质和方向,而非鼓励以知识为中心去组织教学。

其次,知识观在教育活动实施中的体现。这其实对教师提出了比较高的要求,例如:同样是学习计算加法算式,一些专业化水平比较低的老师,会利用黑板将算术题都列出来,可能会利用一些游戏将自己要讲授的内容进行完,这样的老师将课程仅仅看成是特定知识体系的载体。如果用知识观重新审视,这样的课程就是师幼共同参与的探求知识的过程,老师应该对班级幼儿的已有经验有初步的了解,在活动中为孩子提供多种选择的机会,满足他们的不同差异需要,还可以利用班级环境,在个别活动、小组活动中进行更有针对性的观察指导,在活动过程中孩子可以有猜测、验证、有质疑、讨论,当学习内容与学习过程,学习者和学习对象密不可分的时候,这样的教学就不再是知识的传承过程,而是探求知识、建构知识的过程;教师也不再是作为知识的权威代言人将预先组织的知识体系传递给幼儿,而是孩子学习活动的支持者、帮助者、引导者;孩子不再作为知识的接受者被动地听从教师的指令,而是带着各自的兴趣、需要和已有经验来"体验知识产生的过程"。

3. 学习观

教师首先要思考的就是:怎么看待幼儿的学习,究竟什么是学习呢?因为怎样看学习将决定我们怎么看教育。在日常生活中,一提到幼儿的学习,很多教师、家长脑袋里立刻想到的就是幼儿的阅读、认字、计算、作业等与学业关系密切的活动。一提到学习,可能没有谁想到幼儿的玩沙玩水、穿衣吃饭、看蚂蚁、捉蜗牛之类的活动。

例1:家长放学接孩子回家时的对话:"今天你在幼儿园干什么了?""我和老师玩游戏了,

可好玩了。""我是问你在幼儿园学到什么了?"……

例2：一位老师曾经问过班上的孩子："你觉得什么样的孩子是好孩子?"有很多幼儿回答："爱学习的是好孩子"。再问："你觉得怎么是爱学习呢?"回答最多的是"爱看图书"、"上课专心听"、"爱举手回答问题"、"爱画画"等；"你是爱学习的孩子吗?"竟有好些幼儿冲口而出："我不是好孩子，我爱玩。""玩不是学习吗?"幼儿全部十分肯定地答道："不是的，不是的。"

这种唯学习至上、轻视其他学习内容和方式的狭隘学习观，在"应试教育"体系中更是不断地得到强化，即使在大张旗鼓地推进素质教育的今天，这种学习观仍然有很大的市场。当然，我们平时也说游戏是学习，但在不少幼儿教师、家长的意识深处这种"学习"不是学习，至少是抵不上那种"学习"的；还有的幼儿园只将非游戏性学习活动、作业课等划为"学习"活动，或称这类学习活动为正规学习活动，而另外的则称为非正式学习活动，等等。在幼儿教育中，狭义的学习观不适合幼儿的学习特点和学习方式，而且会潜移默化地影响幼儿自我认识和价值判断的形成，其造成的危害不仅是现实的，也是长远的。

其次，要转变学习观。对于幼儿教育来说，以一种什么观点看学习更适应幼儿学习的特点，更有利于帮助幼儿学习呢？很多资料中关于学习的共识是：学习是与环境相互作用而发生的；学习必须引起相对稳定的变化，这种变化既包括内部的，也包括外部的。只要是具备了这些特征的现象就是学习。转变学习观，即要承认幼儿学习的多样性、开放性。

例如，金字塔的故事：一群孩子在玩沙，堆出了很多东西，老师问："你们在堆什么?"有个孩子想了想说是"金字塔"，老师的心里是充满矛盾的，金字塔的本意是指古埃及用巨大石块修砌成的方锥形建筑，是法老（即国王）和王后的陵墓。那么是该告诉孩子们金字塔的本意呢，还是该引导孩子们继续按照他们的想法去设计和想象他们心目中的金字塔呢？想象和知识哪个更重要？教师怎样指导才是最恰当的呢？

那解决这个问题需要了解的是：什么是孩子的东西？到底哪些是学习？如果老师没有了解孩子当前的学习状况，有时老师的问题会使孩子的行为僵化。（有时科学的知识不要太严格，人在不同的阶段接受不同的知识），老师现在要做的不是提问，而是观察，观察活动中孩子是如何投入、合作？愉快的情绪如何表达？老师投放的工具、场地是否合适？是否具有挑战性？孩子们需要怎样的帮助？教师要运用广义的学习观来看待幼儿的学习。

(二) 教师的教育能力

幼儿园教育活动是教师依据一定的教育目标和任务，通过有计划、有系统地为幼儿提供相应的学习环境和材料，帮助幼儿获得和提升经验，引导其心智健康发展的重要途径。因此，幼儿园教师不仅应当具备正确的教育观、幼儿观，更应当具备有效设计教育活动和组织实施教育活动的能力。教师在活动组织与指导中的能力主要包括以下几方面：

1. 观察了解幼儿的能力

教育活动情境的复杂性与教育对象的个体差异性要求教师必须具备敏锐的观察能力,善于观察是教师专业知识能力的基本要求。在日常生活中,教师应提高对幼儿语言和行为的敏感度,将幼儿的外显行为、语言进行真实记录,并以此了解幼儿行为背后的原因及寻找对策。观察的内容主要以幼儿的参与情况为侧重点,逐步扩展到整个一日活动中去,以幼儿的行为发展状况、情绪、交往为主线。通过观察,教师能从中了解平时不太被关注的幼儿,知道他们内心世界在想的故事,又能全面、客观、公正、平等地对待班内的每一个孩子。

首先,利用观察记录法。主要是收集幼儿在日常生活中随机的表现,分集体观察与个别观察两种。个别观察以文字记载的形式体现。教师随机记录孩子在某一自然场景中表现出的有趣的、有意义的行为和语言,而这些点滴的记录同时也是幼儿个性发展、兴趣爱好、知识面广泛与否的真实写照,它可以以小见大。随机式的观察记录,它记录的是教师在任何场合注意到的个体幼儿行为,通常用在对一个幼儿变化的观察上,它是现场记录,及一些临时的感悟和发现,通常教师需要马上记录,以免遗忘和混杂。教师可根据记录,用描述性的语言真实地对幼儿进行分析、评价,从而针对幼儿不同的特点选择不同的教育方法,从而使每个幼儿在原有水平上得到不同程度的发展。

集体观察的形式可采用:即时记录、跟踪式记录、照片记录。即时记录主要是在集体活动与幼儿直接交流时用,例如,在集体谈话时即时记录孩子的语言。我们一般采用比较大的旧挂历纸做记录纸,可随时贴在墙上,也可贴在比较大的纸板上,让围坐的每个幼儿都能看到教师记录的内容。教师可以选择关键词、图示或文字记录内容。根据幼儿的年龄特点,我们大多采用图示的方法,如记录一块积木就记"1",再画一个方形,记录一辆车就用简笔画车表示。跟踪式记录即对某一活动的开展及延伸部分,观察孩子们的具体表现、情绪变化、认知情况等。照片记录是在某些事件的文字记录中,我们还辅以相应的照片,记录下孩子惟妙惟肖的细微表情和动作,以替代赘述的言语或描述不清的复杂情景。

其次,采用个案分析法。个案分析法是指教师有意识地把在特定环境中(如教学活动中)所观察个体幼儿行为记录下来。以客观、具体描述方式来整理现场草记,并在整理过程中,进行一定的补充与印证,并进行系统的整理,把整个学习过程展现出来。教师针对幼儿在活动中的具体表现进行分析评价,教师再制订相应的计划,并进行追踪、观察、指导、评价。

【案例5.1】

小一班幼儿进餐观察表(小组记录)

观察时间:2011.9.12 – 2011.9.16

姓名	具体内容及评价标准				
	餐前把手洗干净	会使用小勺吃饭,一口饭一口菜,不挑食	保持桌面、地面清洁,不掉饭粒,不剩饭	饭后主动送餐具,分类放好	正确漱口,擦嘴
肖博	A	B	A	A	A
姜×红	B	B	B	B	B
李×菲	A	A	A	A	A
吴×诺	B	A	C	A	B
王×涵	B	A	A	B	B
张×丹	B	A	A	B	C
赵×雅	C	B	B	B	B
教师评语	由于小班幼儿刚入园两周,经过这段时间的生活习惯的培养,尤其在进餐方面,幼儿有了不同程度的进步,但从对幼儿的观察记录中,我们发现,李×菲和张×丹两个小朋友在进餐能力方面稍弱一些,下一阶段,我们将对这两名幼儿进餐能力方面着重培养				

使用说明:

1. 每周可以随机观察一次,教师进行记载。
2. 按照幼儿餐前、中、后的过程与表现对幼儿进行观察。
3. 对幼儿的真实表现参照评价标准进行幼儿进行评价。
4. A 未达到 B 基本达到 C 达到

【案例5.2】

个案分析:不会吃饭的宝宝

案例描述:

时间:小班开学初的一天

镜头(一):早晨来园杨×颖总是满脸泪水地拉着奶奶的手久久不肯放开。颖颖的奶奶对我说:"老师,我们孩子还小,自己不会吃饭,你们喂喂她。"我说:"阿姨,您放心吧,我们会照顾好孩子的。颖颖,好孩子,别哭了,吃饭时老师喂你。"听到我这么说,颖颖才放开奶奶的手,可她眼睛里还挂着珍珠大的眼泪。

午饭的时间到了,保育员辛阿姨拎着饭菜桶走进了教室,孩子们会伸长了脖子问:"辛阿姨,今天我们吃什么?"可这时候杨××又开始掉起了眼泪。我来到她的身边,开始给她喂饭,她小口小口地吃了起来。

镜头(二):到了吃饭的时间,杨×晶随着小朋友一起双手搬着小椅子坐到了桌边,可她无所事事地东张西望。"晶晶,吃饭了。"听到了我的提示,她慢吞吞地拿起小勺,盛起了很少的几粒饭送到了嘴里,她不时地把勺子放在嘴里,一会儿朝上仰,一会儿又往桌子底下钻。我提醒了好几次,她似乎还是无动于衷,直到其他的孩子都陆续吃完了,她的碗里还是满满的菜和饭。

镜头(三):今天的午餐是金银米饭,油菜炒虾仁,冬瓜丸子汤。陈×飞吃得很慢。他一口接一口地挑着碗里的虾仁和肉丸子,唯独不吃青菜。我走过去对他说:"飞飞,吃点青菜呀!青菜可有营养了。"他勉强拿起勺子笨拙得盛起一小块冬瓜,皱着眉头才吃了两口,就表现出想呕的样子。我连忙说:"那你能吃多少就吃多少。"他勉强点点头,把想呕的样子收了回去,硬着头皮慢慢地嚼着。"老师相信你自己,能吃下去的。"可他还是一副很委屈的样子。

案例分析:

小班刚入园的孩子,有半数的孩子不能自己独立进餐,不会正确使用餐具,吃饭的速度慢,有边吃边玩的现象,而且挑食。

幼儿不能独立进餐的原因:

①家长认为孩子小,不相信孩子的能力,嫌弃孩子吃得慢,吃得脏,把饭菜弄得到处都是,因此不敢放手让孩子自己尝试。一日三餐为了节省时间,全部由家长包办代替。有些家长还一边哄,一边喂;甚至孩子在前面跑着玩,家长在后面追着喂。

②"过于保护"的家庭教育模式,造成孩子缺乏自信,不能正确评价自己,总认为自己什么都不会,都不行。

③由于家长剥夺了幼儿自己动手实践的机会和权利,天长日久孩子已经养成了饭来张口衣来伸手的习惯。惰性和依赖性一旦形成,很难改正。上了幼儿园后,家长和幼儿全都依赖于老师,幼儿形成了"老师喂,我就吃,老师不喂就不吃"的心理。

幼儿挑食的原因:

多数幼儿喜欢吃肉食和油炸食品,不喜欢吃青菜,这和平时的膳食习惯有关系。家长们由于过分溺爱孩子,都依着孩子的口味来给孩子准备食物,而忽略了荤素搭配、营养膳食的原则。在家中大部分家长们都是依照孩子的口味准备饭菜,孩子喜欢吃什么就做什么。

策略与措施:

在日常生活中逐步教会幼儿独立进餐,喜欢吃各种食品,不挑食。

①帮助幼儿形成良好的进餐习惯。告诉幼儿进餐时,一只手扶碗,一只手拿勺,一口饭一口菜搭配吃。每次小勺盛的饭菜不宜过多,要细细嚼碎。吃饭时不讲话,不贪玩,不掉饭粒,保持身上、桌面的卫生。

②生成主题活动《饭菜香喷喷》。活动中通过动画课件、童话小故事的形式向幼儿介绍各

种食品的营养。使幼儿知道不挑食营养才均衡,对身体有好处。

③在每天进餐前以情景化的口吻向幼儿介绍食谱。如:小兔子为小朋友送来了好吃的胡萝卜,小猫为小朋友送来了鲜美的鱼,提高幼儿进餐的兴趣和食欲。

④树立榜样,激励幼儿积极进餐。在集体中表扬进餐优秀的孩子,给孩子们树立好榜样,激发孩子们自觉进餐的积极性。

⑤在晨间活动和区域活动中,开展夹豆子、穿串珠、手指点花等活动,在日常活动中开展手指游戏,增强幼儿小手肌肉群的灵活性。

⑥幼儿有点滴的进步时,及时鼓励表扬,帮助幼儿建立自信心——我能行。挖掘幼儿的潜力,多给幼儿提供亲自动手实践、体验成功地机会。开展"我是小能手"的生活自我服务竞赛等。

⑦与家长及时交流幼儿进餐情况,了解幼儿在家的进餐情况。请家长配合,督促孩子在家里也要自己独立进餐,做到家园要求一致。

2. 整合各种角色的能力

时代的发展使教育的功能正在发生巨大的变化,它给教师的作用赋予了新的内涵,对教师的角色提出了前所未有的挑战。顺应这一变化,《纲要》第三部分第十条规定了幼儿教师在教育过程中的角色绝不仅仅是知识的传递者,而"应成为幼儿学习活动的支持者、合作者、引导者。"这三个词很多教师已经烂熟于心了,但对它的理解可能还是千差万别。这三种角色不是截然分离的,而是有着共同的基础和前提——尊重幼儿、了解幼儿,而且它们是在教师与幼儿的互动中综合地动态地实现的。

例如,各班都会创设不同的区域环境,有时会有这样的情况:某些孩子只喜欢进入一个区,而不去进行其他的尝试,这种情况下,我们老师该做些什么?是尊重孩子的选择还是介入?教师的角色和作用在这当中怎样体现出来?一位教师曾经对班级孩子进行过个案追踪记录,发现有一个小女孩叫豆豆,她对"动动区"表现出浓厚的兴趣,在区域投入使用的第一天,她就掌握了"踩高跷"的技巧。在这之后,老师连续观察她,发现她在每次区域活动中都进入这个区,即使小朋友召唤她也不出去。当时老师也有冲动,想立即想办法引导她进入其他区,以免发展得不平衡。但还是想在获得来自孩子大量真实、具体的信息后,在反省以往自己教育行为的基础上,再做出判断会比较准确。在连续的观察中老师发现她每次都能在玩法上有所进步:先是双脚协调走路,接着踩高跷跳,后来居然能踩着高跷玩"快乐跳毯"。在第十一天时,老师注意到她虽然进入了"动动区",但踩着高跷后,满教室走了起来,后来索性站在美工区前看小朋友用牙签画蜡笔画。教师意识到,此时是介入的最佳时机。老师没有直接让她参与美术活动,而是轻声地询问:"豆豆,愿意帮老师整理这些工具和废纸吗?"她很痛快地答应了,放下高跷,工作起来,老师很自然地和她一起参与到了蜡笔画的制作中……

在这个过程中,就是体现了教师的三种角色:各种区域环境的创设及材料的投放,正是作为支持者的教师在为幼儿的学习提供"脚手架",为他们的成长创设良好的环境,支持他们成长过程中进行各种尝试;在细致的观察中,教师了解孩子的行为表现,自始至终地在思考,思考自己行为的适宜性,用行为暗示及时介入,对幼儿进行了不露声色的引导;当孩子进入一个新的区域后,教师就成了她的合作者,通过一起制作,帮助她体验到不同区域带来的成功感和乐趣。教师的不同角色都为着实现同一个目标——提高与幼儿互动的质量,让这些互动变得更加丰富、有趣,富有吸引力。

其实,在每一个教育过程中,都蕴含着教师这些角色的体现,有一句我们都知道的话"抓住孩子抛过来的皮球,再抛还给他们"。这句话说的就是"教师和幼儿一起合作的过程"。合作在支持过程中出现,它既是支持的方式和手段,也是支持本身。而支持和合作都体现着教育的意图,实现着教育对幼儿的直接的或间接的引导。

综上所述,教师作为教育活动组织与实施中的一个关键变量,其教育观念将通过教育行为影响到活动过程的走向和实效。教育活动的过程是一个动态而复杂的过程,教师的教育观念和教育行为之间差距的缩短不可能一蹴而就,是一个在不断的实践、研究、反思的循环动态过程中才能逐渐改善的过程,当然也依赖于教师的专业成长支持系统的建立与完善提高。

二、幼儿

幼儿园教育活动的最终目的是促进幼儿发展,在实施教育活动的过程中,教师必须时刻把握和牢记幼儿这一要素。具体来说,教师应当在活动中时时关注幼儿的需要,分析幼儿的行为和情感态度表现,了解幼儿的学习方式和特点,只有这样,才能保证教育活动组织与指导的实效性。

(一)尊重幼儿

每一个幼儿作为社会个体都是独立的、自主的,他们在活动中所表现出来的思考判断以及解决问题的能力常常超越成人的预料,甚至会给成人带来启示。教师要尊重孩子,一种形象的说法是"蹲下来和孩子说话",其意义不在教师与幼儿"身体位置"的平等,而更看重的是师幼"地位"的平等。老师要做到想孩子所想、急孩子所急,从而触摸孩子的心思、触动他们的心灵,因此教师也拥有了一颗"童心",与孩子彼此感应,彼此感动。师幼心的平等,才是真正的尊重。

【案例5.3】

故事:我们与孩子是平等的

常规教育一直是我们幼儿园注重并在实践中落实的内容,每天吃饭时"安安静静"是一条不成文的规矩,学着老教师的样子,我也会在吃饭前讲要求,督促每个孩子安静就餐。

今天,按照惯例孩子们在餐前说起了儿歌:"吃饭前,不讲话,安安静静快坐下,请老师开始吧,我们已经坐好了。"孩子们拿起了小勺,津津有味地吃起了午饭"大丰收":香喷喷的排骨配着红彤彤的南瓜、黄莹莹的土豆……五颜六色、美味四溢。

突然,角落里传来了窃窃私语,我回头一看,然然正歪着脑袋,在凯文耳边说着什么。我马上制止道:"快吃饭,不许说话。"然然和凯文不好意思地扮了个鬼脸,不吱声了。过了一会儿,我开始给孩子添饭菜,一边巡视一边和保育员老师随意地聊着。这时,角落里传来了"咯咯"的笑声,又是然然,他凑在凯文耳边小声嘀咕着,把凯文逗得"咯咯"直乐,其他小朋友也被笑声吸引,开始张望起来。我走到然然身边,板起脸孔,说:"怎么又是你,吃不吃了,再说话就别吃了!"他低下头,不情愿地把身子扭过来,用小勺在碗里搅来搅去。我刚转过身,就听到他嘟囔着:"老师还说话呢!"这声音虽不大,可听起来却那么刺耳,我下意识地回过头,想严厉地批评他,可话到嘴边,又咽了回去。是啊,孩子说得没错,为什么我可以侃侃而谈,却一句话也不允许孩子说呢?我的心情沉重起来,脑海里一遍遍地萦绕着这个问题……

十二点了,我走向食堂,脑海中突然闪过一个念头:我也来当一次小朋友,体验一下吃饭时不讲话的感觉。我坐在餐桌前,默默地吃饭。同事们在旁边兴高采烈地讲述着班上发生的趣事、昨晚的电视剧、有趣的新闻……我一次次想加入她们的谈话中,话刚到嘴边又咽了下去,那种滋味就好像有硬东西哽在嗓子里一样,难受极了。

看着面前一张张洋溢着欢乐的脸庞,我突然意识到:吃饭时是一个人最放松、最愉快的时刻,无论单位就餐、聚会,甚至在家里吃饭时,我们都在不停地谈论着、交流着、抒发着自己的所思所想、喜怒哀乐。其实,对人而言,吃饭已经不仅仅是一种生理需要,更是一种心灵的休憩、身心的放松。孩子们虽小,但他们和我们一样,都是鲜活的生命个体,我们有什么理由强行剥夺孩子应得到的快乐呢?

于是,我和孩子们商量,每天吃饭前,请一名小朋友担任"小小解说员",就饭菜的名称、原料加以介绍。吃饭时,允许孩子小声交流,但不能影响他人,让孩子在满足自己的同时,懂得尊重他人。当我俯身感受孩子的感受、体会他们的体会时,我和孩子是平等的;当我起身和孩子共同营造轻松愉快的就餐氛围时,我和孩子是融洽的。对于我们来说,"安静"吃饭成了一种享受。

(二)在体验中学习

幼儿世界与成人世界最大的不同就在于他们的世界充满了童真、童趣。因此,在教育活动实施中,教师要尊重幼儿的真实个性,让幼儿通过真实的情境、真实的生活进行体验性的学习,而不是以理想性的方式向幼儿传递事实或规律。

例如,在《超级任务——保护蛋宝宝》的活动中,每个孩子都带来了一个生鸡蛋,从一来园就担负起了做爸爸妈妈的责任,他们以各种方式带着"自己的孩子":有的用盒子包着、有的用手帕紧紧地裹着,他们还为蛋宝宝起了喜欢的名字,此刻,在孩子眼中,只有自己的蛋宝宝。吃饭,带着它;睡觉,哄着它;就是上厕所,也要先把它放置好,和它一起游戏,一起学习,一天过去了,有的蛋保存得完好无缺,有的却因为各种原因打碎了,看着孩子们伤心地"埋葬"自己的蛋宝宝,那场景实在让人感动。此时,孩子们从"受爱者"转变为"施爱者",他们亲身体验了父母在孩子成长过程中付出的爱与辛苦,并心怀感激,相信有了这次心灵震撼,孩子们会发自内心地以实际行动向父母表达深深的爱意。

又如,教师组织大班幼儿到"聋儿康复中心"进行了为期一天的体验活动,孩子们带着兴奋与新奇与那些残疾小朋友一起游戏、吃饭、生活,他们在耳濡目染后深切地发出感慨:"这些残疾小朋友太可怜了!他们虽然和我们一样大,可不能像我们一样正常地生活!"在回来后的体验活动《我爱你们——残疾人》中,孩子们又进一步了解了盲人、四肢残疾及智障人,还有目前社会上为残疾人提供方便的出行设施,孩子们纷纷拿起画笔、彩纸为残疾小朋友制作出一张张饱含真情的心意卡、小礼物,他们还自制了一个大大的"捐款箱",放置在幼儿园门口,倡议每个小朋友拿出一元钱,用这些钱为康复中心的小朋友购买必需品。

整个活动中,教师要做的不是向幼儿单纯灌输知识和要求,而是进行总体设计,有效地利用身边的教育资源,创造符合幼儿需要的体验环境,吸引幼儿参与其中,以体验激发孩子内在的情感体验,孩子们在感动他人的同时感动自己,奉献了自己的一份爱心!

【案例5.4】

小小保育员

在孩子们进入大班以后,我们发现孩子虽然已经具备了一定的自我服务能力,但仍需要教师一遍遍地督促和不断地帮助。于是,老师事先将班级中的保育员老师"藏"了起来,早活动结束时,将难题抛给孩子:今天保育老师有事不能来了怎么办?孩子们纷纷发表意见,很快达成一致:我们来当一天的保育员!

于是,孩子们分了工:有的负责盛早点,有的负责刷洗杯子……虽然任务繁重,感觉有些吃力,可孩子们干得很起劲儿。活动后,孩子们由衷地感慨:平时保育老师可真辛苦啊!干了那么多活儿!班上的"淘气包"王×伟说:"我以后可不乱踩小椅子了,擦椅子可累了!"爱挑食的名名也说:"我以后不能把不爱吃的菜挑到桌子上了,要是大米饭粒儿掉在地上就更不好了,会粘在地上,擦不掉的……"

在这种角色体验中,幼儿作为体验者变得更容易理解、感悟,并能反思自己的行为。在这一过程中,幼儿所发生的体验,远远超出了角色本身所具有的道德蕴涵,使他们更深刻地领悟到自己的生活方式,从而生成更高的道德素质和人格品质。在这之后的一系列"我做炊事员""我是小园丁"等体验活动中,我们将范围扩大到楼内卫生、阳光大厅、操场等地方,让孩子们在真诚服务中体验学会关爱他人、为他人服务。在孩子们日常生活的点滴进步中,我们知道,他们已经将良好的行为习惯融入了自己的日常生活中。

体验活动还包括远足活动、参观鸟语林、植物园、生态园、走进军营、走进农村……幼儿园针对幼儿的文明礼貌行为举办表演会"我们有礼貌",大班幼儿将学过的关于礼貌的诗歌、故事、歌曲、歌表演排成一台小节目,幼儿自己筹备、布置演出会场,设计并制作门票,门票上画有看演出的地点及时间,发放给中小班的小朋友,请他们来班上看演出。孩子们在活动进行后,日常行为有了很大的改善。因为,作为体验者只要发生了一次深深的感触、感动,必然会成为日后自觉成长、发展的根基。

(三)在创造中学习

现代教育观认为,学习过程中的幼儿不是一个被动的接受者,而是一个积极主动的参与者。幼儿在教育活动过程中是一个主动参与、互动交流并积极建构的主体,其主体行为具体表现在他们的探索、发现、判断、交流、表达等一系列活动中,从中可以看到他们身上所蕴涵的独立、自主、能动和创造的潜能。作为教师,必须认识到幼儿的这些潜能,在活动的组织与实施中,充分调动一切手段途径、利用一切可能性因素和条件为幼儿营造一个有助于他们积极发挥自身的能动性和创造性的环境,让幼儿在主动大胆的尝试和创造中实现和体会成功。

三、影响幼儿园教育活动实施的其他因素

与幼儿园教育活动有关的各种环境因素,包括物质环境(如幼儿园的地理位置、空间密度、设施设备、活动材料等)和心理、社会环境(如幼儿园的文化传统和办园风格、幼儿园与社区的关系、幼儿园与幼儿家庭的关系、幼儿园内各种人员之间的关系,以及幼儿园所在的地区的经济、政治、文化等状况等)也都会影响教育活动实施的有效性。

第二节 幼儿园教育活动实施的有效评价

随着《幼儿园教育指导纲要(试行)》的贯彻和落实,幼儿园教育活动的评价就显得格外重要,很多幼儿园都开始不同层面上接触和探索评价。积极地评价能够促进教与学,而积极地评价必须作为课程的一部分,和幼儿一起进行。

一、幼儿园教育教学活动的评价

教育评价对教育活动具有导向、激励和改进作用,是教师专业成长的重要途径之一。对教育活动的评价是教师运用幼儿发展、幼儿教育、幼儿园课程等专业理论与幼儿教育实践,分析和解决教育中的实际问题并实现专业提升的过程。

1. 评价教育活动的目的

教育评价的目的就是要使教育活动达到规律性和目的性的统一。通过对教育活动的评价,可以诊断教育活动、修正教育活动、对各种教育活动的相对价值进行比较,或者确定教育活动目标达成的程度。

2. 评价教育活动的关键因素

《纲要》中强调对幼儿教育工作评价的重点要考察五个方面:

①教育计划和教育活动的目标是否建立在了解本班幼儿现状的基础上。
②教育的内容、方式、策略、环境条件是否能调动幼儿学习的积极性。
③教育过程是否能为幼儿提供有益的学习经验,并符合其发展需要。
④教育内容要求能否兼顾群体需要和个体差异,使幼儿都能得到发展,都有成就感。
⑤教师的指导是否有利于幼儿主动、有效地学习。

这五个方面实际上关照到了幼儿教育的各个环节,其落脚点是幼儿的成长和发展。所以把握评价教育活动成败的关键是幼儿是否得到发展,是否在原有的发展基础上获得新的经验。无论是活动目标、活动内容、活动过程、活动效果都应是为幼儿的发展服务。

(1)活动目标评价

活动目标是指活动中幼儿学习预期达到的结果和标准。活动目标的实现是幼儿活动效果的具体体现。活动目标的制订要根据《纲要》要求,以本班幼儿的实际发展水平为基础,提出适当的教育要求,兼顾认知、情感、能力三方面内容,整个活动的设计和实施始终围绕着活动目标进行。

对活动目标的评价主要看活动所确定的目标与特定年龄段的幼儿发展的特点和规律是否一致;活动的目标是否具体、明确,是否易于衡量;核心目标是否突出,认知的目标与相关的学习策略、相应的情感目标是否有机地得到反映;达成的目标与原定的目标是否存在不一致,这种不一致是否合理。目标实际的达成度是指在实际的活动过程中,计划的目标实现的程度,以及非计划的对幼儿有重要意义且与活动有有机联系的目标实现的情况。

(2)活动内容的评价

活动内容是活动目标实现的重要载体,根据幼儿身心发展规律选择适当的活动内容有助于幼儿形成新的学习经验。活动内容要符合幼儿的实际水平和年龄特点,有一定趣味性,内容的分量要适当,内容组织主次分明,重点、难点突出,布局合理,各环节的过渡与衔接自然流畅。

对活动内容的评价主要看所选的内容与特定年龄幼儿的发展特点是否一致,是否最有利于幼儿的接受和发展;所选的内容是否最大限度地包含了活动的目标;活动的内容的容量是否最有利于目标的实现;所呈现和解释的活动内容是否科学、准确,给幼儿的知识和概念是否会影响幼儿进一步的学习;所选择的内容是否适合特定的地域和文化,即活动的内容是否能反映适合幼儿的现实生活,是否能引发幼儿的有效学习;特定活动相对应的环境、材料是否能在质和量两个方面最大限度地支持幼儿的学习,能否满足幼儿探索、操作和交往等活动的需要;预定的内容是否全面完成,有没有完成一些计划外的活动内容,它是在什么特定的情境下发生的,这样合理与否。

(3)活动过程的评价

活动过程是教师的组织行为和幼儿的参与行为相互作用、相互促进的过程。根据幼儿的身心发展规律,在评价活动过程时,应主要考虑以下几个方面:一是活动方法。方法的选择与运用能根据活动目标、内容和幼儿的年龄不同而变化,方法能适合幼儿的学习方式,调动幼儿的学习积极性。二是组织形式。根据活动的要求,适当地进行集体活动、分组活动和个别活动,注意因材施教。三是教学辅助材料的选择和利用。能选择适合活动内容和幼儿实际水平的操作材料,适合幼儿操作,在活动中最大限度使用教具与学具。四是与幼儿的积极互动。教师的指导应有利于幼儿主动、有效的学习,不断创造条件使幼儿成为活动的主体,在活动过程中师幼关系融洽,充分激发幼儿的注意力、兴趣等非智力因素。

(4)活动效果评价

活动效果也是一个过程的体现。幼儿对活动的兴趣、态度和参与程度是评价活动效果的重要方面。幼儿主动学习、思考、探索、操作的程度,幼儿主动与教师、同伴的交往、合作、分享的深入程度也是评价教育活动成败的重要指标。

3. 评价教育活动的原则

(1)发展性原则

幼儿园教育活动评价的目的就是促进幼儿、教师、幼儿园的共同发展,特别是幼儿的健康发展。同时,评价的过程是一个动态的过程,评价指标、方法、过程不断调整、改进、完善,评价自身也不断完善,发挥其最大作用。

(2)适应性原则

幼儿园教育活动评价要按照《纲要》的要求,遵循幼儿教育规律外,还要根据幼儿园所处的环境、拥有的资源等来进行评价,能根据每个幼儿的已有经验、发展水平、需要等来进行评价,考虑到每个幼儿的差异性,照顾到幼儿的普遍性和个性,充分体现因材施教。

4. 教育活动和教师评价的内容

根据《纲要》和其他教育政策文件的规定,幼儿园教育教学活动和幼儿教师评价内容可以概括为幼儿发展的观察与研究、教育活动的设计与实施、幼儿游戏的指导与帮助、教育环境的规划与创设、家园联系的建立与开展等几个方面。

(1)幼儿发展的观察与研究

解读幼儿在活动中的表现与行为,根据可能需要的教学方法和策略,了解指导教学的评估程序。

在活动中能随机捕捉幼儿发出的动作、表情或语言等各方面的信息并能作出判断与反应,有计划的观察幼儿,了解幼儿个体发展的状况及其个体差异,了解幼儿个体发展的独特性,注重及时应答幼儿的需要,根据观察结果及时对教育活动设计与实施作出相应的调整。

(2)教育活动的设计与实施

了解教与学以及幼儿发展的知识,掌握适宜幼儿发展的、与主题相关的课程内容以及某一具体课程内容领域内的专业标准,制定建立在了解本班幼儿现状的基础上的教育计划和教育活动的目标,活动设计与活动过程中关注与幼儿生活经验相一致,按幼儿一日生活作息组织各类活动,为幼儿提供多种学习材料、相互间的作用方式及充分运用感官进行实践活动的机会,注重激发幼儿的兴趣、主动参与活动的热情等。

(3)幼儿游戏的指导与帮助

游戏环境的创设,如预先经验的准备,游戏时间的保证,空间与材料的提供等,游戏过程的观察,如观察目的的确定,观察要点的选择等,游戏进展的支持,如材料的支持,语言的支持等。

(4)教育环境的规划与创设

根据保育教育目标创设安全的、富有幼儿情趣的教育环境,吸引幼儿参与环境创设,利用自然、社会及幼儿园环境对幼儿进行教育。

(5)家园联系的建立与开展

重视家长在教育中扮演的角色,了解与家长配合的方法,有与家长沟通思想和密切联系的能力,为家庭教育提供必要的支持和帮助,定期家访、召开家长会和开放半日活动。

【案例 5.5(表 5.1 至表 5.6)】

表 5.1 幼儿园教育活动评价表

评价指标		分值	得分
目标内容	1.活动目标体现多元化、层次化,注重促进幼儿兴趣、情感、能力、知识、技能等的全面发展		
	2.目标准确、明确、具体可操作,适合幼儿的年龄特点		
	3.内容具有科学性、时代性,贴近幼儿生活		
	4.内容体现目的性、对象性,难易适当		

续表 5.1

评价指标		分值	得分
过程方法	1. 活动组织有序,层次清晰,重点突出,时间安排合理 2. 活动设计为易于感知、操作、探索的形式,并具有反馈、交流、思考的机会。教学方式游戏化,幼儿兴趣浓厚 3. 发挥教师主导作用,尊重幼儿主体地位,引导幼儿主动、积极、创造性的学习。重视学习兴趣、方法、能力、习惯的培养 4. 注重集体、小组、个别活动的有机结合,增加幼儿相互学习、相互交流的机会,培养自主学习、相互学习的能力 5. 既面向全体,又注重个别差异,教学设计体现层次要求,坚持正面教育 6. 方法手段选择合理,恰当有效,确保幼儿的主体性		
教师素质	1. 教态亲切、自然,既尊重幼儿又严格要求。善于鼓励、调动幼儿的积极性 2. 语言简练、规范、生动,富有感染力,易于幼儿理解 3. 基本功扎实,调控活动能力强,有灵活的教学机智和应变能力。关注幼儿,满足其合理需求 4. 材料投放准备充分,恰当、实用		
活动效果	1. 幼儿在活动中情绪愉快,态度积极,参与意识强,各种能力在原有水平上得到提高 2. 活动目标能在过程中基本得以落实		

表 5.2　幼儿教师教育活动自我评价表

评价指标	等级		
一、活动设计(目标、内容、形式)	好	一般	较差
1. 能订出合理明确的教育活动目标			
2. 能选择合适的教育策略方法,使幼儿有较多的参与机会,有效地培养幼儿的能力			
3. 能根据实际情况选择合适的教育活动内容			
4. 能选定适当的教育活动形式,使幼儿享受到学习的乐趣			
二、活动准备			
1. 能对所在班级幼儿的发展状况和特点进行了解			
2. 能熟悉活动中使用的各种材料,充分做好教具和示范准备			
3. 能根据教育活动主题的需要,适当布置环境			

第五章 幼儿园教育活动的实施

续表 5.2

评价指标	等级	
三、活动过程		
1. 开始时,能想办法积极吸引幼儿集中注意力,引起幼儿学习和参与的兴趣		
2. 活动前能对幼儿提出明确要求、注意事项等		
3. 在活动中能表现出热心和激情		
4. 能有条不紊地组织、调控活动		
5. 能用清晰、简洁易懂的语言和适当的音调、音量和语言速度组织活动		
6. 尊重幼儿,乐于倾听幼儿说话,并作出积极回应		
7. 教态具有亲和力,能平和而坚定地处理幼儿的不理想行为		
8. 能积极关注幼儿的学习方法和学习态度		
9. 能用有效的方式维持幼儿的兴趣和注意		
10. 根据教育的目标,引导幼儿运用多感官进行学习		
11. 能根据教育活动的要求,开展多样性的活动		
12. 能运用启发性的问题引导幼儿作答或讨论		
13. 能有良好的师幼互动过程		
14. 能关注个别差异,因材施教		
15. 在教育活动结束时,能进行有效的评价		
16. 教育活动能在愉快的气氛中进行和结束		
四、自我评述		
1. 心得和感想		
2. 教育目标的完成情况		
3. 优点和缺点		
4. 反思		

表 5.3 幼儿教师评价表

评价时间	评价人	教师姓名

行政工作能力 20 分

1. 每日按时上下班
2. 依规章制度办理请假事宜
3. 遵守园内劳动纪律
4. 不散播谣言,滋生事端
5. 能落实执行园内有关决定
6. 能及时交纳教学计划等
7. 能做好交接班工作
8. 对突发情况和紧急事故能做妥善处理

续表 5.3

9. 能提供建设性的建议与批评
10. 能落实班内的清洁工作
人际关系 20 分
1. 能主动、公开地表达意见
2. 能以正面、鼓励性的语言与人沟通
3. 能倾听他人的不同意见
4. 能主动关心、帮助他人
5. 能向家长及时传达园内活动信息及幼儿情况
6. 能妥善处理家长的批评与抱怨
7. 能将家长意见适时而完整地告知园方
8. 能亲切招呼、接待来园家长
9. 能以理性的态度,客观地向家长描述幼儿在园情况
10. 能经常保持幽默感
师幼关系 20 分
1. 了解幼儿年龄特点及发展状况,深刻体会幼儿间的个别差异
2. 与幼儿交谈态度诚恳
3. 经常对幼儿报以微笑
4. 多以正面的、鼓励性的语句指导或与之交谈
5. 多参与幼儿活动,回答不同的问题,做个别指导
6. 对幼儿的主动交往能及时给予适当的反应
7. 为幼儿提供自我管理、约束的机会,培养其独立性
8. 不会因为幼儿不会做某事而指责他
9. 能公正地对待每一位幼儿
10. 一天中幼儿说话的频率和时间比老师多
课程关系与教学能力 20 分
1. 了解每一位幼儿的特质及能力阶段
2. 设计符合幼儿身心发展阶段的活动方案
3. 以丰富的情境布置引起幼儿学习动机
4. 能事先做好活动所需的各种准备
5. 以丰富的身体动作、表情、语调来进行教学活动
6. 妥善安排集体活动与个别学习的时间
7. 幼儿经常通过亲自探索、操作或实验的方式获得知识而非由教师直接告知
8. 规划不同性质的活动区角,提供丰富的学习经验
9. 幼儿都能在提供的活动区角找到自己想从事的活动,很少有游荡、呆坐的现象
10. 幼儿能随时更换活动区角
自我发展 20 分

第五章 幼儿园教育活动的实施

续表 5.3

1. 积极参与省内、国内业务学习活动
2. 与同行共同探讨教学的心得与方法
3. 能配合教学需要自制教具
4. 能多方收集资料,以求工作上的进展与突破
5. 能坦率面对自己的缺点,接受别人建设性的批评、指正
6. 能以热忱的态度投入工作
7. 能主动提出教学上的难题
8. 能充满自信的迎接各种挑战
9. 会利用各种渠道解决问题
10. 对自己的专业生涯有所规划

注:未做到 0 分 尚可:1 分 经常做到:2 分

表 5.4 幼儿教师评价标准

类别	标准(指标)	评定		
		5	4	3
管理能力	1. 尊重幼儿的人格、兴趣和权力			
	2. 随机给予幼儿奖励			
	3. 遵守既定的一切规则			
	4. 能鼓励幼儿表达自己的情绪			
	5. 能对幼儿承认自己的错误行为			
	6. 能经常倾听幼儿说话			
	7. 能通过观察来了解每个幼儿的特质			
	8. 能帮助每位幼儿建立良好的自我概念			
	9. 能以语言详述你希望幼儿更正的行为			
	10. 能提供幼儿自我约束的机会,鼓励每位幼儿发展独立性			
计划与教学实施能力	1. 能以既定的教学目标为基础来评价每位幼儿			
	2. 能依据教育目标设计适当的教育活动			
	3. 能安排适当的活动空间和适度的活动时间			
	4. 教学活动设计有弹性,以便能做临时的更换			
	5. 能为幼儿提供根据自己兴趣选择活动的机会			
	6. 能鼓励家长参与幼儿活动			
	7. 能运用、尝试各种教学技巧			
	8. 能对幼儿所提的问题有适当的反应			
	9. 能事先将教学所需材料和工具准备好			
	10. 能依据目前的教育目标来布置幼儿的活动环境			

续表 5.4

类别	标准(指标)	评定		
		5	4	3
计划与教学实施能力	11. 能通过自我评价来改进自己的教学水平			
	12. 能为幼儿提供各种探索、认识周围环境中有趣事物的机会			
	13. 能为幼儿提供各种表达自我经验的机会			
	14. 能经常注意到幼儿的安全问题			
人格特质	1. 能爱幼儿并直接表达对他们的情感和关怀			
	2. 和幼儿相处时保持专业的热忱			
	3. 不恶意批评别人			
	4. 能接受别人建设性的批评及指正			
	5. 说话清楚、明了			
	6. 能用生动、形象的语言和适当的形体动作来表达自己			

教师自评：
同事互评：
园领导评价：

表 5.5　幼儿教师组织教育教学情况评价表

项目	评价标准	评价等级			得分
教育目标	根据国家规定的幼儿园课程标准确定教育目标	3	2	1	
	先确定目标，再根据目标选择内容、方法	3	2	1	
	目标稍高于本班幼儿的现有水平	3	2	1	
教育条件	根据教育目标、幼儿的实际水平和兴趣，以循序渐进为原则，有计划地选择和组织教育内容	3	2	1	
	围绕教育内容准备设备、材料，并为幼儿创设、提供充分参与、交流的条件、机会	3	2	1	
	教师关注和肯定每个幼儿的努力和进步，理解、接受幼儿的表现，允许幼儿保留自己在学习方法上的个人特点和按照自己的速度与方式连续发展	3	2	1	
	建立良好的学习常规，教师收放有度，幼儿活而不乱	3	2	1	
活动方式	教育活动的组织，由教师为幼儿创设必要的条件，提供可以探索和交往的丰富刺激、轻松愉快的环境，帮助幼儿在积极探索、相互交往中发展自己的思维	3	2	1	
	活动层次分明，过渡自然，引导幼儿从不会到会	3	2	1	
	指导方法符合所学内容的特点和幼儿的学习特点	3	2	1	

续表5.5

项目	评价标准	评价等级			得分
教育结果	多数幼儿能胜任和完成学习任务,每个幼儿在自己原有基础上都有提高	3	2	1	
	幼儿情绪愉快、感知敏锐、思维活跃、想象丰富、记忆较牢	3	2	1	
	幼儿之间的差距在逐渐缩小	3	2	1	
总分					

表5.6 幼儿游戏中的教师指导行为评价

评价项目	具体问题
1.教师与幼儿的关系	1.是平等融洽还是居高临下 2.是接纳还是排斥
2.教师的观察能力	1.有无观察 2.观察的目的性和随机性如何 3.是欣赏和耐心还是急躁、不耐烦
3.教师介入游戏的能力	1.是否在观察基础上有目的地介入 2.是否运用多种介入方法
4.教师的语言表达	1.是多用中性或肯定的语言还是用否定的语言 2.语言是开放性的还是封闭式的
5.教师指导效果	1.是顺应幼儿的意愿推进游戏的展开还是干扰幼儿原有的行为 2.是有助于促进幼儿的发展还是对发展没有意义
6.游戏常规的建立	1.游戏环境有无固定常规 2.幼儿是否遵守这些常规
7.教师的分析评价能力	1.有无观察资料的积累 2.对观察资料的汇总分析如何 3.能否根据幼儿的行为做出发展水平的评价

二、幼儿园一日生活的组织评价

幼儿园教育活动主要以幼儿园一日活动的形式组织实施,既有教师预设好的活动也有幼儿生成的活动,它们是不可分割的。教师要科学合理的安排幼儿在园的一日生活,这就要求教师既照顾到常规要求,又能够引发幼儿的游戏和各种探索活动,促进幼儿的发展。对于一日活动的组织情况,要综合以下几方面进行评价。

1.合理科学与否是评价的首要标准

一日活动组织的合理性与科学性,是指教师在组织幼儿一日活动时应有的整体观念,从大处着眼,使幼儿的一日生活组织更加合理。这其中包括各类活动所占用的时间比例、各过渡环节所占用的时间、户外活动时间、活动动静交替的安排、休息时间、各年龄段不同活动特征等。

2. 一日活动组织中的快乐过渡和消极等待

在一日活动的组织中,应当尽量减少不必要的集体行动和过渡环节,减少和消除消极等待现象。

例如,为了减少幼儿吃完点心后的等待时间,教师开放了室内所有的活动区,但由于没有固定的游戏位置,虽然幼儿玩得开心,活动室里却乱哄哄的,对没有吃完点心的幼儿也产生了很大的影响。区域活动需要时间上的充足保证,在这个过渡环节中又无法做到,以至于幼儿们都无法尽兴的游戏。为了解决这一问题,教师根据每一个阶段幼儿发展的需要,在走廊上投放相关的游戏材料,供早吃完点心的幼儿游戏。如三月是中班的球类运动月,因此这个月的游戏活动就是玩教师自制的球,幼儿吃完点心后就可以在走廊上玩投球。

这样的安排,不仅能让幼儿自主游戏和活动,还能为幼儿提供一个释放心理能量的空间,也利于教师进行现场设计、思考并处理一些随机情况。快乐过渡环节的设计,能优化幼儿一日活动,有效减少消极等待现象,更合理、有序地管理幼儿的一日生活。

3. 一日生活中的预设安排与生成活动

幼儿园都有月计划和周预想制度,教师事先对每日的活动进行了安排,而这些活动中,究竟有多少是真正来自于幼儿需求呢?我们根据主题目标设计教学活动和游戏活动,根据幼儿身体发展需要设计运动内容和起居饮食,那么一天之中又有多少时间是由幼儿自己来支配呢?一日活动中,不仅要给幼儿学习的充实感、游戏的愉悦感,还要关注幼儿生活的闲适感。过于紧张的生活节奏会让幼儿感到压力和疲惫。所以,每天给幼儿一段空白的时间,让幼儿做自己喜欢做的事情,也是对幼儿的一种尊重。

4. 一日活动体现课程特点或班级特色

一日活动的设计,要充分关注本园的教育理念、本班的教育特点、本阶段的幼儿发展需要等,而这些,不仅仅体现在教育教学活动中,还应渗透在一日活动中,即一日活动组织应该是有目标的。

【案例5.6】

大一班一日活动安排

8:00—9:00	晨间活动(天气好的时候户外锻炼)
9:00—10:00	学习活动
10:00—10:40	区域、游戏活动

10:40—11:30	生活活动
11:30—12:30	自主游戏
12:30—14:30	午睡
14:40—15:30	生活活动
15:30—16:00	户外活动
16:00—16:30	游戏活动
16:30—17:00	离园活动:快乐分享、自主游戏

通过此案例,我们可以看到游戏占据了较大的比例,而正规的学习活动时间为一小时左右。这是符合幼儿的年龄特点和学习特征的。同时,我们也可以看到这个班级的教学特点:非常关注幼儿的交往,为幼儿自主活动提供了宽松的环境支持。需要强调的是,这只是一份简单的计划,出现的是块状的时间安排,它是教师实施一日活动的一份参考,可以随时根据幼儿的需要,进行合理的调整。幼儿的一日生活时间表应当被看做是旅行的指南针,而非火车的时刻表。它为教师安排一日活动指明了大致的方向,却不必一味刻板地执行它,否则会束缚教师和幼儿的手脚。

【案例5.7(表5.7,表5.8)】

表5.7 幼儿园班级一日活动质量评价标准表

		幼儿园班级一日活动质量评价标准	分数	得分
一日活动20分	教育方向教育观念5分	积极贯彻《纲要》精神,教育方向正确	2	
		以幼儿发展为本的理念和科学的方法,关注并促进不同年龄幼儿发展	3	
	活动计划4分	一日作息时间表科学合理,有年龄和季节特点并严格执行	2	
		周计划和各类活动计划根据课程目标提前一周制定,并经园长审定后实施	2	
	活动组织4分	围绕课程方案中的教育主题,在一日教育活动中严格实施教育	3	
		动与静、室内与户外、集体与自由、游戏与学习结合;环节过渡自然紧凑、无等待	1	
	环境氛围4分	师幼关系和谐,幼儿行为与交往文明	1	
		环境创设突出当前教学主题并体现活动进展和幼儿真实发展	3	
	幼儿活动3分	愉快、充实、自主、有序、发展	3	

续表5.7

		幼儿园班级一日活动质量评价标准	分数	得分
教学活动 20分	活动目标 2分	知识、能力、情感定位准确,具体可行	2	
	活动内容 3分	贴近幼儿生活,具有科学性、教育性、趣味性特点	1	
		内容分析准确,重难点突出	2	
	活动过程 12分	结构层层深入、环环紧扣	2	
		方法体现游戏化,让幼儿在玩中学、做中学	3	
		提问有价值,利于重难点的解决	2	
		手段综合,教学媒体运用合理,有助于目标达成	2	
		幼儿学习的主动性和探索性水平高并获得新经验	3	
	教师素质 3分	教态自然适宜,语言简练生动并富有感染力	1	
		教学机智灵活,根据不同幼儿反应灵活调整教学行为	1	
		具备相关教育领域(科学、语言、艺术等)的基本素质	1	
活动区活动 20分	区域环境 9分	时间安排合理、充足,每幼儿不少于2小时	3	
		空间利用充分科学;区域中各种设施满足幼儿需要	3	
		材料随主题更换并且丰富有选择性,废旧自然材料不少于1/3	3	
	计划制定 5分	活动前利用各种时机,指导不同能力的幼儿制定适宜的活动计划	2	
		活动中了解每个幼儿计划并引导其不断丰富、拓展活动计划	3	
	活动操作 6分	引导幼儿自主(合作)并能注意力专注的实现自己的活动计划;	3	
		观察幼儿实现计划过程中出现的困难,及时给予鼓励和帮助	3	
户外体育活动 20分	总要求 4分	根据季节天气有计划地安排户外时间和内容;各班锻炼器械完备,玩具丰富,幼儿自主管理;活动中幼儿衣着便于锻炼;活动密度、活动量适宜	4	
	做操 5分	根据各班要求进行队列练习,幼儿精神饱满;配乐做操(上学期徒手操、下学期器械操)富有童趣	1	
		教师带操富有感染力,口令动作规范;幼儿动作整齐、到位	2	
		操前后准备、放松活动幼儿随音乐创造地表现并达到锻炼目的	2	
	自由活动 6分	有计划地开展多样的活动、锻炼内容丰富(有选择性)有趣	2	
		根据幼儿体能确定重点锻炼内容、要求明确并给予恰当指导;活动具有挑战性和创造性;提供同伴间交流玩法的机会	2	
		保育措施得力,关注幼儿安全和自我保护	1	
		幼儿动作协调灵活;勇敢克服困难;有序整理器械玩具	1	
	体育游戏 5分	内容选择围绕方案和周计划有明确的锻炼目的	1	
		游戏场地器械准备充分;游戏组织严密、生动;幼儿愉快锻炼	2	
		游戏中贯穿集体观念和遵守游戏规则的教育	2	

续表5.7

		幼儿园班级一日活动质量评价标准	分数	得分
生活活动 20分	进餐与喝水 5分	营造安静愉快进餐环境；根据年龄创造幼儿自主用餐的机会与条件	2	
		正确使用餐具，不挑食；文明就餐(饭菜搭配吃，细嚼慢咽)	1	
		饭后主动擦嘴漱口、整理进餐的场所，保持桌面和衣服的整洁	1	
		保证幼儿喝水的质量与条件；养成主动喝水的习惯并喝够量	1	
	睡眠 4分	睡眠环境舒适安静，有窗帘、床铺(或一人一褥一被一枕、不拥挤)	1	
		以科学方法引导幼儿尽快入睡和正确的睡姿	2	
		培养幼儿有序整理自己床铺(被褥)、独立穿脱衣裤鞋袜等自理能力	1	
	盥洗 3分	提供良好的盥洗条件；养成饭前便后和手脏时正确、主动洗手的习惯	2	
		能节约用水并保持地面清洁	1	
	如厕 3分	创设蹲便和男女分厕(或遮挡)的文明如厕环境	1	
		养成自理大小便、女孩用纸和便后主动冲厕、洗手的习惯	2	
	观察与劳动 5分	利用一切机会(散步、自由活动等)对不同季节的气候、动植物、人们的活动等进行观察，培养幼儿探究欲望和观察的兴趣	1	
		师幼协商种植园地(自然角)种植并引导幼儿每周亲自管理(逐渐到自主管理)，给每个幼儿提供随时观察发现、表征记录和尝试劳动机会	2	
		每周有固定集体劳动内容(扫地、洗手绢等)；给幼儿提供每周做值日生的机会，随年龄增长值日任务明确、自主管理程度高	2	

表5.8 幼儿一日活动常规评价表

项目	评价标准	等级			得分
		优	良	一般	
入园	1.有礼貌地向教师和小朋友问早				
	2.将自带衣物整齐地叠放在固定的地方				
	3.愉快地参加力所能及的晨间劳动				
	4.自取玩具轻拿轻放，游戏后将玩具整理好送回原处				
盥洗	1.按顺序认真把手洗净，水甩在池内，使用自己的毛巾将手擦干				
	2.依次盥洗，保持衣物、地面整洁				
	3.遵守盥洗室纪律，不在室内打闹或影响他人				
	4.不浪费水和肥皂				
进餐	1.正确使用餐具，会干稀、菜饭搭配吃				
	2.吃东西时不随便讲话、细嚼慢咽、不咂嘴、嘴里东西咽下后再离开座位				
	3.不挑食、不剩饭，保持衣物、桌面、地面整洁				
	4.饭后把餐具有规律地放在指定地点				
	5.饭后漱口、擦嘴，保持漱口池和地面整洁				
	6.成人帮助分添饭菜要道谢				
	7.值日生认真做好餐桌卫生、整齐发放餐具				

续表5.8

项目	评价标准	等级 优	等级 良	等级 一般	得分
如厕	1. 大小便解在池内,大便纸扔在纸篓内,保持地面整洁				
	2. 不往便池内扔异物,不在厕所内打闹,便后迅速离开				
	3. 便后洗手				
睡眠	1. 按顺序穿脱衣服,衣服脱下后放在指定地点				
	2. 遵守睡眠室纪律,轻声走路和上下床,不大声说笑影响他人睡眠				
	3. 睡觉不蒙头,不玩东西				
	4. 起床后迅速穿衣,整理床铺离开睡眠室				
教育活动	1. 坐姿端正、双脚并放椅前,双手自然放腿上				
	2. 注意听别人讲话,不插嘴,不打断				
	3. 遵守集体活动纪律				
	4. 学习用品使用后放回原处,摆放整齐				
	5. 幼儿积极性高,思维活跃				
游戏活动	1. 取放玩具动作要轻,游戏后把玩具送回原处,摆放整齐				
	2. 能与同伴友好游戏,不争抢玩具				
	3. 遵守各种游戏规则,不在室内大声喊叫影响他人				
	4. 离开活动室外出活动时,把桌椅摆放整齐				
户外活动	1. 玩具、器械用后放在指定地点				
	2. 不远离老师、小朋友,游戏时不做危险的事				
	3. 根据天气变化穿脱衣服,脱下的衣物折叠整齐放在指定地点				
离园	1. 玩具、物品整理好放回原处				
	2. 带好自己的衣物,有礼貌地向老师小朋友告别说再见				

三、幼儿园环境创设的评价

《幼儿园教育指导纲要(试行)》中规定:"幼儿园应为幼儿提供健康、丰富的生活和活动环境,满足幼儿多方面发展的需要,使他们在快乐的童年生活中获得有益于身心发展的经验。"同时指出:"环境是重要的教育资源,应通过环境的创设和利用,有效地促进幼儿的发展。"

幼儿生存发展的生态环境,根据其构成内容的特质性差异,我们通常把环境分为物质环境和精神环境两大类。物质环境包含了自然物质环境和社会物质环境,而精神环境包含了素质文化环境、制度文化环境和心理社会环境。幼儿有其独特的身心发展特点,也常常表现出自身的主体性,在对环境进行选择和评价时,往往会有自己的标准,并表现出明显的倾向性和不同的参与热情。一般来说,幼儿喜欢新奇的环境、可操作的环境、虚拟的环境、可知的环境、自然的环境和富有情感的环境。作为幼儿教育工作者,应从幼儿身心发展的特点和需求这一逻辑层面来认识和理解幼儿喜欢的环境,从而指导我们思考如何创设良好的教育环境。

1. 是否能利用现有环境设计活动

对幼儿教师来说,并非所有的教育环境都需要自己去创设。因为在其周围或多或少总有一些现有的环境,教师应该利用这些环境。

2. 是否能根据活动内容创设相应的环境

根据活动内容和主题创设相应的环境远比利用现有环境困难。它不仅需要教师花费更多的时间和精力,而且更重要的是需要教师掌握更多的有关环境创设的知识和技能,兼顾与幼儿的互动,并能结合主题创设相应的环境。拿墙饰来说,过去墙饰是作为教学以外的任务来完成的,从选题到制作上墙,都由教师按照统一标准来完成。如今幼儿园的墙饰在内容上不像以前那样过多重视作品的精致、漂亮、完整,也不像以前的环境创设使幼儿的思维和行为完全依附于教师的思维和行为,而是围绕活动内容,通过主题与环境的相互作用引导幼儿去发现、思考、解决问题,积累经验。

只有真正是为幼儿创设的环境,才可能使幼儿与之发生对话,并不断积累知识与经验成为主动学习者。在这样的过程中,幼儿可以不受限制,自主的与材料产生互动,与环境产生互动,这样的环境才是活环境,有生命力的环境,才能让幼儿产生进一步探索的欲望,满足他们不同层次的需求。

【例案5.8(表5.9,表5.10)】

表5.9 幼儿园环境创设评价表

评价指标	好	中	差
物质环境			
1. 班级里是否有促进幼儿健康、语言、认知和数学及社会适应能力全面发展的游戏和活动材料			
2. 在投放材料时,能考虑材料暗含的教育目标和内容			
3. 在投放材料时,能考虑各区域材料之间或单个区域材料之间的连续性和层次性			
4. 在提供室内外设备材料时,是否考虑如下安全因素:			
大型玩具牢固安全经常检修			
没有尖锐突出的边缘,碎片或钉子等			
利用废旧物品时要清洗干净,不要使用农药容器			
利用自然物时避免接触有毒动植物			
需要嘴部接触的材料,数量要充足,以免幼儿交叉使用传染疾病			
5. 为幼儿提供的活动材料是否充分利用了当地特有的材料和废旧物品			
6. 在组织幼儿活动时,是否利用了周围自然环境和社区、社会教育资源			

续表 5.9

评价指标	好	中	差
7. 能够和幼儿一起并动员家长参与共同收集、整理当地的民间游戏、儿歌、故事等传统的教材,共同挖掘和收集幼儿活动的自然材料和废旧物品			
8. 能根据幼儿的兴趣和需要增加或变换活动材料			
9. 班级里有适合幼儿阅读的图书			
10. 幼儿每天自由选择室外设备材料进行的活动时间在半小时以上			
11. 活动材料和图书能放在低矮.便于幼儿自己取放的地方			
12. 班级适合幼儿阅读的图书平均人手一册			
13. 幼儿能自由选择使用各种室内材料的时间在一小时以上			
14. 能够做到环境布置就地取材			
15. 能把创设环境的过程作为教育过程,以引导幼儿参与为主			
16. 班级墙面的布置在幼儿视线之内			
17. 能够根据目标、季节和主题经常变化环境布置			
精神环境:			
1. 知道言行本身就是课程,言行本身就影响着幼儿的自信心、探究精神和社会交往能力的发展			
2. 为了使幼儿感到安全、支持和鼓励,经常对幼儿微笑、点头、抚摸,与幼儿进行积极的目光接触			
3. 能温和、亲切并设法与幼儿身体同高度地进行交流			
4. 当幼儿犯错时,能采用讲道理、暗示、反思自己的行为等方式对待			
5. 能在与幼儿交往中注意使用礼貌用语			
6. 能乐于探究周围的事物,并试图以此激发幼儿探究的兴趣和行为			
7. 在幼儿遇到不愉快的事或受了挫折感到生气沮丧时,可以了解原因安慰幼儿,帮助幼儿振作起来			
8. 当幼儿对老师讲述某件事情时,能眼睛注视着幼儿,耐心听完,并进行适当的提问、交流和评论			
9. 当幼儿提出问题和要求时,尽可能及时了解幼儿的问题,满足他的合理要求			
10. 是否能经常看到本班幼儿愉快的进行活动和轻松的交谈			
11. 在班级里不用经常维持秩序,批评幼儿			
12. 幼儿在和老师交往时显得轻松高兴会,主动与教师亲近交谈			
13. 幼儿能积极的参与教师组织的游戏和其他活动			

表5.10 幼儿园班级环境创设评价表

项目	目标要求	好	中	差	得分
墙壁	1.体现目标内容	3	2	1	
	2.幼儿参与性强,符合幼儿年龄特点	3	2	1	
	3.可变性强,如体现季节性等	3	2	1	
	4.布置新颖、美观、有特色	3	2	1	
活动区	1.种类不少于五个(计算、美工、智力、语言、交往、自然、音乐等)	3	2	1	
	2.内容丰富、可供幼儿操作的材料不少于十种,每月根据目标投放新材料	3	2	1	
	3.材料投放体现层次性	3	2	1	
	4.充分利用废旧物品	3	2	1	
	5.有活动区标记	3	2	1	
	6.充分利用环境条件设置角色游戏角	3	2	1	
自然角	1.内容丰富,包括动物、植物等,品种不少于六个	3	2	1	
	2.体现幼儿参与性	3	2	1	
	3.布置美观,符合年龄特点,季节性强	3	2	1	
家园联系栏	1.栏内布置美观、新颖	3	2	1	
	2.内容丰富,向家长宣传的材料不少于二种,每月或每周更换一次	3	2	1	
	3.按时公布月、周、日和大型活动的目标及教育内容	3	2	1	
幼儿作品栏	1.有幼儿作品栏,专栏布置美观	3	2	1	
	2.设有幼儿作品收集袋,全部作品按时展览	3	2	1	
	3.幼儿作品要及时更换(月、周)	3	2	1	
总分					

第三节 活动实施的反思

一、基本概念

所谓反思,是指教师对教育教学实践的再认识、再思考,并以此来总结经验教训,进一步提高教育教学水平。反思一直以来是教师提高业务水平的一种有效手段。现在,许多教师会从自己的教育实践中来反观自己的得失,通过教育案例、教育叙事或教育心得等来提高反思的质量。

教育反思是教师基于日常的教育教学实践所进行的思考和评判。教育反思不仅仅被视为一种批判性思维活动,还可视为一种写作的文体,它把教师对自己的教育教学工作的思考和评判活动记录下来，成为教师成长发展的忠实记录和反映，也成为促进教师成长的一种科研范式，相对有关教育行为来看，它具有明显的独特之处。

二、教学反思的重要性

（一）充分认识反思的意义——教师成长的必由之路

美国著名学者波斯纳说过："没有反思的经验是狭窄的经验，只有经过反思，经验方能上升到一定的理论高度，并对今后的教学行为产生影响"，他提出了教师成长的公式：经验＋反思＝成长。的确，大多数优秀的教师都是经过实践——反思——总结这条途径成长的。教学反思特别贴近幼儿教师的现实生活，使理论在活学活用中逐渐内化到教师的认知结构中，这样，再次指导实践就会运用自如了。

（二）在反思中学会反思——主动养成反思的习惯

反思是发生在教师教学实践中的一种行为，反思能力是教师观察幼儿、理论联系实践、自我监控、自我修正等多种能力的组合，这些能力只能在不断感受、体验中逐步提高，纸上谈兵无济于事。因此，都需要在反思中学会反思。而且，教师行为的适宜性并非固定不变，它需要因时、因地、因人而异，有时需要在教师循环往复的探索中逐步接近幼儿身心发展的需求，这便是教学反思存在的价值，也是反思应该成为教师一种职业习惯的原因。

三、反思的特点

（一）反思强调以教师自身的真实性为基础

教师进行反思既是一种幼儿园本位的研修途径，更是一种教师本位的教学研究，其研究内容指向研究者自身的生活史。教师通过对自身的教育教学经历进行回顾和分析，找出困惑和不解，并在此基础上修正和完善，继而将之重新付诸行动。与其他科研方式相比，教育反思强调以教师自身的真实性为基础。正因为这一特点，反思可以成为每一位教师的基本研究行为，可以在教师群体中广泛推广。

（二）反思以探索教师行动意义为目的

反思是以自己的教育活动为思考对象，以自己为研究工具，进而对自己的行为、决策及其结果进行审视和分析的一种研究范式。它所追求的是对教师行动意义的探索，强调"在教育中，通过教育，为了教育"。在进行反思时，教师并不是以专业研究者的身份，而是以教师的职业角色和身份对自己遇到的问题进行研究，也就是做的是自己的研究，研究的是自己的教育教学工作。教育反思把行动与研究和谐地统一在教学过程之中，体现出行动研究的"通过教育"研究教育的特性。教师进行反思的动力来自于对高效、优质教育的追求，来自于自我成长的需要,其目的是为了改善自己的教育教学工作,而不是为了发现或贡献原理性的知识和体系。

(三)反思架起教育理论转化为教学策略的桥梁

现在,提倡教师的反思,就是试图在理论与实践之间架起一座桥梁,让教师在实践中把教育理论内化为自己的自觉实践行为。因为,教师的反思是一种为改进自己的教育行为而进行的反省、思考和探索,是一种从实践到理论的研究,即从教育教学实践中发现的问题或自认为有研究价值的问题出发,不断地分析问题、解决问题,在学习间接经验的基础上,将普遍性的知识真正内化为自己的知识、经验和理论,从而实现自身行为的改进和提高。有关研究表明:通过写反思日记,近一半的教师提高了自身的理论水平,"能够深入思考教学中的理论问题,使自己不断学习新的知识,从而提高理论水平";"从大的方面来说,是促使自己形成一种大教育观,站在理论的层面去看待教学活动,从而跳出了'小我',着眼'大我',使理论和实践相结合"。

四、反思策略的运用

(一)在活动的不同阶段亲身感受反思的过程

1. 活动前后的不同反思

说到反思,我们更多想到的是活动后的反思。其实,活动前的反思是活动后反思的基础,有活动前的充分思考作铺垫,不仅活动中和活动后的反思方向明确、广泛深入,而且活动的整体水平也会提升。教师应坚持在每次教学活动之前做深入地思考,包括:选材的理由?为什么采用这些教育形式?为什么选用这些教育手段?为什么活动环节这样安排?等等,在活动后静下心来认真反思,包括对活动中教师行为的评价及今后行为的预想两方面内容,并将活动前后的不同感受用"教育案例"的文字形式记录下来。

【案例5.9】

活动前的反思——"老师,他的心不跳了"

孩子升入大班后,对事物充满了好奇与探究欲望,这次活动《奇妙的心跳》就是我精心设计、想引导孩子深入探索的一次尝试。由于这次活动有我帮带的年轻教师来观摩,事先我做了比较充分的准备,想达到令我和观摩者都"满意"的效果。

活动一开始,孩子们表现得非常踊跃,对"人的心脏会动吗?""你是怎么知道的?"等问题很感兴趣,争着发表自己的见解。看到这么热烈的"开场",我也很兴奋,马上引导着孩子进入第二个活动环节:"我们来测一测小伙伴的心脏是怎么跳的?"

我拿出了准备好的听诊器,分发给孩子,教给他们使用的方法,又教他们用手按压手腕处,测脉搏跳动的方法。一分钟不到,王×伟小朋友首先叫喊起来:"老师——他的心不跳了?!"接着,孩子们纷纷大声叫嚷:"老师——我测不着!""他的心没跳!"……一时间,教室里乱成一团,孩子们纷纷站了起来,向我寻求帮助……

怎么会这样?活动前我明明在自己和同事身上做了实验,怎么会出现这样的结果?

我深吸了一口气,定了定神,把孩子们安抚回座位上,走到他们面前,想寻找原因。突然,我发现,原来使用听诊器时,一些孩子没有把听筒放到正确的位置上,造成听不到声音。测脉搏时,有的孩子按压的位置不对,也造成摸不到。我逐个讲解后,一些孩子测到了心跳,兴奋地向我汇报,可仍有个别孩子就是测不到。于是,我问他们:"你们有什么办法能测出心脏在跳呢?"一泽小朋友马上说:"我把耳朵贴到他的胸上,能听到!"很多孩子纷纷把耳朵贴到了小伙伴的胸前,梁×祁、都×文等几个孩子干脆把外衣脱了下来。我也把耳朵贴在离我最近的梁×鸣的胸口上,在他瘦小的身躯前,我听到了强有力的"咚咚—咚咚"声。

很快,孩子们兴奋得议论起来,有的说是"扑扑"声,有的说是"咕咚"声,在记录心跳次数的过程中,毛毛问我:"为什么萧萧和环宇的心跳不一样呢?"这也正是我要问他们的问题。于是,我就势引导孩子展开了讨论,还让他们亲自感受短暂运动后自己和小伙伴心脏跳动的变化。不用我再总结什么,孩子们在交流中都说:"跳的时间太长,心有些难受!""我以后不总乱跑乱跳了,要不心脏就跳得太快了"……就这样,活动在意犹未尽中结束了。

在长出一口气的同时,我陷入了深深的思考中,这次活动是"成功"了还是"出现败笔"了呢?如果按照过去的课程要求,它不够完美。但是用新的教育观来衡量,我认为这是一个我和孩子共同学习的过程。在准备活动时,我可能考虑更多的是"知识点",是让孩子知道"这是什么"。但在实践过程中,在我和孩子共同面对疑问、解决困惑的过程中,"知识点"变成了孩子兴趣、态度、质疑、合作、迁移、创新等这些有助于其终身发展素质的培养。这次活动虽然出现了意外,但它给予孩子的不是少了而是多了,同时也帮助我挣脱了"狭义知识"的束缚,加深了对"知识传承"广义上的理解,同时加快了自身成长的步伐!

在案例《老师,他的心不跳了》中,由于"我"在活动前做了精心的准备,并在自己和同事身上利用听诊器做了试验,满以为会顺利地进行,但在活动中孩子们由于按压位置不对测不出心跳,这次活动前后不同的预想与结果,使"我"有了深刻的反思也正是因为有了活动前的深入思考,才使得活动后的反思更具有启发性和实效性。

2. 活动中的反思

在活动中教师随时观察幼儿的表现,思考自己行为的适宜性十分重要。教师在活动中做一个自始至终的思考者,随时对自身的行为进行监控。

（1）"即时反思"

即时捕捉、观察、记录教育活动中值得反思、值得研究的真实事件，其过程本身就是对教育活动予以概括、反思和再理解的过程。在活动后及时进行自我反思，来审视自己是否达到了预定的教育目标，在活动过程中是否有不理想的地方，并针对问题和不足予以调整和改进。在活动中经常借助照片、幼儿作品等记录教师对某个教育教学问题解决过程，甚至是一些尚未解决的问题，发掘教育教学行为的价值和意义，与自我进行专业发展对话。

【案例 5.10】

小小生日会

《小小生日会》是我们大四班的特色活动，每隔一段时间就会有小朋友带来蛋糕，其他孩子会带来亲手制作的礼物，和过生日的小朋友来分享蛋糕，这似乎已经成了一种习惯……

一次，佩森过生日，她妈妈一大早就送来了一个大大的蛋糕和照相机。小朋友都想看看，佩森神气地说："你给我带礼物了吗？没带我可不给你吃！"生日会开始了，带礼物的孩子一个个地来向他赠送生日礼物，并送上祝福的话，佩森高兴极了，嘴里不停地说着："谢谢、谢谢……"轮到佳美了，她小心翼翼地凑到佩森面前："祝你学习进步！"佩森没有吱声。我问他："一会儿你请她吃蛋糕吗？"佩森为难地说："可是她没带礼物啊！""非要得到礼物才能送给小朋友蛋糕吗？她的祝福不就是最好的礼物吗！"看到佩森不情愿的样子，我建议，请其他班的小朋友也来参加生日会。一会儿，大二班的小朋友来了，大家一起为他唱起了《生日快乐歌》，在温馨亲切的气氛中，我鼓励佩森亲手切下蛋糕，送给小伙伴们，请大家一起分享生日的快乐。佩森高兴地去做了……

一幅幅生动的照片真实地再现了当时的教育情景，记录了我对活动中出现问题的解决过程，也使我对活动设计、效果进行了反思：当生日会成为一种习惯时，孩子们的思维也有一种定式：用礼物换蛋糕。我的初衷是通过鼓励孩子带礼物加深同伴间的情感交流，但同时也强化了等价交换的观念，我及时改变了做法，在这以后的生日会中鼓励幼儿真心祝福、节目奉送，让孩子感到"分享"是不讲代价的，"送出"也是一种快乐！

（2）"持续反思"

教学反思应该是系统化的，通过运用反思策略持续地进行反思实践，就能在一段时间后悟到自己教育观念上的变化，在教学行为中有所进步。教师应坚持进行"个案观察记录"、"区域活动观察记录"，通过对个别幼儿一段时间的观察、记录，反思自己的教学行为，适时调整与修正。

【案例 5.11】

豆豆个案观察记录

班级里最近增设了"动动区",里面投放了一些自制的拉力器、跳舞毯、高跷等。我发现小女孩豆豆对这个区特别感兴趣,一个早晨就掌握了"踩高跷"的技巧。

在这之后,我连续观察她,发现她在每次区域活动中都进入这个区,即使小朋友召唤她也不出去。如果在以前,我会立即想办法引导她进入其他区,以免发展的不平衡。但这次我决定多观察一段时间,我发现她每次都能在玩法上有所进步:先是双脚协调走路、接着踩高跷跳、后来居然能踩着高跷玩"快乐跳毯"。在第十一天时,我注意到她虽然进入了"动动区",但踩着高跷后,满教室走了起来,后来索性站在美工区前看小朋友用牙签画蜡笔画。我意识,此时我介入的最佳时机。我轻声地询问她:"豆豆,愿意帮魏老师整理这些工具和废纸吗?"她很痛快地答应了,放下高跷,工作起来,不一会就参与到了蜡笔画的制作中……

正是由于持续的观察和反思,在获得了来自孩子大量真实、具体的信息后,我在反省以往自己教学行为的基础上,做出了准确的判断,用行为暗示达到了教育的效果。在这一过程中,我是一个自始至终的思考者,反思自己行为的适宜性,并随时对自身行为进行调整。

3. 活动后的反思

活动后静下心来认真思考,显得尤为重要。即使活动中有了思考和调整,活动后仍需要进一步反思。活动后的反思包括对活动中教师行为的评价及今后行为的预想两方面内容。

【案例 5.12】

语言区变"活"了

早晨,孩子们陆陆续续来园了,三三两两地进入到各个区域内,我又一次走进语言区,想看看孩子们的活动情况。我们老师都有这样的感受:区域活动强调个别化的操作,由于老师要照顾到全体,所以不容易在一个区长时间地停留,也无法对个别阅读进行长时间地、有效地指导。但是语言区是每个班级中必有的基本区域之一,特别是进入大班以后,为幼儿创设这样一个以促进语言发展为明确指向的区域环境,对孩子无疑有很大的意义。所以不论空间条件或物质材料的优劣,我们总会在图书架上陈列若干本图文并茂的幼儿读物、一台录音机、一些故事磁带、一些识字卡片等。

但是,我发现今天的语言区里只坐着梁×鸣一个人,他拿了一本《幼儿智力世界》翻看着,翻了几页就没兴趣了,转头又拿了一本,这样反反复复,看了几本后,他站起身来,走出了区域。这时婉泽进到了活动室里,我迎过去问她:"想去哪个区?去看看书好吗?"她犹豫了一下点点头,我陪她进了语言区,她选了一本《白雪公主》要我给她讲。正听得津津有味时,张雷的妈妈站在门口招呼我,我起身对婉泽说:"自己先看看,一会儿老师就过来。"可当我接待完家长,回到语言区时,发现婉泽已经跑到美工区去了,这之后再没有一个孩子进入这个区……这个漂亮的角落为什么变得这么冷冷清清,成了"摆设"?怎么样才能让语言区"活"起来呢?

我开始不断地思考这个问题,并查找了相关的资料,意识到问题的关键在于:语言是在孩子与环境的相互作用中发展的,应着重为孩子创造"使用语言"的环境,让他们在这一过程中得到乐趣和成长。但是,频繁地更换语言区的环境材料,既浪费物力又会耗费教师大量的精力。在反复的思考中,我想到了语言区中的"录音机",对语言区进行了调整。

我先是尝试着,选择一些孩子喜欢的图书,如《三只小猪》《灰姑娘》《哪吒传奇》等,将与图书内容相对应的故事或儿歌事先录好,投放到区域中,让幼儿边听边看,理解图书中的内容。如果是多篇内容,在录音机中相应的地方就会有所提示,如语音提示"请向后翻一页"、"请翻到第××页",或信号提示:在需要翻页的地方录上铃声,这样孩子就能很容易找到正在讲的那部分内容了。我还将图书的顺序打乱,让孩子们边听内容边找出相对应的画面,这样大大地激发了孩子们的阅读兴趣,不仅训练了他们听的习惯,而且提高了理解能力。当然,在孩子阅读到一定页数后,录音机里就会发出我的鼓励声:"你真棒!""继续努力!"孩子们听后更喜欢阅读了。

随着孩子语言表达能力的不断进步,他们逐渐能较连贯地说一段话、朗诵一首诗歌、讲一个完整的故事,这时的录音机就成了他们展示自我的一种工具。在语言区里,我经常让孩子把自己准备好的话录下来,在集体活动中放给大家听。记得一次语言活动中,孩子们仿编了一段诗歌。为了进一步抒发诗歌优美的意境,调动孩子相应的情感,我特意选取了一段幽静、舒缓的音乐,带着孩子们进行配乐诗朗诵。当时,我觉得他们的创作很有意思,就拿来录音机,把他们的即兴"作品"录了下来。我告诉他们:"录音机就放在语言区里,以后谁想听就可以去。"

之后我发现,孩子们经常跑到语言区,围成一团,饶有兴趣地、一遍一遍地倾听录音并加以评论:谁的声音太小了;谁说得太快,跟音乐和不上了;谁和谁说的一样了……孩子们在相互倾听之后,进行了二次创作,朗诵的节奏、韵律有了明显的提高,他们更爱主动表达了!现在,语言区中有了越来越多的小小的身影,在"录音机"这位"老师"的帮助下,孩子们越来越喜欢这个区域了,因为这位耐心的"老师"什么时候"说话","说"几次,完全由孩子们掌握;学习的时间、速度也完全由孩子自己控制。

在欣喜之余,我深切地感受到:充分挖掘一个区域的教育功能是很重要的,这样既能让教师摆脱频繁更换材料的状况,又能使老师把更多的精力花在观察分析孩子的操作活动上。一开始的语言区之所以"活"不起来,基本的原因就是语言区的环境无法引发孩子与之产生有效的语言交流。而通过情境对话的设置,让"录音机与人"互动起来,等于给孩子创造了一个互动的语言世界。同样,在跟磁带"老师"读书的过程中,孩子与磁带"老师"也有了一定的语言交流。正是由于我意识到语言交流在孩子语言发展中的重要性,改变调整了原来语言区的活动设计,使得语言区的设置与指导更符合孩子语言学习的特点,原先冷清的语言区才变"活"了!

虽然取得了良好的效果,但是我的思考还在继续,如果深入地从语言交流的双向性、从区域活动中幼儿的主体地位角度来看，还有一些需改善的地方，比如幼儿使用语言的机会还不够充分，表现在以幼儿为主要一方的语言交流的机会较少。那么，如何多提供一些孩子主动表述的机会，是语言区从形式到内涵都真正变"活"，是我今后进一步调整、完善语言区设置时需要加以解决的问题。

（二）寻求"反思共同体"

其实，教师的每一种反思都是增强自身积累，是为了促进自己的专业成长。但是，毕竟每个人的力量是有限的，如果教师的教学反思能得到同伴、领导甚至专家的帮助和支持，得到更多层面的展示，会有助于教师进一步提高。

1. 成立"反思交流教研小组"

教师对在活动中所做的记录先自行解读和反思，然后将有一定讨论价值的教学反思，在教研小组范围内交流，引发反思者和大家的思想交流，反思者集合他人的智慧进行再反思和研究。

年轻教师可先与骨干教师结成对子，针对自己执教的活动，倾听骨干老师的想法、建议，从不同角度审视、反思自己的教育行为；或与其他教师结成"反思共同体"，就自己比较困惑的实践问题展开研讨，引发大家的思想交流，之后将他们的智慧与自己的思考相结合，进行再反思和研究。

2. 学习过程中的反思

反思的流程可以概括为：回顾教学——分析得失——查出原因—寻求对策——以利后行。因此，要加强教师之间的交流，聆听同行或专家的讲课，借他山之石来攻己之玉，借鉴别人的教学机智和教学艺术，体现于令人叹服的教学细节处理技巧中，课后再将自己在听课中最重要的收获、看法梳理出来，从而寻找到适合自己的经验知识。

【案例5.13】

只帮两笔

第一次用棉签画小草，总有孩子下不了手。"老师，我不会画。"天天在一边轻声地说。看到老师还没过来，他又讲了一遍。我来到了他身边："试一试吧。""我不会。"天天说着依然没有动手，两眼盯着老师看。"我们一起来画。"天天听了我的话拿起棉签看着我。我蹲下来，抓住他的手放在画纸上，一边和他一起画，一边说："就这样，从下往上，一棵小草，换个地方，从下往上，两棵小草，再换个地方。"我和他一起画了两笔，再换个地方后，松开手，天天迟疑了一下，画了第三笔。然后看了看我停了下来。"真好，你自己画了一棵小草，很好看，就这样再画吧！"天天看看画纸，看到我还在身边，继续画了起来。一笔，两笔……他画得很慢，线条有点歪。我轻轻走开了，天天没有再叫老师，一个人画好了小草。配班老师看到了问我："我看到你随便帮他画了两笔,他就会了。可是,我帮天天画了好多笔,他还是不会。"

只帮两笔似乎有着魔力,记得有一次我在研讨观摩活动时,也是碰到了这样的孩子求助,忍不住上去,一边说一边帮了两笔,这个孩子在我的引导下也大胆地画了。细心观察的观摩老师提出"为什么只帮两笔他就会"的问题,这也引起了我的思考。

细细分析,"只帮两笔"体现的是一种教育理念,体现教师对孩子的关注和理解,在适当的时候给予孩子适当的支持,又给予孩子一定的空间,鼓励孩子大胆地活动。其实孩子的"不会画"里面包含着许多原因,有不想画,有不敢画,有确实不会画。教师要了解问题背后的具体原因,依据孩子的特点提供适宜的支持。在活动中,我和他一起绘画的同时,用行动和语言相结合的方法讲述绘画小草的要领,这是符合小班孩子的思维特点,也是给孩子的学习提供了支持。同时,教师在帮了两笔后松手陪他画了一会,让孩子感受到教师对他的关注和信任,也获得了心理支持。教师的循循善诱让孩子感受到被尊重、被理解,呵护了孩子的自尊,让孩子拥有了独立作画的勇气。

虽然只帮了两笔,但是,教师是真切地尊重并关注孩子的需要和发展的可能,深入孩子的内心,引导孩子积极主动地活动,是幼儿在先,教师在后;了解幼儿在先,选择自己的工作在后;关注幼儿表现在先,决定自己工作在后。在美术活动中可以"只帮两笔",那么,在体育活动中是否可以和孩子一起只做两下?在语言活动中是否可以和孩子一起只说两句?

综上所述,反思是教师个体内部的思考活动,是否思?思什么?思到什么程度?完全依靠反思者的态度和责任感。要提高对活动实施反思的有效性,可以从五个关键点出发:

反思对象:教师自身的教育行为

反思问题:这些行为适宜还是不适宜

反思重点:为什么适宜还是不适宜

反思结果:对适宜的行为做出总结和提升,在实践中加以巩固和发展,对不适宜的行为找出症结,在实践中加以调整

反思落点:幼儿发展

教师通过有价值的反思促进自我行为的改进和重塑,从而帮助自己实现教学的不断创新,加快专业化成长的步伐!

思考与练习

1. 你认为影响幼儿园教育活动实施的因素有哪些?请举例说明。
2. 教师应更新哪些重要的教育观点。
3. 尝试结合实践进行观察记录或个案分析,并寻找相应对策。
4. 幼儿园教育活动反思有哪几种类型?结合实例撰写教育反思。
5. 对幼儿园教育活动的评价应着眼于哪些方面?结合一次具体活动进行相应的评价。

第六章
Chapter 6

幼儿园的环境创设

【本章学习提示】

《纲要》明确指出:"幼儿园应为幼儿提供健康、丰富的生活和活动环境,满足他们多方面发展的需要,使他们在快乐的童年生活中获得有益于身心发展的经验。"幼儿园是幼儿主要的生活和活动的地方,幼儿园环境直接影响着幼儿的健康成长。本章主要论述幼儿园环境创设的基本理论、幼儿园室内外环境创设的原则和方法,以及幼儿园区角的创设方法。

【本章学习目标】

1. 幼儿园环境的概念、分类及创设的原则;
2. 幼儿园室内外环境创设的原则和方法;
3. 幼儿园区角创设的途径与方法。

第一节 幼儿园环境创设的基本理论

一、幼儿园环境的概念及分类

(一) 幼儿园环境的概念

在幼儿园,随着对《规程》《纲要》的理解和贯彻不断深入,环境创设愈来愈引起园长和教师的重视,对幼儿园环境的认识也愈加深刻,并形成了一些共识:"环境是教育资源""环境是隐性课程""环境是幼儿的第三位老师"等。

《纲要》中指出:"环境是重要的教育资源,应通过环境的创设和利用,有效地促进幼儿的发展。"美国学者杰克逊在《教师生活》一书中提出:"隐性课程是指不通过直接教学对学生产生潜移默化影响的因素。"所以,环境当然是隐性课程。还有风靡全球的意大利瑞吉欧教育工作者认为,班级里除两位老师外,环境就是幼儿的第三位老师。从而我们得出"环境是幼儿的第三位老师"的结论。

广义的幼儿园环境是指幼儿园教育赖以进行的一切条件的总和。包括幼儿园内部环境，又包括园外的家庭、社会、自然、文化等大环境。狭义的幼儿园环境是指幼儿园内幼儿身心发展所必须具备的一切物质条件和精神条件的总和。物质环境主要包括教学设施、生活设施等有形的物质，精神条件主要包括文化环境和心理环境，其中集体氛围、活动气氛、师风园风等可归于文化环境，师幼关系、教师的教风和人格特征可归为心理环境。

环境作为一种重要的教育资源，幼儿园的空间、设施、活动材料和常规要求等应有利于引发、支持幼儿的游戏和各种探索活动，有利于引发、支持幼儿与周围环境之间积极的相互作用。幼儿园环境既有保育的性质，又具有教育的性质。幼儿园环境创设，主要是指教育者根据幼儿园教育的要求和幼儿身心发展规律、需要，充分挖掘和利用幼儿生活环境中的教育因素，并创设幼儿与环境积极作用的活动场景，把环境因素转化为教育因素，促进幼儿身心主动发展的过程。

（二）幼儿园环境的分类

对幼儿园环境进行分类有助于我们更全面细致地认识其内涵。下面我们从多个维度对幼儿园环境进行分类：

①从幼儿活动的形式来分，幼儿园环境分为语言环境、运动环境、劳动环境和游戏环境等。

②从幼儿的生活、安全、活动和交往的需求来分，幼儿园环境包括生存环境、安全环境、活动环境和交往环境。

③从幼儿园强调保教结合，保教并重这一特点来分，幼儿园环境应当分为保育环境和教育环境。

④从幼儿园课程的结构及特征来分，幼儿园环境包括物质空间环境、组织制度环境与文化心理环境。

⑤从幼儿园活动空间的角度来分，幼儿园环境可以分为室外环境和室内环境。

⑥从幼儿在园一日活动的主要类型来分，幼儿园环境可分为生活活动环境、游戏活动环境和学习活动环境等。

如果将幼儿的活动再具体化，幼儿园环境可划分为若干种更微观的环境。如游戏活动的环境可分为户外游戏活动的环境和室内游戏活动的环境。两者还可以细分，如前者可分为玩沙玩水区环境、体育活动区环境等；后者又可以分为角色游戏环境、表演游戏区环境、结构游戏区环境、认知活动区（如阅读区、数学区、科学区、音乐区、美术区等）环境，等等。

⑦从幼儿园环境的组成性质来分，可分为物质环境和精神环境两大类。

广义的物质环境是指对幼儿园教育产生影响的一切天然环境与人工环境中物质要素的

总和,包括自然风光、城市建筑、社区绿化、家庭物质条件、居室空间安排、室内装潢设计等。狭义的物质环境是指幼儿园内对幼儿发展有影响作用的各种物质要素的总和,包括园舍建筑、园内装饰、场所布置、设备条件、物理空间的设计与利用、各种材料的选择与搭配等。

广义的精神环境泛指对幼儿园教育产生影响的整个社会精神因素的总和,主要包括社会的政治、经济、文化、艺术、道德、风俗习惯、生活方式、人际关系等,狭义的精神环境指幼儿园内对幼儿发展产生影响的一切精神因素的总和。主要包括教师的教育观念与行为、幼儿园人际关系、幼儿园文化氛围等。

二、幼儿园环境对幼儿的影响

(一)健康、丰富的生活和活动环境,可以满足幼儿多方面发展的需要

环境是人类赖以生存、发展的大背景,是物质社会、心理条件的总合。幼儿园环境是幼儿成长和发展的资源,是对他们进行全部教育活动的物质基础。幼儿对环境的选择带有明显的倾向性,他们喜爱熟悉的环境,常常对不熟悉的环境产生陌生、害怕感。适宜的环境对幼儿的认知活动起到良好的启发、引导作用,能够激发他们去尝试、探索、思考,从而自然获得,使其语言、交往认知、动手操作等能力得到相应的发展,智力水平会得到相应的提高。可见,为幼儿创设一个喜爱的、适合其身心发展的环境,不但能激发幼儿的兴趣,调动幼儿的主动性和积极性,更能使幼儿获得用其他手段难以达到的效果,从而促进幼儿整体的和谐发展。

(二)幼儿园环境对幼儿发展具有特殊意义

幼儿的成长离不开环境,环境对幼儿发展的影响是极其深远的。我国古代对此就有精辟的论述。如"近朱者赤、近墨者黑",就是强调环境对人的感染作用。又如"孟母三迁"的故事说明培养人才要重视环境的选择,古代教育家颜之推认为,环境是通过潜移默化的方式对幼儿产生影响的,而这种影响是深远而持久的。瑞士心理学家皮亚杰认为,人的潜力行为就是适应能力,环境是幼儿发展最重要的因素之一。所以说环境对幼儿的发展作用是重要的,不可替代的。

幼儿园是促进幼儿身心发展的一个重要场所之一,对幼儿具有特殊的意义,对于3~6岁的幼儿来说,他们不具备成人对环境所具有的那种选择、适应、改造等能力,决定了幼儿对环境具有广泛的接受性和依赖性,创设一个科学的幼儿园教育环境就显得更为必要。幼儿园环境创设的目的,有利于用环境对幼儿进行生动、直观、形象和综合的教育,让幼儿参与和利用环境,对幼儿进行全方位的信息刺激,激发幼儿内在的积极性,让幼儿直接得到一种情感体验和知识的启迪,从而促进幼儿的全面发展。

三、幼儿园环境创设的原则

幼儿园环境创设的原则,是指教师创设幼儿园环境时应遵循的基本要求,这些要求是根据幼儿教育的原则、任务和幼儿发展的特点提出来的。

(一)安全卫生的原则

保护幼儿的安全健康,是幼儿园的基本责任。因此,幼儿园环境的安全,主要应通过环境的创设,积极主动地消除环境中可能存在的不安全因素,如电线、开关、插座、消毒液等应放置在幼儿伸手不可及的地方。所种花草既要漂亮,又要无毒、无危险,比如夹竹桃、仙人球之类就不宜在幼儿园种植。室内、寝室要安装紫外线灯或随时用消毒水消毒。电器、电线布置要合理,用电插销不能离孩子的床铺太近。一些"三无"塑料玩具也有安全上的问题。冬天为避免暖气片可能导致的烫伤事件,应在暖气片外装上防护装置,这样既消除了环境中的不安全因素,又美化了环境。

(二)经济实用的原则

幼儿园环境创设要坚持低费用、高效益的经济性原则,勤俭节约,因地制宜,充分利用现有资源,就地取材。幼儿园的环境创设应考虑幼儿园自身的特点和条件,反对铺张浪费,要多使用废旧材料布置环境、制作玩教具。这一点不仅适合农村的经济条件,对城市幼儿园也有很重要的意义。在保证清洁、卫生的前提下,废物利用,一物多用,不浪费宝贵资源,不盲目攀比,不追求设备设施的高档化和园舍装修宾馆化。材料、玩具应当是经济的,有的昂贵的玩具玩法固定,又容易损坏,其实并没有太大的发展价值。而水、沙、黏土等自然材料以及各种废旧物资如果加以有效利用,是非常符合幼儿特点及活动需要的。如:可用瓦楞纸、废旧挂历纸等代替吹塑纸、绒纸;可用一次性纸杯、果冻盒做花篮、风铃等装饰节日环境;农村可用自然材料高粱秆、麦秸秆等装饰环境。

(三)教师与幼儿共同参与的原则

幼儿园是教师和幼儿共同生活的地方,幼儿有权参与和自己生活密切相关的幼儿园环境创设。幼儿园环境的教育性不仅蕴含在环境之中,而且蕴含在环境创设的过程之中。教育家陈鹤琴说:"用幼儿的双手和思想布置的环境,会使他们更加深刻地理解环境中的事物,也会使他们更加爱护环境。"环境创设特别是室内环境创设,应充分让孩子参与,征求孩子的意见。让幼儿参与设计、提供材料与作品、参与布置,然后利用环境进行幼儿的主动活动。虽然孩子参与环境创设比教师本人独立完成费时费力,但就其教育效果来说,更能够提高孩子的兴趣和创造性,增强其责任感和成就感,也有助于对幼儿进行爱惜劳动成果的教育。如布置教室墙面时,可让幼儿参与进来,布置"美丽的春天",让孩子们自己搓柳条、剪柳叶,把孩子们的绘画作品"小燕子"贴在天空,河里的小动物也是孩子们的折纸作品,红太阳可以用孩子们的小手印等。

(四) 与教育目标一致的原则

幼儿园教育目标是使幼儿获得有益于身心发展的经验,促进幼儿的全面发展。幼儿园是特殊的教育环境,为了充分发挥环境的教育功能,在创设幼儿园环境时,必须明确环境创设所要达到的教育目的,以教育目标为依据创设幼儿园环境。因此,在环境创设时要目标明确,与活动内容、活动计划相一致。幼儿园教育的目标是促进幼儿全面发展,那么在环境创设上对体、智、德、美几个方面,在健康、语言、社会、科学、艺术五大领域就不能重此轻彼。凡是幼儿发展、教育目标所涉及的领域,就应有相应的环境布置。另外,要把促进幼儿园全面发展的教育目标,落实到月计划、周计划、日计划及每项具体活动中,体现在所创设的环境中,形成系统的、系列的环境布置,促进教育目标的完成。如结合十月一日"爱祖国"主题活动,可让幼儿搜集祖国各地名胜古迹的风景图片贴在墙上……

(五) 与幼儿发展相适宜的原则

幼儿园的环境是幼儿的生活环境和学习环境,不同年龄阶段的幼儿身心发展存在着年龄差异,因此必须反映幼儿身心的水平和特点,通过不同层次的环境和不同的材料来达到教育目的。环境创设应适宜于幼儿年龄特点和个体差异,使每个孩子都有可能在其中获益,在原有水平上得到应有发展。即使是同一年龄段的幼儿,在感觉、兴趣、能力等方面也存在很大差异,教师要注意到这些差异,适应这种差异。好奇、探究是幼儿的天性,如果环境布置总是一成不变,不仅不能给孩子以新鲜感,久而久之也会使孩子的主动性、积极性随之下降。如为了提高幼儿动手能力,小班教室环境可布置一列"火车",引导幼儿学习扣扣子,每节"车厢"学一种系扣子技能;中班可提供"穿线板",幼儿可根据自己的意愿,大胆想象,穿出不同形象;大班让幼儿学习"编辫子"等。幼儿在操作材料的过程中,提高了动手能力,同时操作材料能引发幼儿操作和符合相适宜的教育目标和内容。因此,创设新鲜的、动态的环境是与幼儿发展相适宜的。

(六) 突出个性特色的原则

幼儿园环境创设要结合各自班级和园所的不同特点,选择不同的内容、不同的角度、不同的方法,每个班级的环境创设,都应该有教师自己的个性在里面,切忌千篇一律,千园一面。可以充分发掘地方蕴藏的课程资源,发挥教师个人的聪明才智,突出地方特色和教师特色。尤其要对幼儿进行爱祖国、爱家乡、爱劳动的思想品德教育。

(七) 文化折射的原则

幼儿园的环境应呈现出当地的文化风情,材料器具的使用以及呈现在墙面上的装饰,都可以体现出幼儿园所处地域的风土人情以及地方特色。如大班教师利用家乡哈尔滨所具有的独特冰城韵味,开展了主题教育活动"美丽的哈尔滨,我爱你"。班级内每一件具有哈尔滨文化特色的东西都源自于幼儿及家乡的收集,大列巴面包、里道斯红肠……这些材料营造了一种独特的班级文化氛围。

(八)合理安排时间的原则

幼儿园应该为幼儿提供一个安静、不急促的活动步调,一种安全、自尊和解决问题的环境,正如马拉古奇说的:"我们必须尊重成熟的时间、发展空间、使用工具的时间和了解工具的时间,以及幼儿能以全面的、或缓慢的、或丰富的、或明亮的发展,这些时间是文化智慧与生物智慧的一种测量方式。"

(九)尊重使用者原则

环境的创设应透露出对使用者——幼儿、教师、家长的兴趣、需求和能力的尊重态度。作为教育工作者的我们,在进行环境的创设时应不断地询问自己:幼儿需要什么样的环境?这样的环境便于幼儿的探索活动吗?我们教师在怎样的环境里更能有效地倾听幼儿、帮助幼儿、记录幼儿?家长对环境又有什么要求呢?……

(十)平等和谐的原则

这一点主要指的是幼儿园精神环境的创建。精神环境创建的中心是建立融洽、和谐、平等、健康的人际关系。《纲要》在讲到幼儿园教育原则的时候提出:"应尊重幼儿的人格和权利,尊重幼儿身心发展规律和学习特点,保教并重,关注个别差异。"这里提到了两个尊重,一个并重,一个关注。实际上,幼儿的很多心理问题是从幼儿时期形成的,如孤独感、自卑感、攻击行为等。教师的态度和教育方式,团结、和谐的同伴关系,有助于形成幼儿安全、温馨的心理环境,形成他们健康的人格。尊重幼儿的人格和权利,就是把幼儿当成有思想、有个性的人,幼儿的身体是相对脆弱的,幼儿的心理同样是脆弱的,这就需要我们的充分尊重。教师的一个眼神、一个动作,可能都会对幼儿的心理产生巨大的影响,所以教师一定要时时提醒自己,不能轻易地批评孩子,不能过分地批评孩子。尊重幼儿身心发展规律和学习特点,就是说要从幼儿的特点出发,用幼儿能够接受的方式去教育孩子,教给孩子能够理解和接受的知识,不能搞小学化的东西。关注个别差异,就是说在教育上要因人而异,因材施教,特别要关注那些与众不同的孩子,比如少数民族、单亲家庭、弱智残疾、外来打工、心理障碍等方面的幼儿。

四、幼儿园环境创设中的问题

目前绝大多数幼儿园在环境创设上都存在着这样那样的问题,总地来说体现在五个方面:

(一)重观赏,轻教育

幼儿园环境固然要体现美观,但更重要的还是要有教育意义。很多幼儿园只图表面上的漂亮、花哨，而忽视了环境的文化内涵和教育意义，环境创设千篇一律，没有明确具体的目的，甚至有些环境设计由于色彩和内容的不适，引起幼儿烦躁不安的情绪。

（二）重教师，轻幼儿

环境创设教师动手多，孩子动手少；从成人角度出发多，从孩子角度出发少。往往是教师费了很大功夫，也花了不少钱，但对幼儿的影响却不大。

（三）重购置，轻创造

很多幼儿园，特别是经济条件较好的幼儿园，过分追求墙饰材料、教具玩具、室内设施外面买的多，自己做的少，成品材料多，半成品材料少，高档次材料多，废旧材料少。

（四）重静态，轻动态

环境创设中静止不动的多，活动的、可更换的少，往往是墙饰一劳永逸，幼儿作品一贴多年。

（五）重物质，轻精神

只看重幼儿园物质环境的创设，忽视了人际关系的建设，忽视了师德师风的培养，忽视了园风班风的形成。

造成这些问题的原因主要有两个方面：一是幼儿园教师没有经验，又缺乏幼教理论的指导。简单想到了一些办法，或者学到了一些皮毛，但对于幼儿园环境的作用没有深入地理解，只知其然，不知其所以然。这就需要多学习、多参观、多研讨，以提高创设环境的能力。二是懒得动手动脑，只想一劳永逸。有些幼儿教师不大热心于自己的工作，积极性不高，主动性不强，只满足于照本宣科，缺乏创新进取意识。这就需要通过各种活动增强教师的责任心、进取心，调动他们创造性地进行环境创设的积极性。

第二节　幼儿园室内外环境的创设

一、幼儿园室外环境的创设

幼儿园室外环境往往是幼儿走进幼儿园的第一感觉，同时也是一个幼儿园办园理念、教育理念的固态表现。幼儿园室外环境作为教育的大背景，具有预计性。为更好地完成其教育功能，就必须科学划分、合理利用空间。

（一）幼儿园室外环境的创设原则

1. 整体性原则

室外活动环境，是一个小空间、大自然，可以给幼儿提供丰富的、立体的、多层次、多角度的大教科书,可以满足不同幼儿的多种发展的需求。所以整体环境就变化中有统一,以能够达到自然和谐为最高境界。做到曲直搭配、高低错落、难易结合。在可利用空间中,设置成品、半成品及原始材料,为不同年龄段和不同发展层次、发展要求的幼儿提供可选择的余地。

曲直搭配:如各种跳格、跳绳、迷宫、奥尔夫音乐线、竹竿、竹梯、轮胎、桶、箱、绳、各类沙包、球类等。

高低错落:如地面、草坪、沙地、水池、大型玩具、攀爬墙、秋千、跳球等。

难易结合:这一点主要是教师根据幼儿情况灵活把握,从而做到因人而异、有的放矢,选择适合幼儿的活动方案。从而更好地促进幼儿身心健康的发展,提高幼儿的运动技能。

2. 科学渗透性原则

幼儿园的教育内容是全面的、启蒙性的,可以相对划分为健康、语言、社会、科学、艺术五个领域,也可做其他不同的划分。各领域的内容自成体系又相互渗透,从不同的角度促进幼儿情感、态度、能力、知识、技能等多方面的发展。为完成这一教育目标,在设计环境这一大背景的时候,就要考虑环境教育作用的相互渗透。教育幼儿知道必要的安全保健常识,学会保护自己,并且喜欢参加体育活动,使动作协调、灵活。通过有趣的体育游戏,引导幼儿喜欢参加体育活动,在活动中感到愉快,并在情绪愉悦过程中,完成各种动作技能及良好习惯的养成。如幼儿在攀爬区进行活动时,在活动中教师可以引导幼儿学习正面钻以及较自然、协调地爬,学习科学的运动方式,养成爱好运动的好习惯,并在攀爬中认识攀登设备,增长知识,提高能力。另外,幼儿在饲养角的活动同样可以渗透科学教育。在饲养角的活动中,可让幼儿亲自喂养动物,并在喂养进程中逐渐掌握喂养的技巧(以免受伤),从而培养幼儿的责任感。

幼儿在种植区活动中,可按班级分组也可自由编组,幼儿可参与种植、培养植物的活动,在活动中培养幼儿的合作意识和参与意识,培养幼儿兴趣及一定的劳动技能。

幼儿在日光区、绿荫区、沙池、水池的游戏,都可以从不同的方面渗透科学的思想和观念,使幼儿既能学习到科学知识,又能掌握从事科学活动的本领。

3. 区域划分合理性原则

当建筑空间与各项设备都完善以后,接下来需要考虑的便是如何将这些硬件设施与空间做合理的设计和布置。幼儿园若能有效利用空间,做好环境的设计,不但可以解决空间有限的困扰,同时美观的布置也能吸引幼儿的兴趣;而思虑周详的布置方式,也会相对减少幼儿的错误与破坏行为,并使幼儿养成良好习惯。一般来讲,幼儿园室外环境应包含以下功能区:种植区、饲养角、水池、沙地、大型玩具区、绿化区、攀爬区、运动区等。有些区域可以相互结合,如种植区与饲养角结合,水池和沙地可以共用,大型玩具和绿化区相结合等。这样既能保证各个功能区的正常发挥作用,又能尽可能地节约空间,起到事半功倍的效果。

4. 安全性原则

幼儿园的周边环境设施、室内外活动场地、大型玩具、室外其他玩具等是幼儿经常使用的物品，这些物品的安全与否直接影响着幼儿的身心健康。幼儿园在设计、购置这些设施时首先要考虑到它的安全性，其次是它的实用性，再次才是与环境的协调性和美观性。这是幼儿园室外环境设计的又一个原则。在安全性方面应注意设施所用的材料是否是无毒无味的，设施的设计是否存在安全隐患，设施在使用时是否方便老师帮助孩子。有一段时间很多幼儿园使用汽车旧轮胎作为孩子体育锻炼的设备，这种废物利用得好，但是忽视了一点，就是旧轮胎对孩子的健康是有不利影响的，长期使用会造成对环境的污染和对幼儿身体的伤害。因此，在幼儿园环境创设过程中一定要特别注意安全问题，这是环境创设中最重要的一点。

总之，幼儿园环境的创设原则，应以整体把握、合理划分、科学深透、安全使用为宗旨，开展丰富多彩的户外游戏和体育活动，培养幼儿参加游戏和体育活动的兴趣和习惯，增强体质，提高对环境的适应能力。用幼儿感兴趣的方式发展基本动作，提高动作的协调性、灵活性，培养幼儿坚强、勇敢、不怕困难的意志品质和主动、乐观、合作的态度，从而促进幼儿身心和谐、健康发展。

(二) 幼儿园室外环境的创设内容

1. 园门及外墙环境

园门是幼儿园给人的第一个印象，它的设计和建造具有一定的标志性，因此要根据幼儿园的特色，建造具有幼儿情趣的门。如有的幼儿园的园门设计成线条流畅、具有地方特色的装饰画；有的设计成色彩鲜艳、造型夸张的幼儿画；也有的制作成音符、乐器、调色板等形象，营造幼儿园的艺术气氛等，总而言之，园门和围墙的设计应体现幼儿园的特色，与幼儿园的整体环境和建筑风格相协调。

2. 户外走廊

户外走廊是连接户外环境和室内环境的通道，也是把进入幼儿园的人们的视线引向教学楼的重要地带，在户外走廊的设计上，可以在墙面上用幼儿画、卡通画布置，富有童趣；可以点缀花花草草，清新而自然；也可以设置橱窗，展示幼儿园教师、幼儿的风采等，总之，不管以何种形式设计，都应让人们在从门口到教学楼的这段路上有一种美的享受。

3. 户外绿化环境

幼儿园通过合理的绿化配置，运用植物的姿态、高度、花色、叶色等的变化，创造一个舒适、优美的乐园，使幼儿生活在美的环境中，受到美的熏陶，引起幼儿愉快的情绪体验，对幼儿身心的健康发展有着积极的促进作用。同时，优美的户外绿化环境对培育幼儿的审美意识具有重要的作用，从幼儿一踏进幼儿园大门的那刻起，就应该让他们能感受到幼儿园的环境美，仿佛置身于大自然的怀抱。

4. 活动材料

幼儿园室外环境中的活动材料包括传统的固定的室外活动器材(包括攀爬栏杆、旋转木马、跷跷板、秋千等)和教师与幼儿自制的活动玩具。在幼儿园的环境中合理安放活动材料能够不同程度上促进幼儿的健康发展。

(三)幼儿园室外环境的创设方法

1. 重视三维空间的充分利用

幼儿园的环境创设,要充分利用地面、墙面和空间,尽可能地多为幼儿提供接受各种知识或信息刺激的机会和条件,以促进幼儿的无意学习的能力,在幼儿园的一日生活中,不知不觉地接受熏陶,吸收知识。

①在地面上可画上各种图形、迷宫,涂写上颜色或写上数字、字母。增大幼儿接受信息刺激的机会和供幼儿游戏使用,并通过游戏巩固学过的知识或获得某方面的锻炼。如在地面上画上中国地图,通过跳房子等各种游戏形式,认识祖国辽阔疆土的区域划分和分布,培养幼儿的爱国情感。又如"跳花格"在不同的格子里分格涂上鲜艳的颜色并写上数字,帮助幼儿做辨色训练和巩固对数字的认识。

②空间布置是通过在空中悬挂各种幼儿喜爱的物品来实现的,例如中秋节的灯笼,国庆节的国旗、国徽等。

③墙面布置的作用除美化幼儿园外,还可开设操作区、自然风景区等,充分发掘可操作性的布置,并根据教育需要灵活更换用途或内容,以利于幼儿观察。如:把树叶、草、花、小动物模型,标本或图片布置在墙上,立体画面直观、生动、富有情趣,通过幼儿动手布置、观察,不但利于掌握四季的基本特征,又符合寓教于游戏中的原则。

2. 环境创设内容的全面性和系统性

根据幼儿无意注意占优势、好奇心强的特点,教师应为幼儿布置内容生动、形象、全面系统并与教育内容相适应的环境。

3. 注重幼儿参与创设环境过程的体验

幼儿园的环境一般都是由成人为幼儿提供的,幼儿处于被动地位,无法参与到环境布置中去,结果影响了幼儿的思维和创造性的发挥。所以,幼儿园应该注重为幼儿提供获取新知识经验、锻炼双手技能的好机会,这样不但可以使幼儿对自己亲自动手、动脑布置环境产生一种亲切感和满足感,而且会更加爱护珍惜环境,同时他们的成绩又得到鼓励,更能激发幼儿与环境的充分互动。尤其是活动区更应设计、提供符合幼儿年龄特点,与教育课程要求相适应的操作材料。材料和工具的摆放,要方便幼儿取放,培养幼儿玩后放回原处的好习惯。所以,教师应让幼儿参与环境创设，体验行为过程，在创设环境时，注意环境设计过程的指导，让幼儿在参与环境的过程中，不断锻炼、增长才干，发挥幼儿在环境创设中的主体作用。

4. 发掘潜力，创设接近大自然的环境

为幼儿植一片草地，种几棵树，铺一条蜿蜒小径，引一条潺潺小溪，更利于实现幼儿投入大自然怀抱的梦想体验，增添幼儿对大自然的情趣。一个小斜坡可让幼儿尽情翻滚，一片绿草可以供幼儿享受柔软刺激的乐趣，让幼儿在大自然的怀抱中随意坐、躺、爬、打、滚、享受阳光的沐浴。因此，幼儿园的户外活动场地的创设，就要充分挖掘场地的自然潜力，开辟一个可供幼儿翻滚、蹦跳、自由游戏的地方。户外活动环境的设计，要根据地区气候的特点，寒带地区要设有足够的挡风设备，多雨及热带地区要设遮雨的天棚或种植高大树木遮阳，园舍的建筑物位置的设计也应考虑挡风遮阳的问题。

（四）室外环境设计的评估

对幼儿园的室外环境的创设的评价的总目标只有一点，就是环境是否确实为幼儿的活动提供了帮助。具体的评估内容应包括以下几方面：

①大门的门前通道，是否为变向道？
②每位幼儿是否平均有2平方米的户外活动空间？
③户外庭院是否栽植花草树木，并避免假山、喷水等非自然的建筑物？
④园所附近是否有公园，提供孩子观察、探索自然环境？
⑤户外活动区的规则是否便于观察指导？
⑥户外活动的设施是否安全？是否有尖锐属物？地面是否为软性材料？日照区和阴影区是否均衡？
⑦是否有半开放、加顶的户外活动区，以利用雨天的户外教学活动？
⑧是否有供不同身体发展的幼儿使用的多种体能设备？
⑨是否有爬杆、平衡木、梯子等设备，供幼儿动作的协调发展？
⑩是否有一个户外储存室，使幼儿能自动取放可移动的运动器材？
⑪活动场地的排水是否良好？

二、幼儿园室内环境的创设

（一）幼儿园室内环境的创设内容

1. 室内的区角

幼儿园活动既要面向全体又要注重个别教育。要做到注重个别教育，分组的区角活动无疑是一种行之有效的教育方式，因为只有在分组区域活动中教师才能观察到每个幼儿不同的

智能情况,才能了解每一个幼儿不同的需要,才能为每一个幼儿提供必要的指导和帮助。因此,幼儿园环境创设中区角的创设对幼儿有着特别的意义,关于幼儿园区角的创设,为了避免内容上的重复,我们将在第三节详细介绍。

2. 室内的墙壁

墙壁是幼儿园环境中的一个重要组成部分,发挥着非常独特的教育作用。创设有利于幼儿发展的墙壁环境是幼儿教师的基本功。

(二)幼儿园室内环境的创设原则

1. 与教育目标一致的原则

幼儿园环境是幼儿园课程的一部分,在创设幼儿园环境时,要考虑它的教育性,应使环境创设的目标与幼儿园教育目标相一致。要注重环境为教育目标服务,应该考虑两点:一是环境创设要有利于教育目标的实现。幼儿园教育目标是促进幼儿的全面发展。在环境创设时对幼儿体、智、德、美四育不能重此轻彼。若教师不仅仅注重幼儿的认知活动,设置阅读、益智等区域,而缺少幼儿健康、社会、审美教育等环境,在创设发展幼儿社会性的环境时,只提供幼儿社会认知的环境,而对幼儿社会情感、社会行为发展的环境考虑很少等,都不利于幼儿的全面发展。二是依据幼儿园教育目标,对环境设置制作系统规划,在制订学期、月、周、日及每一个活动计划时,当教育目标确定后应考虑到为了达到这些目标,需要有怎样的环境与之配合?现有的环境因素中,哪些因素对教育目标的实现是有用的?可以利用?哪些环境因素是要创设的?需要幼儿家庭、社区做哪些工作?等等,应将这些列入教育计划并积极实施。

2. 适宜性原则

幼儿正处在身体、智力迅速发展以及个性形成的重要时期,有多方面的发展需要。幼儿园环境创设应与幼儿年龄特点和发展需要相适宜。幼儿天性好奇,有强烈的探索欲望,教师就应为幼儿创设问题情境,使幼儿能学习发现问题、解决问题,提高思维水平和动手能力。幼儿知识经验少,需要学习感性知识,如需要感知雨,就应给幼儿准备雨伞或雨衣、雨靴,下雨时,幼儿可以在雨中散步;需要感知春天,就应组织观察活动,让幼儿观察春天的动物、植物和人们生活、生产方式的变化;幼儿需要阅读,就应提供各种各样的图书,开阔他们的眼界。处于不同年龄阶段的幼儿,身心发展特点和需要表现出不同的年龄特征,即使同一年龄阶段的幼儿,其兴趣、能力、学习方式等方面都存在很大差异。因此,环境创设就应适应幼儿的这种差异。幼儿的身心特点和发展需要还会随着其年龄增长而发展变化,因此环境创设不是一次就可以完成的,它是一个设计→实施→修正→再实施→再修正的螺旋式发展过程。

3. 幼儿参与的原则

环境创设的过程是幼儿与教师共同参与合作的过程。教师要有让幼儿参与环境创设的意识,认识到幼儿园环境的教育性不只蕴含于环境之中,而且蕴含于环境创设的过程中。以往,幼儿园环境创设常常较多地由教师包办,即使有幼儿参与,也仅限于将幼儿的作品拿来作为环境的点缀;学期初,教师经常为了布置环境加班加点,而一旦环境布置好了,就认为大功告成,一学期难得更换一次,因而环境对于幼儿没有持久的吸引力。教师应将幼儿参与环境创设融入课程,以便对幼儿有针对性地进行教育。让幼儿出谋划策,人人都来承担自己的一份责任,真正发展任务意识、有目的地学习知识和技能的能力,以及分工合作、讨论、决策的能力和发现、解决问题的能力。

4. 开放性原则

开放性原则是指创设幼儿园环境,不仅要考虑幼儿园内环境要素,同时也要重视园外环境的各要素,两者有机结合,协同一致地对幼儿施加影响。利用开放的教育环境对幼儿进行教育,是教育者应该树立的大教育观。因为科学技术发展所带来的信息量给幼儿的刺激可以说是全方位的,幼儿的成长受到多方面的影响,因此,幼儿园不能关起门来办教育,脱离幼儿园园外环境进行园内封闭式的教育成效有限。例如,幼儿园要求幼儿学习基本的生活自理技能,有的家长却常常忘记了这个教育任务,幼儿在家自己穿鞋袜,家长认为孩子穿得慢,耽误大人的时间,于是包办代替帮幼儿穿上,孩子愿意自己做,说在幼儿园也是自己做的,家长却说:"幼儿园有幼儿园的一套,你这是在家里!"一句话说把幼儿园好的教育影响抵消了。面对外界环境的复杂影响,幼儿园应采取积极的态度,主动与外界配合,让家庭、社区成员更进一步了解幼儿园,使幼儿园教育获得家庭、社区的支持和配合,有针对性地对幼儿进行教育,同时,也促使家长和社区成员从教师那里学习到教育知识和技能,改善自身的教育观念和行为。幼儿园与家庭、社区合作的一般做法是:一方面选择、利用外界中有价值的因素教育幼儿,另一方面要控制与削弱消极因素对幼儿的影响。当然每个园、每位教师都有自己独特的做法,但重要的是要把与家庭、社区结合的活动纳入到幼儿园教育过程之中。如:请交警来园模拟操作,给幼儿介绍交通安全知识;让家长制作一盘反映幼儿一天典型生活的录像;带领幼儿参观附近市场、商店、医院、邮局等等。更为重要的是要摸索出一整套策略和做法,在幼儿园、家庭、社区之间形成长期、稳定的合作关系。

5. 经济性原则

经济性原则指创设幼儿园环境应考虑幼儿园自身经济条件,勤俭办园,因地制宜办园。我国近几年来经济发展速度较快,但由于人口多,底子薄,经济水平仍相对较落后,所有的幼儿园都应当发扬艰苦奋斗的精神,勤俭办教育,给幼儿提供物质条件时,应以物质条件对幼儿发展的功能大小和经济实用性为依据,如:图书架主要是放置图书,供幼儿阅读的,可取几根木条,做成可以放书的许多小格,钉在墙上,幼儿易拿易放,又不占地方,墙边再放几把小椅子,幼儿看书也方便。这样做,节钱少料实用,何乐而不为呢? 此外,根据本园需要出发,就地取材,一物多用,也能够少花钱,多办事,办好事。

(三)幼儿园室内环境的创设方法

1. 室内环境设计的基本方法

(1)布置的环境安全、易观察

幼儿园室内的物品首先要考虑到幼儿的安全,桌椅、橱柜的摆放位置和所放置的物品不能有尖锐的棱角,幼儿园的活动室分隔空间的柜子宜采用镂空的架子,并且不可超过幼儿的身高,除了使教师容易观察和监督外,也方便幼儿的取拿和放置。总之,室内的每一样东西都要考虑幼儿的安全,这是至关重要的。另外,为了让孩子能自我学习,为幼儿准备的环境必须是一个真实的环境,每一样东西都是真实可用的,并且以幼儿的视线所及、双手可取的陈列为原则。

(2)室内设施有秩序

秩序,不只是让每一样东西都有条不紊,陈设的顺序,也要考虑幼儿的接受程度,以及使用是否方便。如教具的陈列应具有结构性和秩序性,宜遵守由左至右,由上至下,由简单到复杂,由具体到抽象的原则。但绝不可僵化不变,必须以能方便地观察幼儿的内在需求和身心发展为依据。另外,优质环境中的秩序固然重要,但环境是具有生命力的,动态的,决不要僵化对秩序的要求,使环境成为静态的陈列室。

(3)布置一个简洁、温馨、自由的环境

幼儿环境的布置应以简洁为上,不需太过讲究,只要色调明亮、环境整洁,桌面摆瓶鲜花,就能散发出温馨的气氛,使孩子乐于置身其中,进而萌发维护环境的责任感。如果环境的设备、布置皆已妥善、完美陈列,幼儿却没有自由选择活动和反复练习的机会,则所有费尽心思的设计,便是徒劳。因此,自由与开放的学习环境,是适合幼儿成长不可或缺的环境构成要素之一。

2. 幼儿园室内墙壁的创设方法

在创设幼儿园室内墙壁的过程中,要真正发挥墙壁环境的教育价值,教师在创设墙壁环境时,既要注重墙壁的内容与课程相融合,又要在创设墙壁的过程中充分发挥幼儿的主体性,还要不断丰富墙壁环境中的内容和材料。

(1)创设理念

不是布置墙面,而是利用墙面,创设的墙壁科学、有效、实用、美观、有秩序。

(2)要求

①每一个版块要集中呈现(不要相同主题的内容分散在各个墙面上)。

②设计提示:把每一个小空间都看作是一个纸面,设计内容时要居中摆放,图片或作品间留出适宜的行距和间距(体现很强的设计感的同时,也为幼儿提供了感受美的环境)

③让墙面既有丰富的内容又有透气感(不要一面墙上满满的都是图片或作品)
④内容:作品、信息(图片、照片、剪报等)
⑤内容要随时调整更换(信息、主题、家长互动每月至少一次;幼儿作品每周至少1次)
(3)种类
●家园互动类(内容要集中)
▲课程展示
①课程目标、课程设置
②月、周、日活动安排
③每日活动开展情况
④家庭课程内容
▲通知栏:
需要家长配合或对家长的提示(如:海报、通知、评价表、登记表……)
▲教育沟通栏:
与家长围绕某个话题或者某个活动开展的讨论内容(让家长通过写反馈的形式展示。如:你怎样看待孩子在刚入园时的哭闹行为?你认为怎样处理更为适宜?你怎样看待孩子之间的打闹行为?你认为怎样处理更为适宜?你认为今天的活动孩子得到了哪些发展?……)
●班级管理类(集中)
▲轮流表:①值日生　②户外活动时间　③各种活动小组　④进入区角计划确认……
▲登记册:①点名册　②安全检查　③自备药　④送子车接送确认登记……
▲方便墙:①手纸搁放　②药品搁放　③为家长提供的便签纸和笔……
▲联系盒:①在籍册　②接送孩子委托书(这部分内容必须放在安全的地方,放在防止本班老师以外的人拿到的位置)
●主题墙
▲生成或预成的话题:以图片的形式展出(话题活动:季节、时事、家乡……)
▲每个版面上要有本版面主题的名称,这部分内容伴随孩子的学习过程不断地出现,直接与孩子的学习过程发生互动
▲每个月随教育内容的不同进行更换(至少一次)
▲空间使用:①教室墙面　②活动的折叠板　③临时摘下挂板式的信息内容
●成果展示类
▲作品展示内容:①绘画作品　②折叠作品　③泥塑作品　④涂鸦墙　⑤设计、制作的作品
▲提示:①绘画作品盒之间摆放得要密集。
②设计类作品可采取折叠板和墙面相结合的方式,也可以制作简易的展示台面,折叠类

作品可以与绘画作品共用一个作品盒。

③油泥作品可以采取封闭透明的盒子盛装,摆放时可以临时安顿地方。

● 信息互动墙(有条件的园所可以进行)

▲内容:人类、宇宙、自然现象、动物、海洋、科技成果、交通工具、民族、种族、食物、用品、生活标识、数学、色彩、文明行为、习惯……

▲展现方式:观察识别、建立联系、走迷宫、连线、对应、触摸猜测……

墙壁环境的展现方式多种多样,创设的过程中让幼儿在自由宽松的环境中,一面面墙壁就是师幼共同搭建的一个个"平台",孩子们把自己的所想、所知、所做都展现在这个平台上,而这个平台又为孩子们提供了持续发展的机会与天地。墙壁环境是为课程和教学服务的,是教育的延伸和深化。教师要有意识地引导幼儿主动关注并与之互动,帮助幼儿不断获得自身经验。通过教师敏锐地观察、适时地介入以及有效地引导,最大限度地发挥墙壁的教育功能。

三、室内环境的评估

在经过空间规划、设备安置与材料投放后,最好按照以下的评估项目,逐一评估。

①桌椅、鞋柜、教具柜等日常用品是否符合幼儿的身材、尺寸?是否具有易清洗、擦拭的特性。

②窗户的高度是否能让幼儿看到户外?

③空调、采光的设备是否完善而不致影响幼儿身心发展?

④盥洗室中的洗手台、马桶是否符合幼儿的身材?数量是否足够使用?

⑤全园是否有一大空间以足够容纳幼儿进行集体活动?

⑥教室的地板是否适合幼儿坐卧?

⑦是否具备丰富区角?各区是否提供了适量、适龄的教具和玩具?其区隔活动线是否明确、顺畅?

⑧各区教具是否井然有序而且不拥挤地用托盘或篮子陈列在教具柜上?

⑨各区所陈列的教具,幼儿是否随手可拿取并知道如何归位?

⑩是否有自制的符合本土化的教具、学具?

⑪教室内是否有一个能让孩子安静独处的地方?是否购置了大靠枕或软垫?

⑫是否设有符合幼儿使用的清扫用具(包括防水网兜)并具备明确清楚的放置位置?

⑬教室的墙壁上是否挂有幼儿伸手可及、平视可见的实物、实景的照片?

⑭教室内是否有温度计?温度是否经常保持 20~26 摄氏度?

⑮是否有安静、整洁的学习区及区隔使用?

⑯幼儿的浴洗用具、毛巾挂钩、置物柜上是否贴上写有名字的标识?

⑰环境是否布置了具有中华民族色彩的东西以帮助幼儿了解自己的生活环境?是否有

其他种族的东西以丰富幼儿的知识?

⑱是否备有益智玩具(积木、拼图等)供幼儿在等待家长时使用,并有篮子或盘子盛装?

⑲是否设有幼儿美术作品的陈列处?

⑳教室内是否有植物、精装的桌巾、饰物、图书等室内装饰使幼儿感受到家的温馨?

第三节 幼儿园区角的创设

一、幼儿园区角活动的概念与内容

(一)幼儿园区角活动的概念

幼儿园"区角"又称"活动区""区角""游戏角""活动角","区角活动"又称"区域活动""区域游戏"。"区角活动"是指教师根据教育目标和幼儿发展水平,利用游戏特征创设区角环境,有目的、有计划地投放各种材料,让幼儿以个别或小组的方式,自主选择、操作、探索、学习,从而在和环境的相互作用中,利用和积累、修正和表达自己的经验与感受,让幼儿在宽松和谐的环境中按照自己的意愿和能力,自主地选择学习内容和活动伙伴,主动地进行操作、探索和交往的活动。是让幼儿在获得游戏般体验的同时,获得身体、情感、认知及社会性等各方面发展的一种教育组织形式。

(二)幼儿园区角活动的内容

区角活动是幼儿在活动区(或称活动角、游戏区)中所进行的某种特定活动。幼儿园可设置的活动区有:角色游戏区(娃娃家、医院、市场、马路等);科学发现区(天文、地理、生物、化学、物理等自然事物和现象的观察、实验等);数学活动区;艺术活动区(音乐、美术);语言区(阅读、故事表演等);操作区(拼、插、搭、小制作等);音乐表演区;自然角、益智区、建构区;室外可有玩沙区、玩水区、种植区、饲养区等。这种划分并不固定,每个幼儿园在具体操作时可视情况化整为零、灵活搭配。场地大一些的,可设置大的活动区;场地比较紧张的,可设置小一点的活动角,如图书角、数学角、自然角、娃娃家等。活动区大多以班为单位独立设置。有条件的幼儿园应设置共用的大型活动区,如图书馆、科学宫等,以期装备更好的设施,投放更丰富的材料,为各个年龄层次的幼儿提供有效的活动场所。不管是哪种类型的活动区,材料的投放都要注意丰富,分出层次(适合不同年龄段的幼儿),并适时增添和更换。

二、幼儿园开展区角活动的意义

(一)可以作为正式学习的延伸并丰富教育活动

在集中教育活动之后,幼儿在活动区内可以通过相应材料的操作来复习巩固与应用学过的知识和技能。更重要的是,幼儿身心和谐发展的目标内容丰富,有些能通过集体活动等正式学习来实现,而有些则要通过游戏、自由活动等非正式学习来实现,如培养交往能力、独立自主性等。从教育者的角度来看,活动区是实现教育目标的重要途径。

(二)有利于幼儿个体充分发展

在活动区内,幼儿可以根据自己的兴趣、爱好、特长及能力、水平自选活动,轻松自主,没有心理压力,不受局限,获得充分的活动机会,任思维和想象自由驰骋,并体验成功及活动过程的愉快,增进交往,发展社会性和健康人格。

(三)有利于教师因材施教

教师既可以在孩子自选活动中给予具体的个别指导(如指导正在搭积木的孩子展开想象的翅膀),又可以利用活动区进行有目的、有计划的小组或个别教育(如在音乐区进行分组教学,练习某种节奏等)。许多幼儿园的活动区既是教学活动场所、幼儿自选活动场所,又是教师个别教育的场所,一区多用,发挥了综合的教育功能。

(四)有利于提高幼儿自由活动的效率,规范幼儿的行为

丰富多彩的活动区活动能有效地避免幼儿以往自由活动时出现的无所事事、无聊乏味地浪费时间,甚至追逐打闹或出现破坏性行为等种种不良现象。

三、幼儿园区角创设的原则

(一)适宜性原则

区角的创设,区角活动的安排、设计,材料玩具的提供,要适合幼儿的年龄特点,考虑其已有的生活经验及能力,使幼儿在原有水平的基础上得到发展。例如,小班幼儿在游戏中常常从事平行游戏,即幼儿各人玩各人的,彼此玩的游戏是相同的。加上小班幼儿生活经验贫乏,接触社会的范围小,教师在设计小班的区角游戏时,要根据孩子的特点,可在一个区角内多放几套相同的材料,在指导方面也应以具体的示范、参与指导为主。

(二)发展性原则

发展性原则是指区角游戏的设计与指导应体现层次性和循序渐进。例如,小班幼儿活动的目的性较差,主要依靠客体的生动性、新颖性和颜色的鲜艳性吸引他们进行活动。而到了中、大班,幼儿活动的计划性、目的性逐渐明确,活动的结果成为吸引他们进行活动的主要原因。因此,在进行建构区活动时,小班幼儿积木的颜色要丰富,形状可少些,但数量要充足。在指导方面则着重于帮助他们学会独立地构造物体,并能表现物体的主要特征。而对于中班幼儿,积木的形状可以增加,还可以提供一些辅助材料。指导方面则要求他们会有目的有计划地构造。到了大班,可以提供更多形状的积木和丰富的辅助材料,要求幼儿学会通过协商

共同建成一个复杂的大型结构物。假若一套积木从小班玩到大班,小班是搭小房子,到了大班还是搭小房子,这是不可取的。

(三)整体化原则

整体化原则是指将整个活动室的游戏环境作为一个动态系统,发挥整体优化功能。例如,娃娃家的"爸爸"可以到"建筑工地"上班,美工区可以为表演区制作道具等。由此可以衍生出许多游戏的情节,促进幼儿创造力和想象力的发展。但是,这个动态系统要建立在幼儿自觉自愿的基础上,要由幼儿创造,教师只是为他们创设一定的环境,并引导他们想象新的游戏情节,而不是由教师指定他们的行动。

四、幼儿园区角的创设与活动指导

(一)角色游戏区

1. 角色游戏区的教育作用

①帮助幼儿了解人际关系。通过不同角色身份学习扮演适当的行为方式,发展幼儿的社会性。

②帮助幼儿学习友好交往的技能。如轮流、分享、协商、互助、合作等。

③培养幼儿大胆表达个人意愿、情感、见解,能相互沟通,发展语言交流能力,实践和尝试幼儿自己解决问题的方法。

④发展表征能力。如能以物代物,激发想象力及能创造性地反映现实。

⑤学习适度表达个人情绪,了解他人情感。能自我控制,调整与伙伴间的相互行为关系。

2. 角色游戏区的设计

(1)活动的内容

幼儿最熟悉的地方是家庭,最先接触和了解的劳动就是家务活。因此,无论是在哪个年龄班,娃娃家都是角色游戏的主题。并由此扩展出以反映社会生活为主题的活动,如餐厅、超市、医院、邮局、工厂、图书馆、火车站、博物馆等。小班的角色游戏区的主题以家庭生活为主。到了中班,角色游戏区就出现了以反映社会生活为主题的活动。大班的角色游戏区的主题则更加丰富多样。

角色游戏主题应从幼儿的生活中来,要求是幼儿熟悉、了解和接触过的或是感兴趣的,也可以结合平时的教育教学活动组织幼儿参观、游览,从中产生新的主题。例如,"和书交朋友"的主题,参观了图书馆后,在角色游戏区内就可以产生"图书馆"这个游戏活动。

在产生一个新的角色游戏以前,不妨与幼儿共同讨论,听听他们的想法。也许一位幼儿刚刚去吃过自助餐,就会提出开一家自助餐厅;也许一位幼儿在街上看见过礼品店,就会提出开一家礼品店……这样,角色游戏区的活动将越来越丰富有趣,幼儿在玩的时候也会很投入。

(2)材料的提供

①娃娃家。家具,如床、小型桌椅等;娃娃、娃娃用品,如各式服装、奶瓶、各种饰物、梳子、毛巾等;家用电器,如电视机、电冰箱、钟表、电话等;厨房用具,如炉灶、锅、碗、铲、勺、碟、壶、杯子、筷子;各种食物,如蔬菜、食品、水果等。

②医院。主要材料有白大褂、医生帽、护士帽、处方单、病历本、听诊器、体温表、药品、注射器等。

③超市。主要材料有各种食品、用品的包装盒,收银机,钱币等。

④银行。各种面值的钱币(卡片)、取款单、存折等。

(3)场地的设置

"娃娃家"是一个长期设置的区角,因此它的位置应相对固定。其他的角色游戏区角则应设在与之相邻或相近的地方。角色游戏区适宜与建构区相邻。

3. 各年龄班角色游戏区活动的指导

对于角色游戏区活动的正确指导,主要在于帮助幼儿按自己的愿望和想象自由地开展游戏,充分发挥幼儿的积极性、主动性与创造性,使幼儿能够极有兴趣地毫不勉强地努力在区角中进行学习,发展情感与培养能力。

不同的年龄阶段,幼儿的发展水平也不相同,角色游戏的水平也在不断提高。从无目的到事先计划好,从由老师带着玩到自己提出游戏主题、装扮游戏角色再进一步发展到带领别人玩,从摆弄物品、旁观游戏到单独游戏、平行游戏再联合、合作游戏。教师应充分了解幼儿的发展水平,在指导他们游戏的时候才可能做到有针对性,贴近幼儿的实际情况;才可能促进幼儿在角色扮演、游戏内容、游戏技能和游戏的主动性、积极性、创造性及组织能力等各方面得到提高发展,才能达到良好的教育效果。

(1)小班

小班幼儿对角色游戏是很感兴趣的,但他们常常会忘掉自己的角色。所以,对于小班幼儿的角色游戏的指导应着重于增强他们的角色意识。教师可以通过提供角色的标志物,比如妈妈的头巾,爸爸的手机,医生的白大褂、听诊器等,让幼儿明确自己的角色。也可以通过语言的启发和自己的加入来提醒他们。例如,娃娃家的"妈妈"跑到别的地方玩去了,这时教师可以对她说:"你的宝宝一个人在家哭呢,你快回家去看看吧!"并启发她出门可以带着"宝宝"一起走或者作为"客人"去她家做客,使"妈妈"回到角色中来。

在小班的角色游戏中,教师还应该通过指导、帮助,启发幼儿回忆已有的感性认识,丰富他们的角色行为和语言,逐步充实游戏的内容和主题,培养幼儿独立游戏的能力。例如,一位幼儿到娃娃家当爸爸,可是他在娃娃家里转悠了半天,也不知道可以做些什么。这时,老师走过去对他说:"嘿,你想想,你的爸爸在家都做些什么呢?"他想了想说:"写字、看报纸。"老师又说:"那你也可以做这些事情呀!"这位幼儿听了老师的话,开心地跑开了,坐到了娃娃家的小椅子上,拿了一本书看了起来。后来这位幼儿又在老师的启发下,去帮娃娃家的"妈妈"烧饭,还帮"娃娃"洗澡。

小班幼儿在游戏中往往同时扮演相同的角色。例如,一个娃娃家也许有2～3位"妈妈",或好几个"爸爸"。这是由幼儿年龄特点所造成的,教师不用去干涉,应顺其自然。

(2) 中班

中班幼儿常常是一边游戏一边想下面的情节,还没有具备事先计划、商量、设计出游戏过程的能力。因此,对于中班幼儿角色游戏的指导应侧重于加深他们对角色的理解,要求幼儿能较正确地反映出角色特有的行为和语言,并能创造性地表演。例如,在"医院"的游戏中,一开始"护士"只知道给"病人"打针、发药、测体温。后来老师启发他们想一想护士应该是怎样对待病人的呢?他还可以怎样照顾他们呢?于是"护士"便想到去搀扶病人,叮嘱他们吃药,陪病人检查等游戏情节。

在游戏中,教师还应鼓励幼儿共同游戏,启发幼儿创造与固定角色有关的其他角色,并通过活动加强各主题角色与角色之间的交往与关系,从而增加角色游戏的集体性和互动性。例如,在"幼儿园"的角色游戏中,除了有"老师""小朋友"以外,还可以有"厨师""保健医生"等角色的加入。

(3) 大班

大班幼儿对于角色游戏的经验较丰富,反映的主题也较多样化,游戏的内容充实、有新意,角色较多,能体现一定的社会性,且独立游戏能力强,在游戏前能自行设计游戏情节,通过彼此的商量、协调分配角色。因此,大班幼儿角色游戏指导的重点就应放在激发幼儿角色游戏的创新意识,以及培养幼儿在游戏中自己解决问题、矛盾的能力上。

在大班的角色游戏中,可以鼓励幼儿为开展游戏自己制作玩具。例如,为邮局制作信箱、邮筒、邮包、邮票、印章,为图书馆制作卡片、借书证,为照相馆制作相机、相片等。

(二) 建构区

1. 建构区的教育作用

①发展幼儿的建构能力,学习建构技法。
②发展幼儿的空间知觉,认识基本形状、数量关系。
③学习尝试各种不同的建构材料、方法、设计,激发幼儿的创造力、想象力。
④幼儿之间能分工合作,共同设计、建构,共同游戏。
⑤培养幼儿的社会性,发展幼儿与人交流、表达的能力,以及掌握自行解决问题的方法。

2. 建构区的设计

（1）活动的内容

建构区可以建构高楼大厦、立交桥、公园等。还可以结合基本技能确定搭建内容。如，小班主要学习铺平、延长、围合、盖顶、加宽等构造技能，所以他们在建构区多构造马路、围墙等简单物体。而大班则要求幼儿学习整齐匀称地构造，并会选择使用辅助材料，因此他们多建造结构复杂、装饰精巧的建筑物或建筑群。

建构区可以结合教学主题和角色游戏设计。如在进行"各种各样的桥梁"的教育教学活动时，建构区就可以专门搭建各种桥梁。

建构区还可以和角色游戏区、音乐表演区相结合。如为"博物馆"建造"博古架"；为"娃娃家"造"家具"；为"火车站"建造"站台、铁轨、候车室"等。建构区搭了个"舞台"，音乐表演区的幼儿就可以到"舞台"上来演出。

（2）材料的提供

积木的种类繁多，在幼儿园一般适合提供木制的本色实心积木、木制的彩色空心积木、塑料的彩色积木等。

在小班，适合提供体积中等，颜色鲜艳，分量较轻，以三角形、长方形、圆形等为主的形状简单的空心积木。中班则可以丰富积木的种类、形状，增加积木的重量。到了大班，木制的本色实心积木就可以成为积木区的主角了。它的形状可以达到三十余种，数量可以达到一百多块，能充分满足大班幼儿构造的需求。

根据幼儿的需要，建构区还应提供一些辅助材料，如人物模型、动物模型、房屋高楼模型、花草树木模型、交通工具模型、信号灯、指示牌、家庭用品等。

建构区的积木应分类摆放，必要时还可以贴上标签，以便于幼儿使用、收拾和整理。小班的积木可以按形状、质地、颜色分类摆放；中班的积木可以按照形状大小、高矮排序摆放；大班则可以按形状分合形式进行摆放。

（3）场地的设置

建构区的场地应较宽敞、平整。因为建构区的活动是具有一定的连续性的，也许上午没有搭完的东西下午还要继续搭。所以，建构区应靠墙设在一个固定的角落。一方面，给幼儿提供可以充分利用的空间；另一方面，可以避免来回走动破坏搭建的物品。

3. 各年龄班建构区的指导要求

（1）小班

小班幼儿搭积木是无意识无目的的。他只对搭的动作感兴趣，而不在乎搭出什么，也不会利用积木开展游戏。

在小班，应先引导幼儿认识积木，引起他们对积木游戏的兴趣。比如，教师可以对幼儿说:"我们的餐厅还少几张桌子,让我们一起为餐厅搭几张桌子吧!"或"让我们为小兔子搭一座小房子吧!"等,由此激发他们搭建物体的热情。

对于小班幼儿,教师应该积极鼓励他们在自己的操作中探索学习建构技法,鼓励他们独立地建构形状简单的物体,并能表现其主要特征,如门、桌子、床等。

从小班起,就应该建立搭建积木的规则,如轻拿轻放,不乱扔,玩后应该收拾整理等。并教给幼儿收拾整理积木的方法。

(2)中班

教师应该增加中班幼儿造型方面的知识和训练,如会选择高低、宽窄、厚薄、长短不一的积木搭建不同的物体,并可以尝试提供积木构造图,请他们按图搭建。

对于中班幼儿,可以要求他们有目的、有计划、有顺序地搭建,并学习与同伴合作,共同完成一个物体的搭建。比如三个幼儿合作搭建一个"公园"。

(3)大班

大班幼儿已经有一定的独立建造能力,事先能进行一定的设想和规划,并能通过分工、合作完成一件较为复杂的工程。

因此,对于大班,教师就可以引导幼儿玩大型积木建构游戏了。例如,几个幼儿在一起搭"高楼",一个幼儿提议要在楼房旁边搭个"公园",于是他和另外一名幼儿搭"公园"。老师走过去问:"你们在搭什么?"他们回答:"花园!"那几个在搭楼房的幼儿已搭好了楼房站在那儿看。老师就说:"你们搭好楼房了吗?"他们回答:"好了。"老师又说:"接下来你们要干些什么呢?"他们回答:"我们想搭个停车场。"于是老师鼓励他们开始动工。他们就在"公园"和"楼房"中间搭了个"停车场"。游戏结束后,教师组织班上幼儿参观他们的作品,并进行了讨论评价。许多幼儿觉得还可以再搭一些东西,组成一个"住宅小区"。结果这次的积木建构游戏前后用了三天才全部完成,几乎全班幼儿都参与其中。幼儿充分发挥了想象力、创造力,以及集体观念和团队精神。在这样的游戏中,教师可以直接参与其中,及时肯定幼儿的创造性想法,帮助他们克服困难,为他们提供所需的材料。

(三)沙水区

1. 沙水区的教育作用

①帮助幼儿认识自然物的性质。
②满足幼儿摆弄物体和好动的愿望,激发他们的探索精神,培养他们的自主性。
③在沙水游戏中,区别干湿、冷热、粗细、多少、深浅等不同的概念。
④活动后的收拾整理,培养幼儿清理、打扫的技能与习惯。

2. 沙水区的设计

(1) 活动的内容

玩沙游戏主要有揉、铲、造型、堆沙和挖沙的活动,也可以设计玩沙的创造性活动,让幼儿探索沙的性质。比如体验沙的质感,用手在沙上画画,用沙堆成山、围墙,用沙塑造桥梁、房屋,用模具塑造图案,挖山洞、隧道等。

玩水游戏主要是让幼儿自由地玩水。如用勺舀水倒进容器,把水在容器中倒来倒去,用水转动水车等。还可以启发幼儿利用水做些科学小游戏,比如"物体的浮沉""水往哪里流"等。

(2) 材料的提供

玩沙工具:小桶、勺子、铲子、模具等。

玩水工具:小桶、勺子、瓶、水车、喷水壶等。

辅助材料:玩沙可准备动物、植物、人物、交通工具等玩具模型。玩水可准备一些铁制、木制、塑料的玩具或物品。

(3) 场地的设置

沙水区应靠近水源,便于为沙池、水池加水,便于幼儿洗手和收拾、整理、清洁材料。

3. 各年龄班沙水区活动的指导要求

玩沙玩水游戏一般没有固定的玩法,通常是幼儿自由地活动。教师只需要细致地观察幼儿的活动,在适当的时机启发、指导幼儿发现问题、思考问题、解决问题。

(1) 小班

小班幼儿在玩游戏时一般都是平行游戏,自己玩自己的。玩沙时,他们喜欢用小铲子挖沙、堆沙山,也喜欢用模子装沙,做出一些造型。根据此特点,教师可以指导他们玩体验沙的质感的游戏。

玩水时,小班幼儿也只做些把水舀进容器再倒出来,和把手泡在水里这样的动作游戏。根据此特点,教师可以引导他们感知水的流动与水的容器。

在小班主要培养幼儿遵守玩沙玩水的规则。如,玩沙玩水时不把沙和水洒得到处都是;玩沙玩水后不能乱摸东西,也不能往身上擦;游戏结束后要把玩沙玩水的玩具洗净擦干收好,并把手洗干净。

(2) 中班

中班的幼儿开始能几人合作进行游戏了,玩沙和水的方法也丰富了,开始出现创造性的玩耍。玩沙时,可以反映出"山"和"路",还会挖"山洞",也会使用一些辅助材料。在中班,教师应着重激发幼儿的创造力和想象力,丰富他们玩沙玩水的技能,使他们能把想到的表现出来。

(3) 大班

教师应鼓励大班幼儿建造大型的有新意的主题,如立交桥、城堡等,并启发他们创造性地使用材料。在玩水游戏中,可以进行一些科学小实验、小游戏。

(四)语言区

1. 语言区的教育作用

①练习听、说、读、写的基本技能,养成听、说、读、写的良好态度和习惯。

②培养阅读兴趣,掌握正确的阅读方法,形成良好的阅读习惯。

③在看、听、读的过程中,通过对图书中的故事情节的感受,进行模仿、学习和欣赏,培养幼儿的语言表达能力和审美能力。

④学习运用语言表达个人情感、需求、意愿和观点。

⑤促进幼儿之间相互沟通、相互影响、相互学习、相互了解。

2. 语言区的设计

(1)活动的内容

在此区角内以图书阅读为主,配有一些语言游戏,如接龙拼图、拼贴讲述、连词句、编故事、讨论谈话等。

(2)材料的提供

语言区的活动主要为正规教学活动服务。因此,语言游戏可以是正规教学活动中游戏的重复或延伸,教师应为幼儿多提供一些小图片、卡片等可操作的材料。图书阅读活动则应为幼儿提供丰富多样、数量充足的图书,可以提供的图书种类有:

①故事书。如有关家庭、幼儿园生活的故事,动物、植物的故事,童话故事,科学故事,人物故事等。

②杂志、画报。如《看图说话》《幼儿智力世界》《小朋友》《小青蛙报》等。

③知识书。如《幼儿十万个为什么》《热带鱼图片大全》《看图识字》《交通工具大全》等。

④自制图书。幼儿结合平时的教育教学活动,自己绘制的图书。

若有条件,语言区还可以提供与限制人数相同数量的语言复读机或随身听(带有耳机,可以避免相互干扰),以及录有与图书内容相关的磁带(可以是老师自己录制的)。

小班幼儿阅读的图书要画面简单,颜色鲜艳。以家庭生活、幼儿园的生活、小动物的内容为主。情节不宜复杂,篇幅不宜太长。

中班幼儿可以阅读一些有关日常生活和人物方面的图书。图书的篇幅可以有所增加。

大班幼儿则可以阅读配有简单文字的图书,图书内容的科学性可有所增加,可以提供较多的知识书和一些寓言故事。

(3)场地的设置

语言区应该是所有区角中最安静的,并且应有充足的光线。因此,适合靠窗而设,远离音乐表演区、角色游戏区等较为嘈杂的地方。

在语言区地上可以铺上漂亮、柔软的泡沫垫,在桌上铺上美丽的花布等,为幼儿营造一个轻松、舒服的阅读环境。

3. 各年龄班语言区的指导要求

(1)小班

对于小班幼儿,教师多采用直接指导的方法,通过语言示范、启发提问、具体讲解等手段,培养他们的听、说、读、写技能和语言表述能力。要求幼儿在语言游戏中能大胆讲述、学习倾听别人的讲话,培养他们爱听故事、爱看图书、会安静阅读的良好习惯和对语言活动的兴趣。

(2)中班

对于中班幼儿,要求能用较完整的句子比较连贯地讲述,能独立阅读感兴趣的图书,理解画面的内容;能有礼貌地倾听别人讲话。

(3)大班

能认真倾听别人的讲话,能连贯地讲述事情和几幅图片,能与同伴共同创编诗歌,对书上的文字感兴趣。

(五)音乐表演区

1. 音乐表演区的教育作用

①学习用动作来表现音乐,按照音乐的内容、节拍进行有趣的游戏情节,加深对音乐的理解和感受能力。

②在演唱和表演的过程中,培养幼儿辨别声音高低、强弱、快慢变化的能力,以及倾听、跟从节奏指令的能力。

③发展动作,使动作准确、优美,富有节奏感和表现力。

④加深幼儿对文学作品的理解和记忆,对周围事物养成正确态度和良好的行为习惯,发展幼儿的想象力和创造力。

⑤培养幼儿活泼乐观的情绪,陶冶他们的情操,以利于幼儿感受力、理解力、表现力、审美力、创造力的发展。

⑥增强幼儿的自信心和独立性,一致的行动,以助于培养幼儿的集体观念。

2. 音乐表演区的设计

(1)活动的内容

音乐表演区活动丰富多彩,可以设计舞蹈表演、音乐游戏、打击乐演奏、幼儿扮演角色的故事表演、操作玩具表演角色的桌面故事表演、用木偶和皮影进行表演的木偶戏和皮影戏等。

音乐表演区应选择内容健康、有教育意义、符合幼儿生活经验、容易为幼儿理解又适于他们表演的音乐、文学作品。音乐作品要节奏明确,曲调优美。文学作品情节应生动活泼,角色的性格应鲜明,有特征。角色语言较简短。

(2)材料的提供

音乐表演区首先要有一个给幼儿表演的舞台。舞台可以用布、屏风或彩色纸条来表现和装饰,不需要投入太大的人力物力。

音乐表演区的基本材料包括:

①录音机。录音机的电源要远离表演场地,一定要在幼儿摸不到的地方,最好是用干电池。

②录音磁带。可以录儿歌、歌曲、音乐、故事等,并根据磁带所录的内容贴上标记,便于幼儿使用和整理。还可以提供一些空白磁带,把幼儿自己的歌声、演奏、朗诵录进去。

③乐器。碰铃、响板、铃鼓、三角铁、木鱼、锣、鼓等。

④服饰。少数民族服装、小动物的服装等;动物、植物、人物的头饰、面具、手环、头环、彩带、项链等。

⑤道具。纱巾、扇子、木偶、皮影等。

教师应吸引幼儿参与音乐表演游戏的场地布置和材料准备。幼儿在游戏中最关心的是自己的角色语言和动作,他们的表演并不受道具、场地和时间的限制。因此,道具不必追求齐全、逼真。

(3)场地的设置

音乐表演区最重要的就是要为幼儿提供一个宽敞的活动场地。场地的布局要合理,观众坐在哪里和演员在哪里表演,都要有一个明显的分隔标记。

3.各年龄班音乐表演区活动的指导要求

音乐表演区中的唱歌、舞蹈、打击乐和音乐游戏,以教学活动中所教授的内容为主。这里主要来介绍对故事表演的指导。

(1)小班

小班幼儿选用表演的故事主题应简单,角色要少,对话、动作重复要多。如《拔萝卜》《雪花》《三只蝴蝶》等。

小班幼儿不太会玩表演游戏,因此在小班幼儿刚开始玩表演游戏的时候需要教师的具体示范。教师可以带幼儿一起学习所要表演的故事,并在表演前和幼儿一起回忆故事的内容、主要情节和角色特征。在表演过程中,教师可以给幼儿做示范表演,然后让他们跟着学。也可以由教师一边提示内容和指导帮助,幼儿一边表演。在他们已学会一两个表演游戏后,教师就可以放手让他们自己发挥想象力进行表演了,只需在适当的时候给予指导和纠正。

小班幼儿由于缺乏主见,所以在角色的分配上需要教师的帮助。但教师在帮助他们分配角色的时候要注意尊重幼儿的意愿和选择。

(2)中班

随着年龄的增长,在小班表演游戏的基础上,中班幼儿的表演质量逐步提高。应该鼓励他们自愿地、自由地玩表演游戏。

在表演前或表演过程中,教师可做一些提示。如适当提醒幼儿遗忘的台词。但注意不要随意打断幼儿的表演或在一旁指挥幼儿的表演,以及强求幼儿服从自己的指挥。

(3)大班

到了大班,幼儿的表现力、想象力、创造力都有了极大的丰富。因此,在表演游戏中,他们常根据自己的生活经验进行自编自演的创作活动。教师应支持他们的想法和创作,并给予鼓励和指导。在大班,可以组织幼儿观看和讨论表演,提高幼儿的表演水平。

在角色的分配方面,大班幼儿已能自己决定,并通过彼此的协商来完成角色的分配。教师只需要在他们发生矛盾的时候给予适当的调解,通过讨论、分析的方法提高幼儿解决问题的能力。

(六)美工区

1. 美工区的教育作用

①学习观察和感受周围事物,并用美工材料表达个人情感和思想。

②提供接触各种材料的机会,使幼儿了解各种材料的特性,学习利用工具进行立体造型活动。

③发展创造力、想象力和不拘一格的表现力,体验成功。

④训练小肌肉,手眼协调,发展操作解决问题的能力。

2. 美工区的设计

(1)活动的内容

在美工区内可以进行平面造型,如绘画(彩笔画、水彩画、水墨画、手指画、刷画、拓印画等)、自然材料(沙、树叶、蛋壳等)的剪贴、撕贴等;立体造型,如捏泥、和面团、纸、黏土等;自然材料造型,如豆画、石画等;废旧材料制作,如纸盒、易拉罐、纸杯等;以及结合节日活动制作装饰物,如彩环、灯笼等。

小、中、大班的幼儿在观察力、表现力、想象力和创造力方面,以及使用工具和材料的能力上,都有着一定的差异。因此,在设计活动的内容和提供工具、材料时必须注意幼儿的年龄特点和实际能力。

美工区的活动必须具有趣味性,包括选材、活动方式等都应考虑是否能引起幼儿的兴趣,能否吸引幼儿积极地参加美工活动。

(2)材料的提供

各种纸、彩笔、颜料、剪刀、浆糊、橡皮泥等是美工区必备的材料,但不是唯一的材料。美工区的活动是丰富多彩的,美工的材料也是广泛而繁多的,需要教师花费时间与精力去收集、准备、提供,务求充实、充分。

（3）场地的设置

美工区是一个以操作为主的区角,需要设置在有充足光线的地方。另外,美工活动中常常用水,因此也应接近水源,便于幼儿在活动中使用。

美工区是一个相对安静的区角,适宜与语言区相邻。

3. 各年龄班美工区活动的指导

与正规的美术教育活动相结合,美工区的活动更重视幼儿操作的过程和参与的意识。在美工区内应着重于鼓励、指导幼儿发挥想象力,进行创新。但让幼儿发挥创造力,不等于不进行技巧方面的指导。熟练准确地使用工具可以让幼儿更好地发挥创造力。

（1）小班

小班幼儿的小肌肉发展尚未成熟,因此他们的美工活动多围绕感知运用色彩进行。教师不应苛求他们做到画面整洁、涂色均匀,这样会使他们畏手畏脚,不敢大胆地绘画与创造。对他们的指导应着重于萌发他们的绘画兴趣和大胆作画的信心,以及教给一些使用工具、材料的方法与技巧。教师在这一时期需要进行一些直接的指导与示范,帮助幼儿掌握正确的操作方法与技能。

（2）中班

中班幼儿已经掌握了一定的使用工具、材料的方法和表现的技巧,这时教师应着重指导他们如何充分使用工具、材料和发挥技巧,减少直接的指导,并积极鼓励他们发挥想象力,创作出与众不同的作品。

（3）大班

大班幼儿的操作能力、表现能力、创造能力都有了较大的提高。在此阶段,教师应放手让幼儿自己活动。当有一种新的活动内容出现时,教师不要急着教幼儿应如何如何做,而应先让幼儿自己去探索、尝试,教师只以辅导者的身份观察幼儿的活动,在适当的时候给予支持和帮助。

（七）科学发现区

1. 科学发现区的教育作用

①激发幼儿对科学现象的兴趣,学习运用多种感官感知事物的现象,发展观察力。

②活跃思维,培养分析、判断和推理能力。

③提供尝试、探究和实验的机会,实地操作,认真解决问题,获得知识,形成概念。

2. 科学发现区的设计

（1）活动的内容

科学发现区中可以设计以下活动:

①感官的活动。如摸不同质地的物品,闻不同的气味,尝不同的食物,分辨相似的声音等。

②声的活动。如声的传播,声音的产生,不同的声音等。

③光的活动。如镜子的反光,万花筒,哈哈镜等。

④电的活动。如连接简单的电路,拆装手电筒等。

⑤磁的活动。如探索哪些物体可以磁化,利用磁铁的特性制造指南针,各种磁铁游戏等。

⑥力的活动。如"跷跷板""天平"的活动,物体滚动的实验等。

⑦水的活动和空气的活动等。

科学发现区的活动要结合正规的科学教育活动。在正规科学教育中进行的活动,可以在科学发现区中延伸。如在"各种各样的剪刀"的教育活动之后,教师可以将各种剪刀和材料提供到科学发现区中,让幼儿继续操作、探索。

(2)材料的提供

科学发现区的材料应根据具体的活动内容来提供,注意材料的安全性和可操作性。

(3)场地的设置

科学发现区适于设置在光线充足、接近水源的地方。

3. 各年龄班科学发现区的指导

(1)小班

在小班,科学发现区以发展幼儿的感知觉为主要目标。因此,教师的指导着重于引导幼儿去感知,并引起他们参加科学活动的兴趣。例如,在感知味觉的活动中,教师为幼儿提供酸、甜、苦、咸等各种丰富的食物。为了鼓励幼儿大胆尝试,教师可以做一次示范,拿一样食物尝一尝,并做出表情,让幼儿猜猜老师吃到的是什么。这样,幼儿的兴趣就被调动起来了,他们会觉得很有趣,乐于自己也尝试。

(2)中班

中班幼儿对科学发现活动已有了一定的兴趣,幼儿的动手操作能力也有所提高。因此,在中班,教师的指导重点就应放在鼓励幼儿表达出操作的结果。

(3)大班

大班的科学发现活动,以幼儿自己的探索活动为主。大班幼儿对科学活动有着浓厚的兴趣,对于操作的材料有着忍不住摸一摸、动一动的渴望。这时,教师应放手让幼儿自由操作,在指导上着重于让幼儿将操作中的经验转化为自己所掌握的知识和技能。

(八)自然角

1. 自然角的教育作用

①将周围环境和广泛的自然物有选择地、集中地、分层次地、显著地展示于幼儿的眼前。

②培养幼儿细致观察的能力，使幼儿自由地操作和探索，弥补集体活动时观察探索的不足。
③开阔幼儿的眼界，培养幼儿对大自然的积极情感和态度，以及爱护自然、保护环境的意识。

2. 自然角的设计

自然角的内容，应根据幼儿的年龄特点、教育教学的需要、季节的变化及其他条件进行设计。

自然角里应选择生长快、漂亮、芳香、易于成活、有果实、无毒的植物。例如三色堇、石竹、月季、凤仙、米兰、夜来香等花卉；毛豆、辣椒、茄子、葱、蒜、芋头、丝瓜、西红柿等蔬菜；葡萄、枇杷、李子等水果；以及红豆、绿豆、花生、玉米等。

在自然角中，还可以饲养一些没有危险、便于饲养、幼儿喜欢的较小的动物。例如巴西龟、金鱼、螺蛳、蝌蚪、虾、蚕、蝈蝈、小鸡等。

利用蔬菜、水果等制作的各种玩具，如水果娃娃，萝卜灯等；各种贝壳、珊瑚、树叶等物品都可以陈列在自然角里。

3. 自然角的管理与指导

自然角中物品的摆放应整齐、美观、干净、安全。各种物品应分门别类地摆放，植物和在水中生活的动物应摆放在离水源较近的地方，便于幼儿观察和管理。

自然角的内容和材料应根据幼儿的认识水平来提供。例如，小班幼儿观察能力和认识事物的能力较弱，因此，小班的自然角可以提供一些形态简单，容易认识、观察和管理的事物。如养金鱼、种大蒜等。而中、大班则可以增加自然角的内容，丰富种植和饲养活动，指导幼儿自己浇水、松土、清扫、喂食、整理。

各班之间可以相互交换自然角的物品，或者相互参观，互通有无，实现资源共享。

对于自然角的布置和管理，教师应与幼儿共同讨论，听取他们的意见，指导他们自己布置和管理，充分发挥幼儿的主动性和积极性。

在假期当中，可以请幼儿把自然角中的动植物带回家去照顾。其他物品则收藏妥当，待新学期开始再重新布置。这样，不但保证了自然角中动植物的生存，还培养了幼儿的责任心。

（九）益智区

1. 益智区的教育作用

①在摆弄、操作的过程中发展了幼儿的感知觉，调动了幼儿充分运用五官进行观察比较，感受物体形状，识别物体颜色，比较物体大小、长短、高矮、粗细等方面的欲望。
②在拼摆游戏、造型游戏中，幼儿的思维力、想象力、创造力得以充分的发挥。
③在棋类游戏中，幼儿的分析、综合、推理、概括能力得到发展。
④在活动中激发幼儿探究的兴趣和求知的欲望，以及细心和专心做事、独立解决问题的

能力。

2. 益智区的设计

(1) 活动的内容

①数学的内容。有计数、计算、分类、排序、等分、测量等。

②构图造型。有形体拼折构图,皮筋、回形针拼图等。

③棋类和扑克牌等。

(2) 材料的提供

①数学的材料。如计算器、排序板、分类盒、计数卡、尺、笔等。

②构图造型材料。如七巧板、几何拼图、皮筋构图等。

③棋类。如斗兽棋、飞行棋、跳棋、象棋、围棋等。

④扑克牌等牌类。

(3) 场地的设置

应选择相对安静的地方,适宜与语言区、美工区相邻。

3. 各年龄班益智区活动的指导

益智区内的活动包括了数学的内容,这部分的内容是正规教学活动的延续,对它的指导与正规教学活动的指导基本相同。

棋类和扑克牌等游戏具有一定的玩法和规则,对它们的指导是一个教和学的过程。

(1) 小班

小班幼儿尚没有一定的规则意识,在游戏中需要教师不断地提醒。这时,教师应做较为详细的讲解和示范,提高他们的规则意识。但要注意,讲解要生动、简单、形象,过多的讲解会使幼儿失去游戏的兴趣。

(2) 中班

对于中班幼儿,教师在游戏的过程中应注意观察他们对规则的掌握和执行情况。要鼓励幼儿关注游戏的结果,加强他们的规则意识,让他们了解不按规则游戏赢了也不光荣。

(3) 大班

大班幼儿已有独立游戏的能力,并有强烈的竞争意识。教师可以要求他们严格遵守游戏规则,争取好的成绩。

(十) 操作区

1. 操作区的教育作用

①学习运用五官,发展感知觉。

②训练小肌肉,手眼协调,手指动作灵活。

③训练思维能力和了解事物之间相互的关系。
④激发求知欲,培养探索的兴趣。
⑤培养专心、坚持、克服困难、独立解决问题的能力。

2. 操作区的设计

（1）活动的内容

在操作区内可以安排的活动有：

①手指配合的活动。如给娃娃喂食物、穿珠、系纽扣、编塑料管、小物体的镶嵌活动、玩具的拼插等。这种配合较为简单的活动适合小班和中班上学期幼儿进行。

②手指、手掌、手腕配合的活动。如拧螺丝、开瓶盖、系扣绳子、系解蝴蝶结、系纽扣、系鞋带、绣花、编织、用筷子夹物品、翻绳、使用锤子钉钉子等。这种配合活动动作较为精细,有一定的难度,适合中班下学期和大班幼儿进行。

（2）材料的提供

根据安排的具体活动内容提供相应的材料。

操作区的材料要分类摆放,便于幼儿使用、收拾、整理。

材料的投放要有一定的计划性,要由易到难,由简单到复杂,由操作需要时间短到需要时间长。

（3）场地的设置

操作区应设在光线充足的地方,适宜与语言区、美工区、科学发现区等较安静的区角相邻。

3. 各年龄班操作区活动的指导

（1）小班

小班幼儿由于小肌肉动作尚未发展到灵活自如的程度,因此,在进行操作区的活动时,只是专注于尝试运用和使用工具材料的方法,并不在乎结果。教师的指导也应从他们的实际情况出发,以激发他们的操作兴趣为主,让他们在看似无目的的随意摆弄过程中,熟练、精细他们的动作技能。

（2）中班

在小班的基础上,中班幼儿的操作活动可以增加难度,提高要求。同样是物体的镶嵌,小班可以只要求按简单的轮廓线镶嵌物体,而中班则要求可以用物体镶嵌出图案。同样是拼插玩具,小班幼儿不要求拼插出形象的物体,而中班幼儿则鼓励他们关注拼插的结果。

（3）大班

大班操作活动的难度较大,帮助幼儿克服和解决操作过程中的困难是教师的指导重点。在大班,教师应让幼儿有大显身手、大胆操作的机会。当他们遇到困难时,以一个参与者而不是教授者的身份与他们共同操作、探讨,尝试解决的方法。

幼儿园区角活动见表6.1至表6.10。

第六章 幼儿园的环境创设

表 6.1 幼儿园区角活动——角色游戏区

区名	教育作用	活动内容	材料提供	指导重点 小班	指导重点 中班	指导重点 大班
角色游戏区	1. 帮助幼儿了解人际关系。通过不同的角色身份学习扮演适当的行为方式，发展幼儿的社会性。 2. 帮助幼儿学习友好交往技能。如：轮流，分享，协商，互助，合作等。 3. 培养幼儿大胆表达个人意愿，相互交流见解，能相互沟通，发展语言交流能力，实践和尝试幼儿自己解决问题的方法。 4. 发展表征能力。如：能以物代物，激发想象力及能创造地反映现实。 5. 学习适度表达个人情感，能自我控制，调整他人情感。能自我控制，调整他人情感。能自己了解同伴间的相互行为关系。	娃娃家在各个年龄班都是幼儿游戏的主题。从娃娃家熟悉的地方开始，逐步扩展到以反映社会生活为主题的活动，如：餐厅，超市，工厂，医院，邮局，火车站，博物馆等	* 娃娃家：家具，娃娃，娃娃用品，家用电器，厨房用具，各种食物等 * 医院：医护人员的穿戴物，所用的处方单，病历本，听诊器，体温表，药品，注射器等 * 超市：各种食品，用品的包装盒，收银机，钱币等 * 银行：各种面值的钱币，存折款单，存折等	* 着重于增强幼儿对角色的理解，要通过提供角色的标明物，让幼儿明确自己的角色，并能正确地反映出角色特有的行为表演。此外，教师还应通过语言指导，帮助幼儿回忆已有的感性认识，丰富他们的语言，逐步充实游戏的内容和主题，培养幼儿独立游戏的能力	* 侧重于加深幼儿对角色的体验，丰富、反映主题多样化，游戏内容充实，有新意，角色能体现一定的社会性，能创造性地加强角色与角色之间的交往关系，培养幼儿之间的矛盾的能力，启发应该通过角色游戏与其他幼儿共同创造新意识，培养幼儿在游戏中自己发现与固定角色有关的其他角色，启发幼儿创造角色，并能通过活动加强各主题角色之间的交往关系，从而增加角色游戏的集体性和互动性	* 重点应放在角色游戏经验丰富的幼儿，游戏主题多、新，能独立开展游戏中，激发幼儿在角色游戏中创造新意识，以及培养幼儿自己解决问题，可以在游戏中为开展游戏而自己制作玩具

表 6.2 幼儿园区角活动——建构区

区名	教育作用	活动内容	材料提供	指导重点 小班	中班	大班
建构区	1. 发展幼儿的建构能力,学习建构技法 2. 发展幼儿空间知觉,认识基本形状、数量关系 3. 学习尝试各种不同的建构材料、方法、设计,激发幼儿的创造力、想象力 4. 培养幼儿的社会性,发展幼儿之间能分工合作,共同设计、建构,共同游戏 5. 培养幼儿自行解决问题的方法	可以建构高楼大厦,立交桥、公园等还可能结合基本技能确定搭建内容。如:小班主要学习铺平、延长、围合、盖顶、围墙等构造技能,所以可以多造型。而大班则要求幼儿会多种构造,并会选择使用其他辅助材料,因此他们的建造结构复杂,装饰精巧和建筑物或建筑群,也可以结合教学主题和角色游戏设计	不同材料的各类积木 必要的辅助材料。如:人物模型、动物模型、房屋高楼模型、交通工具模型、建筑物的物体,并能表现其主要特征,如:搭门、桌子、床等	积极鼓励幼儿在自己的操作中探索学习建构技法,鼓励他们独立地建构形状简单的物体,并能表现其主要特征,如:搭门、桌子、床等	增加造型方面的知识和技能,如:会选择高低、宽窄、长短、厚薄不一的积木搭建不一样的物体,可以尝试提供合作完成一件积木构造图,对于中班幼儿,可以引导他们有计划、有目的、有顺序地搭建	大班幼儿已经有一定的独立建造能力,事先能进行一定的说想和规划,并能通过分工合作完成一件较为复杂的工程。因此,对于大班幼儿,教师可以引导幼儿玩大型积木建构游戏
			示牌,家庭用品 积木摆放应分类,必要时可以贴上标签,以便于幼儿使用、收拾和整理	就应建立搭建的规则。如:轻拿轻放,不乱扔,玩后应该收拾积木的方法	儿,可以要求他们收拾整理积木收拾整理的方法	

第六章 幼儿园的环境创设

表6.3 幼儿园区角活动——沙水区

区名	教育作用	活动内容	材料提供	指导重点 小班	中班	大班
沙水区	1. 帮助幼儿认识自然物的性质 2. 满足幼儿摆弄物体和好动的愿望,激发他们的探索精神,培养他们的自主性 3. 在沙水游戏中,区别干湿、冷热、粗细、多少、深浅等不同的概念 4. 活动后的收拾整理,培养幼儿清扫的技能与习惯	玩沙游戏主要有:抹、铲、造型。辅助沙的活动。也可以设计模具堆塑的活动,让幼儿自由地玩沙,体验沙的质感。如:用沙堆成山、围墙、用沙上画画,用模具塑造图案,房屋等。 在沙水游戏中,可以准备一些铁制、木制或塑料的玩具或物品 活动后的收拾整理,把容器中倒出来,还可以启发幼儿利用水做些"沉浮"等科学小游戏	玩沙工具:小桶、勺子、铲子等。辅助玩具模型:可以准备一些动物、植物、人物、交通工具等的玩具模型 玩水工具:小桶、勺子、瓶子、水车、喷水壶等。辅助材料:可以准备一些铁制、木制或塑料的玩具	幼儿在玩游戏时一般都是平行游戏,自己玩自己的。玩沙时,他们喜欢用小铲子挖沙、堆沙做出山,也喜欢用模子装沙,做出一些造型。教师可以指导他们用模子装沙进行一些造型。玩水时,他们只喜欢把手泡在水里这样简单的动作,教师可以把水倒出来,和把手泡在容器再倒出来,以引导他们感知水的流导与水的容器 * 主要培养幼儿遵守玩沙玩水时的规则。如:玩沙和水时不能乱把东西撒到身上;玩沙水后不能往别处跑,也不能往身上乱摸东西;游戏结束后要把玩沙擦干玩具洗净收好,并把手洗干净	幼儿开始能和人合作进行有意的主题游戏,玩沙的方法也丰富了,开始出现创造性的造型。玩沙时,可以反映出现实生活中的山洞和路,玩水时,会使用一些辅助材料 * 着重激发幼儿的想象力,丰富他们的技能,使他们能把想到的表现出来	* 教师应鼓励幼儿建造大型的有新意的主题,如:立交桥、城堡等,并启发他们创造性地使用材料。在玩水游戏中,可以进行一些科学小实验、小游戏

表6.4 幼儿园区角活动——语言区

区名	教育作用	活动内容	材料提供	指导重点 小班	中班	大班
语言区	1. 练习听说读写的基本技能，养成听说读写的良好态度和习惯 2. 培养阅读兴趣，掌握正确的阅读方法，形成良好的阅读习惯 3. 在看听读的过程中，通过对图书中故事情节的感受、模仿和欣赏，培养幼儿的语言表达能力和审美能力 4. 学习运用语言表达个人情感、需求、意愿和观点 5. 促进幼儿之间相互沟通，相互影响，相互了解	以图书阅读为主，配有一些语言游戏。如：接龙拼图，拼贴讲述，连词接句，编故事，讨论谈话等	多提供一些小图片、卡片等可操作的材料 提供的图书种类应丰富，有故事书、杂志、画报、知识书、自制图书等 *小班：画面简单，颜色鲜艳，以家庭生活、幼儿园生活、小动物的内容为主。情节不宜太复杂，篇幅不宜太长 *中班：可以阅读一些有关日常生活和人物方面的图书。图书内容可以有所增加 *大班：阅读一些简单文字的配有图书。图书性可提供较多的知识书和寓言故事	采用直接指导的方法，通过语言示范、启发提问、具体讲解等，培养幼儿听、说、读、写的技能和语言表达能力 要求幼儿在语言游戏中能大胆地讲述，学习别人的讲话，会安静地听别人讲话，会用语言活动的良好习惯和兴趣	要求能用较完整的句子比较连贯地讲述，能独立阅读感兴趣的图片，理解图书的内容，有礼貌地倾听别人的讲话	认真倾听别人的讲话，对别人讲述的事情与同伴共同编图片，能与同伴共同编诗歌，对书上的文字感兴趣

254

第六章　幼儿园的环境创设

表6.5　幼儿园区角活动——音乐表演区

区名	教育作用	活动内容材料提供	指导重点		
			小班	中班	大班
音乐表演区	1.学习用动作来表现音乐，按照音乐的内容、节拍进行有趣的游戏，加深对音乐的理解和感受能力 2.在演唱和表演的过程中，练习和辨别声音高低、强弱、快慢变化的能力，以及倾听、表演、舞蹈、打击乐演奏、故事表演等 3.发展动作，使动作准确和表现力，富有节奏感 4.加深对文学作品的理解和记忆，对周围事物养成正确态度和良好的行为习惯，发展想象力和创造力 5.养成活泼乐观的情绪，陶冶情操，以利于审美力、创造力的发展 6.增强自信心和独立性，促使幼儿协调一致的行动，以助于培养幼儿的集体观念	内容丰富多样，录音机、磁带、打击乐器、玩具、所需服饰，所需道具	主题应简单，角色要少，数量、动作不要重复要多。小班幼儿不太会玩表演游戏，因此，在小班刚开始玩时需要教师的具体示范。教师可以带幼儿一起玩，主要情节，主要角色特征。教师可以带幼儿一起回忆故事，然后让幼儿跟着教师边做边学。也可以由教师边提示内容边让幼儿表演。小班幼儿由于缺少主见，所以在角色的分配上需要教师的帮助，但教师应注意尊重幼儿的意愿和选择	在表演过程中，教师可以给幼儿一些提示，如：示范表演，教师提出所要表演的故事，并在表演前和幼儿一起回忆故事的情节，主要情节，主要角色特征。在表演过程中，教师也要注意不要随意打断幼儿或在一旁指挥幼儿的表演，适当提醒幼儿内容的合理性。在他们已学会一些表演后，教师可以放手让他们自己发挥想象力进行表演了，只需在适当的时候给予指导和纠正	大班幼儿的表现力、想象力、创造力都有了很大的丰富，因此，他们常根据自己的生活经验进行自编自演的创作活动。教师应支持他们的创作和自编，并给予鼓励和指导，提高他们的表演水平。在大班，幼儿已能自己分配角色上，大班幼儿通过彼此的协商来完成角色的分配。教师此时需给予适当的调解，通过讨论在他们发生矛盾时的解决的方法提高幼儿解决问题的能力

表 6.6 幼儿园区角活动——美工区

区名	教育作用	活动内容	材料提供	指导重点		
				小班	中班	大班
美工区	1.学习观察和感受周围事物，并用美工材料表达个人情感和思想。2.提供接触各种材料的机会，了解利用工具的特性，学习立体造型活动。3.发展创造力、想象力和立体造型的表现力，体验成功。4.锻炼小肌肉，手眼协调，发展操作解决问题的能力	*平面造型：绘画（彩笔画、水墨画、水粉画、手指画、拓印画），自然材料（沙、树叶、蛋壳）的剪贴、撕贴 *立体造型：捏泥、和面团、豆画、石子画等 *自然材料制作：纸盒、易拉罐、纸杯等 *废旧材料制作：纸盒、易拉罐、纸杯等 *结合节日活动制作：彩灯、灯笼等	各种纸、彩笔、颜料、剪刀、浆糊、橡皮泥等各种废旧材料、自然物等	应着重于萌发幼儿的绘画兴趣和大胆作画的信心，以及旧材料使用工具、材料的方法教给一些直接的指导与示范，帮助幼儿掌握正确的操作方法与技能	应着重指导自己如何充分一种新的活动。当有一种新的活动内容和发挥技巧容易出现时，教师料和发挥技巧应尽量减少直接指导，并积极鼓励他们发挥想象力，创造出与众不同的作品	应放手让幼儿自己去探索、尝试，教师只以辅导者的身份以观察幼儿的活动，在适当的时候给予支持和帮助

表6.7 幼儿园区角活动——科学发现区

区名	教育作用	活动内容	材料提供	指导重点		
				小班	中班	大班
科学发现区	1. 激发幼儿对科学现象感兴趣,学习运用多种感官感知事物的现象,发展观察力 2. 活跃思维,培养分析、判断和推理能力 3. 提供尝试、探究和实验的机会,实地操作,认真解决问题,获得知识,形成概念	* 感官的活动。如:摸不同质地的物品,闻不同的气味,尝不同的食物,辨相似的声音等 * 声的活动。如:声的传播,声音的产生,哈哈镜等 * 光的活动。如:光的反光,万花筒,哈哈镜等 * 电的活动。如:连接简单的电路,拆装手电筒等 * 磁的活动。如:探索哪些物体可以磁化,利用磁铁的特性制造指南针,各种磁铁游戏等 * 力的活动。如:跷跷板,天平的实验等 * 水的活动和空气的活动等	根据具体的活动内容来提供,注意材料的安全性和可操作性	以发展幼儿的感知觉为主要目标,教师的指导着重于引导他们去感知,并引起他们参加科学活动的兴趣	对科学发现探索活动已有了一定的兴趣,幼儿的动手操作能力也有提高,教师的指导重点应放在鼓励幼儿忍不住摸摸,动手操作对操作材料有着浓厚的兴趣,能表达出操作的结果	以幼儿自己的活动为主。教师应放手让幼儿自由操作,在指导上着重于让幼儿将操作中的经验转化为自己所掌握的知识和技能

表 6.8 幼儿园区角活动——自然角

区名	教育作用	活动内容	材料提供	指导重点 小班	中班	大班
自然角	1. 将周围环境和广泛的自然物有选择地、集中地、分层次地、显著地展现于幼儿的眼前 2. 培养幼儿细致观察的能力,使幼儿自由地操作和探索,弥补集体活动时观察探索的不足 3. 开阔幼儿的眼界,培养幼儿对大自然的积极情感和态度、保护环境的意识	根据幼儿的年龄特点,教育教学的需要,季节的变化及其他条件作进行设计	选择生长快、漂亮、芳香、易于成活、有果实、无毒素的植物 饲养一些没有危险、便于饲养的较小的动物 利用瓶菜、水果等制作的各种玩具 种各种贝壳、树叶等	提供一些形态简单,容易认识、观察的物品	丰富各种植和饲养活动,指导幼儿自己浇水、松土、清扫、喂食、整理各班之间可以相互交流自然角的物品,或者相互参观,实现资源共享 对于自然角的布置和管理,应与幼儿共同讨论,听取他们的意见,指导他们把自己带回家照顾的动植物,其他物品收藏妥当,这样,既保证了动植物生存,又培养了幼儿的责任心 在假期,可以请幼儿把自然角中的动植物带回家照顾

258

第六章 幼儿园的环境创设

表6.9 幼儿园区角活动——益智区

区名	教育作用	活动内容	材料提供	指导重点 小班	中班	大班
益智区	1. 在摆手、操作的过程中发展了幼儿的感知觉,调动了幼儿充分运用感官进行观察比较,感受物体形状,识别物体颜色,比较物体大小、长短、高矮、粗细,理解形体的等分等 2. 在拼摆游戏中,幼儿造型能力得以充分的发挥 3. 在拼搭游戏中,幼儿的思维力、想象力、创造力得以充分的发展 4. 在棋类游戏中激发幼儿探究的欲望和兴趣,推理、概括能力和细心、专心做事,以及独立解决问题的能力	数学内容:计数、计算、分类、排序等 构图造型:图形片构图,形体拼折构图,皮筋、回形针拼图等 棋类和扑克牌等	数学材料:计算器、排序板、分类盒、计数卡、尺、笔等 构图造型材料:七巧板、几何拼图、皮筋构图等 棋类:斗兽棋、飞行棋、跳棋、象棋、围棋等 扑克牌等	小班幼儿没有一定的规则意识,在游戏中需要教师不断地提醒。这时,教师应做较为详细的讲解和示范,提醒他们注意,讲解要生动,过多的讲解会使幼儿失去游戏的兴趣	对于中班幼儿,教师在游戏的过程中应注意观察他们对规则的掌握和执行情况。要鼓励幼儿,加强他们的规则意识,让他们了解游戏的结果,按规则游戏赢了也不光荣	大班幼儿已有独立游戏的能力,并有强烈的竞争意识,教师可以要求他们严格遵守游戏的规则,争取好的成绩

表 6.10　幼儿园区角活动——操作区

区名	教育作用	活动内容	材料提供	指导重点		
				小班	中班	大班
操作区	1.学习运用五官，发展感知觉 2.练习小肌肉，手眼协调，手指动作灵活等 3.锻炼思维能力和了解事物之间相互的关系 4.激发求知欲，培养探索的兴趣 5.培养专心、坚持，克服困难、独立解决问题的能力	手指配合的活动：手指、手掌、手腕配合的活动：拧螺丝、开瓶盖、绳子系鞋带、绣花、编织、筷子夹物、翻绳，使用锤子钉钉子等 给娃娃喂食、穿珠、系纽扣、小物体的镶嵌活动、玩具的拼插整理	材料要分类摆放，便于幼儿使用、收拾、整理。材料投放要有针对性，计划性，要由简单到复杂，由操作需要时间短到时间长	只是专注于尝试运用和使用工具材料的方法，并不在乎结果。教师的指导也应从他们的实际情况出发，以激发他们的操作兴趣为主，让他们在看似无目的的随意摆弄过程中，熟练精细他们的动作技能	可以增加难度，提高要求。同样是物体的镶嵌，小班可能只要求按简单的轮廓线镶嵌物体，而中班则要求可以嵌入物体的轮廓点。同样是拼插玩具，小班幼儿不要求拼插出形象的物体，而中班则要鼓励幼儿关注拼插的结果	操作活动的难度较大。帮助幼儿克服操作中的困难是教师在大班的指导重点。在大班，教师应让幼儿有动手、大胆操作的机会。当他们遇到困难时，教师要以一个参与者的身份与他们共同探讨，尝试解决的方法

五、幼儿园区角案例

【案例6.1】

分类排序工作室(即数学角)见图6.1(a)。

哈尔滨市××幼儿园　×妍(小班)

区角目标：

○练习比较、区分事物异同；

○按逻辑顺序排列事、物；

○练习点数、算术；学习量化周围物品；

○练习决策；进行空间推理；

○进行识别、区分几何图形、探索几何图形原理。

材料投放：

自制玩具：○夹夹子——见图6.1(b)(自制：各种颜色和材质(木头、塑料、铁质)的夹子；长条底板；它是一个挂式的小长板，因此可以把它放在墙上让小朋友进行活动。小朋友可以学习将夹子夹在底板上，用来表现左右对称、上下有规律排序等特点)○梳小辫——见图6.1(c)(自制：各种颜色和材质(木头、塑料、铁质)的夹子；小奶箱、纸板制成的小孩(分别固定在奶箱的四个面上)数字或点字标志可以插在小孩的身上。由于它们体积很大，可以把它摆放在材料柜的上方，在游戏时可以把它取下来放在桌子上进行活动；小朋友可以根据小孩身上的数字或点字的数量来给小孩用夹子夹出小辫，练习数与物的相对应。)○喂食物——(见图1)(自制：纸盒、纸板、彩色即时贴等。用纸板做出自己喜欢的形象，用彩色即时贴进行装饰，将做好的形象嘴部做成几何图形的形状(圆形、三角形、正方形、长方形)小朋友在活动中取相应的图形放入相对应的嘴中，练习辨认、识别和区分图形。)○螺丝钉板——见图6.1(d)(自制：螺丝钉、螺丝帽、长方形木板、强力胶、白板纸、纸盒。用长方形木板作底座，在其上面和边缘装饰上花纹、花边、用强力胶将15个螺丝钉或螺丝帽(大、中、小各5个)固定在木板上。将配套的螺丝钉装入盒子中，让小朋友根据钉在板上的螺丝钉的大小，在盒子内选出相应大小的螺丝帽套上，并用手拧紧。进行一一对应、配对的练习。)

玩具：○串珠(木质带有各种图形、图案、大小各不相同的物品，备有4根不同颜色的绳子。放在自带的盒子中，放于材料架上，玩时可直接拿取下来。可以按形状、颜色、图案、大小进行有规律地排序。)○插板(塑质，带有两个白色插板，上面有很多小孔，像小蘑菇一样的小插钉，有大小、颜色之分；把它放在一个衬衫盒中，在盒的外面固定好四个小盒，把蘑菇形小插钉分别放入小盒中，以方便使用。这个玩具可以进行排序方面的练习，也可以进行手口一致的点数。教师同时可以提供一套数字供小朋友活动时进行按数取物的游戏，从而提高游戏的难度,让材料发挥更大的作用。)○滑车(木质,四层的小车轨道,有四辆小汽车,把它放入衬衫盒做成的容器中,在活动时,可以将玩具拿到地面或是大些的场地让孩子进行比赛。活动中,教师可以引导孩子深入研究摩擦力、坡度等问题。也可以给孩子进一步提供不同的材质的物品,与孩子一起制作轨道,让小车在上面行驶,感受不同的条件下车子行动的速度是不同的)○分类盒(塑质,四种颜色的,长短、粗细各不相同的小棒;放入衬衫盒制成的容器中,准备4个小盒供幼儿分类时使用。平时就放在材料柜中,高度要利于孩子拿取。请小朋友将它们进行分类,并说出为什么要这样分,是按什么分的;同时也可以练习排序)○扣环(塑质,各种颜色的、带有小开口的小圆环;把它统一放在大一些的盒子中,放在玩具柜低一些的位置,让孩子在拿取时不至于弄掉。它可以用来进行有规律地串联,可以提示孩子串珠子时让每一种规律都不同,让孩子发挥最大的想象力和创造力)○套盒(木质及一部分自制的大小不一的小方盒,小盒的每一面有不同的图案和数字,有一面带有小圆孔,它们可以统一放在易于拿取的地方。活动时可以请小朋友将它们按从大到小或是从小到大的顺序进行排列,也可以让小朋友按图案的数量和数字的顺序进行排列,让孩子从中了解多少、大小、里外等概念)

区角规则:

1. 使用材料时一次只能拿取一种材料进行活动;
2. 材料使用后要放回原位,并按类进行整理、摆放;
3. 落在地上的材料要及时拾起,缺少的物品要积极寻找,配齐;
4. 活动中能与小伙伴友好合作,不与小朋友进行争抢,不拿玩具当武器;
5. 如果区域内的人数已经满了能自觉选择下一个区域进行活动。

互动建议:

1. 互动过程中教师要对每一样材料所内含的教育价值做到心中有数;
2. 了解幼儿最近发展水平,对每个孩子提出有针对性、有挑战的互动问题;
3. 让幼儿在互动过程中有成就感,对接受能力强的幼儿提出更高的要求,让他主动探索,发现问题并解决问题,使他们的学习更有意义和价值。

(a)

(b)

　　　　(c)　　　　　　　　　　　　　(d)

图 6.1　案例 6.1 示例图

【案例 6.2】

彩虹天地(美工区)

哈尔滨市××幼儿园　刘×(小班)

区角目标：

○练习用色彩表达意念；
○进行小肌肉发展的练习；
○练习专注做事；
○体验用材料表现自己的想象和创意；
○练习交流、协商、解决矛盾和冲突；
○练习整理。

材料投放：

材料：○纸——见图 6.2(a)(宣纸、皱纹纸、白纸、报纸、海报纸、包装纸、手工纸、亮光纸、纸壳等。这些纸张可以是小朋友和家长共同帮助收集的，也可以是老师买来的。摆放要求：可以用奶箱制成小抽屉的样子，把它们分类放在里面，方便孩子随时取放)。○笔——见图 6.2(b)(毛笔、刷子、铅笔、彩色铅笔、水彩笔、油画棒、荧光笔、记号笔等。摆放要求：利用衬衫盒和纸桶搭制成上下三层的小架子，将各种笔按类及使用的频率来安排上下层的位置，方便孩子取用)。○颜料——见图 6.2(c)(广告色、水粉颜料、墨汁、印泥等。摆放要求：放入酸奶盒中，放于低矮的地方，既安全，又方便使用)。○其他材料——见图 6.2(c)(棉花、油泥、固体胶、吸管、各种小布料、豆类(黑豆、红豆、黄豆、蚕豆)、各种颜色的珠子、大小不同的小盒、小瓶(酸奶盒、纸杯、薯片桶)、绳(丝带、毛线、玻璃丝绳)。摆放要求：分类放入小酸奶盒中，写清标志，方便孩子拿取和整理)。

工具：○剪刀——见图 6.2(a)(安全的圆头小剪子。摆放要求：放在用装牙膏的小塑料架制成的小盒子中,剪子尖向下,放在固定位置)。○油泥工具、油泥板——见图6.2(a)(摆放要求:放在与油泥靠近的地方,方便孩子取用)。

信息资料:图片、范样

区角规则:

1. 在进活动区前,要做好标记;
2. 在作品完成后把它挂在作品盒中;
3. 用过的彩笔,不要忘记盖上盖子;
4. 用过的各种笔、颜料按照标志放在指定的位置上;
5. 用过的各种工具按照标志放在指定的位置上;
6. 进行剪贴后,把桌子上、地上的碎纸片打扫干净;
7. 不拿着剪刀到处走,或对着别人说话。

互动提示:

孩子在使用材料时,教师要给予适当的帮助,对一些有一定危险的工具,教师可以进行监督,当孩子形成良好的行为习惯后,教师再让孩子进行独立使用;对于孩子活动中出现的问题,教师可以提出建议,让孩子自己解决问题,或是与同伴协商进行解决;游戏过程中,教师要提示孩子注意环境的卫生,同时在结束时提示孩子将物品放回原位;教师可以在孩子活动的过程中给孩子进行示范讲解,或是参与到孩子的制作之中,让孩子获得成就感。

(a)　　　　　　　　(b)

图6.2　案例6.2示例图

【案例6.3】

建筑拼摆天地

哈尔滨市××幼儿园　唐××(小班)

区角目标:

○练习探索和思考一些数学、物理问题的原理;
○练习小肌肉动作的灵活性和稳定性;

○练习分类,尝试按标记摆放物品;

○练习看图纸进行拼搭;

○练习体验专注地游戏。

材料投放:

玩具:○插塑玩具——见图6.3(a)(幼儿园或教师提供的或购买的。摆放要求:可以放在筐中,按形状进行分类摆放,放在活动区架上,摆在固定的位置。让筐上标志一一对应地摆放在架子上)。○实木玩具——见图6.3(a)(幼儿园购买的大小、形状不同的各种木制玩具。摆放要求:按照实木玩具的大小、形状分类摆放在活动区架上,也可在活动区架上用不干胶条将每种形状的实木玩具粘贴出外框,让幼儿一一对应地进行摆放,见图6.3(b)。也可以在筐或盒子的外面粘贴某一种实木玩具的形状,请幼儿将同一类的玩具放入筐或盒子中。可提供纸、笔、画板,见图6.3(c),让幼儿自己设计,画好设计图后再进行搭建)。

材料:○盒子——见图6.3(d)(幼儿、家长、教师共同搜集和积攒的生活中曾经使用的各种盒子,如:月饼盒、饼干盒、牙膏盒、牛奶盒、饮料盒……总之一切可以利用的废旧纸盒都可以。摆放要求:可以将这些盒子按大小、形状进行分类,然后将各种盒子摆放在筐中或盒子中,也可用废旧衬衫盒、不干胶桶制作成架子用于摆放各种纸盒)。○瓶子——见图6.3(d)(幼儿、家长、教师共同搜集、积攒的生活中使用过的各种瓶子、罐子等,如:饮料瓶、酸奶瓶、易拉罐、薯片桶……摆放要求:可以将这些材料堆放在大的筐或盒子中,也可将材料按类别摆放在合适的盒子中,还可以用衬衫盒做成架子摆放在上面)。

区角规则:

1. 区角人数5~6人(也可根据本班级的实际情况制定);
2. 进入区角活动时,请放入标记,区内人数已满,选择其他区域;
3. 按实际需要拿取材料,随用随取,多的材料及时送回;
4. 玩具材料在使用后要放回到原来的位置,按标记摆放;
5. 区角活动时注意安全,不破坏材料,不乱丢玩具,不可用材料进行打闹;
6. 遵守游戏的规则,遇到问题时请及时求助老师;
7. 完成任务后方可离开区角,离开本区角时请带走进区标记。

互动提示:

1. 选择的材料必须是安全的,教师要及时检查幼儿带来的这些材料,保证这些材料不能刮伤、划伤幼儿;
2. 选择的材料必须是卫生的,教师要及时清理瓶中剩余的饮料,刷干净后再投入使用。尤其是易拉罐,教师要关注材料是否有破损的,如有及时进行处理;
3. 教师要随时观察,及时发现破损的材料进行更换和调整;

4. 幼儿园活动空间有限,操作材料和游戏内容分区域提供,因此需要对每一个活动区角人数进行约定;

5. 教师也可以以预约的形式在每天早晨或晚上预约幼儿进行游戏;

6. 可以为幼儿提供泡沫地板块或桌子,供幼儿游戏时使用;

7. 为幼儿提供一些范样或图片供幼儿参考;

8. 活动时提示幼儿按照相关的编码进行材料的摆放,为幼儿养成好习惯打基础;

9. 引导幼儿将玩具和搜集的材料融合在一起,发挥想象力和创造力;

10. 在收拾整理的过程中,尽可能让幼儿自己来整理,允许幼儿有多次练习的机会;

11. 在幼儿游戏的过程中,提示幼儿遇到困难自己解决,必要时提醒幼儿要求助,教师要给予幼儿适当的帮助;

12. 提示孩子不可以用玩具、材料打闹,注意安全。

13. 可根据幼儿园实际情况摆放玩具,见图6.3(e)。

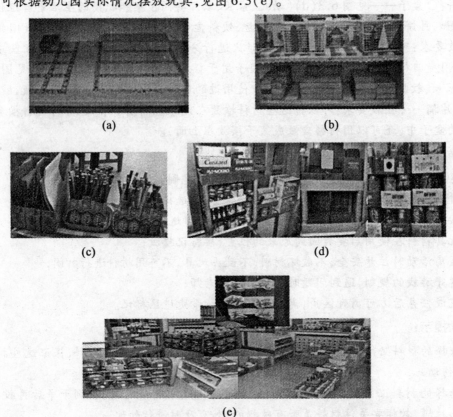

图6.3 案例6.3示例图

【案例6.4】

小小新闻播报员

南岗区××幼儿园　魏×(大班)

区角目标:

○尝试大胆讲述新闻内容,发表自己的想法;

○在操作中了解新闻的种类,练习正确归类;

○坚持播报,建立收集新闻的意识。

材料投放:

材料:○电视机模型一台(自制:用废旧纸盒做成电视的四框,中间镂空,让幼儿用彩色不干胶剪成各种形状,粘贴装饰电视四框;用挂历纸卷成细长状,固定在电视的顶部做"天线")。摆放要求:将电视机模型放在矮桌上,高度以露出幼儿上半身为宜。○种类标签(自制:用电脑打印出来,塑封,可反复粘贴。标签包括:社会新闻、时事新闻、体育新闻、娱乐新闻等)。摆放要求:将标签放在一个小纸盒里,固定在墙面下方,供幼儿拿取、粘贴。○新闻收集展示栏(自制:用电脑打印出每个孩子的名字,按顺序粘贴在白色板上,用彩色不干胶条分行;用不干胶剪出若干个小五角星,供幼儿粘贴在自己名字的后面)。摆放要求:展示栏应布置在墙面的下方,高度以不超过幼儿的身高为宜,小五角星用小纸盒装好,把小纸盒固定在墙面上。○闪亮登场(自制:电脑打印后用不干胶剪出"闪亮登场""本周收集新闻条"字样,将一周收集新闻数量最多的孩子的照片粘贴于此,并标明数量)。摆放要求:将"闪亮登场"布置在展示栏的上方,便于幼儿浏览,选出"闪亮之星"。

信息资料:○新闻的图片资料(幼儿收集:在家长的帮助下从网上下载、从报纸上剪贴、从杂志上选取等,请爸爸妈妈帮忙写出新闻的主要内容,幼儿做简单的装饰)。摆放要求:将新闻图片布置在墙面上,方便孩子粘贴、观看。

工具:○透明胶及胶带座(购买:将透明胶放入胶带座里,幼儿可自己根据需要随时取用)。

区角规则:

1. 记住自己收集的新闻名称和主要内容;

2. 区域活动时可以轮流播报,每次播报只能有一名播音员;

3. 播报员播报时声音要洪亮,"小听众"要仔细听;

4. 区域内最多不能超过五个人;

5. 每带来一条新闻,就拿一个小五角星贴在自己的名字后面。

互动提示：

1. 让家长在家帮助幼儿收集自己感兴趣的新闻，做一下简单的装饰和注解，带到幼儿园来；

2. 让幼儿把带来的新闻图片资料粘贴在墙面上，并选择相对应的新闻种类标签粘在新闻图片上；

3. 利用早活动和离园活动时间，让幼儿担任"播音员"，在"电视机"后播报自己收集的新闻，其他小朋友担任"小听众"；

4. 每周评选一名"闪亮登场"的周冠军（一周内收集新闻数量最多者），粘贴照片，标明数量；

5. 播报一段时间后，教师注重引导幼儿观察发生在家里、幼儿园及周围的事件，鼓励他们播报身边的新闻，扩展知识经验；

6. 及时与家长沟通、反馈，争得家长对活动的支持，使得孩子的播报活动持之以恒地进行。

思考与练习

1. 现阶段幼儿园环境创设中存在哪些问题？在进行环境创设的过程中要遵循哪些原则？
2. 幼儿园室内外环境创设的原则和方法有哪些？
3. 幼儿园常见的区角有哪些？不同年龄班区角如何创设？

附 录

附录1 幼儿园教育指导纲要(试行)

(2001年9月实施)

第一部分 总则

一、为贯彻《中华人民共和国教育法》、《幼儿园管理条例》和《幼儿园工作规程》,指导幼儿园深入实施素质教育,特制定本《纲要》。

二、幼儿园教育是基础教育的重要组成部分,是我国学校教育和终身教育的奠基阶段。城乡各类幼儿园教育应从实际出发,因地制宜地实施素质教育,为幼儿一生的发展打好基础。

三、幼儿园应与家庭、社区密切合作,与小学相互衔接,综合利用各种教育资源,共同为幼儿的发展创造良好的条件。

四、幼儿园应为幼儿提供健康、丰富的生活和活动环境,满足他们多方面发展的需要,使他们在快乐的童年生活中获得有益于身心发展的经验。

五、幼儿园教育应尊重幼儿的人格和权利,尊重幼儿身心发展的规律和学习特点,以游戏为基本活动,保教并重,关注个别差异,促进每个幼儿富有个性的发展。

第二部分 教育内容与要求

幼儿园的教育内容是全面的、启蒙性的,可以相对划分为健康、语言、社会、科学、艺术等五个领域,也可作其他不同的划分。各领域的内容相互渗透,从不同的角度促进幼儿情感、态度、能力、知识、技能等方面的发展。

一、健康

(一)目标

1. 身体健康,在集体生活中情绪安定、愉快;
2. 生活、卫生习惯良好,有基本的生活自理能力;
3. 知道必要的安全保健常识,学习保护自己;
4. 喜欢参加体育活动,动作协调、灵活。

(二)内容与要求

1. 建立良好的师生、同伴关系,让幼儿在集体生活中感到温暖,心情愉快,形成安全感、信赖感。

2. 与家长配合,根据幼儿的需要建立科学的生活常规。培养幼儿良好的饮食、睡眠、盥洗、排泄等生活习惯和生活自理能力。

3. 教育幼儿爱清洁、讲卫生,注意保持个人和生活场所的整洁和卫生。

4. 密切结合幼儿的生活进行安全、营养和保健教育,提高幼儿的自我保护意识和能力。

5. 开展丰富多彩的户外游戏和体育活动,培养幼儿参加体育活动的兴趣和习惯,增强体质,提高对环境的适应能力。

6. 用幼儿感兴趣的方式发展基本动作,提高动作的协调性、灵活性。

7. 在体育活动中,培养幼儿坚强、勇敢、不怕困难的意志品质和主动、乐观、合作的态度。

(三)指导要点

1. 幼儿园必须把保护幼儿的生命和促进幼儿的健康放在工作的首位。树立正确的健康观念,在重视幼儿身体健康的同时,要高度重视幼儿的心理健康。

2. 既要高度重视和满足幼儿受保护、受照顾的需要,又要尊重和满足他们不断增长的独立要求,避免过度保护和包办代替,鼓励并指导幼儿自理、自立的尝试。

3. 健康领域的活动要充分尊重幼儿生长发育的规律,严禁以任何名义进行有损幼儿健康的比赛、表演或训练等。

4. 培养幼儿对体育活动的兴趣是幼儿园体育的重要目标,要根据幼儿的特点组织生动有趣、形式多样的体育活动,吸引幼儿主动参与。

二、语言

(一)目标

1. 乐意与人交谈,讲话礼貌;

2. 注意倾听对方讲话,能理解日常用语;

3. 能清楚地说出自己想说的事;

4. 喜欢听故事、看图书;

5. 能听懂和会说普通话。

(二)内容与要求

1. 创造一个自由、宽松的语言交往环境,支持、鼓励、吸引幼儿与教师、同伴或其他人交谈,体验语言交流的乐趣,学习使用适当的、礼貌的语言交往。

2. 养成幼儿注意倾听的习惯,发展语言理解能力。

3. 鼓励幼儿大胆、清楚地表达自己的想法和感受,尝试说明、描述简单的事物或过程,发展语言表达能力和思维能力。

4. 引导幼儿接触优秀的幼儿文学作品,使之感受语言的丰富和优美,并通过多种活动帮助幼儿加深对作品的体验和理解。

5. 培养幼儿对生活中常见的简单标记和文字符号的兴趣。

6.利用图书、绘画和其他多种方式,引发幼儿对书籍、阅读和书写的兴趣,培养前阅读和前书写技能。

7.提供普通话的语言环境,帮助幼儿熟悉、听懂并学说普通话。少数民族地区还应帮助幼儿学习本民族语言。

(三)指导要点

1.语言能力是在运用的过程中发展起来的,发展幼儿语言的关键是创设一个能使他们想说、敢说、喜欢说、有机会说并能得到积极应答的环境。

2.幼儿语言的发展与其情感、经验、思维、社会交往能力等其他方面的发展密切相关,因此,发展幼儿语言的重要途径是通过互相渗透的各领域的教育,在丰富多彩的活动中去扩展幼儿的经验,提供促进语言发展的条件。

3.幼儿的语言学习具有个别化的特点,教师与幼儿的个别交流、幼儿之间的自由交谈等,对幼儿语言发展具有特殊意义。

4.对有语言障碍的幼儿要给予特别关注,要与家长和有关方面密切配合,积极地帮助他们提高语言能力

三、社会

(一)目标

1.能主动地参与各项活动,有自信心;

2.乐意与人交往,学习互助、合作和分享,有同情心;

3.理解并遵守日常生活中基本的社会行为规则;

4.能努力做好力所能及的事,不怕困难,有初步的责任感;

5.爱父母长辈、老师和同伴,爱集体、爱家乡、爱祖国。

(二)内容与要求

1.引导幼儿参加各种集体活动,体验与教师、同伴等共同生活的乐趣,帮助他们正确认识自己和他人,养成对他人、社会亲近、合作的态度,学习初步的人际交往技能。

2.为每个幼儿提供表现自己长处和获得成功的机会,增强其自尊心和自信心。

3.提供自由活动的机会,支持幼儿自主地选择、计划活动,鼓励他们通过多方面的努力解决问题,不轻易放弃克服困难的尝试。

4.在共同的生活和活动中,以多种方式引导幼儿认识、体验并理解基本的社会行为规则,学习自律和尊重他人。

5.教育幼儿爱护玩具和其他物品,爱护公物和公共环境。

6.与家庭、社区合作,引导幼儿了解自己的亲人以及与自己生活有关的各行各业人们的劳动,培养其对劳动者的热爱和对劳动成果的尊重。

7.充分利用社会资源,引导幼儿实际感受祖国文化的丰富与优秀,感受家乡的变化和发

展,激发幼儿爱家乡、爱祖国的情感。

8.适当向幼儿介绍我国各民族和世界其他国家、民族的文化,使其感知人类文化的多样性和差异性,培养理解、尊重、平等的态度。

(三)指导要点

1.社会领域的教育具有潜移默化的特点。幼儿社会态度和社会情感的培养尤应渗透在多种活动和一日生活的各个环节之中,要创设一个能使幼儿感受到接纳、关爱和支持的良好环境,避免单一呆板的言语说教。

2.幼儿与成人、同伴之间的共同生活、交往、探索、游戏等,是其社会学习的重要途径。应为幼儿提供人际间相互交往和共同活动的机会和条件,并加以指导。

3.社会学习是一个漫长的积累过程,需要幼儿园、家庭和社会密切合作,协调一致,共同促进幼儿良好社会性品质的形成。

四、科学

(一)目标

1.对周围的事物、现象感兴趣,有好奇心和求知欲;

2.能运用各种感官,动手动脑,探究问题;

3.能用适当的方式表达、交流探索的过程和结果;

4.能从生活和游戏中感受事物的数量关系并体验到数学的重要和有趣;

5.爱护动植物,关心周围环境,亲近大自然,珍惜自然资源,有初步的环保意识。

(二)内容与要求

1.引导幼儿对身边常见事物和现象的特点、变化规律产生兴趣和探究的欲望。

2.为幼儿的探究活动创造宽松的环境,让每个幼儿都有机会参与尝试,支持、鼓励他们大胆提出问题,发表不同意见,学会尊重别人的观点和经验。

3.提供丰富的可操作的材料,为每个幼儿都能运用多种感官、多种方式进行探索提供活动的条件。

4.通过引导幼儿积极参加小组讨论、探索等方式,培养幼儿合作学习的意识和能力,学习用多种方式表现、交流、分享探索的过程和结果。

5.引导幼儿对周围环境中的数、量、形、时间和空间等现象产生兴趣,建构初步的数概念,并学习用简单的数学方法解决生活和游戏中某些简单的问题。

6.从生活或媒体中幼儿熟悉的科技成果入手,引导幼儿感受科学技术对生活的影响,培养他们对科学的兴趣和对科学家的崇敬。

7.在幼儿生活经验的基础上,帮助幼儿了解自然、环境与人类生活的关系。从身边的小事入手,培养初步的环保意识和行为。

(三)指导要点

1. 幼儿的科学教育是科学启蒙教育,重在激发幼儿的认识兴趣和探究欲望。
2. 要尽量创造条件让幼儿实际参加探究活动,使他们感受科学探究的过程和方法,体验发现的乐趣。
3. 科学教育应密切联系幼儿的实际生活进行,利用身边的事物与现象作为科学探索的对象。

五、艺术

(一)目标

1. 能初步感受并喜爱环境、生活和艺术中的美;
2. 喜欢参加艺术活动,并能大胆地表现自己的情感和体验;
3. 能用自己喜欢的方式进行艺术表现活动。

(二)内容与要求

1. 引导幼儿接触周围环境和生活中美好的人、事、物,丰富他们的感性经验和审美情趣,激发他们表现美、创造美的情趣。
2. 在艺术活动中面向全体幼儿,要针对他们的不同特点和需要,让每个幼儿都得到美的熏陶和培养。对有艺术天赋的幼儿要注意发展他们的艺术潜能。
3. 提供自由表现的机会,鼓励幼儿用不同艺术形式大胆地表达自己的情感、理解和想象,尊重每个幼儿的想法和创造,肯定和接纳他们独特的审美感受和表现方式,分享他们创造的快乐。
4. 在支持、鼓励幼儿积极参加各种艺术活动并大胆表现的同时,帮助他们提高表现的技能和能力。
5. 指导幼儿利用身边的物品或废旧材料制作玩具、手工艺品等来美化自己的生活或开展其他活动。
6. 为幼儿创设展示自己作品的条件,引导幼儿相互交流、相互欣赏、共同提高。

(三)指导要点

1. 艺术是实施美育的主要途径,应充分发挥艺术的情感教育功能,促进幼儿健全人格的形成。要避免仅仅重视表现技能或艺术活动的结果,而忽视幼儿在活动过程中的情感体验和态度的倾向。
2. 幼儿的创作过程和作品是他们表达自己的认识和情感的重要方式,应支持幼儿富有个性和创造性的表达,克服过分强调技能技巧和标准化要求的偏向。
3. 幼儿艺术活动的能力是在大胆表现的过程中逐渐发展起来的,教师的作用应主要在于激发幼儿感受美、表现美的情趣,丰富他们的审美经验,使之体验自由表达和创造的快乐。在此基础上,根据幼儿的发展状况和需要,对表现方式和技能技巧给予适时、适当的指导。

第三部分　组织与实施

一、幼儿园的教育是为所有在园幼儿的健康成长服务的,要为每一个幼儿,包括有特殊需要的幼儿提供积极的支持和帮助。

二、幼儿园的教育活动,是教师以多种形式有目的、有计划地引导幼儿生动、活泼、主动活动的教育过程。

三、教育活动的组织与实施过程是教师创造性地开展工作的过程。教师要根据本《纲要》,从本地、本园的条件出发,结合本班幼儿的实际情况,制定切实可行的工作计划并灵活地执行。

四、教育活动目标要以《幼儿园工作规程》和本《纲要》所提出的各领域目标为指导,结合本班幼儿的发展水平、经验和需要来确定。

五、教育活动内容的选择应遵照本《纲要》第二部分的有关条款进行,同时体现以下原则:

(一)既适合幼儿的现有水平,又有一定的挑战性。

(二)既符合幼儿的现实需要,又有利于其长远发展。

(三)既贴近幼儿的生活来选择幼儿感兴趣的事物和问题,又有助于拓展幼儿的经验和视野。

六、教育活动内容的组织应充分考虑幼儿的学习特点和认识规律,各领域的内容要有机联系,相互渗透,注重综合性、趣味性、活动性,寓教育于生活、游戏之中。

七、教育活动的组织形式应根据需要合理安排,因时、因地、因内容、内材料灵活地运用。

八、环境是重要的教育资源,应通过环境的创设和利用,有效地促进幼儿的发展。

(一)幼儿园的空间、设施、活动材料和常规要求等应有利于引发、支持幼儿的游戏和各种探索活动,有利于引发、支持幼儿与周围环境之间积极的相互作用。

(二)幼儿同伴群体及幼儿园教师集体是宝贵的教育资源,应充分发挥这一资源的作用。

(三)教师的态度和管理方式应有助于形成安全、温馨的心理环境;言行举止应成为幼儿学习的良好榜样。

(四)家庭是幼儿园重要的合作伙伴。应本着尊重、平等、合作的原则,争取家长的理解、支持和主动参与,并积极支持、帮助家长提高教育能力。

(五)充分利用自然环境和社区的教育资源,扩展幼儿生活和学习的空间。幼儿园同时应为社区的早期教育提供服务。

九、科学、合理地安排和组织一日生活。

(一)时间安排应有相对的稳定性与灵活性,既有利于形成秩序,又能满足幼儿的合理需要,照顾到个体差异。

(二)教师直接指导的活动和间接指导的活动相结合,保证幼儿每天有适当的自主选择和自由活动时间。教师直接指导的集体活动要能保证幼儿的积极参与,避免时间的隐性浪费。

（三）尽量减少不必要的集体行动和过渡环节，减少和消除消极等待现象。

（四）建立良好的常规，避免不必要的管理行为，逐步引导幼儿学习自我管理。

十、教师应成为幼儿学习活动的支持者、合作者、引导者。

（一）以关怀、接纳、尊重的态度与幼儿交往。耐心倾听，努力理解幼儿的想法与感受，支持、鼓励他们大胆探索与表达。

（二）善于发现幼儿感兴趣的事物、游戏和偶发事件中所隐含的教育价值，把握时机，积极引导。

（三）关注幼儿在活动中的表现和反应，敏感地察觉他们的需要，及时以适当的方式应答，形成合作探究式的师生互动。

（四）尊重幼儿在发展水平、能力、经验、学习方式等方面的个体差异，因人施教，努力使每一个幼儿都能获得满足和成功。

（五）关注幼儿的特殊需要，包括各种发展潜能和不同发展障碍，与家庭密切配合，共同促进幼儿健康成长。

十一、幼儿园教育要与0~3岁幼儿的保育教育以及小学教育相互衔接。

第四部分　教育评价

一、教育评价是幼儿园教育工作的重要组成部分，是了解教育的适宜性、有效性，调整和改进工作，促进每一个幼儿发展，提高教育质量的必要手段。

二、管理人员、教师、幼儿及其家长均是幼儿园教育评价工作的参与者。评价过程是各方共同参与、相互支持与合作的过程。

三、评价的过程，是教师运用专业知识审视教育实践，发现、分析、研究、解决问题的过程，也是其自我成长的重要途径。

四、幼儿园教育工作评价实行以教师自评为主，园长以及有关管理人员、其他教师和家长等参与评价的制度。

五、评价应自然地伴随着整个教育过程进行。综合采用观察、谈话、作品分析等多种方法。

六、幼儿的行为表现和发展变化具有重要的评价意义，教师应视之为重要的评价信息和改进工作的依据。

七、教育工作评价宜重点考察以下方面：

（一）教育的计划和教育活动的目标是否建立在了解本班幼儿现状的基础上。

（二）教育的内容、方式、策略、环境条件是否能调动幼儿学习的积极性。

（三）教育过程是否能为幼儿提供有益的学习经验，并符合其发展需要。

（四）教育内容、要求能否兼顾群体需要和个体差异，使每个幼儿都能得到发展，都有成功感。

（五）教师的指导是否有利于幼儿主动、有效地学习。

八、对幼儿发展状况的评估，要注意：

（一）明确评价的目的是了解幼儿的发展需要，以便提供更加适宜的帮助和指导。

（二）全面了解幼儿的发展状况，防止片面性，尤其要避免只重知识和技能，忽略情感、社会性和实际能力的倾向。

（三）在日常活动与教育教学过程中采用自然的方法进行。平时观察所获得的具有典型意义的幼儿行为表现和所积累的各种作品等，是评价的重要依据。

（四）承认和关注幼儿的个体差异，避免用划一的标准评价不同的幼儿，在幼儿面前慎用横向的比较。

（五）以发展的眼光看待幼儿，既要了解现有水平，更要关注其发展的速度、特点和倾向等。

附录2 3~6岁幼儿学习与发展指南

中华人民共和国教育部 2012年9月

说 明

一、为深入贯彻《国家中长期教育改革和发展规划纲要(2010—2020年)》和《国务院关于当前发展学前教育的若干意见》(国发〔2010〕41号),指导幼儿园和家庭实施科学的保育和教育,促进幼儿身心全面和谐发展,制定《3~6岁幼儿学习与发展指南》(以下简称《指南》)。

二、《指南》以为幼儿后继学习和终身发展奠定良好素质基础为目标,以促进幼儿体、智、德、美各方面的协调发展为核心,通过提出3~6岁各年龄段幼儿学习与发展目标和相应的教育建议,帮助幼儿园教师和家长了解3~6岁幼儿学习与发展的基本规律和特点,建立对幼儿发展的合理期望,实施科学的保育和教育,让幼儿度过快乐而有意义的童年。

三、《指南》从健康、语言、社会、科学、艺术五个领域描述幼儿的学习与发展。每个领域按照幼儿学习与发展最基本、最重要的内容划分为若干方面。每个方面由学习与发展目标和教育建议两部分组成。

目标部分分别对3~4岁、4~5岁、5~6岁三个年龄段末期幼儿应该知道什么、能做什么,大致可以达到什么发展水平提出了合理期望,指明了幼儿学习与发展的具体方向;教育建议部分列举了一些能够有效帮助和促进幼儿学习与发展的教育途径与方法。

四、实施《指南》应把握以下几个方面:

1. 关注幼儿学习与发展的整体性。幼儿的发展是一个整体,要注重领域之间、目标之间的相互渗透和整合,促进幼儿身心全面协调发展,而不应片面追求某一方面或几方面的发展。

2. 尊重幼儿发展的个体差异。幼儿的发展是一个持续、渐进的过程,同时也表现出一定的阶段性特征。每个幼儿在沿着相似进程发展的过程中,各自的发展速度和到达某一水平的时间不完全相同。要充分理解和尊重幼儿发展进程中的个别差异,支持和引导他们从原有水平向更高水平发展,按照自身的速度和方式到达《指南》所呈现的发展"阶梯",切忌用一把"尺子"衡量所有幼儿。

3. 理解幼儿的学习方式和特点。幼儿的学习是以直接经验为基础,在游戏和日常生活中进行的。要珍视游戏和生活的独特价值,创设丰富的教育环境,合理安排一日生活,最大限度地支持和满足幼儿通过直接感知、实际操作和亲身体验获取经验的需要,严禁"拔苗助长"式的超前教育和强化训练。

4. 重视幼儿的学习品质。幼儿在活动过程中表现出的积极态度和良好行为倾向是终身学习与发展所必需的宝贵品质。要充分尊重和保护幼儿的好奇心和学习兴趣,帮助幼儿逐步养成积极主动、认真专注、不怕困难、敢于探究和尝试、乐于想象和创造等良好学习品质。忽视幼儿学习品质培养,单纯追求知识技能学习的做法是短视而有害的。

一、健康

健康是指人在身体、心理和社会适应方面的良好状态。幼儿阶段是幼儿身体发育和机能发展极为迅速的时期,也是形成安全感和乐观态度的重要阶段。发育良好的身体、愉快的情绪、强健的体质、协调的动作、良好的生活习惯和基本生活能力是幼儿身心健康的重要标志,也是其他领域学习与发展的基础。

为有效促进幼儿身心健康发展,成人应为幼儿提供合理均衡的营养,保证充足的睡眠和适宜的锻炼,满足幼儿生长发育的需要;创设温馨的人际环境,让幼儿充分感受到亲情和关爱,形成积极稳定的情绪情感;帮助幼儿养成良好的生活与卫生习惯,提高自我保护能力,形成使其终身受益的生活能力和文明生活方式。

幼儿身心发育尚未成熟,需要成人的精心呵护和照顾,但不宜过度保护和包办代替,以免剥夺幼儿自主学习的机会,养成过于依赖的不良习惯,影响其主动性、独立性的发展。

(一)身心状况

目标1　具有健康的体态

3~4岁	4~5岁	5~6岁
1.身高和体重适宜 参考标准: 　男孩:身高:94.9~111.7厘米 　　　　体重:12.7~21.2公斤 　女孩:身高:94.1~111.3厘米 　　　　体重:12.3~21.5公斤	1.身高和体重适宜 参考标准: 　男孩:身高:100.7~119.2厘米 　　　　体重:14.1~24.2公斤 　女孩:身高:99.9~118.9厘米 　　　　体重:13.7~24.9公斤	1.身高和体重适宜 参考标准: 　男孩:身高:106.1~125.8厘米 　　　　体重:15.9~27.1公斤 　女孩:身高:104.9~125.4厘米 　　　　体重:15.3~27.8公斤
2.在提醒下能自然坐直、站直	2.在提醒下能保持正确的站、坐和行走姿势	2.经常保持正确的站、坐和行走姿势

注:身高和体重数据来源:《2006年世界卫生组织幼儿生长标准》4、5、6周岁幼儿身高和体重的参考数据

教育建议:

1.为幼儿提供营养丰富、健康的饮食。如:

● 参照《中国孕期、哺乳期妇女和0~6岁幼儿膳食指南》,为幼儿提供谷物、蔬菜、水果、肉、奶、蛋、豆制品等多样化的食物,均衡搭配。

● 烹调方式要科学,尽量少煎炸、烧烤、腌制。

2.保证幼儿每天睡11~12小时,其中午睡一般应达到2小时左右。午睡时间可根据幼儿的年龄、季节的变化和个体差异适当减少。

3. 注意幼儿的体态,帮助他们形成正确的姿势。如:
● 提醒幼儿要保持正确的站、坐、走姿势;发现有八字脚、罗圈腿、驼背等骨骼发育异常的情况,应及时就医矫治。
● 桌、椅和床要合适。椅子的高度以幼儿写画时双脚能自然着地、大腿基本保持水平状为宜;桌子的高度以写画时身体能坐直,不驼背、不耸肩为宜;床不宜过软。
4. 每年为幼儿进行健康检查。

目标2 情绪安定愉快

3～4岁	4～5岁	5～6岁
1. 情绪比较稳定,很少因一点小事哭闹不止 2. 有比较强烈的情绪反应时,能在成人的安抚下逐渐平静下来	1. 经常保持愉快的情绪,不高兴时能较快缓解的 2. 有比较强烈的情绪反应时,能在成人提醒下逐渐平静下来 3. 愿意把自己的情绪告诉亲近的人,一起分享快乐或求得安慰	1. 经常保持愉快的情绪。知道引起自己某种情绪的原因,并努力缓解 2. 表达情绪的方式比较适度,不乱发脾气 3. 能随着活动的需要转换情绪和注意力

教育建议:
1. 营造温暖、轻松的心理环境,让幼儿形成安全感和信赖感。如:
● 保持良好的情绪状态,以积极、愉快的情绪影响幼儿。
● 以欣赏的态度对待幼儿。注意发现幼儿的优点,接纳他们的个体差异,不简单与同伴做横向比较。
● 幼儿做错事时要冷静处理,不厉声斥责,更不能打骂。
2. 帮助幼儿学会恰当表达和调控情绪。如:
● 成人用恰当的方式表达情绪,为幼儿做出榜样。如生气时不乱发脾气,不迁怒于人。
● 成人和幼儿一起谈论自己高兴或生气的事,鼓励幼儿与人分享自己的情绪。
● 允许幼儿表达自己的情绪,并给予适当的引导。如幼儿发脾气时不硬性压制,等其平静后告诉他什么行为是可以接受的。
● 发现幼儿不高兴时,主动询问情况,帮助他们化解消极情绪。

目标3　具有一定的适应能力

3~4岁	4~5岁	5~6岁
1. 能在较热或较冷的户外环境中活动 2. 换新环境时情绪能较快稳定，睡眠、饮食基本正常 3. 在帮助下能较快适应集体生活	1. 能在较热或较冷的户外环境中连续活动半小时左右 2. 换新环境时较少出现身体不适 3. 能较快适应人际环境中发生的变化。如换了新老师能较快适应	1. 能在较热或较冷的户外环境中连续活动半小时以上 2. 天气变化时较少感冒，能适应车、船等交通工具造成的轻微颠簸 3. 能较快融入新的人际关系环境。如换了新的幼儿园或班级能较快适应

教育建议：

1. 保证幼儿的户外活动时间，提高幼儿适应季节变化的能力。

● 幼儿每天的户外活动时间一般不少于2小时，其中体育活动时间不少于1小时，季节交替时要坚持。

● 气温过热或过冷的季节或地区应因地制宜，选择温度适当的时间段开展户外活动，也可根据气温的变化和幼儿的个体差异，适当减少活动的时间。

2. 经常与幼儿玩拉手转圈、秋千、转椅等游戏活动，让幼儿适应轻微的摆动、颠簸、旋转，促进其平衡机能的发展。

3. 锻炼幼儿适应生活环境变化的能力。如：

● 注意观察幼儿在新环境中的饮食、睡眠、游戏等方面的情况，采取相应的措施帮助他们尽快适应新环境。

● 经常带幼儿接触不同的人际环境，如参加亲戚朋友聚会，多和不熟悉的小朋友玩，使幼儿较快适应新的人际关系。

（二）动作发展

目标1　具有一定的平衡能力，动作协调、灵敏

3~4岁	4~5岁	5~6岁
1. 能沿地面直线或在较窄的低矮物体上走一段距离 2. 能双脚灵活交替上下楼梯 3. 能身体平稳地双脚连续向前跳 4. 分散跑时能躲避他人的碰撞 5. 能双手向上抛球	1. 能在较窄的低矮物体上平稳地走一段距离 2. 能以匍匐、膝盖悬空等多种方式钻爬 3. 能助跑跨跳过一定距离，或助跑跨跳过一定高度的物体 4. 能与他人玩追逐、躲闪跑的游戏 5. 能连续自抛自接球	1. 能在斜坡、荡桥和有一定间隔的物体上较平稳地行走 2. 能以手脚并用的方式安全地爬攀登架、网等 3. 能连续跳绳 4. 能躲避他人滚过来的球或扔过来的沙包 5. 能连续拍球

教育建议：
1. 利用多种活动发展身体平衡和协调能力。如：
● 走平衡木，或沿着地面直线、田埂行走。
● 玩跳房子、踢毽子、蒙眼走路、踩小高跷等游戏活动。
2. 发展幼儿动作的协调性和灵活性。如：
● 鼓励幼儿进行跑跳、钻爬、攀登、投掷、拍球等活动。
● 玩跳竹竿、滚铁环等传统体育游戏。
3. 对于拍球、跳绳等技能性活动，不要过于要求数量，更不能机械训练。
4. 结合活动内容对幼儿进行安全教育，注重在活动中培养幼儿的自我保护能力。

目标2　具有一定的力量和耐力

3~4岁	4~5岁	5~6岁
1. 能双手抓杠悬空吊起10秒左右 2. 能单手将沙包向前投掷2米左右 3. 能单脚连续向前跳2米左右 4. 能快跑15米左右 5. 能连续行走1公里左右（途中可适当停歇）	1. 能双手抓杠悬空吊起15秒左右 2. 能单手将沙包向前投掷4米左右 3. 能单脚连续向前跳5米左右 4. 能快跑20米左右 5. 能连续行走1.5公里左右（途中可适当停歇）	1. 能双手抓杠悬空吊起20秒左右 2. 能单手将沙包向前投掷5米左右 3. 能单脚连续向前跳8米左右 4. 能快跑25米左右 5. 能连续行走1.5公里以上（途中可适当停歇）

教育建议：
1. 开展丰富多样、适合幼儿年龄特点的各种身体活动，如走、跑、跳、攀、爬等，鼓励幼儿坚持下来，不怕累。
2. 日常生活中鼓励幼儿多走路、少坐车；自己上下楼梯、自己背包。

目标3　手的动作灵活协调

3~4岁	4~5岁	5~6岁
1. 能用笔涂涂画画 2. 能熟练地用勺子吃饭 3. 能用剪刀沿直线剪，边线基本吻合	1. 能沿边线较直地画出简单图形，或能将边线基本对齐地折纸 2. 会用筷子吃饭 3. 能沿轮廓线剪出由直线构成的简单图形，边线吻合	1. 能根据需要画出图形，线条基本平滑 2. 能熟练使用筷子 3. 能沿轮廓线剪出由曲线构成的简单图形，边线吻合且平滑 4. 能使用简单的劳动工具或用具

教育建议：

1. 创造条件和机会，促进幼儿手的动作灵活协调。如：

● 提供画笔、剪刀、纸张、泥团等工具和材料，或充分利用各种自然、废旧材料和常见物品，让幼儿进行画、剪、折、粘等美工活动。

● 引导幼儿生活自理或参与家务劳动，发展其手的动作。如练习自己用筷子吃饭、扣扣子，帮助家人择菜叶、做面食等。

● 幼儿园在布置娃娃家、商店等活动区时，多提供原材料和半成品，让幼儿有更多机会参与制作活动。

2. 引导幼儿注意活动安全。如：

● 为幼儿提供的塑料粒、珠子等活动材料要足够大，材质要安全，以免造成异物进入气管、铅中毒等伤害。提供幼儿用安全剪刀。

● 为幼儿示范拿筷子、握笔的正确姿势以及使用剪刀、锤子等工具的方法。

● 提醒幼儿不要拿剪刀等锋利工具玩耍，用完后要放回原处。

（三）生活习惯与生活能力

目标1　具有良好的生活与卫生习惯

3~4岁	4~5岁	5~6岁
1. 在提醒下，按时睡觉和起床，并能坚持午睡	1. 每天按时睡觉和起床，并能坚持午睡	1. 养成每天按时睡觉和起床的习惯
2. 喜欢参加体育活动	2. 喜欢参加体育活动	2. 能主动参加体育活动
3. 在引导下，不偏食、挑食。喜欢吃瓜果、蔬菜等新鲜食品	3. 不偏食、挑食，不暴饮暴食。喜欢吃瓜果、蔬菜等新鲜食品	3. 吃东西时细嚼慢咽
4. 愿意饮用白开水，不贪喝饮料	4. 常喝白开水，不贪喝饮料	4. 主动饮用白开水，不贪喝饮料
5. 不用脏手揉眼睛，连续看电视等不超过15分钟	5. 知道保护眼睛，不在光线过强或过暗的地方看书，连续看电视等不超过20分钟	5. 主动保护眼睛。不在光线过强或过暗的地方看书，连续看电视等不超过30分钟
6. 在提醒下，每天早晚刷牙、饭前便后洗手	6. 每天早晚刷牙、饭前便后洗手，方法基本正确	6. 每天早晚主动刷牙，饭前便后主动洗手，方法正确

教育建议：

1. 让幼儿保持有规律的生活，养成良好的作息习惯。如：早睡早起、每天午睡、按时进餐、吃好早餐等。

2. 帮助幼儿养成良好的饮食习惯。如：

● 合理安排餐点，帮助幼儿养成定点、定时、定量进餐的习惯。

● 帮助幼儿了解食物的营养价值，引导他们不偏食不挑食、少吃或不吃不利于健康的食品;多喝白开水,少喝饮料。
- 吃饭时不过分催促,提醒幼儿细嚼慢咽,不要边吃边玩。

3. 帮助幼儿养成良好的个人卫生习惯。如:
- 早晚刷牙、饭后漱口。
- 勤为幼儿洗澡、换衣服、剪指甲。
- 提醒幼儿保护五官,如不乱挖耳朵、鼻孔,看电视时保持3米左右的距离等。

4. 激发幼儿参加体育活动的兴趣,养成锻炼的习惯。如:
- 为幼儿准备多种体育活动材料,鼓励他选择自己喜欢的材料开展活动。
- 经常和幼儿一起在户外运动和游戏,鼓励幼儿和同伴一起开展体育活动。
- 和幼儿一起观看体育比赛或有关体育赛事的电视节目,培养他对体育活动的兴趣。

目标2 具有基本的生活自理能力

3~4岁	4~5岁	5~6岁
1. 在帮助下能穿脱衣服或鞋袜 2. 能将玩具和图书放回原处	1. 能自己穿脱衣服、鞋袜、扣纽扣 2. 能整理自己的物品	1. 能知道根据冷热增减衣服 2. 会自己系鞋带 3. 能按类别整理好自己的物品

教育建议:

1. 鼓励幼儿做力所能及的事情,对幼儿的尝试与努力给予肯定,不因做不好或做得慢而包办代替。

2. 指导幼儿学习和掌握生活自理的基本方法,如穿脱衣服和鞋袜、洗手洗脸、擦鼻涕、擦屁股的正确方法。

3. 提供有利于幼儿生活自理的条件。如:
- 提供一些纸箱、盒子,供幼儿收拾和存放自己的玩具、图书或生活用品等。
- 幼儿的衣服、鞋子等要简单实用,便于自己穿脱。

目标3 具备基本的安全知识和自我保护能力

3~4岁	4~5岁	5~6岁
1. 不吃陌生人给的东西,不跟陌生人走 2. 在提醒下能注意安全,不做危险的事 3. 在公共场所走失时,能向警察或有关人员说出自己和家长的名字、电话号码等简单信息	1. 知道在公共场合不远离成人的视线单独活动 2. 认识常见的安全标志,能遵守安全规则 3. 运动时能主动躲避危险 4. 知道简单的求助方式	1. 未经大人允许不给陌生人开门 2. 能自觉遵守基本的安全规则和交通规则 3. 运动时能注意安全,不给他人造成危险 4. 知道一些基本的防灾知识

教育建议：
1. 创设安全的生活环境，提供必要的保护措施。如：
● 要把热水瓶、药品、火柴、刀具等物品放到幼儿够不到的地方；阳台或窗台要有安全保护措施；要使用安全的电源插座等。
● 在公共场所要注意照看好幼儿；幼儿乘车、乘电梯时要有成人陪伴；不把幼儿单独留在家里或汽车里等。
2. 结合生活实际对幼儿进行安全教育。如：
● 外出时，提醒幼儿要紧跟成人，不远离成人的视线，不跟陌生人走，不吃陌生人给的东西；不在河边和马路边玩耍；要遵守交通规则等。
● 帮助幼儿了解周围环境中不安全的事物，不做危险的事。如不动热水壶，不玩火柴或打火机，不摸电源插座，不攀爬窗户或阳台等。
● 帮助幼儿认识常见的安全标识，如：小心触电、小心有毒、禁止下河游泳、紧急出口等。
● 告诉幼儿不允许别人触摸自己的隐私部位。
3. 教给幼儿简单的自救和求救的方法。如：
● 记住自己家庭的住址、电话号码、父母的姓名和单位，一旦走失时知道向成人求助，并能提供必要信息。
● 遇到火灾或其他紧急情况时，知道要拨打110、120、119等求救电话。
● 可利用图书、音像等材料对幼儿进行逃生和求救方面的教育，并运用游戏方式模拟练习。
● 幼儿园应定期进行火灾、地震等自然灾害的逃生演习。

二、语言

语言是交流和思维的工具。幼儿期是语言发展，特别是口语发展的重要时期。幼儿语言的发展贯穿于各个领域，也对其他领域的学习与发展有着重要的影响：幼儿在运用语言进行交流的同时，也在发展着人际交往能力、理解他人和判断交往情境的能力、组织自己思想的能力。通过语言获取信息，幼儿的学习逐步超越个体的直接感知。

幼儿的语言能力是在交流和运用的过程中发展起来的。应为幼儿创设自由、宽松的语言交往环境，鼓励和支持幼儿与成人、同伴交流，让幼儿想说、敢说、喜欢说并能得到积极回应。为幼儿提供丰富、适宜的低幼读物，经常和幼儿一起看图书、讲故事，丰富其语言表达能力，培养阅读兴趣和良好的阅读习惯，进一步拓展学习经验。

幼儿的语言学习需要相应的社会经验支持，应通过多种活动扩展幼儿的生活经验，丰富语言的内容，增强理解和表达能力。应在生活情境和阅读活动中引导幼儿自然而然地产生对文字的兴趣，用机械记忆和强化训练的方式让幼儿过早识字不符合其学习特点和接受能力。

附　录

（一）倾听与表达

目标1　认真听并能听懂常用语言

3~4岁	4~5岁	5~6岁
1. 别人对自己说话时能注意听并做出回应 2. 能听懂日常会话	1. 在群体中能有意识地听与自己有关的信息 2. 能结合情境感受到不同语气、语调所表达的不同意思 3. 方言地区和少数民族幼儿能基本听懂普通话	1. 在集体中能注意听老师或其他人讲话 2. 听不懂或有疑问时能主动提问 3. 能结合情境理解一些表示因果、假设等相对复杂的句子

教育建议：

1. 多给幼儿提供倾听和交谈的机会。如：经常和幼儿一起谈论他感兴趣的话题，或一起看图书、讲故事。

2. 引导幼儿学会认真倾听。如：

● 成人要耐心倾听别人（包括幼儿）的讲话，等别人讲完再表达自己的观点。

● 与幼儿交谈时，要用幼儿能听得懂的语言。

● 对幼儿提要求和布置任务时要求他注意听，鼓励他主动提问。

3. 对幼儿讲话时，注意结合情境使用丰富的语言，以便于幼儿理解。如：

● 说话时注意语气、语调，让幼儿感受语气、语调的作用。如对幼儿的不合理要求以比较坚定的语气表示不同意；讲故事时，尽量把故事人物高兴、悲伤的心情用不同的语气、语调表现出来。

● 根据幼儿的理解水平有意识地使用一些反映因果、假设、条件等关系的句子。

目标2　愿意讲话并能清楚地表达

3~4岁	4~5岁	5~6岁
1. 愿意在熟悉的人面前说话，能大方地与人打招呼 2. 基本会说本民族或本地区的语言 3. 愿意表达自己的需要和想法，必要时能配以手势动作 4. 能口齿清楚地说儿歌、童谣或复述简短的故事	1. 愿意与他人交谈，喜欢谈论自己感兴趣的话题 2. 会说本民族或本地区的语言，基本会说普通话。少数民族聚居地区幼儿会用普通话进行日常会话 3. 能基本完整地讲述自己的所见所闻和经历的事情 4. 讲述比较连贯	1. 愿意与他人讨论问题，敢在众人面前说话 2. 会说本民族或本地区的语言和普通话，发音正确清晰。少数民族聚居地区幼儿基本会说普通话 3. 能有序、连贯、清楚地讲述一件事情 4. 讲述时能使用常见的形容词、同义词等，语言比较生动

教育建议:
1. 为幼儿创造说话的机会并体验语言交往的乐趣。
● 每天有足够的时间与幼儿交谈。如谈论他感兴趣的话题,询问和听取他对自己事情的意见等。
● 尊重和接纳幼儿的说话方式,无论幼儿的表达水平如何,都应认真地倾听并给予积极的回应。
● 鼓励和支持幼儿与同伴一起玩耍、交谈,相互讲述见闻、趣事或看过的图书、动画片等。
● 方言和少数民族地区应积极为幼儿创设用普通话交流的语言环境。
2. 引导幼儿清楚地表达。如:
● 和幼儿讲话时,成人自身的语言要清楚、简洁。
● 当幼儿因为急于表达而说不清楚的时候,提醒他不要着急,慢慢说;同时要耐心倾听,给予必要的补充,帮助他理清思路并清晰地说出来。

目标3　具有文明的语言习惯

3~4岁	4~5岁	5~6岁
1. 与别人讲话时知道眼睛要看着对方 2. 说话自然,声音大小适中 3. 能在成人的提醒下使用恰当的礼貌用语	1. 别人对自己讲话时能回应 2. 能根据场合调节自己说话声音的大小 3. 能主动使用礼貌用语,不说脏话、粗话	1. 别人讲话时能积极主动地回应 2. 能根据谈话对象和需要,调整说话的语气 3. 懂得按次序轮流讲话,不随意打断别人 4. 能依据所处情境使用恰当的语言。如在别人难过时会用恰当的语言表示安慰

教育建议:
1. 成人注意语言文明,为幼儿做出表率。如:
● 与他人交谈时,认真倾听,使用礼貌用语。
● 在公共场合不大声说话,不说脏话、粗话。
● 幼儿表达意见时,成人可蹲下来,眼睛平视幼儿,耐心听他把话说完。
2. 帮助幼儿养成良好的语言行为习惯。如:
● 结合情境提醒幼儿一些必要的交流礼节。如:对长辈说话要有礼貌,客人来访时要打招呼,得到帮助时要说"谢谢"等。
● 提醒幼儿遵守集体生活的语言规则,如轮流发言,不随意打断别人讲话等。
● 提醒幼儿注意公共场所的语言文明,如不大声喧哗。

（二）阅读与书写准备

目标1　喜欢听故事，看图书

3~4岁	4~5岁	5~6岁
1. 主动要求成人讲故事、读图书 2. 喜欢跟读韵律感强的儿歌、童谣 3. 爱护图书，不乱撕、乱扔	1. 反复看自己喜欢的图书 2. 喜欢把听过的故事或看过的图书讲给别人听 3. 对生活中常见的标识、符号感兴趣，知道它们表示一定的意义	1. 专注地阅读图书 2. 喜欢与他人一起谈论图书和故事的有关内容 3. 对图书和生活情境中的文字符号感兴趣，知道文字表示一定的意义

教育建议：

1. 为幼儿提供良好的阅读环境和条件。如：
- 提供一定数量、符合幼儿年龄特点、富有童趣的图画书。
- 提供相对安静的地方，尽量减少干扰，保证幼儿自主阅读。

2. 激发幼儿的阅读兴趣，培养阅读习惯。如：
- 经常抽时间与幼儿一起看图书、讲故事。
- 提供童谣、故事和诗歌等不同体裁的幼儿文学作品，让幼儿自主选择和阅读。
- 当幼儿遇到感兴趣的事物或问题时，和他一起查阅图书资料，让他感受图书的作用，体会通过阅读获取信息的乐趣。

3. 引导幼儿体会标识、文字符号的用途。如：
- 向幼儿介绍医院、公用电话等生活中的常见标识，让他知道标识可以代表具体事物。
- 结合生活实际，帮助幼儿体会文字的用途。如：买来新玩具时，把说明书上的文字念给幼儿听，了解玩具的玩法。

目标2　具有初步的阅读理解能力

3~4岁	4~5岁	5~6岁
1. 能听懂短小的儿歌或故事 2. 会看画面，能根据画面说出图中有什么，发生了什么事等 3. 能理解图书上的文字是和画面对应的，是用来表达画面意义的	1. 能大体讲出所听故事的主要内容 2. 能根据连续画面提供的信息，大致说出故事的情节 3. 能随着作品的展开产生喜悦、担忧等相应的情绪反应，体会作品所表达的情绪情感	1. 能说出所阅读的幼儿文学作品的主要内容 2. 能根据故事的部分情节或图书画面的线索猜想故事情节的发展，或续编、创编故事 3. 对看过的图书、听过的故事能说出自己的看法 4. 能初步感受文学语言的美

教育建议：
1. 经常和幼儿一起阅读，引导他以自己的经验为基础理解图书的内容。如：
● 引导幼儿仔细观察画面，结合画面讨论故事内容，学习建立画面与故事内容的联系。
● 和幼儿一起讨论或回忆书中的故事情节，引导他有条理地说出故事的大致内容。
● 在给幼儿读书或讲故事时，可先不告诉名字，让幼儿听完后自己命名，并说出这样命名的理由。
● 鼓励幼儿自主阅读，并与他人讨论自己在阅读中的发现、体会和想法。
2. 在阅读中发展幼儿的想象和创造能力。如：
● 鼓励幼儿依据画面线索讲述故事，大胆推测、想象故事情节的发展，改编故事部分情节或续编故事结尾。
● 鼓励幼儿用故事表演、绘画等不同的方式表达自己对图书和故事的理解。
● 鼓励和支持幼儿自编故事，并为自编的故事配上图画，制成图画书。
3. 引导幼儿感受文学作品的美。如：
● 有意识地引导幼儿欣赏或模仿文学作品的语言节奏和韵律。
● 给幼儿读书时，通过表情、动作和抑扬顿挫的声音传达书中的情绪情感，让幼儿体会作品的感染力和表现力。

目标3 具有书面表达的愿望和初步技能

3~4岁	4~5岁	5~6岁
喜欢用涂涂画画表达一定的意思	1. 愿意用图画和符号表达自己的愿望和想法 2. 在成人提醒下，写写画画时姿势正确	1. 愿意用图画和符号表现事物或故事 2. 会正确书写自己的名字 3. 写画时姿势正确

教育建议：
1. 让幼儿在写写画画的过程中体验文字符号的功能，培养书写兴趣。如：
● 准备供幼儿随时取放的纸、笔等材料，也可利用沙地、树枝等自然材料，满足幼儿自由涂画的需要。
● 鼓励幼儿将自己感兴趣的事情或故事画下来并讲给别人听，让幼儿体会写写画画的方式可以表达自己的想法和情感。
● 把幼儿讲过的事情用文字记录下来，并念给他听，使幼儿知道说的话可以用文字记录下来，从中体会文字的用途。

2. 在绘画和游戏中做必要的书写准备,如:
- 通过把虚线画出的图形轮廓连成实线等游戏,促进手眼协调,同时帮助幼儿学习由上至下、由左至右的运笔技能。
- 鼓励幼儿学习书写自己的名字。
- 提醒幼儿写画时保持正确姿势。

三、社会

幼儿社会领域的学习与发展过程是其社会性不断完善并奠定健全人格基础的过程。人际交往和社会适应是幼儿社会学习的主要内容,也是其社会性发展的基本途径。幼儿在与成人和同伴交往的过程中,不仅学习如何与人友好相处,也在学习如何看待自己、对待他人,不断发展适应社会生活的能力。良好的社会性发展对幼儿身心健康和其他各方面的发展都具有重要影响。

家庭、幼儿园和社会应共同努力,为幼儿创设温暖、关爱、平等的家庭和集体生活氛围,建立良好的亲子关系、师生关系和同伴关系,让幼儿在积极健康的人际关系中获得安全感和信任感,发展自信和自尊,在良好的社会环境及文化的熏陶中学会遵守规则,形成基本的认同感和归属感。

幼儿的社会性主要是在日常生活和游戏中通过观察和模仿潜移默化地发展起来的。成人应注重自己言行的榜样作用,避免简单生硬的说教。

(一)人际交往

目标1 愿意与人交往

3~4岁	4~5岁	5~6岁
1. 愿意和小朋友一起游戏 2. 愿意与熟悉的长辈一起活动	1. 喜欢和小朋友一起游戏,有经常一起玩的小伙伴 2. 喜欢和长辈交谈,有事愿意告诉长辈	1. 有自己的好朋友,也喜欢结交新朋友 2. 有问题愿意向别人请教 3. 有高兴的或有趣的事愿意与大家分享

教育建议:

1. 主动亲近和关心幼儿,经常和他一起游戏或活动,让幼儿感受到与成人交往的快乐,建立亲密的亲子关系和师生关系。

2. 创造交往的机会,让幼儿体会交往的乐趣。如:
- 利用走亲戚、到朋友家做客或有客人来访的时机,鼓励幼儿与他人接触和交谈。

- 鼓励幼儿参加小朋友的游戏,邀请小朋友到家里玩,感受有朋友一起玩的快乐。
- 幼儿园应多为幼儿提供自由交往和游戏的机会,鼓励他们自主选择、自由结伴开展活动。

目标2　能与同伴友好相处

3~4岁	4~5岁	5~6岁
1. 想加入同伴的游戏时,能友好地提出请求 2. 在成人指导下,不争抢、不独霸玩具 3. 与同伴发生冲突,能听从成人的劝解	1. 会运用介绍自己、交换玩具等简单技巧加入同伴游戏 2. 对大家都喜欢的东西能够一起分享 3. 与同伴发生冲突时,能在他人帮助下和平解决 4. 活动时愿意接受同伴的意见和建议 5. 不欺负弱小	1. 能想办法吸引同伴和自己一起游戏 2. 活动时能与同伴分工合作,遇到困难能一起克服 3. 与同伴发生冲突时能自己协商解决 4. 知道别人的想法有时和自己不一样,能倾听和接受别人的意见,不能接受时会说明理由 5. 不欺负别人,也不允许别人欺负自己

教育建议:

1. 结合具体情境,指导幼儿学习交往的基本规则和技能。如:
- 当幼儿不知怎样加入同伴游戏,或提出请求不被接受时,建议他拿出玩具邀请大家一起玩;或者扮成某个角色加入同伴的游戏。
- 对幼儿与别人分享玩具、图书等行为给予肯定,让他对自己的表现感到高兴和满足。
- 当幼儿与同伴发生矛盾或冲突时,指导他尝试用协商、交换、轮流玩、合作等方式解决冲突。
- 利用相关的图书、故事,结合幼儿的交往经验,和他讨论什么样的行为受大家欢迎,想要得到别人的接纳应该怎样做。
- 幼儿园应多为幼儿提供需要大家齐心协力才能完成的活动,让幼儿在具体活动中体会合作的重要性,学习分工合作。

2. 结合具体情境,引导幼儿换位思考,学习理解别人。如:
- 幼儿有争抢玩具等不友好行为时,引导他们想想"假如你是那个小朋友,你有什么感受?"让幼儿学习理解别人的想法和感受。

3. 和幼儿一起谈谈他的好朋友,说说喜欢这个朋友的原因,引导他多发现同伴的优点、长处。

目标3　具有自尊、自信、自主的表现

3~4岁	4~5岁	5~6岁
1. 能根据自己的兴趣选择游戏或其他活动 2. 为自己的好行为或活动成果感到高兴 3. 自己能做的事情愿意自己做 4. 喜欢承担一些小任务	1. 能按自己的想法进行游戏或其他活动 2. 知道自己的一些优点和长处,并对此感到满意 3. 自己的事情尽量自己做,不愿意依赖别人 4. 敢于尝试有一定难度的活动和任务	1. 能主动发起活动或在活动中出主意、想办法 2. 做了好事或取得了成功后还想做得更好 3. 自己的事情自己做,不会的愿意学 4. 主动承担任务,遇到困难能够坚持而不轻易求助 5. 与别人的看法不同时,敢于坚持自己的意见并说出理由

教育建议:

1. 关注幼儿的感受,保护其自尊心和自信心。如:
- 能以平等的态度对待幼儿,使幼儿切实感受到自己被尊重。
- 对幼儿好的行为表现多给予具体、有针对性的肯定和表扬,让他对自己优点和长处有所认识并感到满足和自豪。
- 不要拿幼儿的不足与其他幼儿的优点作比较。

2. 鼓励幼儿自主决定,独立做事,增强其自尊心和自信心。如:
- 与幼儿有关的事情要征求他的意见,即使他的意见与成人不同,也要认真倾听,接受他的合理要求。
- 在保证安全的情况下,支持幼儿按自己的想法做事;或提供必要的条件,帮助他实现自己的想法。
- 幼儿自己的事情尽量放手让他自己做,即使做得不够好,也应鼓励并给予一定的指导,让他在做事中树立自尊和自信。
- 鼓励幼儿尝试有一定难度的任务,并注意调整难度,让他感受经过努力获得的成就感。

目标4　关心尊重他人

3~4岁	4~5岁	5~6岁
1. 长辈讲话时能认真听,并能听从长辈的要求 2. 身边的人生病或不开心时表示同情 3. 在提醒下能做到不打扰别人	1. 会用礼貌的方式向长辈表达自己的要求和想法 2. 能注意到别人的情绪,并有关心、体贴的表现 3. 知道父母的职业,能体会到父母为养育自己所付出的辛劳	1. 能有礼貌地与人交往 2. 能关注别人的情绪和需要,并能给予力所能及的帮助 3. 尊重为大家提供服务的人,珍惜他们的劳动成果 4. 接纳、尊重与自己的生活方式或习惯不同的人

教育建议：
1. 成人以身作则，以尊重、关心的态度对待自己的父母、长辈和其他人。如：
● 经常问候父母，主动做家务。
● 礼貌地对待老年人，如坐车时主动为老人让座。
● 看到别人有困难能主动关心并给予一定的帮助。
2. 引导幼儿尊重、关心长辈和身边的人，尊重他人劳动及成果。如：
● 提醒幼儿关心身边的人，如妈妈累了，知道让她安静休息一会儿。
● 借助故事、图书等给幼儿讲讲父母抚育孩子成长的经历，让幼儿理解和体会父爱与母爱。
● 结合实际情境，提醒幼儿注意别人的情绪，了解他们的需要，给予适当的关心和帮助。
● 利用生活机会和角色游戏，帮助幼儿了解与自己关系密切的社会服务机构及其工作，如商场、邮局、医院等，体会这些机构给大家提供的便利和服务，懂得尊重工作人员的劳动，珍惜劳动成果。
3. 引导幼儿学习用平等、接纳和尊重的态度对待差异。如：
● 了解每个人都有自己的兴趣、爱好和特长，可以相互学习。
● 利用民间游戏、传统节日等，适当向幼儿介绍我国主要民族和世界其他国家和民族的文化，帮助幼儿感知文化的多样性和差异性，理解人们之间是平等的，应该互相尊重，友好相处。

（二）社会适应

目标 1　喜欢并适应群体生活

3~4岁	4~5岁	5~6岁
1. 对群体活动有兴趣 2. 对幼儿园的生活好奇，喜欢上幼儿园	1. 愿意并主动参加群体活动 2. 愿意与家长一起参加社区的一些群体活动	1. 在群体活动中积极、快乐 2. 对小学生活有好奇和向往

教育建议：
1. 经常和幼儿一起参加一些群体性的活动，让幼儿体会群体活动的乐趣。如：参加亲戚、朋友和同事间的聚会以及适合幼儿参加的社区活动等，支持幼儿和不同群体的同伴一起游戏，丰富其群体活动的经验。
2. 幼儿园组织活动时，可以经常打破班级的界限，让幼儿有更多机会参加不同群体的活动。
3. 带领大班幼儿参观小学，讲讲小学有趣的活动，唤起他们对小学生活的好奇和向往，为入学做好心理准备。

目标2 遵守基本的行为规范

3~4岁	4~5岁	5~6岁
1.在提醒下,能遵守游戏和公共场所的规则 2.知道不经允许不能拿别人的东西,借别人的东西要归还 3.在成人提醒下,爱护玩具和其他物品	1.感受规则的意义,并能基本遵守规则 2.不私自拿不属于自己的东西 3.知道说谎是不对的 4.知道接受了的任务要努力完成 5.在提醒下,能节约粮食、水电等	1.理解规则的意义,能与同伴协商制定游戏和活动规则 2.爱惜物品,用别人的东西时也知道爱护 3.做了错事敢于承认,不说谎 4.能认真负责地完成自己所接受的任务 5.爱护身边的环境,注意节约资源

教育建议:

1. 成人要遵守社会行为规则,为幼儿树立良好的榜样。如:答应幼儿的事一定要做到、尊老爱幼、爱护公共环境,节约水电等。

2. 结合社会生活实际,帮助幼儿了解基本行为规则或其他游戏规则,体会规则的重要性,学习自觉遵守规则。如:

● 经常和幼儿玩带有规则的游戏,遵守共同约定的游戏规则。

● 利用实际生活情境和图书故事,向幼儿介绍一些必要的社会行为规则,以及为什么要遵守这些规则。

● 在幼儿园的区域活动中,创设情境,让幼儿体会没有规则的不方便,鼓励他们讨论制定规则并自觉遵守。

● 对幼儿表现出的遵守规则的行为要及时肯定,对违规行为给予纠正。如:幼儿主动为老人让座时要表扬;幼儿损害别人的物品或公共物品时要及时制止并主动赔偿。

3. 教育幼儿要诚实守信。如:

● 对幼儿诚实守信的行为要及时肯定。

● 允许幼儿犯错误,告诉他改了就好。不要打骂幼儿,以免他因害怕惩罚而说谎。

● 低龄幼儿经常分不清想象和现实,成人不要误认为他是在说谎。

● 发现幼儿说谎时,要反思是否是因自己对幼儿的要求过高过严造成的。如果是,要及时调整自己的行为,同时要严肃地告诉幼儿说谎是不对的。

● 经常给幼儿分配一些力所能及的任务,要求他完成并及时给予表扬,培养他的责任感和认真负责的态度。

目标3　具有初步的归属感

3~4岁	4~5岁	5~6岁
1. 知道和自己一起生活的家庭成员及与自己的关系，体会到自己是家庭的一员 2. 能感受到家庭生活的温暖，爱父母，亲近与信赖长辈 3. 能说出自己家所在街道、小区（乡镇、村）的名称 4. 认识国旗，知道国歌	1. 喜欢自己所在的幼儿园和班级，积极参加集体活动 2. 能说出自己家所在地的省、市、县（区）名称，知道当地有代表性的物产或景观 3. 知道自己是中国人 4. 奏国歌、升国旗时能自动站好	1. 愿意为集体做事，为集体的成绩感到高兴 2. 能感受到家乡的发展变化并为此感到高兴 3. 知道自己的民族，知道中国是一个多民族的大家庭，各民族之间要互相尊重，团结友爱 4. 知道国家一些重大成就，爱祖国，为自己是中国人感到自豪

教育建议：

1. 亲切地对待幼儿，关心幼儿，让他感到长辈是可亲、可近、可信赖的，家庭和幼儿园是温暖的。如：

● 多和孩子一起游戏、谈笑，尽量在家庭和班级中营造温馨的氛围。

● 通过和幼儿一起翻阅照片、讲幼儿成长的故事等，让幼儿感受到家庭和幼儿园的温暖、老师的和蔼可亲，对养育自己的人产生感激之情。

2. 吸引和鼓励幼儿参加集体活动，萌发集体意识。如：

● 幼儿园和班级里的重大事情和计划，请幼儿集体讨论决定。

● 幼儿园应经常组织多种形式的集体活动，萌发幼儿的集体荣誉感。

3. 运用幼儿喜闻乐见和能够理解的方式激发幼儿爱家乡、爱祖国的情感。如：

● 和幼儿说一说或在地图上找一找自己家所在的省、市、县（区）名称。

● 和幼儿一起外出游玩，一起看有关的电视节目或画报等；和他们一起收集有关家乡、祖国各地的风景名胜、著名的建筑、独特物产的图片等，在观看和欣赏的过程中激发幼儿的自豪感和热爱之情。

● 利用电视节目或参加升旗等活动，向幼儿介绍国旗、国歌以及观看升旗、奏国歌的礼仪。

● 向幼儿介绍反映中国人聪明才智的发明和创造，激发幼儿的民族自豪感。

四、科学

幼儿的科学学习是在探究具体事物和解决实际问题中，尝试发现事物间的异同和联系的过程。幼儿在对自然事物的探究和运用数学解决实际生活问题的过程中,不仅获得丰富的感性经验,充分发展形象思维,而且初步尝试归类、排序、判断、推理,逐步发展逻辑思维能力,为其他领域的深入学习奠定基础。

幼儿科学学习的核心是激发探究兴趣,体验探究过程,发展初步的探究能力。成人要善于发现和保护幼儿的好奇心,充分利用自然和实际生活机会,引导幼儿通过观察、比较、操作、实验等方法,学习发现问题、分析问题和解决问题;帮助幼儿不断积累经验,并运用于新的学习活动,形成受益终身的学习态度和能力。

幼儿的思维特点是以具体形象思维为主,应注重引导幼儿通过直接感知、亲身体验和实际操作进行科学学习,不应为追求知识和技能的掌握,对幼儿进行灌输和强化训练。

（一）科学探究

目标1　亲近自然,喜欢探究

3～4岁	4～5岁	5～6岁
1.喜欢接触大自然,对周围的很多事物和现象感兴趣 2.经常问各种问题,或好奇地摆弄物品	1.喜欢接触新事物,经常问一些与新事物有关的问题 2.常常动手动脑探索物体和材料,并乐在其中	1.对自己感兴趣的问题总是刨根问底 2.能经常动手动脑寻找问题的答案 3.探索中有所发现时感到兴奋和满足

教育建议:

1.经常带幼儿接触大自然,激发其好奇心与探究欲望。如:

●为幼儿提供一些有趣的探究工具,用自己的好奇心和探究积极性感染和带动幼儿。

●和幼儿一起发现并分享周围新奇、有趣的事物或现象,一起寻找问题的答案。

●通过拍照和画图等方式保留和积累有趣的探索与发现。

2.真诚地接纳、多方面支持和鼓励幼儿的探索行为。如:

●认真对待幼儿的问题,引导他们猜一猜、想一想,有条件时和幼儿一起做一些简易的调查或有趣的小实验。

●容忍幼儿因探究而弄脏、弄乱、甚至破坏物品的行为,引导他们活动后做好收拾整理。

●多为幼儿选择一些能操作、多变化、多功能的玩具材料或废旧材料,在保证安全的前提下,鼓励幼儿拆装或动手自制玩具。

目标2 具有初步的探究能力

3～4岁	4～5岁	5～6岁
1.对感兴趣的事物能仔细观察,发现其明显特征 2.能用多种感官或动作去探索物体,关注动作所产生的结果	1.能对事物或现象进行观察比较,发现其相同与不同 2.能根据观察结果提出问题,并大胆猜测答案 3.能通过简单的调查收集信息 4.能用图画或其他符号进行记录	1.能通过观察、比较与分析,发现并描述不同种类物体的特征或某个事物前后的变化 2.能用一定的方法验证自己的猜测 3.在成人的帮助下能制定简单的调查计划并执行 4.能用数字、图画、图表或其他符号记录 5.探究中能与他人合作与交流

教育建议:
1.有意识地引导幼儿观察周围事物,学习观察的基本方法,培养观察与分类能力。如:
●支持幼儿自发的观察活动,对其发现表示赞赏。
●通过提问等方式引导幼儿思考并对事物进行比较观察和连续观察。
●引导幼儿在观察和探索的基础上,尝试进行简单的分类、概括。如:根据运动方式给动物分类,根据生长环境给植物分类,根据外部特征给物体分类等。
2.支持和鼓励幼儿在探究的过程中积极动手动脑寻找答案或解决问题。如:
●鼓励幼儿根据观察或发现提出值得继续探究的问题,或成人提出有探究意义且能激发幼儿兴趣的问题。如:皮球、轮胎、竹筒等物体滚动时都走直线吗?怎样让橡皮泥球浮在水面上?
●支持和鼓励幼儿大胆联想、猜测问题的答案,并设法验证。如:玩风车时,鼓励幼儿猜测风车转动方向及速度快慢的原因和条件,并实际验证。
●支持、引导幼儿学习用适宜的方法探究和解决问题,或为自己的想法收集证据。如:想知道院子里有多少种植物,可以进行实地调查;想知道球在平地上还是在斜坡上滚得快,可以动手试一试;想证明影子的方向与太阳的位置有关,可以做个小实验进行验证等。
3.鼓励和引导幼儿学习做简单的计划和记录,并与他人交流分享。如:
●和幼儿共同制定调查计划,讨论调查对象、步骤和方法等,也可以和幼儿一起设法用图画、箭头等标识呈现计划。
●鼓励幼儿用绘画、照相、做标本等办法记录观察和探究的过程与结果,注意要让记录有意义,通过记录帮助幼儿丰富观察经验、建立事物之间的联系和分享发现。
●支持幼儿与同伴合作探究与分享交流,引导他们在交流中尝试整理、概括自己探究的成果,体验合作探究和发现的乐趣。如:一起讨论和分享自己的问题与发现,一起想办法收集资料和验证猜测。

4.帮助幼儿回顾自己探究的过程,讨论自己做了什么、怎么做的,结果与计划目标是否一致,分析一下原因以及下一步要怎样做等。

目标3　在探究中认识周围事物和现象

3~4岁	4~5岁	5~6岁
1.认识常见的动植物,能注意并发现周围的动植物是多种多样的 2.能感知和发现物体和材料的软硬、光滑和粗糙等特性 3.能感知和体验天气对自己生活和活动的影响 4.初步了解和体会动植物和人们生活的关系	1.能感知和发现动植物的生长变化及其基本条件 2.能感知和发现常见材料的溶解、传热等性质或用途 3.能感知和发现简单的物理现象,如物体形态或位置变化等 4.能感知和发现不同季节的特点,体验季节对动植物和人的影响 5.初步感知常用科技产品与自己生活的关系,知道科技产品有利也有弊	1.能察觉到动植物的外形特征、习性与生存环境的适应关系 2.能发现常见物体的结构与功能之间的关系 3.能探索并发现常见的物理现象产生的条件或影响因素,如影子、沉浮等 4.感知并了解季节变化的周期性,知道变化的顺序 5.初步了解人们的生活与自然环境的密切关系,知道尊重和珍惜生命,保护环境

教育建议:

1.支持幼儿在接触自然、生活事物和现象中积累有益的直接经验和感性认识。如:

●和幼儿一起通过户外活动、参观考察、种植和饲养活动,感知生物的多样性和独特性,以及生长发育、繁殖和死亡的过程。

●给幼儿提供丰富的材料和适宜的工具,支持幼儿在游戏过程中探索并感知常见物质、材料的特性和物体的结构特点。

2.引导幼儿在探究中思考,尝试进行简单的推理和分析,发现事物之间明显的关联。如:

●引导5岁以上幼儿关注和思考动植物的外部特征、习性与生活环境对动植物生存的意义。如兔子的长耳朵具有自我保护的作用,植物种子的形状有助于其传播等。

●引导幼儿根据常见物质、材料的特性和物体的结构特点,推测和证实它们的用途。如:带轮子的物体方便移动,不同用途的车辆有不同的结构等。

3.引导幼儿关注和了解自然、科技产品与人们生活的密切关系,逐渐懂得热爱、尊重、保护自然。如:

●结合幼儿的生活需要,引导他们体会人与自然、动植物的依赖关系。如:动植物、季节变化与人们生活的关系、常见灾害性天气给人们生产和生活带来的影响等。

● 和幼儿一起讨论常见科技产品的用途和弊端,如:汽车等交通工具给生活带来的方便和对环境的污染等。

(二)数学认知

目标1　初步感知生活中数学的有用和有趣

3～4岁	4～5岁	5～6岁
1. 感知和发现周围物体的形状是多种多样的,对不同的形状感兴趣 2. 体验和发现生活中很多地方都用到数	1. 在指导下,感知和体会有些事物可以用形状来描述 2. 在指导下,感知和体会有些事物可以用数来描述,对环境中各种数字的含义有进一步探究的兴趣	1. 能发现事物简单的排列规律,并尝试创造新的排列规律 2. 能发现生活中许多问题都可以用数学的方法来解决,体验解决问题的乐趣

教育建议:

1. 引导幼儿注意事物的形状特征,尝试用表示形状的词来描述事物,体会描述的生动形象性和趣味性。如:

● 参观游览后,和幼儿一起谈论所看到的事物的形状,鼓励幼儿产生联想,并用自己的语言进行描述。如:熊猫的身体圆圆的,全身好像是一个个的圆形组成的。

● 和幼儿交谈或读书讲故事时,适当地运用一些有关形状的词语来描述事物,如看图片时,和幼儿讨论奥运会场馆的形状,体会为什么有的场馆叫"水立方",有的叫"鸟巢"。

2. 引导幼儿感知和体会生活中很多地方都用到数,关注周围与自己生活密切相关的数的信息,体会数可以代表不同的意义。如:

● 和幼儿一起寻找发现生活中用数字作为标识的事物,如电话号码、时钟、日历和商品的价签等。

● 引导幼儿了解和感受数用在不同的地方,表示的意义是不一样的。如:天气预报中表示气温的数代表冷热状况,钟表上的数表明时间的早晚等。

● 鼓励幼儿尝试使用数的信息进行一些简单的推理。如:知道今天是星期五,能推断明天是星期六,爸爸妈妈休息。

3. 引导幼儿观察发现按照一定规律排列的事物,体会其中的排列特点与规律,并尝试自己创造出新的排列规律。如:

● 和幼儿一起发现和体会按一定顺序排列的队形整齐有序。

● 提供具有重复性旋律和词语的音乐、儿歌和故事,或利用环境中有序排列的图案(如按颜色间隔排列的瓷砖、按形状间隔排列的珠帘等),鼓励幼儿发现和感受其中的规律。

●鼓励幼儿尝试自己设计有规律的花边图案、创编有一定规律的动作,或者按某种规律进行搭建活动。

●引导幼儿体会生活中很多事情都是有一定顺序和规律的,如一周七天的顺序是从周一到周日,一年四季按照春夏秋冬轮回等。

4.鼓励和支持幼儿发现、尝试解决日常生活中需要用到数学的问题,体会数学的用处。如:

●拍球、跳绳、跳远或投沙包时,可通过数数、测量的方法确定名次。

●讨论春游去哪里玩时,让幼儿商量想去哪里玩?每个想去的地方有多少人?根据统计结果做出决定。

●滑滑梯时,按照"先来先玩"的规则有序地排队玩。

目标2　感知和理解数、量及数量关系

3~4岁	4~5岁	5~6岁
1.能感知和区分物体的大小、多少、高矮长短等量方面的特点,并能用相应的词表示	1.能感知和区分物体的粗细、厚薄、轻重等量方面的特点,并能用相应的词语描述	1.初步理解量的相对性
2.能通过一一对应的方法比较两组物体的多少	2.能通过数数比较两组物体的多少	2.借助实际情境和操作(如合并或拿取)理解"加"和"减"的实际意义
3.能手口一致地点数5个以内的物体,并能说出总数。能按数取物	3.能通过实际操作理解数与数之间的关系,如5比4多1,2和3合在一起是5	3.能通过实物操作或其他方法进行10以内的加减运算
4.能用数词描述事物或动作。如我有4本图书	4.会用数词描述事物的排列顺序和位置	4.能用简单的记录表、统计图等表示简单的数量关系

教育建议:

1.引导幼儿感知和理解事物"量"的特征。如:

●感知常见事物的大小、多少、高矮、粗细等量的特征,学习使用相应的词语描述这些特征。

●结合具体事物让幼儿通过多次比较逐渐理解"量"是相对的。如小亮比小明高,但比小强矮。

●收拾物品时,根据情况,鼓励幼儿按照物体量的特征分类整理。如整理图书时按照大小摆放。

2. 结合日常生活,指导幼儿学习通过对应或数数的方式比较物体的多少。如:
●鼓励幼儿在一对一配对的过程中发现两组物体的多少。如:在给桌子上的每个碗配上勺子时,发现碗和勺多少的不同。
●鼓励幼儿通过数数比较两样东西的多少。如:数一数有多少个苹果、多少个梨,判断苹果和梨哪个多,哪个少。
3. 利用生活和游戏中的实际情境,引导幼儿理解数概念。如:
●结合生活需要,和幼儿一起手口一致点数物体,得出物体的总数。
●通过点数的方式让幼儿体会物体的数量不会因排列形式、空间位置的不同而发生变化。如:鼓励幼儿将一定数量的扣子以不同的形式摆放,体会扣子的数量是不变的。
●结合日常生活,为幼儿提供"按数取物"的机会,如:游戏时,请幼儿按要求拿出几个球。
4. 通过实物操作引导幼儿理解数与数之间的关系,并用"加"或"减"的办法来解决问题。如:
●游戏中遇到让4个小动物住进两间房子的问题,或生活中遇到将5块饼干分给两个小朋友问题时,让幼儿尝试不同的分法。
●鼓励幼儿尝试自己解决生活中的数学问题。如家里来了5位客人,桌子上只有3个杯子,还需要几个杯子等。
●购少量物品时,有意识地鼓励幼儿参与计算和付款的过程等。

目标3 感知形状与空间关系

3~4岁	4~5岁	5~6岁
1. 能注意物体较明显的形状特征,并能用自己的语言描述 2. 能感知物体基本的空间位置与方位,理解上下、前后、里外等方位词	1. 能感知物体的形体结构特征,画出或拼搭出该物体的造型 2. 能感知和发现常见几何图形的基本特征,并能进行分类 3. 能使用上下、前后、里外、中间、旁边等方位词描述物体的位置和运动方向	1. 能用常见的几何形体有创意地拼搭或画出物体的造型 2. 能按语言指示或根据简单示意图正确取放物品 3. 能辨别自己的左右

教育建议:
1. 用多种方法帮助幼儿在物体与几何形体之间建立联系。如:
●引导幼儿感受生活中各种物品的形状特征,并尝试识别和描述。如感受和识别盘子、桌子、车轮、地砖等物品的形状特征。
●鼓励和支持幼儿用积木、纸盒、拼板等各种形状材料进行建构游戏或制作活动。如用长方形的纸盒加两个圆形瓶盖制作"汽车"。
- 收拾整理积木时,引导幼儿体验图形之间的转换。如两个三角形可组合成一个正方形,两个正方形可组合成一个长方形。
- 引导幼儿注意观察生活物品的图形特征,鼓励他们按形状分类整理物品。

2. 丰富幼儿空间方位识别的经验,引导幼儿运用空间方位经验解决问题。如:
- 请幼儿取放物体时,使用他们能够理解的方位词,如:把桌子下面的东西放到窗台上,把花盆放在大树旁边等。
- 和幼儿一起识别熟悉场所的位置。如:超市在家的旁边,邮局在幼儿园的前面。
- 在体育、音乐和舞蹈活动中,引导幼儿感受空间方位和运动方向。
- 和幼儿玩按指令找宝的游戏。对年龄小的幼儿要求他们按语言指令寻找,对年龄大些的幼儿可要求按照简单的示意图寻找。

五、艺术

艺术是人类感受美、表现美和创造美的重要形式,也是表达自己对周围世界的认识和情绪态度的独特方式。

每个幼儿心里都有一颗美的种子。幼儿艺术领域学习的关键在于充分创造条件和机会,在大自然和社会文化生活中萌发幼儿对美的感受和体验,丰富其想象力和创造力,引导幼儿学会用心灵去感受和发现美,用自己的方式去表现和创造美。

幼儿对事物的感受和理解不同于成人,他们表达自己认识和情感的方式也有别于成人。幼儿独特的笔触、动作和语言往往蕴含着丰富的想象和情感,成人应对幼儿的艺术表现给予充分的理解和尊重,不能用自己的审美标准去评判幼儿,更不能为追求结果的"完美"而对幼儿进行千篇一律的训练,以免扼杀其想象与创造的萌芽。

(一)感受与欣赏

目标 1　喜欢自然界与生活中美的事物

3~4岁	4~5岁	5~6岁
1. 喜欢观看花草树木、日月星空等大自然中美的事物 2. 容易被自然界中的鸟鸣、风声、雨声等好听的声音所吸引	1. 在欣赏自然界和生活环境中美的事物时,关注其色彩、形态等特征 2. 喜欢倾听各种好听的声音,感知声音的高低、长短、强弱等变化	1. 乐于收集美的物品或向别人介绍所发现的美的事物 2. 乐于模仿自然界和生活环境中有特点的声音,并产生相应的联想

教育建议：
1. 和幼儿一起感受、发现和欣赏自然环境和人文景观中美的事物。如：
- 让幼儿多接触大自然，感受和欣赏美丽的景色和好听的声音。
- 经常带幼儿参观园林、名胜古迹等人文景观，讲讲有关的历史故事、传说，与幼儿一起讨论和交流对美的感受。

2. 和幼儿一起发现美的事物的特征，感受和欣赏美。如：
- 让幼儿观察常见动植物以及其他物体，引导幼儿用自己的语言、动作等描述它们美的方面，如颜色、形状、形态等。
- 让幼儿倾听和分辨各种声响，引导幼儿用自己的方式来表达他对音色、强弱、快慢的感受。
- 支持幼儿收集喜欢的物品并和他一起欣赏。

目标2　喜欢欣赏多种多样的艺术形式和作品

3～4岁	4～5岁	5～6岁
1. 喜欢听音乐或观看舞蹈、戏剧等表演 2. 乐于观看绘画、泥塑或其他艺术形式的作品	1. 能够专心地观看自己喜欢的文艺演出或艺术品，有模仿和参与的愿望 2. 欣赏艺术作品时会产生相应的联想和情绪反应	1. 艺术欣赏时常常用表情、动作、语言等方式表达自己的理解 2. 愿意和别人分享、交流自己喜爱的艺术作品和美感体验

教育建议：
1. 创造条件让幼儿接触多种艺术形式和作品。如：
- 经常让幼儿接触适宜的、各种形式的音乐作品，丰富幼儿对音乐的感受和体验。
- 和幼儿一起用图画、手工制品等装饰和美化环境。
- 带幼儿观看或共同参与传统民间艺术和地方民俗文化活动，如皮影戏、剪纸和捏面人等。
- 有条件的情况下，带幼儿去剧院、美术馆、博物馆等欣赏文艺表演和艺术作品。

2. 尊重幼儿的兴趣和独特感受，理解他们欣赏时的行为。如：
- 理解和尊重幼儿在欣赏艺术作品时的手舞足蹈、即兴模仿等行为。
- 当幼儿主动介绍自己喜爱的舞蹈、戏曲、绘画或工艺品时，要耐心倾听并给予积极回应和鼓励。

(二)表现与创造

目标1　喜欢进行艺术活动并大胆表现

3~4岁	4~5岁	5~6岁
1. 经常自哼自唱或模仿有趣的动作、表情和声调 2. 经常涂涂画画、粘粘贴贴并乐在其中	1. 经常唱唱跳跳，愿意参加歌唱、律动、舞蹈、表演等活动 2. 经常用绘画、捏泥、手工制作等多种方式表现自己的所见所想	1. 积极参与艺术活动，有自己比较喜欢的活动形式 2. 能用多种工具、材料或不同的表现手法表达自己的感受和想象 3. 艺术活动中能与他人相互配合，也能独立表现

教育建议：
1. 创造机会和条件，支持幼儿自发的艺术表现和创造。
● 提供丰富的便于幼儿取放的材料、工具或物品，支持幼儿进行自主绘画、手工、歌唱、表演等艺术活动。
● 经常和幼儿一起唱歌、表演、绘画、制作，共同分享艺术活动的乐趣。
2. 营造安全的心理氛围，让幼儿敢于并乐于表达表现。如：
● 欣赏和回应幼儿的哼哼唱唱、模仿表演等自发的艺术活动，赞赏他独特的表现方式。
● 在幼儿自主表达创作过程中，不做过多干预或把自己的意愿强加给幼儿，在幼儿需要时再给予具体的帮助。
● 了解并倾听幼儿艺术表现的想法或感受，领会并尊重幼儿的创作意图，不简单用"像不像"、"好不好"等成人标准来评价。
● 展示幼儿的作品，鼓励幼儿用自己的作品或艺术品布置环境。

目标2　具有初步的艺术表现与创造能力

3~4岁	4~5岁	5~6岁
1. 能模仿学唱短小歌曲 2. 能跟随熟悉的音乐做身体动作 3. 能用声音、动作、姿态模拟自然界的事物和生活情景 4. 能用简单的线条和色彩大体画出自己想画的人或事物	1. 能用自然的、音量适中的声音基本准确地唱歌 2. 能通过即兴哼唱、即兴表演或给熟悉的歌曲编词来表达自己的心情 3. 能用拍手、踏脚等身体动作或可敲击的物品敲打节拍和基本节奏 4. 能运用绘画、手工制作等表现自己观察到或想象的事物	1. 能用基本准确的节奏和音调唱歌 2. 能用律动或简单的舞蹈动作表现自己的情绪或自然界的情景 3. 能自编自演故事，并为表演选择和搭配简单的服饰、道具或布景 4. 能用自己制作的美术作品布置环境、美化生活

教育建议：

尊重幼儿自发的表现和创造，并给予适当的指导。如：

● 鼓励幼儿在生活中细心观察、体验，为艺术活动积累经验与素材。如，观察不同树种的形态、色彩等。

● 提供丰富的材料，如图书、照片、绘画或音乐作品等，让幼儿自主选择，用自己喜欢的方式去模仿或创作，成人不做过多要求。

● 根据幼儿的生活经验，与幼儿共同确定艺术表达表现的主题，引导幼儿围绕主题展开想象，进行艺术表现。

● 幼儿绘画时，不宜提供范画，特别不应要求幼儿完全按照范画来画。

● 肯定幼儿作品的优点，用表达自己感受的方式引导其提高。如："你的画用了这么多红颜色，感觉就像过年一样喜庆""你扮演的大灰狼声音真像，要是表情再凶一点就更好了"等。

参考文献

[1] 周兢,陈娟娟.幼儿园活动整合课程指导[M].南京:南京师范大学出版社,2004.
[2] 袁爱玲.学前全语言创造教育活动设计[M].北京:教育科学出版社,2001.
[3] 黄瑾.幼儿园教育活动设计与指导[M].上海:华东师范大学出版社,2010.
[4] 王俊英.幼儿园数学活动指导[M].北京:地质出版社,1998.
[5] 白爱宝.幼儿发展评价手册[M].北京:教育科学出版社,1999.
[6] 张琳.幼儿园教育活动设计与实践[M].北京:高等教育出版社,2011.
[7] 周兢.幼儿园语言教育活动设计与组织[M].北京:人民教育出版社,1996.
[8] 屠美如.向瑞吉欧学什么[M].北京:教育科学出版社,2002.
[9] 许卓雅.幼儿园课程理论与实践[M].南京:南京师范大学出版社,2002.
[10] 顾荣芳,薛菁华.幼儿园健康教育[M].北京:人民教育出版社,2004.
[11] 许卓雅.幼儿园音乐教育[M].北京:人民教育出版社,2004.
[12] 冯晓霞.幼儿园课程[M].北京:北京师范大学出版社,2001.
[13] 张明红.幼儿园语言教育与活动设计[M].北京:高等教育出版社,2010.
[14] 杨文尧.幼儿园活动设计与实践[M].北京:高等教育出版社,1999.
[15] 石筠韬.学前教育课程论[M].北京:北京师范大学出版社,2001.
[16] 刘炎.幼儿园游戏[M].北京:中国社会出版社,1999.
[17] 赵玉惠.幼儿园活动教程[M].北京:高等教育出版社,2004.
[18] 教育部基础教育司.幼儿园教育指导纲要(试行)解读[M].南京:江苏教育出版社,2002.
[19] 何幼华.幼儿园课程[M].北京:北京师范大学出版社,2001.
[20] 朱家雄.幼儿园教育活动设计与实施[M].北京:高等教育出版社,2008.
[21] 庞建萍,柳倩.学前幼儿健康教育[M].上海:华东师范大学出版社,2007.
[22] 屠美如.幼儿的一百种语言[M].北京:教育科学出版社,2002.
[23] 施燕.学前幼儿科学教育[M].上海:华东师范大学出版社,2000.
[24] 张明红.学前幼儿社会教育[M].上海:华东师范大学出版社,2007.